Stadlinger (Hrsg.)
Reichtum heute

D1735560

Jörg Stadlinger, geb. 1955, studierte Philosophie und Germanistik in Münster, leitete von 1991-1999 eine Forschungs- und Bildungsstelle beim Bund demokratischer WissenschaftlerInnen (FIB b. BdWi), beschäftigte sich in dieser Funktion u.a. mit dem Thema 'Reichtum', arbeitet heute in Marburg als Geschäftsführer der Schrittweis-Stiftung und des Philosophie-Vereins Cogito e.V. sowie als Mitarbeiter des Forschungsprojektes Neue Selbständigkeit in Organisationen (gef. durch das Bundesminsterium f. Bildung u. Forschung) zu Fragen des Umbruchs in der Organisation der Arbeit.

Jörg Stadlinger (Hrsg.)

Reichtum heute

Diskussion eines kontroversen Sachverhaltes

WESTFÄLISCHES DAMPFBOOT

Die Deutsche Bibliothek – CIP-Einheitsaufnahme

Reichtum heute : Diskussion eines kontroversen Sachverhaltes /
Jörg Stadlinger (Hrsg.). - Münster : Westfälisches Dampfboot, 2001
ISBN 3-89691-504-5

1. Auflage Münster 2001
© 2001 Verlag Westfälisches Dampfboot, Münster
Alle Rechte vorbehalten
Umschlag: Lütke · Fahle ·Seifert, Münster
Satz: *Imprint* Service, Jörn Essig-Gutschmidt, Münster
Druck: Rosch-Buch Druckerei GmbH, Scheßlitz
Gedruckt auf säurefreiem, alterungsbeständigem Papier
ISBN 3-89691-504-5

Inhalt

Jörg Stadlinger
Vorwort

Der weltweite Trend einer immer ungleicher werdenden Verteilung des gesellschaftlichen Reichtums ist auch in der Bundesrepublik zu verzeichnen. Angesichts dieser Entwicklung mehren sich die Stimmen, die eine neue Debatte
über Armut und Reichtum fordern. Die Gesellschaft sieht sich hier mit der
Renaissance eines Themas konfrontiert, das von Politik und Wissenschaft in
den letzten zwanzig Jahren meist nur mit Blick auf eine der beiden Seiten
dieses polaren Verhältnisses behandelt wurde.

Die Armut in der Bundesrepublik Deutschland ist schon seit längerem
Gegenstand politischer Auseinandersetzungen und wissenschaftlicher Forschung. Für das komplementäre Phänomen des Reichtums gilt dies jedoch
zumindest nicht in gleichem Maße. Soll die gängige Beschränkung auf die
Diskussion über die Umverteilung des Mangels überwunden werden, so muß
entgegen allen Tabuisierungsversuchen gerade der Reichtum in dieser Gesellschaft stärker als bisher in das Zentrum der Betrachtung rücken. Zu Recht
beklagen Gewerkschaften, Kirchen und einige Parteien den Mangel an Informationen über die Einkommens- und Vermögensverteilung und damit über
das tatsächliche Ausmaß der sozialen Ungleichheit – Informationen, die für
gerechte steuer- und sozialpolitische Entscheidungen unabdingbar sind.

Zu konstatieren sind jedoch nicht allein Defizite in der empirischen
Erfassung der Struktur, Konzentration und Differenzierung von Reichtum.
Diskussionsbedarf besteht auch hinsichtlich der ökonomischen, politischen,
sozio-kulturellen und geschlechtsspezifischen Aspekte von wachsendem privaten Reichtum einerseits und steigender Verarmung (auch des Staates) andererseits. Vor dem Hintergrund der sozialen und ökologischen Krisenhaftigkeit
der gegenwärtigen Produktions- und Lebensweise ist das in Politik und Alltag
dominierende Verständnis von Reichtum in Frage zu stellen sowie grundsätzlich das Verhältnis der herrschenden, sozialökonomischen Form des Reichtums zu den Ansprüchen der Individuen auf eine selbstbestimmte Entfaltung
ihrer Individualität zu problematisieren.

Die im vorliegenden Band versammelten Beiträge beleuchten die vielfältigen Seiten von „Reichtum" aus wirtschaftswissenschaftlicher, politologischer,
soziologischer, kulturwissenschaftlicher und philosophischer Sicht. Sie machen die neoliberale Legitimation der Reichtumskonzentration und die Rechtfertigung des Privateigentums zum Gegenstand einer ideologiekritischen und
theoriegeschichtlichen Untersuchung, diskutieren das Phänomen der sozia-

len Polarisierung auf der Grundlage von Analysen zur Entwicklung der Ein-
kommens- und Vermögensverteilung, nehmen die herrschende Steuerpolitik
kritisch in den Blick, stellen die national und international wachsende soziale
Ungleichheit in den Zusammenhang des Globalisierungsprozesses, fragen
nach den sozialstrukturellen, geschlechtsspezifischen und ökologischen
Aspekten des Themas, behandeln Wohn- und Zeitreichtum in der Perspektive der Ungleichheitsforschung, weisen auf die sozialpolitischen Konsequenzen selbstverschuldeter staatlicher Armut hin und werfen die Frage nach dem
kulturspezifischen Verständnis sowie nach einem philosophischen Begriff
von Reichtum auf.

Die Mehrzahl der Beiträge dieses Bandes entstand im Zusammenhang mit
der Tagung „Reichtum in Deutschland", die am 3. und 4. Dezember 1998 in
Bochum stattfand. Neben den AutorInnen und ReferentInnen ist vor allem
den Trägern der Veranstaltung - der *Hans Böckler Stiftung*, der *Heinrich-
Böll-Stiftung* und dem *Bund demokratischer WissenschaftlerInnen* (BdWi) -
für die konzeptionelle, organisatorische und finanzielle Unterstützung dieses
Buchprojektes zu danken.

*Ernst-Ulrich Huster**

Reichtum in Deutschland
Die Gewinner in der sozialen Polarisierung

1 Verteilung und Besitzstand

In der Bundesrepublik Deutschland wird derzeit mehr denn je über Verteilung gestritten. Ein vergleichbar breites Interesse hat es – seit der Neuordnungsdebatte nach 1945 – erst einmal in der Geschichte der Bundesrepublik Deutschland gegeben, nämlich zu Beginn der sozialliberalen Koalition Ende der 1960er und Anfang der 1970er Jahre. Damals ging es um die Frage, inwieweit die Aufbauleistung der Arbeitnehmerschaft nach dem zweiten Weltkrieg mit deren Wohlstandszuwachs bereits abgegolten sei oder ob es darüber hinaus notwendig werde, etwa durch Beteiligung am Produktivvermögen, durch fördernde Hilfen für sozial Benachteiligte und insbesondere für deren Kinder die Chancengleichheit in der Gesellschaft zu verbessern. In der Folge verschoben sich zum einen die Anteile des zu verteilenden Volkseinkommens zu Gunsten der abhängig Beschäftigten und über steigende Sozialleistungen sind auch soziale Schwächere stärker gefördert worden. Damals schon ging die Schere zwischen den Beziehern höherer Einkommen und etwa ärmeren Bevölkerungsteilen auseinander, angesichts absoluter Verbesserungen aber gerade im unteren Einkommensbereich (z.B. Rente nach Mindesteinkommen, BaföG, Sozialhilfereform etc.) fiel diese wachsende Diskrepanz nicht so stark ins Gewicht.

Verteilungspolitisch hat es seit den 1980er Jahren eine Kurskorrektur gegeben: Mit der Begründung, man wolle Arbeitsplätze schaffen, wurden asymmetrische Verteilungsstrukturen legitimiert: Handelte es sich um die Forderung nach Lohnzurückhaltung bei der primären Verteilung, handelte es sich um die Begründung von Steuersenkungen gerade im Spitzenbereich, handelte es sich um Absenkungen von Sozialleistungen, handelte es sich hierbei um die Übernahme unternehmerischer Risiken durch staatliche Finanzierungen – immer sollte dies der Überwindung der Massenarbeitslosigkeit dienen. 'Beschäftigungswunder' in Großbritannien oder in den USA wurden und werden als nachahmenswerte Beispiele angeführt.

Anders als bei der Diskussion zu Beginn der 1970er Jahre wurde in den 90er Jahren vor allem von Teilen der damaligen Regierung und vom Unternehmerlager soziale Ungleichheit, soziale Distanz offensiv gefordert, ihre Sozialverträglichkeit als evident unterstellt. Als unsozial dagegen wird das

'Beharren' auf 'Besitzständen' an abhängiger Erwerbsarbeit und an daran
bislang gekoppelte Sozialtransfers angesehen. Wollte die vor allem von der
inner- und noch stärker außerparlamentarischen Linken geführte Verteilungsdebatte zu Beginn der 70er Jahre die 'Belastbarkeit' des – kapitalistischen –
Wirtschaftssystems testen, suchten die Meinungsführer in den 90er Jahren
die soziale Belastbarkeit relevanter Bevölkerungsgruppen auszuweiten! Unterstellte die vormalige Verteilungsdebatte Reichtum und Besitz per se eine
gewisse Amoralität, ohne deren ökonomische und soziale Funktion in Rechnung zu stellen, geriet in den 90er Jahren der sozialpolitische 'Besitz'-stand in
den Verdacht amoralischer Selbstbereicherung, der sich rücksichtslos gegen
die Arbeitslosen wende, ohne daß aber die ökonomische und soziale Funktion sozialer Sicherungselemente für die Gesellschaft auch und gerade bei der
Überwindung von Arbeitslosigkeit mitbedacht wird. Verteilungsdiskussionen
kommen ganz offensichtlich nicht um ein moralisierendes Angreifen des
„Ungerechten" aus, wie sie umgekehrt kontextuelle Zusammenhänge verkürzen. Mit Bildung der neuen Bundesregierung im Herbst des letzten Jahres
orientiert sich die Verteilungsdebatte neu, es ist noch zu früh, um hier klare
Richtungsänderungen auszumachen.

2 Ungleiche Verteilung: Unbeabsichtigt oder systembedingt?

Verteidiger des marktwirtschaftlich-kapitalistischen Systems bewegen sich im
Regelfall im Widerspruch zwischen dem Leugnen asymmetrischer Verteilungsstrukturen als Bedingung der bestehenden Wirtschaftsordnung und
gleichzeitiger Legitimation dieser Asymmetrien. Im Gegensatz zu derartigen
Ideologemen vermochten die Klassiker der Wirtschaftswissenschaften wie
auch ein von ihnen besonders geprägter Theoretiker der bürgerlichen Gesellschaft, Georg Wilhelm Friedrich Hegel, mit Theorie Wirklichkeit im wahrsten
Sinne des Wortes „auf den Begriff" zu bringen. So schreibt Hegel in seiner
Rechtsphilosophie von 1821:

„Durch die *Verallgemeinerung* des Zusammenhangs der Menschen durch ihre Bedürfnisse, und der Weisen, die Mittel für diese zu bereiten und herbeizubringen, vermehrt
sich die *Anhäufung der Reichtümer*, denn aus dieser gedoppelten Allgemeinheit wird
der größte Gewinn gezogen – auf der einen Seite, wie auf der anderen Seite die *Verein-
zelung* und *Beschränktheit* der besonderen Arbeit und damit die *Abhängigkeit* und
Not der an diese Arbeit gebundenen Klasse, womit die Unfähigkeit der Empfindung
und des Genusses der weiteren Freiheiten und besonders der geistigen Vorteile der
bürgerlichen Gesellschaft zusammenhängt."

Zugleich resümiert Hegel:

„Es kommt hierin zum Vorschein, daß bei dem *Übermaße des Reichtums* die bürgerliche Gesellschaft *nicht reich genug* ist, d.h. an dem ihr eigentümlichen Vermögen nicht genug besitzt, dem Übermaße der Armut und der Erzeugung des Pöbels zu steuern."[1]

Von hier ist der Schritt zu Karl Marx und Friedrich Engels nicht groß gewesen, die in der bürgerlichen Gesellschaft „Armut und Reichtum zu einem Ganzen" zusammengefaßt sahen, das in sich gegensätzlich sei.[2]

Parallel zur Herausbildung einer im wesentlichen reformorientierten Arbeiterbewegung in Deutschland und der sozialen Abfederung der Folgen der industriellen Revolution haben auch bürgerliche Kreise in Deutschland nach der Legitimation von Reichtum gefragt, und zwar eines Reichtums, der sich im Gegensatz zur fortschreitenden Armut herausbildet.[3]

In den 20er Jahren des 20. Jahrhunderts standen vor allem die hohen Reichtumsverluste im Zentrum des Interesses, die tragende Teile der alten kaiserlichen Gesellschaft während und nach dem I. Weltkrieg, unter ihnen v.a. der alte Mittelstand, erlitten hatten. Nach der – erfolgreichen – Abwehr der Sozialisierungsdrohungen galt es nun, vor allem die von den Versailler Siegermächten auferlegten Hemmnisse zu überwinden und im Bereich des Wirtschaftens wieder frei von fremdem Einfluß bzw. Diktat zu werden.[4]

Nach dem II. Weltkrieg schließlich gab es – und keineswegs nur in der Sowjetischen Besatzungszone – starke politische Bewegungen, die nach Vergesellschaftung von Grund und Boden, von tragenden Wirtschaftsbereichen und nach weitgehenden Umverteilungen der gesellschaftlichen Ressourcen strebten. Die Währungsreform vom 20. Juni 1948 unterstellte, daß alle Bürger in der marktwirtschaftlichen Stunde Null gleichviel Geld in der Hand hätten und es nun jedermanns/-fraus Sache sei, sein/ihr Glück zu wenden. Das Konzept der Sozialen Marktwirtschaft gab den Rahmen für freigesetzte Marktkräfte, zugleich schuf es Voraussetzungen dafür, daß diejenigen, die in diesem Treiben nicht mithalten können, letztlich sozial abgesichert werden. Der rasch einsetzende Wirtschaftsaufschwung und damit auch die Verbesserung der Lebenslage zunächst der Arbeitenden und später auch der Sozialleistungsempfänger hielt lange Zeit verdeckt, daß nicht nur die Vorstellung gleicher Startbedingungen Fiktion war, sondern daß mit dem Fortbestehen der alten Besitzverhältnisse die Verteilung erneut stark asymmetrisch war, wobei die neoliberale Wirtschaftspolitik massiv den bereits bestehenden und den neu dazugekommenen Reichtum förderte. Es waren mehr Außenseiter wie etwa Kurt Pritzkoleit, die auf diese Entwicklung und darauf verwiesen, daß nicht geringe Vermögenswerte in die Nachkriegszeit gerettet werden konnten, die letztlich durch die nationalsozialistische Aufrüstung sowie

Kriegsführung und durch den Einsatz von Zwangsarbeitern erworben worden waren.[5]

Das Auslaufen des scheinbar selbsttragenden Wirtschaftswunders in den 60er Jahren kratzte nicht nur an dem Image stetig steigerbaren Wohlstandes, sondern machte zugleich die tatsächliche Ungleichverteilung der erwirtschafteten materiellen Ressourcen nach dem II. Weltkrieg deutlich. Erste Untersuchungen etwa zur Einkommens- und Vermögensverteilung entstanden, zugleich mit Plänen, wie das Vermögen breiter gestreut werden könnte.[6]

3 Daten zur Reichtumsentwicklung in Deutschland

3.1 Reichtum – Begriffsbestimmung und Quellen
Reichtum ist zunächst und vor allem – wie auch Armut – relativ. Wenn ein Leben unterhalb der Hälfte dessen, was – im gewichteten Durchschnitt – einem Haushalt zur Verfügung steht, die Grenze zur Armut markiert, so bedeutet das Überschreiten des doppelten durchschnittlichen gewichteten Haushaltseinkommens ebenfalls einen besonderen Einschnitt, der hier als Reichtumsgrenze gefaßt werden soll. Dabei wird über dieses quantitative Kriterium hinaus auch der Nachweis einer besonderen Qualität beim Verbrauch in diesen Haushalten geführt, so daß sich diese Reichtumsgrenze aus quantitativen und qualitativen Kriterien ergibt.

Dabei stellt Einkommen eine Fließgröße dar, die ihrerseits starken Schwankungen unterworfen ist. Im Gegensatz dazu hat das Vermögen eine größere Beharrungstendenz und kann seinerseits erneut Quelle von Einkommen sein. Wichtig ist dabei, wie auch in der Armutsdiskussion, eine Differenzierung innerhalb der Gruppe der Reichen. Ob man sich dabei der Kategorien „reich" und „superreich" bedient, ist weniger erheblich als vielmehr die Tatsache, daß innerhalb der Gruppe der Reichen eine Personengruppe existiert, bei der Einkommen und Vermögen insoweit eine neue Qualität gewinnen, als sie immer wieder zu neuen Quellen von Einkommen und Vermögen werden. Im Nachfolgenden will ich den aktuellen Stand der Reichtumsforschung in Deutschland zusammenfassen und um einige Hinweise auf das europäische Ausland ergänzen.

Das eigentliche Problem aber liegt bei den Quellen. Es gibt in der bundesdeutschen Literatur nur wenige Ansätze, die Entwicklung des Reichtums zu beschreiben und zu analysieren. Beschäftigt man sich mit dem Reichtum, erkennt man sehr schnell, daß es im Grunde keine Quellen gibt, die geeignet sind, aus sich heraus das Bild des Reichtums und dessen Entwicklung zu illustrieren. Es drängt sich der Verdacht auf, daß Unkenntnis über hohe

Einkommen vielleicht sogar eine ihrer Voraussetzungen darstellt. Hohe Einkommensbezieher lieben das Diskrete, vor allem, wenn es um die Offenlegung ihrer Einkünfte geht. Man stelle sich in Deutschland eine vergleichbare Offenlegung der Steuerlisten wie in Schweden vor! Durchgängig basieren Quellen zum Reichtum auf Selbstauskünften (EVS, Panel) bzw. auf der Steuerehrlichkeit. Allerdings kann beim Ineinanderschieben der unterschiedlichen Quellen sehr wohl einiges ausgesagt werden.

Es sind aber nicht nur die Quellen, sondern die Daten selbst, die Probleme bereiten. Man denke etwa an die Altersversorgung: Selbständigenhaushalte regeln dieses im Regelfall auf privatrechtlicher Basis, abhängig Beschäftigte dagegen vorrangig sozialrechtlich. Folglich sagt die absolute Höhe der Nettoeinkommen (Einkommen nach Steuern und Sozialabgaben) wenig aus über das verfügbare Einkommen, hat doch der abhängig Beschäftigte im Regelfall dann schon seinen Beitrag zur Altersvorsorge weitestgehend geleistet, während der Selbständige dieses dann erst selbst tun wird. Dieses hat Konsequenzen bis hin zum Besitz von Immobilien oder sonstigen Werten als Beitrag zur Altersvorsorge. Umgekehrt muß gefragt werden, welcher Grad der Altersabsicherung sozial- und welcher privatrechtlich erreichbar ist – sowie: Was geschieht mit den Anwartschaften im Todesfalle, was ist vererbbar, was nicht? Desweiteren sind Vermögenswerte dann nur schwer erfaßbar, wenn sie im Grenzbereich zwischen privat und geschäftlich anzusiedeln sind. Umgekehrt ist diese Grauzone für den Kreis der Betroffenen keinesfalls bloß negativ zu interpretieren, können doch geschäftliche Investitionen auch die private Lebensqualität verbessern.

Und schließlich ist einzubeziehen, daß die Lebensqualität aller Menschen in unserer Gesellschaft ganz wesentlich von öffentlichen Gütern und Dienstleistungen bestimmt wird, die nicht dem Einkommen des einzelnen zuzurechnen sind, ohne die allerdings der Gebrauch des je individuellen Einkommens weit weniger Ressourcen mobilisieren würde: Dem privaten Swimmingpool des Einkommensstärkeren ist die Infrastruktur mit öffentlichen Bädern etc. gegenüberzustellen, die samt und sonders öffentlich zur Verfügung gestellt werden. Gleiches gilt für Bildung, Kultur u.a.m. Reichtumsdefinition und Reichtumsbetrachtung sind folglich immer eher auf Annäherungen an die Wirklichkeit angewiesen, als daß sie diese zur Gänze darstellen könnten.

Dabei sind Quellen, deren Daten und deren Würdigung mehr als andere Fakten und Zusammenhänge in einem außerordentlichen Maße wertbesetzt und folglich in der sozialen Kontroverse: Ist etwas ein Unternehmensertrag oder ein Profit? Ist etwas eine angemessene Kapitalverzinsung oder eine moralisch unrechtmäßige Bereicherung? Handelt es sich um eine legitime

Verteilungsdiskussion oder um eine Neidhammel-Debatte? Und so weiter
und so fort! Folglich ist schon die wissenschaftliche, geschweige denn die
politische Kontroverse über Verteilungsfragen außerordentlich schwierig. Es
war dies wohl auch der Grund, warum das Sozialwort der Kirchen hier lieber
bloß einen Reichtumsbericht forderte, ohne sich selber in die Diskussion
und damit in die Kritik zu begeben.

3.2 Einkommensentwicklung

Die Bundesrepublik Deutschland ist eines der reichsten Länder der Welt.
Gleichwohl gibt es in der bundesdeutschen Literatur nur wenige Ansätze, die
Entwicklung des Reichtums zu beschreiben und zu analysieren. Beschäftigt
man sich mit dem Reichtum, erkennt man sehr schnell, daß es im Grunde
keine Quellen gibt, die geeignet sind, aus sich heraus das Bild des Reichtums
und dessen Entwicklung zu illustrieren. Es drängt sich der Verdacht auf, daß
Unkenntnis über hohe Einkommen vielleicht sogar eine ihrer Grundvorausset-
zungen darstellt. Hohe Einkommensbezieher lieben das Diskrete, vor allem,
wenn es um die Offenlegung ihrer Einkünfte geht. Sozialstatistik und öffentliche Forschungsförderung tragen diesem Bedürfnis ihrerseits Rechnung[7].

Ohne nun en detail die empirische Erforschung, die der Suche mit dem
Nachtsichtgerät bei scheuem Wild gleicht, nachzuzeichnen, darf ich hier die
Ergebnisse kurz zusammenfassen: In der Armutsforschung hat sich nunmehr
in einem fast zwei Jahrzehnte währenden Diskurs ein Konsens dahingehend
herausgebildet, daß Armut eine relative Größe bezogen auf das durchschnittliche verfügbare, nach Haushaltsgröße gewichtete Einkommen darstellt.

Eine vergleichbare Diskussion um einen Reichtumsbegriff gibt es bislang
nicht. Wenn nun allerdings – so etwa entsprechend EU-Vorstellungen – ein
Leben unterhalb der Hälfte dessen, was – im gewichteten Durchschnitt – einem
Haushalt zur Verfügung steht, die Grenze zur Armut markiert, so stellt das
Überschreiten des doppelten durchschnittlichen, gewichteten Haushaltseinkommens ebenfalls eine besondere Qualität dar, die hier als Reichtumsgrenze
gefaßt werden soll. Liegt also 1993 das durchschnittliche ausgabefähige bzw.
verfügbare Haushaltseinkommen in (West-) Deutschland bei 4.821 DM, ergibt
sich eine so definierte durchschnittliche Reichtumsgrenze bei etwa 9.600 DM.

Diese Reichtumsdefinition auf der Grundlage quantitativer Kriterien bedarf der Ergänzung durch qualitative: Einkommen – aus welchen Quellen
auch immer – dient u.a. der Befriedigung von Bedürfnissen der unterschiedlichsten Art. Kurz zusammengefaßt gilt: Je niedriger das verfügbare Haushaltseinkommen ist, um so stärker ist der Verbrauch auf die Befriedigung des
unumgänglichen Grundbedarfs wie Wohnen, Essen, Energie etc. konzen-

triert. Mit steigenden Haushaltseinkommen wird ein gehobener Konsum möglich, insbesondere entstehen größere Freiräume in den Bereichen Haushaltsführung, Verkehr und Nachrichtenübermittlung, Bildung und Unterhaltung und persönliche Ausstattung. Nach Güterarten gestaffelt steigt mit einem höheren verfügbaren Einkommen die Möglichkeit, langlebige hochwertige Gebrauchsgüter anzuschaffen. Und schließlich nimmt die Sparquote zu.

Mit dem Übergang zu einem verfügbaren Haushaltseinkommen über 10.000 DM im Monat verschieben sich die Haushaltsausgaben im Sinne einer neuen Qualität: Es ist eine erheblich freiere Aufteilung der Haushaltsmittel möglich und dies, obwohl trotz fallendem Anteil der Mietausgaben sowie der Ausgaben für Ernährung am Gesamtbudget bessere Wohnungen und ein höherer allgemeiner Lebensstandard möglich sind – eine knappe sozialstatistische Illustration der Erkenntnis von Bert Brecht: „Nur wer im Wohlstand lebt, lebt angenehm!"

Hinzu kommt, daß Haushalte mit einem ausgabefähigen Einkommen von 10.000 bis 25.000 DM pro Monat 30,0% sparen können. Bedeutet ein Leben mit einem verfügbaren Einkommen von 40 bzw. 50% des durchschnittlichen Haushaltseinkommens eine so erhebliche Einschränkung bei der Bedürfnisbefriedigung, daß man hier von Armut sprechen kann, so stellen umgekehrt eine derartige freie Haushaltsgestaltung, die Befriedigung breiter über Alltagsbedürfnisse hinausgehender Bedürfnisse sowie die hohe Sparquote ebenfalls eine neue Qualität dar, die ich als „Reichtum" bezeichnen möchte. Die EVS weist für 1993 ca. 1,7 Mio. Haushalte mit einem verfügbaren Monatseinkommen von 10.000 DM und mehr aus. 60% von ihnen befinden sich im Bereich zwischen 10.000 und 12.500 DM monatlichen Nettoeinkommens. Schon die Modellberechnung des DIW für 1992 hatte gezeigt, daß sich in den besonders hohen Einkommenssegmenten überdurchschnittlich viele Selbständige befinden. In der Einkommensposition ab 25.000 DM verfügbaren Haushaltseinkommen pro Monat finden sich nur noch Selbständigenhaushalte.

Dabei ist der Übergang wie auch bei der Armutsgrenze fließend, so daß weniger die Zahl der 18.099 ausgewiesenen Einkommensmillionäre (1989) als vielmehr die Zahl von ca. 1,7 Mio. Haushalten von Bedeutung ist, um den Umfang reicher bzw. wohlhabender Haushalte zu bestimmen. Reichtum ist damit aber kein Zustand mehr, der nur eine kleine soziale Gruppe erfaßt, Reichtum ist vielmehr eine auch zahlenmäßig relevante Massenerscheinung der bundesdeutschen Gesellschaft geworden.

An der Einkommensteuerstatistik wird darüber hinaus deutlich, daß es innerhalb dieser reichen Haushalte offensichtlich eine Schwelle gibt, wo die Bedeutung des hohen Einkommens für den persönlichen Verbrauch und die

Sicherung einer gehobenen Lebensqualität relativ gesehen an Bedeutung verliert und der Ausbau einer selbständigen Existenz, die Vermehrung von Kapitalvermögen und vor allem von Produktivvermögen in den Vordergrund rücken. Das meint, daß hier trotz eines nach wie vor beachtlich hohen Lebensstandards genügend finanzielle Ressourcen vorhanden sind, die genutzt werden, um die Ressourcen selbst wieder produktiv zur Quelle von neuem Einkommen werden zu lassen. Ob für eine solche Einkommensklasse, die im Grenzbereich von 500.000 DM zu versteuerndem Einkommen anzusetzen ist, nun die Bezeichnung „superreich" angemessen ist, ist unerheblich. Entscheidend ist, daß in diesem Grenzbereich auch die Einkommen aus selbständiger Tätigkeit zurückgehen, während nun das Einkommen aus dem Besitz an Produktivvermögen an die erste Stelle rückt. Die Einkommensteuerstatistik weist für 1989 54.158 Steuerpflichtige mit Einkünften über 500.000 DM aus. Dies sind 14.000 oder 35% mehr als 1986! Allerdings sind erhebliche Zweifel an der Steuerehrlichkeit gerade dieses und des unmittelbar darunter liegenden Personenkreises angebracht, so daß insgesamt von einer größeren Zahl Steuerpflichtiger in der Gruppe der besonders Reichen auszugehen ist.

3.3 Vermögensreichtum

Dabei stellt Einkommen eine Fließgröße dar, das seinerseits starken Schwankungen unterworfen ist. Im Gegensatz dazu hat das Vermögen eine größere Beharrungstendenz und kann seinerseits erneut Quelle von Einkommen sein. Immerhin deklarierten 1986 102.792 Personen beim Finanzamt ein Rohvermögen in Höhe von 1 Mio. und mehr DM.[8]

Die Datenlage bei der Verteilung der Vermögen ist noch dürftiger als bei den hohen Einkommen. Laut Berechnungen der Deutschen Bundesbank haben die westdeutschen Haushalte 1992 insgesamt ein Bruttogeldvermögen von zusammen 3,26 Billionen Mark angespart. Pro Haushalt ergab dies brutto 110.000 DM – fünfmal mehr als 1979. Dabei zeigen aber erste Ergebnisse der Einkommens- und Verbrauchsstichprobe (EVS) von 1988, daß die untere Hälfte der Haushalte lediglich über sechs Prozent des dort ausgewiesenen Geldvermögens verfügt, während das oberste Prozent der Haushalte dreizehn Prozent auf sich konzentrieren kann. Insgesamt ergibt ein Vergleich, daß das Ausmaß der Konzentration beim Vermögen etwa doppelt so hoch ist wie bei den Einkommen.

Erste Ergebnisse der EVS von 1993 bestätigen diese enorme Vermögenskonzentration: Die Analyse der Einkommens- und Verbrauchsstichprobe von 1983 hatte ergeben (Schlomann 1992), daß damals die 10% reichsten Haus-

halte über fast die Hälfte der erfaßten Vermögenswerte verfügten, während
sich die untere Hälfte der Haushalte mit weniger als 2, % zufrieden geben
mußte. Erste Schätzungen – Berechnungen liegen noch nicht vor – zeigen,
daß die Konzentration nach wie vor hoch ist und daß die oberen 10% der
Haushalte weiterhin über fast die Hälfte der ausgewiesenen Vermögenswerte
verfügen. Allerdings scheint sich im unteren und mittleren Bereich eine
leichte Verschiebung nach unten ergeben zu haben, da die untere Hälfte
nunmehr über fast 10% der dort ausgewiesenen Vermögenswerte verfügt.
Dabei gilt es, zwischen West- und Ostdeutschland zu unterscheiden: Der
Vermögenszuwachs wie die Strukturmerkmale unterscheiden sich z.t. noch
erheblich von der Verteilungsentwicklung in Westdeutschland. In Westdeutschland sind die Geldvermögensbestände seit 1960 stärker gestiegen als
die verfügbaren Einkommen. Zugleich fällt dieser Zuwachs wie der bei den
Vermögenserträgen bei den Selbständigenhaushalten besonders stark aus.
Mit steigenden Einkommen und Vermögen wächst der Trend zu höher-
verzinslichen Vermögensanlagen, was wiederum die mit hohen Vermögenserträgen ausgestatteten Haushalte begünstigt.

Auf die unteren 80% der Haushalte kommen lediglich 26,3% des Geldvermögens, während die oberen 150.000 Haushalte über ein Geldvermögen
von mehr als 1 Mio. DM pro Haushalt und insgesamt bei einem Anteil an
den Haushalten von nur 0,4% 15,5% des gesamten Geldvermögens auf sich
konzentrierten. Die Gruppe der Haushalte mit mehr als 350.000 DM Geldvermögen pro Haushalt machte insgesamt 4,3% der Haushalte aus, auf sie
konzentrierten sich 41,1 % des gesamten Geldvermögens. Nimmt man das
Gesamtvermögen, so verfügen die obersten 5,1% der Haushalte über 35,6%
des gesamten Vermögens, während sich auf die untere Hälfte der Haushalte
nur 9,5% des Vermögens verteilen. Aber auch hier gilt: Die EVS erfaßt nur
gut die Hälfte des privaten Geldvermögens, so daß gerade hier erhebliche
Korrekturen notwendig sein dürften, und zwar im Sinne einer noch stärkeren
Vermögenskonzentration bei den privaten Haushalten.[9]

3.4 Reichtum unter der Steuerschraube?

Die bereits bei dem Klassiker des Kapitalismus, dem schottischen Moral-
philosophen Adam Smith, formulierte Auffassung, daß jeder entsprechend
seines Vermögens zum Bestreiten des Aufwandes des Staates beizutragen
habe, wird aber de facto nicht eingelöst. Der staatliche Gesetzgeber hat in
den letzten 30 Jahren kontinuierlich den Anteil der Einkommensteuer am
Gesamtsteueraufkommen zurückgefahren. Während die auf abhängiger
Erwerbsarbeit basierende Lohnsteuer erheblich an Bedeutung gewonnen hat,

sind Steuern auf Vermögen nunmehr ganz abgeschafft und die auf Gewinne aus Gewerbebetrieben reduziert worden; die breite Bevölkerungskreise stärker belastenden Verbrauchssteuern haben dagegen an Gewicht gewonnen. Dieter Eißels These vom „Marsch in den Lohnsteuerstaat" bzw. die von Claus Schäfer als „duales Steuersystem" apostrophierte Ungleichbehandlung abhängiger Erwerbsarbeit und privaten Verbrauchs auf der einen Seite (Quellensteuern) und der mit einem Gestaltungsprivileg ausgestatteten freiberuflichen und unternehmerischen Tätigkeit andererseits führt im Kontext mit unzureichenden Kontrollmechanismen zu erheblichen Steuerverkürzungen gerade bei den Besserverdienenden.[10] Mögen vorhandene Schätzungen durchaus Schwachstellen aufweisen, so zeigt doch die von Oliver Lang in die Debatte geworfene Zahl von über 100 Mrd. DM im Jahr 1992 zumindest eine Größenordnung und setzt Maßstäbe für eine Politik, die Gleichheit vor dem Gesetz durchzusetzen sucht.[11]

Treten hier noch Ungleichbehandlungen im industriell-gewerblichen Bereich hinzu, wie etwa ein Verzicht auf Überprüfung steuerlicher Grundlagen betrieblicher Einnahmen und der von Freiberuflern, dann liegt die These nahe, daß bestehende Einkommensdifferenzen etwa zwischen den Selbständigen und allen anderen Berufsgruppen sowie die Konzentration von Vermögen gerade auch bei dieser Berufsgruppe keineswegs bloß das Ergebnis von erhöhtem Fleiß, sondern auch von gewährten Steuerprivilegien und zumindest in nicht unerheblichem Umfange von der Möglichkeit ist, Steuern trickreich zu verkürzen oder unentdeckt zu hinterziehen. Zur rechtsstaatlichen und erst sekundär zur sozialstaatlichen Posse gerät, daß „arme" Einkommensmillionäre sogar relativ gesehen mehr Steuern bezahlen müssen als „reiche", die offensichtlich dem Finanzamt gegenüber nicht nur ihr Einkommen entsprechend dem Gestaltungsprivileg deklarieren, sondern auch noch die Steuerhöhe selbst festlegen.[12] Dieses wird offensichtlich von den Finanzämtern akzeptiert, besteht doch die 'Gefahr', daß dieser 'gute' Steuerzahler steuerrechtlich ins Ausland abwandert. Vor dem Gesetz sind eben doch nicht alle gleich!

4 Soziale Polarisierung in Deutschland

Die Gesellschaft in der Bundesrepublik Deutschland hat sich offensichtlich damit abgefunden, daß parallel zum stetig steigenden Wohlstand, ja Reichtum, die Zahl der Personen dramatisch zunimmt, die ohne staatliche Hilfe ihr Auskommen nicht fristen können. Insgesamt hat sich die Verteilungsschieflage in den 80er Jahren in einem starken Maße zugespitzt: Von 1980 bis 1992 hatte sich beispielsweise die Zahl der Empfänger von Hilfen zum Lebensunterhalt in der Sozialhilfe mehr als verdoppelt (Index 1980 = 100, 1992 = 238), während sich gleichzeitig die Anzahl der Haushalte mit einem monatlich verfügbaren Einkommen von 10.000 DM und mehr fast verfünffacht hatte (Index 1992 = 471).[13] Der Anteil dieser reichen Haushalte an der Gesamtzahl aller Haushalte ist von 1980 bis 1992 von 1,5% auf 5% angestiegen, er hat sich also mehr als verdreifacht.[14] Die soeben veröffentlichten Zahlen der Einkommens- und Verbrauchsstichprobe von 1993 bestätigen diesen Trend. Der EVS folgend hat sich die Zahl der Haushalte mit einem monatlichen Nettoeinkommen von 10.000 DM und mehr von 1983 bis 1993 mehr als versechsfacht (6,4-fache), sie stieg von 276.000 im Jahr 1993 über 598.000 im Jahr 1988 auf 1.759.000 im Jahr 1993 - ein Anstieg der selbst bei Berücksichtigung des inflationsbedingten nominalen Anstiegs exorbitant ausgefallen ist!

Global gilt für 1992: Das obere Drittel der privaten Haushalte hat mit einem Anteil von 58,2% der gesamten verfügbaren Haushaltseinkommen in der Bundesrepublik Deutschland mehr als die beiden unteren Drittel zusammen, auf die nur 41 % entfallen. Eine große Differenz besteht noch einmal zwischen dem mittleren und dem unteren Drittel: Auf das untere Drittel aller Haushalte entfällt mit einem Anteil von 15,7% weniger als die Hälfte dessen, was ihm proportional eigentlich zustünde. Aber auch das mittlere Drittel bleibt mit einem Anteil von 26,1% erheblich unter seinem ihm bei gleicher Verteilung zustehenden Drittel.[15] Und diese Entwicklung geht offensichtlich weiter. Vergleichbare Entwicklungen zeigen sich auch in anderen Mitgliedsländern der Europäischen Union, wie die Beispiele Belgien, Niederlande und Großbritannien belegen[16].

Insgesamt zeigt sich in den gerade zurückliegenden 80er Jahren eine zunehmende, teils stärker, teils schwächer ausfallende soziale Polarisierung im Europa der Europäischen Union, regional wie in ihrer Verteilungswirkung. Auf lokaler und regionaler Ebene sichtbar werdende Prozesse sozialer Ausgrenzung ordnen sich so globalen Entwicklungen zu, sie sind nicht ohne weltweite und übernationale Ungleichgewichte denkbar, wie sie umgekehrt auf diese Rückwirkungen haben. Auch in den Transformationsländern Osteuropas kommt es neben einer gravierenden Verarmung insgesamt zu einer stärkeren sozialen Polarisierung. Rußland verkörpert diese rapide Ausdifferenzierung des Wohlfahrtslevels geradezu exemplarisch als eine „Region, deren offizielle Ideologie über mehrere Jahrzehnte Egalität beim Lebensstandard quer über Klassen und Regionen" gewesen ist.[17]

In Wissenschaft und Politik wird die These kontrovers diskutiert, ob die Bundesrepublik Deutschland mehr oder weniger stark sozial polarisiert sei. Auf der einen Seite gibt es Indikatoren, die für eine Stabilität der Verteilungs-

lage sprechen. So hat sich das Ausmaß der Einkommenskonzentration in
den letzten Jahren nur unwesentlich verändert, der Anteil der reichen bzw.
wohlhabenden Haushalte an der Population des *soziökonomischen Panels*
ist in etwa gleich geblieben. Und auch ein internationaler Vergleich zeigt,
daß die Bundesrepublik Deutschland, verteilungspolitisch betrachtet, eine
Mittelposition einnimmt, in der die Verteilung erheblich gleicher als etwa in
den USA ist, aber ungleicher als etwa in den Niederlanden. Auf der anderen
Seite gibt es aber auch Indikatoren für eine stärkere verteilungspolitische
Zuspitzung. So weist die Entwicklung der nach sozialen Gruppen ausgewiesenen durchschnittlichen Haushaltseinkommen nach, daß beispielsweise
Selbständigenhaushalte 1980 nur zweimal, 1994 aber dreimal soviel zur Verfügung hatten wie ein Arbeitnehmerhaushalt.[18] Im Verhältnis der Selbständigenhaushalte zu den Haushalten mit einem Bezug von Arbeitslosengeld bzw.
-hilfe wie auch im Verhältnis zu den Sozialhilfehaushalten hat sich ebenfalls
eine Verschiebung ergeben, am stärksten in den Jahren 1990 und 1991 bei
besonders hohen verfügbaren Einkommen der Selbständigenhaushalte.
Nimmt man also konkrete Haushaltseinkommen sozialer Gruppen, so hat
sich „der Einkommensvorsprung der Selbständigen-Haushalte außerhalb der
Landwirtschaft vor den übrigen Haushaltsgruppen in den achtziger und
neunziger Jahren exorbitant vergrößert".[19] Insgesamt zeigt eine Langfrist-
betrachtung der Einkommensverteilung einen allgemeinen Zuwachs bei den
Einkommen. Allerdings fällt bei genauer Betrachtung die Reduzierung der
unteren Einkommensklassen prozentual „erheblich geringer" aus als die Steigerung in der obersten Klassen. Auch bei Berücksichtigung statistischer
Beeinflussungsgrößen „stellt eine Verzwölffachung des Anteils der Haushalte
mit monatlichen Haushaltsnettoeinkommen über 10.000 DM seit 1978 einen ausgesprochen hohen Zuwachs dar. Hatte 1978 nur einer von tausend
Haushalten im früheren Bundesgebiet ein regelmäßiges Einkommen von
über 15.000 DM im Monat, so waren es 1993 bereits zwölf." 1978 dagegen
befand sich über die Hälfte aller Haushalte im früheren Bundesgebiet in der
Einkommensklasse unter 2.500 DM, doch trotz Halbierung gehört noch fast
jeder vierte Haushalt 1993 zu dieser Gruppe.[20] Daten des *Panels* zeigen
überdies, daß der Vermögensbesitz gerade bei den reichen Haushalten zugenommen hat, diese also reicher geworden sind.

Muß die These von der sozialen Polarisierung modifiziert oder gar aufgegeben werden? Dieses könnte nur dann der Fall sein, wenn man sich darauf
beschränkt, Verteilungsungleichgewichte relativ zu bestimmen. Folglich berufen sich politische Instanzen auch im wesentlichen auf derartige relative
Vergleiche. Außer acht bleibt dabei allerdings, daß Haushalte eine relative

und eine absolute Position im Verteilungsstreit einnehmen. Erst die Verbindung dieser Daten und deren Bezug auf eine quantitative, relative Verteilungsposition und auf qualitative Kriterien für Teilhabechancen in der Gesellschaft machen eine klare Drift einschließlich einer sozialen Polarisierung deutlich. Denn entscheidend ist, welches Einkommensvolumen für die Gestaltung der Lebensbedürfnisse zur Verfügung stehen, in welcher Relation starre Ausgabensegmente zu Möglichkeiten einer freizügigeren Lebensgestaltung stehen. Und schließlich: Das Gleichbleiben der Lorenzkurve bedeutet eben auch, daß beispielsweise das obere Segment ein Plus von 1.000 DM zu verzeichnen hat, wenn das untere Segment 100 DM, das zweite 200 DM, das dritte 300 DM etc. zulegt. Der von Ulrich Beck beschriebene „Fahrstuhleffekt" bedeutet, daß die Abstände zwischen den einzelnen „Etagen" in der Gesellschaft – absolut gesehen – immer größer werden.

5 Innovatorische Funktion von Reichtum

Das Grundinstitut des liberalen Rechtsstaates, die Unschuldsvermutung, gilt selbstverständlich auch für jeden einzelnen Besserverdienenden. Eigentum, Vermögen, Einkommen sind verfassungsrechtlich geschützt, sie sind Teil der Grundrechte in unserer Rechts- und Verfassungsordnung. Bis zum Nachweis ihres unredlichen Erwerbs unterliegen sie diesen Schutzrechten.

Darüber hinaus hat Meinhard Miegel ein Bekenntnis der Politik zur „Schicht der Reichen" gefordert, deren Kreativität und Innovation wichtig für die Fortentwicklung der gesamten Gesellschaft seien.[21]

Reichtum soll und darf also nicht bloß dämonisiert werden. Auch steht er nicht für beliebige Umverteilungsüberlegungen zur Verfügung: Reichtum hat wichtige Funktionen in unserer Gesellschaft, im ökonomischen, sozialen und kulturellen Bereich. Aber Reichtum steht auch nicht außerhalb des gesellschaftlichen Diskurses darüber, welcher Grad an sozialer Ungleichheit in einer Gesellschaft konstruktiv, förderlich wirkt und welcher Grad sozialer Ungleichheit destruktiv ist. Insofern bedarf es eines ausgewogenen gesellschaftlichen Diskurses darüber, wozu Reichtum dient bzw. was Sozialbindung von Eigentum konkret heißen soll.

Der „homo oeconomicus"

Mit Namen wie Alfried Krupp, Werner von Siemens, Henry Ford, die Rockefellers u.v.a.m. verbindet sich das Bild vom tüchtigen, kreativen, wagemutigen und letztlich erfolgreichen Unternehmer, das Joseph A. Schumpeter in seinem Begriff vom „homo oeconomicus" zusammengefaßt hat.[22] Seine

Aufgabe sei es, in der kapitalistischen Gesellschaft die Produktionsstruktur zu reformieren oder gar zu revolutionieren: durch neue Erfindungen, neue, bislang nicht erprobte technische Möglichkeiten zur Produktion. Lebensbiographien solcher Personen sind nun häufig alles andere als Belege für ein Leben auf der gesicherten Grundlage von Wohlstand: Viele, die diese innovatorischen Leistungen erbringen wollten, erlitten Schiffbruch. In Deutschland hat es nach dem Zweiten Weltkrieg noch einmal eine derartige Gründerwelle gegeben.

Insofern der marktwirtschaftliche, auf der Grundlage privaten Kapitals basierende Wirtschaftsprozeß sich letztlich über Angebot und Nachfrage steuert, ist deren materielle Weiterentwicklung strukturell vom Wirksamwerden des innovatorischen unternehmerischen Handelns abhängig. Gewinne dienen folglich der Innovation über Investition. Umgekehrt zeigt sich, daß dort, wo ein innovatorischer Prozeß unterbleibt, oftmals das Ende einer Firmengeschichte, damit aber auch das Ende der dort vorhandenen Beschäftigungsmöglichkeiten eingeleitet oder gar besiegelt wird. Reichtum stellt folglich eine Vorbedingung für unternehmerische Risikobereitschaft dar, versehen mit der Chance auf weiteren Gewinn, aber auch mit der Gefahr, das bislang Geschaffene oder Ererbte ganz oder teilweise zu riskieren. In der Bundesrepublik Deutschland ist eine Diskussion darüber entbrannt, ob und inwieweit insbesondere die Großunternehmen und deren Management dieser innovatorischen Aufgabe derzeit überhaupt noch gerecht werden und ob nicht die notwendige Risikobereitschaft und Dynamik eher bei kleineren Unternehmen zu finden ist.

Sozialer Genuß: das Mäzenatentum

Reichtum ermöglicht, Gutes zu tun. Natürlich könnte dies auch im Verschenken von einzelnen Geldscheinen an beliebige Bedürftige bestehen. So hat die Heilige Elisabeth gegen den ausdrücklichen Befehl ihres Gatten, des Herrn Landgrafen, Hab und Gut unter die Armen verschenkt. Dafür bekam sie dann zwar nicht irdischen Lohn von ihrem Ehemann, wohl aber himmlischen, zumindest päpstlichen: Sie wurde heiliggesprochen.

Doch auf solchen Gotteslohn verlassen sich Reiche selten. Ihre Schenkung soll schon zu ihren Lebzeiten mit ihrem Namen verbunden werden, zumindest soll nach ihrem Ableben diese Schenkung ihren Namen tragen, auf immer mit ihrem Namen verbunden werden.

Unzählig sind solche Stiftungen, in jedem deutschen Museum verweisen kleinere und größere Schilder auf Leihgaben, Schenkungen, ja ganze Sammlungen, die vordem in Privatbesitz gewesen sind. Die Namen großer Wirtschaftsunternehmen sind inzwischen mit Stiftungen für wissenschaftliche, kulturelle und soziale Zwecke verbunden. Ihr Sponsoring ist für weite Teile des kulturellen Lebens inzwischen unverzichtbar, gehen doch von hier Innovationen etwa im Hochschulbereich, der Forschungsförderung, der Förderung von wissenschaftlichem und kulturellem Nachwuchs aus.[23] Dabei haben diese Stiftungen durchaus auch die Funktion, das öffentliche Ansehen der entsprechenden Unternehmung zu verbessern. Steuern sollen und können so auch gespart werden.

Neben diese Stiftungen und Fördereinrichtungen tritt in letzter Zeit verstärkt das geschäftsmäßige Sponsoring. In den USA ist eine solche Praxis bereits weit fortgeschritten und zu einer weitverbreiteten Finanzierung des Wissenschafts-, Hochschul- und Kulturlebens geworden, vom Sport ganz zu schweigen. Gutes tun und darüber reden, dies ist die Maxime.

Es sagt etwas über die Wertigkeit von Kultur und sozialem Engagement in unserer Gesellschaft aus, wenn sich solches Mäzenatentum nur in Randbereichen auf soziale Belange bezieht. Dabei gibt es auch hier durchaus historisch leuchtende Vorbilder, erste Siechenhäuser in den europäischen Städten, die Franckeschen Stiftungen in Halle, das Rauhe Haus in Hamburg, Krankenhäuser u.a.m. Gleichwohl verbindet sich Reichtum eher mit dem Schönen als mit dem Mangel. Dies schließt nicht aus, daß auch hier gespendet wird. Doch die Spende unterscheidet vom Mäzenatentum im Regelfall nicht nur die – geldliche – Größe, sondern vor allem der persönliche Einsatz.

Trendsetter im Konsum

Und schließlich kann nicht übersehen werden, daß es häufig Reiche gewesen sind, die neuen Produkten und Dienstleistungen zum Durchbruch verholfen haben. Zu erinnern ist an viele größere Erfindungen von der Post, über die Bahn bis hin zum Automobil, Fernsehen und aktuell dem PC sowie neuen Formen der Datenübermittlung. Im Regelfall sind die anfänglich sehr teuren Waren und Dienstleistungen zunächst von einer kleinen Schicht Privilegierter in Anspruch genommen worden, bis dann neue Fertigungsmethoden, Einkommensverhältnisse und soziale Verhaltensmuster deren Übernahme durch breite Bevölkerungskreise ermöglichten.

Dabei wird hier allerdings zugleich auch die Kehrseite deutlich: Das jeweilige *individuelle* Bedürfnis nach Luxus, Bequemlichkeit, Genuß etc. bestimmt die Entwicklungsrichtung von Innovationen: Gefördert wird die Auto-Mobilität, nicht der kollektive Verkehr. Fragen der Umweltverträglichkeit werden individuellen Bedürfnissen nachgeordnet. Interessen der Herkunftsländer von Rohstoffen und Produkten geraten in Vergessenheit gegenüber dem Begehr auf unverwechselbaren Konsum. Der Lebens- und Genußstil, von kleinen

Konsumeliten in Gang gesetzt, wird mitunter zu einer ökologischen
Stampede, wenn dieser Konsumstil verallgemeinert wird.

Dies führt zu einer weiteren Entwicklung, die Gerhard Schulze eindrucksvoll belegt hat: Mit steigendem Wohlstand in einer Gesellschaft werden
eindeutige Zeichen des Reichtums sukzessive entwertet.[24] Der Mercedes ist
nicht mehr der Ausdruck von der Zugehörigkeit zu einer exklusiven Schicht
bessergestellter Bevölkerungskreise. Urlaubsziele „verkommen" zum touristi-
schen Alltag. Um sich nun seiner Zugehörigkeit zu einer exklusiven Schicht
Bessergestellter zu vergewissern, bedarf es zum einen eines immer höheren
finanziellen Aufwandes, zugleich ständig neuer Gegenstände, Ziele, Formen der
Bedürfnisbefriedigung. Im Erstürmen der letzten Reservate dieser Erde, im
Erwerb und sei es selbst kriminell entwendeter Kunstschätze, in einer immer
ungehemmter sich verwirklichenden „Erlebnisgesellschaft" fallen letzte Tabus.

6 Reichtum als Leit- und als Leidbild

Jede Wochen hoffen Millionen Menschen auf das große Glück im Lotto.
Sich leisten zu können, was man will, genug zu haben, auch für das Alter,
Privilegien eingeräumt zu bekommen, die andere nicht besitzen, Gutes tun
zu können, damit man die Dankbarkeit anderer erfährt: Dies ist der diskrete
Charme, den Reichtum ausmacht.

Reichtum ist ein *Leitbild*, das letztlich für soziale Differenzierung steht:
Leistung und Konkurrenzverhalten werden verlangt, mit ihnen sind positive
Gratifikationen verbunden, materielle und immaterielle. Leistung und Kon-
kurrenz sind die vorherrschenden Verhaltensanforderungen, wo Reichtum als
Gratifikation geboten wird. Reichtum kennzeichnet eine herausgehobene
Position in der Gesellschaft, auch wenn sich diese Position angesichts millio-
nenfacher Besetzung gleichzeitig ein Stück weit selbst wieder entwertet. Ein
Gotha der reichen Leute käme nun nicht mehr mit der Nennung von 10.000
Personen aus, es sei denn, man verschiebt den Reichtum auf die oberste
Spitze, die allerdings nur die des Eisberges von Reichtum wäre. Früher war
Reichtum ein Schritt hin zur Zugehörigkeit zu einer Elite. Doch wie breit
kann eine Elite in der Gesellschaft verankert sein? Und bedürfte es da nicht
genauerer Differenzierungen, wie ein solcher Reichtum entstanden ist, anson-
sten wäre die Mafia wohl die Elite der Nation.[25]

Aber Reichtum ist auch ein *Leidbild*. Die Abkoppelung bzw. das Abge-
koppelt-Werden von den Möglichkeiten und Zwängen dieser Leistungs- und
Konkurrenzethik stellen im Regelfall den Einstieg in Verarmungskarrieren dar
bzw. verfestigen dieselben. Dabei geht es nicht um eine undifferenzierte

Verteufelung von Leistung und Konkurrenzverhalten. Jedes für sich hat durchaus wichtige soziale Funktionen in einer Gesellschaft, die aus sich heraus den Wohlstand ihrer Bürger sichern und ggf. mehren will. Die Leistung des einzelnen aber wird nicht daran gemessen, was jemand tatsächlich leisten kann, ob er das ihm Mögliche für sich selbst und die Gesellschaft leistet, sondern seine Leistung wird an der anderer gemessen: Der intellektuell Schwächere wird am geistig Fitten gemessen, der gesundheitlich Beeinträchtigte am Gesunden, der mit ungünstigeren Startchancen an dem, dem qua Begabung und/oder sozialem Milieu alle Steine aus dem Weg geräumt wurden bzw. werden.

Insbesondere bei nicht wenigen jungen Menschen wächst der Frust, aus ihrer No-Winner-Situation heraus keine Chance zu haben, ihren Anteil am Reichtum dieser Gesellschaft zumindest auf legalem Wege erhalten zu können. Sie neiden anderen das, was diese bekommen, sie verteufeln sozial noch Schwächere, ja, sie werden tätlich, mit zum Teil tödlichem Ausgang! Hoyerswerda, Solingen und Mölln zeigen das rapide wachsende Gewaltpotential in unserer Gesellschaft. Dagegen soll, so fordern konservative Innenpolitiker, der Staat aufrüsten. Natürlich muß Gewalt, zumal der Anschlag auf Leib und Leben, abgewendet werden. Doch zielt die zunehmende öffentliche und private Aufrüstung insgesamt in die falsche Richtung: Nicht der soziale Diskurs über Verteilungsfragen wird in dieser Gesellschaft gesucht, sondern die Wagenburg der Reichen wird noch fester geschlossen. Untersuchungen zeigen die auch zunehmend sozialräumliche schroffe Trennung von Armut und Reichtum in den Städten. Private Sicherungsdienste haben Hochkonjunktur!

Nicht erst die von der SPD im Bundestagswahlkampf 1994 in Deutschland entfachte Diskussion um die „Besserverdienenden" hat deutlich gemacht, wieweit inzwischen in dieser Gesellschaft der Unwillen reicht, sich auf Verteilungsdiskussionen über verbale Bekenntnisse hinaus überhaupt noch ernsthaft einzulassen. Auch aus dem DGB selbst kamen Stimmen, die die Einkommensgrenze für eine Ergänzungsabgabe so hoch ansetzen wollten, daß dann wirklich kaum noch ein DGB Funktionär davon betroffen gewesen wäre! Man könnte bissig formulieren: Auch die Kinder des Sozialstaates fressen ihren Vater/ihre Mutter! Positiv an dieser Entwicklung ist sicherlich, daß Prioritäten und Grenzen von Verteilung und Umverteilung diskutiert werden. Insgesamt allerdings gerät der z.T. schon vorhandene, mit Sicherheit aber mittelfristig erheblich steigende Problemdruck aus dem Blickfeld, der sich aus auf Dauer angelegten sozialen Marginalisierungsprozessen ergibt, national wie international. Deutschland wird nicht als Insel der Glückseligen an den Gestaden eines großen destabilisierten Wirtschaftsraums etwa in Osteuropa fortexistieren können. Und innenpolitisch ist das Verdrängen von

Fragen etwa nach den Partizipationschancen für jene, die vom Arbeitsmarkt
und darüber hinaus sozial ausgegrenzt werden, auf Dauer nur unter verstärk-
ter privater und/oder staatlicher Aufrüstung denkbar. Der ehemalige, lang-
jährige Vorsitzende des Jugendgerichtstages, Christian Pfeiffer, hat in über-
zeugender Weise den Zusammenhang von Verarmung und dem Entstehen
bestimmter Formen von Kriminalität bei Jugendlichen herausgearbeitet.[26]
Die Politik wäre gut beraten, sich die Ergebnisse dieser Studien als Basis einer
ernstzunehmenden Kriminalitätsvermeidung zu eigen zu machen.

Wenn es stimmt, daß Armut die Kehrseite einer auf Leistung und Konkurrenz fußenden Gesellschaftsordnung sind, daß also die soziale Ausgrenzung die
Kehrseite von sozialem Aufstieg ist, dann werden Ausmaß und Qualität sozialer Ausgrenzung nicht trotz, sondern mit steigendem Wohlstand zunehmen!

Es gibt soziale Hierarchisierung und diese hat eine wichtige Funktion für
unsere Gesellschaft. Eine derartige soziale Hierarchie allerdings wird nur
dann sozial akzeptiert werden können, wenn sie auf einer Absicherung von
Mindestrechten für alle beruht. Über die liberalen Grund- und Freiheits-
rechte hinaus, deren Bedeutung gerade angesichts wachsender Gewalt in
dieser Gesellschaft wichtiger denn je sind, bedarf es sozialer Grundrechte, zu
denen die angemessene Gewährung von Nahrung, Kleidung, Wohnung, Bildung, Arbeit, Versorgung im Alter und im Krankheits-/Pflegefall gehören. Je
schneller und je gründlicher diese Gesellschaft darüber nachdenkt, wie solche
Mindeststandards gewährt werden können, um so eher sind die gewaltsamen
Protestaktionen gegen soziale Ungleichverteilung und Chancenlosigkeit gerade bei den Jugendlichen und jungen Erwachsenen zu stoppen.

Anmerkungen

* Professor an der Evangelischen Fachhochschule RWL in Bochum

1 Hegel, G.W.F., Rechtsphilosophie, Paragraph 243 und 245, in: Hegel: Werke,
   Frankfurt/M, Band 7, S. 389 und 390.

2 Marx, K., Engels, F., Werke Berlin 1974, S. 36 f.

3 vgl. u.a. Seldis, A., Der moderne Reichthum und das menschliche Lebensglück,
   Berlin 1872; Marfels, C., Die zunehmende Verarmung inmitten des Reichthums, Berlin
   1896; Posadowsky-Wehner, A. Graf v. , Luxus und Sparsamkeit, Göttingen 1909.

4 Neckarsulmer, E., Der alte und der neue Reichtum, Berlin 1925.

5 Pritzkoleit, K., Das kommandierte Wunder, Deutschlands Weg im 20. Jahrhundert, Wien, München, Basel 1959; ders., Auf einer Woge von Gold, Der Triumph
   der Wirtschaft, Wien, München, Basel 1961.

6 Krelle, W., Schunck, J. und Siebke, J., Überbetriebliche Ertragsbeteiligung der
   Arbeitnehmer. Mit einer Untersuchung über die Vermögensstruktur der Bundesrepublik Deutschland, Tübingen 1968.

7   vgl. zum Nachfolgenden: Huster, E.-U., Einkommensverteilung und hohe Einkommen in Deutschland, in: ders. (Hg.), Reichtum in Deutschland, Die Gewinner der sozialen Polarisierung, 2. erweiterte und aktualisierte Auflage, Frankfurt/ M New York 1997; ders. Reichtum in Deutschland – Von der Schwierigkeit, über ein Tabu zu sprechen, in: WSI-Mitteilungen, Heft 10/1994, S. 635 ff; Deutsches Institut für Wirtschaftsforschung , Wochenbericht 45/1994: Das Einkommen sozialer Haushaltsgruppen in Westdeutschland im Jahr 1992, S. 769 ff.

8   vgl. Schlomann, H., Die Entwicklung der Vermögensverteilung in Westdeutschland, in: Huster (Hg.) a.a.O. S. 54 ff.

9   vgl. Schäfer, C., Mit falschen Verteilungs- „Götzen" zu echten Standortproblemen – Zur Entwicklung der Verteilung in 1995 und den Vorjahren, in: WSI-Mitteilungen, Heft 10/1996, S. 597.

10 vgl. Eißel, D., Reichtum unter der Steuerschraube?, Staatlicher Umgang mit hohen Einkommen und Vermögen, in: Huster (Hg.) 1997 und Schäfer, a.a.O., S. 612.

11 Lang, O., Steuervermeidung und -hinterziehung bei der Einkommensteuer: Eine Schätzung von Ausmaß und Gründen, in: ZEW Newsletter des Zentrum für Europäische Wirtschaftsforschung GmbH Mannheim, Heft 1 – April 1993, S. 13-19; Lang, O., Einige empirische Fakten zu Ausmaß und Arten der Steuervermeidung bei der Einkommensteuer, in: Caritas, Heft 2 – Februar 1994.

12 vgl. Eißel, a.a.O..

13 vgl. Huster, in: ders. (Hg) a.a.O.

14 vgl. Deutsches Institut für Wirtschaftsforschung, Wochenberichte Nr. 4/1982 und Nr. 45/1994.

15 Deutsches Institut für Wirtschaftsforschung, Zahl und Nettoeinkommen der Haushalte in der Bundesrepublik Deutschland 1992, Typoskript.

16 vgl. hierzu insgesamt: Huster, E.-U., Armut in Europa, Opladen 1996.

17 Unicef, Poverty, Children and Policy: Response for a Brighter Future, Regional Monitoring Report – No. 3, 1995, Florence, S. 29.

18 Deutsches Institut für Wirtschaftsforschung, Wochenbericht 18/1995, S. 357.

19 Deutsches Institut für Wirtschaftsforschung, Wochenbericht 18/1995 S. 360.

20 Hertel, J., Einnahmen und Ausgaben der privaten Haushalte 1993, Ergebnisse der Einkommens- und Verbrauchsstichprobe, in: Wirtschaft und Statistik, Heft 1, S. 55 f.

21 Miegel, M., Die verkannte Revolution (1), Einkommen und Vermögen der privaten Haushalte, Stuttgart 1983, S. 130.

22 Schumpeter, J.A., Kapitalismus, Sozialismus und Demokratie, dt. Bern 1950, vgl. Espenhorst, J., Reichtum als gesellschaftliches Leitbild, in: Huster (Hrsg.) a.a.O., S. 132 ff.

23 vgl. Espenhorst, J., Reichtum als gesellschaftliches Leitbild, in: Huster (Hg.) 1997.

24 Schulze, G., Soziologie des Wohlstands, in: Huster (Hrsg.) a.a.O., S. 195 f.

25 Henke, U., Elite oder ...„einige sind gleicher", in: Huster (Hrsg.), a.a.O. S. 158.

26 Pfeiffer, Chr. und Ohlmacher, Th., Anstieg der (Gewalt-)Kriminalität und der Armut junger Menschen, in: Lamnek, S. (Hg.), Jugend und Gewalt, Devianz und Kriminalität in Ost und West, Opladen 1995, S. 259 ff.

Gilbert Ziebura *

Triumph der Ungleichheit – Reichtumsproduktion und -verteilung im Prozeß der Globalisierung

1 Kapitalismus und Ungleichheit

Wenn die Logik der kapitalistischen Produktionsweise in der Mehrwerterzeugung und damit in der Kapitalakkumulation besteht, gehört die Schaffung von Ungleichheit zu ihren Wesenselementen. Denn die Notwendigkeit optimaler Kapitalverwertung setzt nicht die Diffusion, sondern die Konzentration von Vermögen voraus – nach der alten Erkenntnis: Wo viel ist, kommt mehr hinzu. („You've got to have money to make money.") Das bedeutet aber, daß die große Mehrheit der Menschen, die gerade ihr Überleben (oder etwas mehr) gewährleisten kann, gar nicht in den Stand versetzt wird, ja nicht versetzt werden darf, am mehr oder weniger lustvollen Geschäft der Kapitalvermehrung teilzunehmen, was immer die Verfechter eines „Volkskapitalismus" verkünden mögen. Es liegt nun einmal in der Natur des Kapitalismus, daß Ungleichheit sich nur in dem Maß vermindern läßt, wie der Anhäufung von Reichtum Grenzen gesetzt werden, die freilich niemals die für das Wachstum erforderliche Kapitalintensität antasten dürfen: eine wahre Quadratur des Kreises!

Während man sich schon immer eingehend mit dem Phänomen der Armut beschäftigt hat, gilt das nicht für die Frage, unter welchen Umständen und vor allem in welchem Umfang Reichtum entsteht.[1] Dafür gibt es mehrere Gründe. Zunächst läßt sich der Begriff der Armut leichter definieren. So wird heute von den Internationalen Organisationen die Armutsgrenze in der Regel bei einem Einkommen von einem Dollar pro Tag und Kopf festgesetzt. Das ist methodisch nicht unproblematisch, weil Armut je nach gesellschaftlichem Umfeld relativ ausfällt. Aber der Begriff läßt sich differenzieren, und dann kann man sozialwissenschaftlich mit ihm umgehen. Wichtiger ist die Tatsache, daß die Besitzenden spätestens seit Beginn der Industrialisierung das sozial explosive Potential der „gefährlichen Klassen" fürchteten und es folgerichtig, wenigstens in Ansätzen, zu entschärfen suchten.

Ganz anders verhält es sich mit dem Reichtum. Gibt es so etwas wie eine „untere Reichtumsgrenze"? Ist z.B. jeder, der den höchsten Steuersatz zu zahlen hat, schon zu den Reichen zu zählen? Um das Maß an Reichtum zu erfassen, müßten Steuererklärungen einsichtig sein. Selbst wenn es der Fall wäre, werden, wie die immer wieder aufgedeckten, oft massiven Steuerhinterziehungen zeigen, selten alle Quellen des Reichtums angegeben. Auch die von der amerikanischen Zeitschrift *Forbes Magazin* regelmäßig veröffentlichten und sorgfältig recherchierten Listen der „Reichsten der Welt" (Milliardäre/Millionäre) geben wohl nur den untersten Wert der akkumulierten Vermögenswerte an, vermitteln aber doch, vor allem über längere Zeiträume, ein eindrucksvolles Bild von der Entwicklung der Spitzeneinkommen und großen Vermögen. Dennoch bleibt die Frage unbeantwortet, wer unterhalb dieser Gruppe zu den Reichen gehört. Wo liegt die Schwelle zwischen den sog. „Besserverdienenden" und den Reichen? Sind es in einer nationalen, regionalen oder globalen Einkommenspyramide die oberen 5, 10 oder 20 Prozent der Bevölkerung?

Hinzu kommt, daß Vermögensverhältnisse generell auf merkwürdig zurückhaltende Weise thematisiert werden, obwohl auch sie dazu beitragen können, die Kohäsion der Gesellschaft zu unterminieren. Jede kritische Auseinandersetzung wird sofort als Ausfluß eines Neidkomplexes diffamiert. Schließlich wird in der Logik des Systems Vermögensbildung als Motor für Investitionen, also als Vehikel der Kapitalakkumulation, geschützt und sogar gefördert (z.B. durch „Abschreibungen"). Der so entstehende Reichtum ist mithin zur Reproduktion des Systems unerläßlich. Absurderweise gehört selbst der durch Spekulation erworbene Reichtum dazu. Einer der Gurus des Neoliberalismus, F. A. von Hayek, geht noch einen Schritt weiter. Für ihn bringen überdurchschnittlich befähigte Menschen der Gesellschaft auch überdurchschnittlichen Nutzen. Ihre höheren Einkommen und Vermögen sind deshalb legitim, was auch für die Vererbung gilt (Conert 1998, 320). Ungleichheit ist demgemäß anthropologisch verankert: das Glaubensbekenntnis aller Konservativen. Im Calvinismus schließlich wird Reichtum ethisch und religiös überhöht, indem er als Zeichen göttlicher Gnade gilt, was Max Weber bekanntlich dazu brachte, einen engen Zusammenhang zwischen protestantischer Ethik und Kapitalismus zu sehen.

Daß mit der Durchsetzung des kapitalistischen Weltsystems soziale und regionale Ungleichheit zwei Seiten derselben Medaille sind, dieses System folglich in jeder Phase seiner Entwicklung eine strikt hierarchische Gestalt angenommen hat, gehört zu den Grunderkenntnissen historischer Sozialwissenschaft und Internationaler Politischer Ökonomie. Unverkennbar ist, daß sich Reichtum, also erheblich über dem Durchschnitt liegende Vermögen zwar nicht ausschließlich, aber vornehmlich in den Wohlstandszentren herausbildeten, also dort, wo der Handels- und später der Industriekapitalismus seine höchste Entwicklungsform gefunden hat. Das waren – vom 14. bis 16. Jahrhundert als Knotenpunkte des intra- und transkontinentalen Handels – Hafenstädte wie Venedig und Genua und im 17. Jahrhundert, nachdem sich das Wohlstandszentrum nach Nordwesteuropa verlagert hatte, v.a. Amsterdam und Antwerpen, Zentren, deren Reichtum man noch heute in den Patrizierhäusern, die damals entstanden, bewundern kann und die man heute „global cities" (Sassen 1996) nennt – Orte mit freilich oft extremen Einkommensdisparitäten.

Zugleich bildete sich das moderne Bankwesen heraus als zentrale Institution zur Finanzierung der Handelsunternehmen. Das Bankhaus der Fugger in Augsburg vor allem, das nicht nur ein Europa umspannendes Netz von Faktoreien unterhielt, sondern auch das Investmentbanking in großem Umfang praktizierte, sammelte im 16. Jahrhundert einen derartigen Reichtum an, daß es imstande war, die von Kaiser Karl V. geführten Kriege zu finanzieren und sogar Einfluß auf Kaiserwahlen zu nehmen. Mit anderen Worten: Dieser „bürgerliche" Reichtum übertraf bei weitem die finanziellen Möglichkeiten des mächtigsten Herrscherhauses der Zeit. „Wie Geld sich in der Renaissance als geprägte Freiheit erwies, wurde es auch ein Gut, das alle anderen Güter zu genießen erlaubte." Noch heute gelten die Fugger als das einflußreichste Kaufmannsgeschlecht des Jahrtausends. „Politik, Geschäft und Gewinn war für die Fugger oft eins" (Finsterbusch 1999).

So war es nur folgerichtig, daß sich mit der industriellen Revolution Reichtum in den neuen, zukunftsweisenden Wachstumsbranchen konzentrierte. Die erste Welle technologischer Innovationen auf der Grundlage der Dampfkraft brachte die Blütezeit der Schwerindustrie, die einem Unternehmer wie Friedrich Alfred Krupp zum reichsten Mann im wilhelminischen Reich machte. Man schätzte sein *jährliches* Einkommen auf mehr als 25 Mill. Goldmark ein, ein Betrag, der, in Kaufkraft berechnet, weit über dem entsprechenden Wert in DM liegt. Das war allerdings nur möglich, weil Krupp das nationalistische und expansionistische Rüstungsprogramm seines Kaisers zu realisieren half, v.a. in Gestalt des Schlachtflottenbaus, der Unmengen von Eisen und Stahl verschlang. Nicht zufällig war er auch der größte Gewinner des Ersten Weltkriegs. Diese Symbiose aus Schwerindustrie, Aufrüstung und Krieg machte sich für die Unternehmer bezahlt, während die breiten Massen mit ihrem Leben und bitterer Armut büßten. Die Verarmung großer Teile des Klein- und Mittelbürgertums destabilisierte schließlich Staat und Gesellschaft.

Da die Wachstumsindustrien der zweiten technologischen Revolution, die sich im letzten Drittel des 19. Jahrhunderts durchsetzten (v.a. Elektro- und Chemieindustrie, Auto) eine höhere Kapitalintensität verlangten, kam es durch die sich nun intensivierende Verbindung von Bank- und Industriekapital zum Finanzkapital zu einer neuen Qualität der Akkumulation, wie

Hilferding und andere beobachteten. Kein Wunder wenn hier eine neue
Quelle des Reichtums sprudelte. Bankmagnaten wie Rockefeller oder Auto-
könige wie Henry Ford stießen im Ranking der Reichsten nach oben. Aber
die beginnende Massenproduktion verlangte auch den Massenkonsum. Um
Überproduktion zu vermeiden, mußte die Nachfrage gestärkt werden. Ford
selbst verkündete, daß diejenigen, die das Standardmodell „T" produzierten,
auch imstande sein müßten, es zu kaufen. Auf dieser Formel beruhte bekanntlich der Erfolg des fordistischen Wachstumsmodells, das, verbunden
mit Sozialstaat und keynesianischer Regulierung, v.a. in den entwickelten
Industrieländern nach dem Zweiten Weltkrieg seinen Höhepunkt erlebte.

Folgerichtig schwächten sich die Einkommensdisparitäten in den reichen
Ländern ab, zeitweilig sogar zwischen ihnen und den armen Ländern der
Dritten Welt, weil sich die Austauschverhältnisse („terms of trade") in einer
grundsätzlich komplementären Weltarbeitsteilung nicht allzu sehr verschlechterten. Nachdem sich eine Reihe von erdölexportierenden Ländern zum
Kartell der OPEC zusammengeschlossen hatte, das 1973 und 1979 den
Ölpreis drastisch erhöhte, kam es zu einer enormen Konzentration von
Reichtum in den Händen der dort Herrschenden, die sie zwang, ihr über-
schüssiges Kapital anzulegen. Damit entstand eine in diesem Umfang bis
dahin unbekannte Kapitalliquidität. Sie legte, gemeinsam mit der verallgemeinerten Liberalisierung und Deregulierung, den Grundstein für ein inter-
nationales Finanzsystem, in dem der Anteil des spekulativen gegenüber dem
investiven Kapital langsam, aber kontinuierlich stieg und damit die Chancen
der Geldvermögensbesitzer verbesserte, ihren Reichtum in schwindelnde
Höhen zu treiben.

2 Neoliberale Globalisierung und Reichtum: die Fakten

Tatsächlich hat seit Anfang/Mitte der 80er Jahre mit der Durchsetzung der
neoliberalen Globalisierung der Reichtum *explosionsartig* zugenommen und
damit die Ungleichheiten verschärft und zwar sowohl innerhalb der Gesellschaften (sozial und regional) wie zwischen ihnen, wie zahlreiche Untersuchungen nachgewiesen haben[2]. Die Zahlen spiegeln einen in der kapitalistischen Produktionsweise beispiellosen Befund wider. So stellt der von der
UNDP (Entwicklungsprogramm der Vereinten Nationen) veröffentlichte *Bericht über menschliche Entwicklung 1998* (S. 35ff.) fest: „1960 verfügten die
20% der Weltbevölkerung, die in den reichsten Ländern lebten, über ein
30mal höheres Einkommen als die ärmsten 20%; 1995 war ihr Einkommen
schon 82 mal höher." Noch krasser: Nach dem UNDP-Bericht 1999 verfügt

das reichste Fünftel der Weltbevölkerung über 86% des Welt- Bruttosozialprodukts, das ärmste Fünftel über 1%! Nicht zufällig sind die Einkommensdisparitäten in den entwickelten Ländern am größten, in denen der Neoliberalismus am radikalsten praktiziert wurde: in Großbritannien und in den USA.

Darüber hinaus weist der UNDP-Bericht 1998 auf ein besonders bemer-
kenswertes Phänomen hin: „die außerordentliche Konzentration von Reichtum auf eine kleine, ultrareiche Gruppe." (ebd., Kasten 1.3): So ergaben
Schätzungen für 1997, „daß die 225 reichsten Personen der Welt über ein
Gesamtvermögen von 1.015 Mrd. US-Dollar verfügen. Dies entspricht dem
jährlichen Einkommen der ärmsten 47% der Weltbevölkerung (2,5 Mrd.
Menschen)." Betrachtet man die geographische Herkunft dieser Ultrareichen,
stammen 60 von ihnen (mit einem Gesamtvermögen von 311 Mrd. Dollar)
aus den USA, 21 (111 Mrd. Dollar) aus Deutschland, 14 (41 Mrd. Dollar) aus
Japan, aus den Industrieländern insgesamt 147 (insgesamt 645 Mrd. Dollar
und aus den Entwicklungs- und Schwellenländern immerhin 78 (370 Mrd.
Dollar), aus Afrika allerdings nur zwei, beide aus Südafrika. Man sollte nie
vergessen, daß eng mit dem Westen verbundene Diktatoren wie Mobuto
(Zaire/Kongo), das Ehepaar Marcos (Philippinen) oder die Familie Suharto
(Indonesien) u.a. Vermögen aus ihren Ländern preßten, die, nach ungenauen
Schätzungen, durchaus 20, 30 Mrd. Dollar umfaßten und auf Konten im
Ausland deponiert wurden.

Der ganze Skandal dieser Konzentration des Reichtums wird deutlich,
wenn man ihn, wie es beide UNDP-Berichte tun, zu der in den Entwicklungs-
ländern herrschenden Armut in Beziehung setzt. So überstieg 1997 das Vermögen der drei reichsten Personen das Gesamt-BIP der 48 am wenigsten
entwickelten Länder, dasjenige der 15 Reichsten das Gesamt- BIP von Afrika
südlich der Sahara, dasjenige der 32 Reichsten das Gesamt-BIP von Südasien,
dasjenige der 84 Reichsten das BIP Chinas! Um allen Menschen auf der Welt
die elementarsten Lebensbedingungen (Ernährung, sauberes Wasser, Gesund-
heitsversorgung, Ausbildung) zu ermöglichen, wären etwa 40 Mrd. Dollar
jährlich erforderlich, also weniger als 4% des Gesamtvermögens der 225
reichsten Personen.

Nun könnte man meinen, daß weder *diese* Form der Akkumulation von
Reichtum, noch die damit verbundene enorme Kluft zwischen reich und arm
ein Novum in der Geschichte des Kapitalismus ist. Zumindest aber die
Geschwindigkeit, mit der sich Reichtum im Zeitalter des globalisierten Kapitalismus vermehrt, stellt ein Novum dar und wirft damit ein bezeichnendes
Licht auf das, was ihn von früheren Erscheinungsformen unterscheidet. Schon
immer gab es, wie Marx und Engels im Kommunistischen Manifest bemerk-

ten, den Drang des Kapitals, sich weltweit auszudehnen. Aber erst das historische Zusammentreffen von Liberalisierung und modernen Hochtechno-
logien im Bereich der Informations- und Kommunikationsindustrien, das
Raum und Zeit relativiert, verlieh den traditionellen Formen der Internationalisierung eine neue Qualität, von der insbesondere die Finanzmärkte, aber
auch die elektronischen Medien profitieren. Reichtum entsteht (und vergeht
bisweilen) nun in atemberaubendem Tempo.

Vergleicht man die *Forbes*-Liste der Reichsten für 1998 (veröffentlicht am
5.7.1999) mit derjenigen für 1997, kristallisieren sich schon auf den ersten
Blick einige erstaunliche Tendenzen heraus, denen viel zu wenig Beachtung
geschenkt wird: Die Reichsten sind wohlhabender als jemals zuvor. Nur im
Verlauf eines Jahres ist die Zahl der Dollarmilliardäre auf 465 gestiegen,
wobei rd. 200 aus den USA stammen. Besonders aufschlußreich ist die Liste
derjenigen, deren Vermögen 2 Mrd. Dollar übersteigt: 1997 waren es 169,
1998 schon 192. Es fällt auf, daß die große Mehrheit ihr Vermögen erheblich, z.t. in schwindelerregender Weise vermehren konnte. Nicht zufällig
steht dabei, wie schon seit einigen Jahren, Bill Gates, der Chef von Microsoft, an der Spitze: Er sprang von 51 auf 90 Mrd. Dollar! Im April 1998, als
die Aktie seines Unternehmens ihren Höchststand erreicht hatte, überschritt
er sogar für einen Augenblick die 100-Milliarden-Grenze. Auf Platz drei und
vier der Weltrangliste folgen zwei Topmanager von Microsoft, Paul Allen,
der sich von 21 auf 30 Mrd. Dollar verbesserte und Steven Ballmer, der von
10,7 auf 19,5 Mrd. kam. An siebter Stelle folgt der US-Computerhersteller
Michael Dell (von 10 auf 16 Mrd.). Neu auf der 1998er-Liste ist u.a. Gordon
Eare Moore (Intel) mit 10,9 Mrd. Insgesamt kommen mehr als 30 Milliardäre
(die meisten aus den USA) aus dem Bereich Mikroelektronik, I & K-Industri-
en, Telefon, Internet, Medien, mithin dem Kernbereich der Zukunftsunter-
nehmen aus Industrie und Dienstleistung.

Daraus ergibt sich, daß die weltweite, bislang unbestrittene Führungsposi-
tion der US-Firmen in diesen Branchen (unter den 10 größten Unternehmen
der Welt befinden sich sieben amerikanische I & K-Firmen!) dank der enormen und weiter andauernden Kapitalkonzentration zumindest kurz-, wenn
nicht mittelfristig gewährleistet zu sein scheint. Hinzu kommt, daß 1998 ein
neues Phänomen auftrat: Der rasante Aufstieg cleverer Jungunternehmer, die
ihr Glück mit Geschäften im Internet versuchen. An der Spitze steht Jay S.
Walker, der im Internet Auktionen veranstaltet (auction service Priceline
com.), 1997 über nicht einmal 100 Millionen verfügte, ein Jahr später 10,2
Mrd. erreichte (17. Platz)! Der Gründer des kalifornischen Internet-Auktions-
hauses eBay, Pierre M. Omidyar, 1997 noch nicht auf der Liste, hat es auf 7,8

Mrd. gebracht und ein weiterer Manager dieses Unternehmens, Jeffry S.
Skoll, auf 4,8 Mrd. Große Erfolge verzeichnete auch Jeffrey P. Bezos, der
einen Internet-Buchhandel betreibt (Amazon.com.) und fast aus dem Stand
10,1 Mrd. erreichte. Oder die Betreiber von Yahoo! Inc., David Filo und
Jerry Yang, die es auf 4,1 bzw. 4,0 Mrd. gebracht haben.

Und es sieht so aus, als würde aus der Gruppe der hungrigen Millionäre
der Nachwuchs nur so sprudeln, wenn man liest (Spiegel, 14.6.1999): „In
New York haben die Großverdiener der Finanzszene auf der Wall Street
reichlich Konkurrenz bekommen – durch die Internet- Pioniere. Über 1.000
meist junge Web-Freaks wurden durch die Börseneuphorie ihrer Branche
allein in den letzten Monaten zu Millionären, berichtet die Firma AST-
StockPlan, die für Internetfirmen Aktienoptionspläne ausarbeitet. In der
Silicon Alley, dem New Yorker Gegenstück zum kalifornischen Silicon
Valley, arbeiten bereits mehr als 100.000 Menschen und sorgen für einen
Wohlstand, der bislang nur in Wall-Street-Kreisen zu finden war. „Wir leben
in einer seltsamen Welt", schreibt Marisa Bowe, Herausgeberin eines Online-
Magazins, „jeder zehnte, scheint es, hat im Lotto gewonnen."

An der Börse notierte Internet-Unternehmen stellen inzwischen das Non-
plusultra der Reichtumserzeugung im globalisierten Kapitalismus dar. Die
Aktien des größten Internet-Dienstes der Welt, America Online (AOL), haben seit dem Börsengang 1992 um 6.000% (!) gewonnen. Natürlich gehört
sein Chef, Steve Case, zu den Milliardären, sind seine Manager Multimillio-
näre und sogar seine Angestellten Millionäre (Spiegel, 28.6.1999). Und das
amerikanische Vorbild macht Schule. Der Vorstandsvorsitzende von Bertelsmann, Thomas Middelhof, ist dabei, den Konzern, der bereits Amazon auf
dem deutschen Markt vertritt, in ein Internet-Unternehmen umzubauen.
Inzwischen sprießen diese Unternehmen wie Pilze nach dem Regen. Die
schöne neue Warenwelt kommt aus dem Virtuellen, reichhaltiger als das
Angebot des größten Supermarktes. Der „E-Commerce" ist nichts anderes als
die Revolution innerhalb der mikroelektronischen Revolution (Gates 1999).
Hier hat der Übergang vom postindustriellen zum digitalen Zeitalter mit
allen gesellschaftlichen Auswirkungen längst stattgefunden. Hier sammelt die
Elite der Globalisierungsgewinner ihre Spitzengewinne. Sie bildet bereits eine
transnationale Klasse der Neureichen mit fest umrissenen Rekrutierungs-
modalitäten, Verhaltensweisen, Auf-, aber auch Abstiegsszenarien, eine Klasse
oft junger, cleverer, risikobereiter Geschäftsleute mit ausgeprägtem Selbst-
und sogar Sendungsbewußtsein, die den Prozeß der „Weltvergesellschaftung
von oben" außerhalb und gegen jede Norm sozialer Verpflichtung des Eigentums und politischer Kontrolle vorantreiben. Diese Klasse läßt sich auf die

Akteure des transnationalen Finanzsystems, die Manager der Multinationalen Konzerne (Chemie-, Pharma-, Auto-, Versicherungs-, und Beraterunternehmen, Handelsketten usw.) die Börsenanalysten und Organisationsspezialisten erweitern. Sie hat das Globalisierungssyndrom voll internalisiert. Die Fähigkeit zur Mobilität, Flexibilität und Innovation, kurz: zur Leistung bis an die Grenzen physischer Kraft (und nicht selten darüber hinaus) versteht sich von selbst. Im Schweizer Kurort Davos feiern sie jedes Jahr ihr Hochamt, an dem inzwischen auch der Generalsekretär der Vereinten Nationen teilnimmt, um einen weltweiten sozialen Kontrakt zu fordern, der natürlich frommer Wunsch bleibt.

Da diese Klasse aber im wesentlichen über Geldvermögen verfügt, das den Schwankungen der Börsenkurse unterworfen ist, kann sich das Fest schnell in einen Albtraum verwandeln, wenn es, was so sicher wie das Amen in der Kirche ist, zu einem Börsenkrach kommt, der ja nichts anderes als eine ungeheure Kapitalvernichtung bedeutet. Hochakkumuliertes Geldvermögen hat nur solange Bestand, wie es in der Lage ist, dem Prozeß der Globalisierung immer neue Dimensionen zu eröffnen, ihn zu einem Selbstläufer zu machen – auch und gerade nach Krisen, wie sie 1997/98 in Südostasien, Rußland und Lateinamerika stattgefunden haben. Aber der Preis ist hoch. Nach einer Studie der Weltbank (FAZ, 5.6.1999) hat die absolute Armut in der Welt (Personen mit weniger als einem Dollar pro Tag) kontinuierlich zugenommen. 1987 waren es 1,2 Mrd. Menschen, 1993 1,3 Mrd., heute mindestens 1,5 Mrd. Im Verlauf von nur 18 Monaten seit Beginn der Krise im Juli 1997 ist die Armutsquote z.B. in Indonesien um mehr als 10% gestiegen. Mit anderen Worten: die Schere zwischen Arm und Reich klafft ungebremst immer weiter auseinander, auch innerhalb der Gesellschaften, besonders in den Mega-Metropolen. Die Armen werden ausgegrenzt, und die Reichen und Superreichen grenzen sich selbst aus, was so weit geht, daß sie ihre Anwesen durch private Söldner bewachen lassen. Die Gesellschaftsspaltung ist kein Hirngespinst kritischer Zeitgenossen.

3 Neoliberale Globalisierung und Reichtum: die Ursachen

Trotz jahrelanger Auseinandersetzungen bleibt, wie Susan Strange beklagt[3], die Frage weiterhin offen, ob Globalisierung ein Phänomen sui generis gesellschaftlicher Reproduktion oder nur eine zeitgemäße Anpassung der im Kern unveränderten kapitalistischen Produktionsweise ist. Versteht man sie als gesamtgesellschaftliche Veranstaltung, drängt sich, wie oben schon angedeutet, der Eindruck auf, daß nicht Kontinuität (im Sinne zyklischer Entwicklung des Innovationsprozesses) sondern, um mit Schumpeter zu sprechen, die „schöpferische Zerstörung" vorherrscht, die den Weg für die Entstehung einer neuen Produktionsweise ebnet. Das schließt das Weiterwirken von Elementen aus vorangegangenen industriellen Revolutionen nicht aus. In der Liste der 100 größten deutschen Unternehmen finden sich Firmen, die schon vor 1914 dort standen: Chemiekonzerne, Siemens, Krupp, Thyssen, Deutsche Bank usw. Aber sie finden sich dort, weil sie die Chancen, die ihnen die dritte technologische Revolution geboten hat, voll nutzten und damit den Sprung von der traditionellen Internationalisierung ins Zeitalter der Globalisierung schafften.

Schon quantitativ weist die sich globalisierende Weltwirtschaft trotz der Krisen v.a. in Südostasien 1997/98 eine eindrucksvolle Dynamik auf. So hat der Weltexport 1998 ein Rekordvolumen von 5.225 Mrd. Dollar erreicht; das Wachstum betrug zwischen 1990 und 1998 jährlich 6,3%, wobei, wie schon früher, der Löwenanteil (86,7%) auf die Triade Westeuropa, Nordamerika und Asien entfiel. Dabei nimmt der Anteil des Handels innerhalb der transnationalen Konzerne (inzwischen 53.000 mit rd. 448.000 Filialen im Ausland) von Jahr zu Jahr zu. Noch eindrucksvoller ist die Entwicklung der im Ausland getätigten Direktinvestitionen (DI). Seit 1991 klettern sie jedes Jahr auf neue Rekordhöhen (zum folgenden Unctad 1998). Der weltweite Bestand der ins Ausland geflossenen DI betrug 1996 3,12 Billionen Dollar; 1997 waren es 3,54 Billionen. Im Jahr 1996 flossen 333 Mrd. Dollar ins Ausland, 1997 424 Mrd. und 1998 644 Mrd., eine Steigerung um 39% (FAZ, 23.6.1999). Wiederum profitierten in erster Linie die Ökonomien der Triade, während die DI in Entwicklungsländer um 4% auf 164,7 Mrd. zurückgingen. Tatsächlich geht der Anstieg der DI auf die wachsende Zahl von Übernahmen und Zusammenschlüssen von Unternehmen in den Industrieländern zurück. So gab es 1998 32 grenzüberschreitende Zusammenschlüsse mit einem Wert von jeweils mehr als drei Milliarden Dollar, 1997 waren es nur 15, 1996 sogar nur acht.

Diese (und viele andere) Zahlen laufen auf ein entscheidendes Phänomen hinaus: die fortschreitende Integration der wirtschaftlichen Prozesse vornehmlich zwischen den hochindustrialisierten Ländern der Triade, die 1985 mit dem rasanten Anstieg der DI begonnen hatte. Quantität schlägt in Qualität um: Die Wertschöpfungsketten transnationalisieren sich. Damit ist die Weltwirtschaft nicht mehr die Summe der Austauschbeziehungen zwischen *Volkswirtschaften*, sondern stellt eine sich über ihnen wölbende Realität mit eigener Dynamik und Logik dar, wozu die Verschärfung des Wettbewerbs und, als Folge, ein Produktivitätswettlauf gehören, der zu einer Verkürzung des Produktzyklus und damit zu einer ständig steigenden Kapital-

intensität führt, was wiederum Fusionen, Allianzen und Kooperationen er-
zwingt, damit, je nach Branche mit unterschiedlicher Intensität, den Trend
zu Monopolisierung und Oligarchisierung verstärkt. Wie das Beispiel
DaimlerChrysler zeigt, entsteht als unmittelbare Folge dieser Entwicklung
eine neue Reichtumsquelle, indem das Gehaltsniveau (Grundgehalt, Jahres-
bonus, Dreijahresprämie, Aktienoptionen) der deutschen Topmanager dem
ihrer amerikanischen Kollegen angepaßt, d.h. verdoppelt, ja sogar verdreifacht wird und durchaus mehrere Millionen pro Jahr betragen kann. Nicht
zufällig ist Jürgen Schrempp, einer der beiden Vorstandsvorsitzenden von
DaimlerChrysler, mit 5,3 Mill. DM Jahreseinkommen der bestbezahlte deutsche Manager (FAZ, 5.5.1999). Wieder sind es diejenigen, die den Prozeß der
Globalisierung nachhaltig zu nutzen wissen und damit vorantreiben, die an
der Spitze der Gewinner marschieren. Eine immer kleinere Gruppe verfügt
über den Reichtum, den in Wahrheit alle erwirtschaften.

Kernbestand und Grundlage der Globalisierung aber ist, wie inzwischen
allgemein anerkannt und zunehmend kritisiert wird (vgl. u. a. Gréau 1998),
die sich immer mehr verselbständigende Existenz eines transnationalen
Finanzsystems, das *täglich* fast zwei Billionen Dollar umsetzt und Nährbo-
den der spektakulärsten, freilich nicht selten auch prekärsten Reichtumsbildung ist. Das Zusammenfallen von Liberalisierung, Desinflation und sich
rasant entwickelnder moderner Informationstechnologien verleiht auch und
vor allem dem überkommenen Finanzkapital eine neue Qualität. Betrug das
Verhältnis von investivem und spekulativem Kapital vor 1914 etwa 9 zu 1,
hat es sich heute umgekehrt. Mehr noch: Das Finanzkapital hat seine Macht-
position gewaltig ausgebaut. Nachdem Staat und Politik als Träger der Regulation zurückgetreten sind, reguliert sich der Kapitalismus gewissermaßen
„von innen", indem sein zentraler Ort, der Finanzmarkt, die traditionellen
Märkte für Güter, Dienstleistungen, Arbeit und Kredit, ja sogar die Geldpo-
litik der Banken beeinflußt und korrigiert. Das verändert den Kapitalismus
von Grund auf, da er ursprünglich niemals nur Finanzkapitalismus gewesen
ist. Wachstum fand historisch immer dort statt, wo Kapital in den Dienst der
Produktion gestellt wurde, also nicht in den reichen Städten des Mittelalters
und der frühen Neuzeit, sondern in den Niederlanden und in England. Die
Entstehung von Aktien- und Obligationenmärkten war die Folge, nicht die
Bedingung ökonomischen Aufschwungs. Es ging darum, „die Kaufkraft der
Reichen nicht im bodenlosen Loch des Geldhortens zu vernichten" (Gréau
1998, 12). Heute dienen Aktien-Märkte dazu, den Börsenwert der Unternehmen zu erhöhen („Shareholder value"). Mit welcher durchaus sozial-
darwinistischen Brutalität diese Strategie praktiziert wird, lehrt eindrucksvoll

das Beispiel des Präsidenten von General Electric, Jack Welch (O'Boyle 1999). Sicher ist, daß diese Bedeutung der Finanzmärkte kein Präzedenz in der Geschichte kennt.

Damit stoßen wir ins Zentrum der Reichtumsbildung im sich ständig weiter globalisierenden Kapitalismus vor: die Rolle der Börsen. Nachdem die Aktienkurse lange Zeit vor sich hin dümpelten, schossen sie seit Mitte der 80er Jahre steil nach oben, stagnierten zwischen 1988 und 1991, um dann erneut einen scharfen Anstieg zu erleben. Eine Bewegung, die durch Krisen (1987, 1994/94, 1997/98) zwar unterbrochen, nicht aber aufgehalten wurde, ausgenommen in Japan nach dem Platzen der „Spekulationsblase" 1991, das die Börse in Tokio bis heute nicht überstanden hat. Aber nicht einmal das Währungsdebakel in den asiatischen „Drachen- und „Tigerstaaten" 1997, in Rußland und in Lateinamerika im Herbst 1998 beeinträchtigte den Optimismus der Börsen nachhaltig. Entscheidend ist, daß die New Yorker Börse, deren Kurse von 2.000 auf inzwischen über 11.000 Punkte stiegen, die Führung übernahm, der sich v.a. die europäischen Börsen unterwarfen. Ein amerikanischer Fondsspezialist prophezeite bereits, daß der Dow Jones schon im Jahre 2004 20.000 Punkte erreichen würde (FAZ, 29.4.1999).

Zweifellos stellt die jahrelange ununterbrochene kraftvolle und inflationsfreie Konjunktur in den USA den realwirtschaftlichen Hintergrund dieser Entwicklung dar. Dennoch hat man zu Recht von einem wahren Aktienrausch gesprochen, vor dem sogar der Chef der amerikanischen Notenbank, Greenspan, mehrfach gewarnt hat, ohne durchschlagenden Erfolg. Einer der Gründe liegt darin, daß sich dem Aktienmarkt durch die Internet-Aktien ein erhebliches Wachstumspotential eröffnet. In Deutschland hat man für die neuen Hochtechnologie-Unternehmen eine spezielle Börse, den Neuen Markt, geschaffen, an dem trotz der üblichen Kursschwankungen blendende Geschäfte gemacht werden. Hinzu kommen mindestens zwei gravierende Veränderungen seit 15 Jahren: Einmal werden die Märkte von professionellen Operateuren vor allem mit Hilfe der diversen Fonds, an ihrer Spitze die Pensionsfonds, orientiert und zum anderen funktionieren die Märkte der Obligationen und Wechselkurse ähnlich wie Aktienmärkte (Gréau 1998, 18). Kurz: Der „Casino-Kapitalismus" (Strange 1997), der einen wachsenden Teil des anlagesuchenden Kapitals von den schwierigen, oft erst langfristig profitablen industriellen Direktinvestitionen auf die, zumindest potentiell, schon kurzfristig ertragreichen Finanzmärkte umlenkt, steht in voller Blüte.

Aber auch er ist nur die Spitze des Eisbergs. Er hat tiefgreifende Auswirkungen auf die gesamte Gesellschaft, das, was man in Frankreich ihre „Finanziarisierung" nennt, also die Tatsache, daß sie vom „Geldnexus" durchdrungen ist (Deutschmann 1999). Das aber bedeutet nichts anderes, „das Geld, den finanziellen Erfolg, unmittelbar zum Maßstab allen sozialen Handelns zu machen, auch in den Bereichen der Gesellschaft, die bislang immun dagegen erschienen. Dabei erweist die neoliberale Botschaft sich nicht nur wirtschaftlich, sondern auch gesellschaftlich als durchaus zugkräftig, da sie sich zwanglos mit dem postmodernen Zeitgeist und dessen Parole der Individualisierung verbinden läßt" (Bickenbach/Soltwedel 1996, zit. ebd., 162). Geld erscheint als unerläßliche Voraussetzung der „Selbstverwirklichung". Entsprechend verändern sich die Verhaltensweisen: Man arbeitet mit Geld oder, noch wirksamer, läßt mit ihm arbeiten. Zur Freude der Börsianer und Großunternehmen entsteht auch in Deutschland eine regelrechte „Aktienkultur". So praktizieren die privaten Haushalte zunehmend moderne Anlageformen. Zwischen 1990 und 1997 betrug die durchschnittliche jährliche Bestandsveränderung bei Publikums-Aktionsfonds 34,8%, bei Investmentfonds insgesamt 19,9%, bei Aktien 19,3%, bei den hausbackenen Spareinlagen aber nur 5,4% (FAZ, 1.6.1999). Triumphierend wie eine Siegesmeldung wird verkündet, daß im ersten Halbjahr 1999 zum ersten Mal die Schwelle von fünf Millionen Aktionären überschritten wurde. Das Aktienvermögen der privaten Haushalte ist 1998 von 443 Mrd. auf 492 Mrd. DM gestiegen. Ende dieses Jahres hat der Wert der Aktien 8,7 % (1997 8,3 %) des gesamten privaten Geldvermögens betragen. Die Aktienbestände in den sich großer Beliebtheit erfreuenden Publikumsfonds haben sich im Zeitraum von 1990 bis 1998 von 14,3 Mrd. auf 131,9 Mrd. DM erhöht (FAZ, 10.7.1999).

Diese Entwicklung bedeutet, daß nicht nur die Zahl der Milliardäre und Millionäre, sondern auch der Wohlstand der oberen Mittelschichten kontinuierlich zunimmt. Seit Mitte der 80er Jahre hat sich die Zahl der Haushalte in Deutschland mit einem Nettoeinkommen von mehr als DM 10.000 vervierfacht, und das Sparvermögen der Bundesbürger liegt inzwischen bei 5,5 Billionen DM! Und es mehren sich die äußeren Zeichen dieser „Finanziarisierung" der Gesellschaft: die ständig steigende Zahl von Publikationen, die versprechen, die Finanzmärkte transparent zu machen und sich als selbsternannte Anlageberater anpreisen (vgl. z .B. Schäfer 1998; Schwanfelder 1998) bis hin zur Seuche der Gewinnspiele, die alle Medien befallen hat und die Menschen infiziert. Der Tanz ums goldene Kalb ist schon dermaßen verinnerlicht, daß ihn niemand mehr zu Kenntnis nimmt. Er gehört, als Lotto-Schein banalisiert, zum Alltag. „Die Verheißung des absoluten Reichtums" umgibt sich mit einem quasi-religiösen Nimbus (Deutschmann 1999). Hier ist auch einer der Gründe dafür zu suchen, daß sich die Erhaltung der Währungsstabilität zu einem wahren finanzpolitischen Fetisch entwickelt

hat: Eine erneute Inflation würde Staat und Gesellschaft schon deshalb in
den Grundfesten erschüttern, weil der Glaube in die Geldwertstabiliät als
Voraussetzung für den Tanz ums goldene Kalb verloren ginge.

Freilich sind die inneren Widersprüche dieser Form des Finanzkapitals
offensichtlich. Sennett (1998, zit. Deutschmann 1999, 173) hat das Problem
auf den Punkt gebracht: „Der Sieg der beweglichen über die fixen Formen
des Kapitals mag die Sonne des absoluten Reichtums zunächst noch heller
leuchten lassen, aber dies dürfte sich als Täuschung erweisen. Der innovative
Prozeß wird in Wahrheit paralysiert; er löst sich auf in eine ziellose, immer
hektischere Suche nach neuen Attraktionen, in eine Jagd nach dem Neuen
um seiner selbst willen." Zu Recht weist Deutschmann (1999, 168ff.) darauf
hin, daß das globalisierte Finanzkapital unfähig ist, die gerade für innovative
Prozesse unerläßlichen realen sozialen Voraussetzungen zu begreifen, wozu
auch „soziale Sicherheit für zivilisierte Lebensformen" gehört. Sonst verur-
teilt die Beweglichkeit des Kapitals den Einzelnen zu einem Maß an Flexibilität, dem er nie gerecht werden kann. Verbindet sich diese Entwicklung mit
einer sich weiter verschärfenden Ungleichheit als Ergebnis blockierter Umverteilung, ist die soziale Krise programmiert. Die Tatsache, daß sich
Reichtumschancen in dem Maße vermehren, wie der Globalisierungsprozeß
des Kapitalismus voranschreitet, es zugleich aber nicht gelingt, den Verlierern
eine Zukunftsperspektive zu eröffnen (außer als Schuhputzer, Dienstboten
oder Sozialgeldempfängern), muß zu einer weltweiten, nicht mehr regulierba-
ren Gesellschaftsspaltung führen, die sich zuerst in lokalen, dann in generali-
sierten Krisen Luft verschafft. Es könnte sein, daß es langfristig die Mittelschichten sind, bislang Hauptkraft sozialer Stabilisierung in der Ära „nivel-
lierter Mittelstandsgesellschaften", die die Zeche zu bezahlen haben. Während der geringere Teil zu den Globalisierungsgewinnern aufschließt, steigt ein
größerer Teil zu den Verlierern ab. In großen Teilen der unterentwickelten Welt
sieht es so aus, als würde eine solche Schicht gar nicht erst entstehen.

Das größte Dilemma aber, auf das der UNDP-Bericht 1999 eindringlich
hinweist, liegt darin, daß im globalisierten Kapitalismus der dritten technologischen Revolution eine Entkoppelung von Innovation und Entwicklung
droht. Wenn es wahr ist, daß Wachstum im 21. Jahrhundert auf dem „Roh-
stoff Wissen" beruht, entsteht Wohlstand dort, wo sich die vernetzte Infor-
mationsgesellschaft der Zukunft (grundlegend dazu Castells 1996) am schnell-
sten und gründlichsten durchsetzt und sich damit einen unerreichbaren
komparativen Vorteil schafft, wie es heute in den USA der Fall zu sein
scheint. Dort gibt es mehr Computer als in allen anderen Ländern der Welt.
Dort konzentrieren sich die größten Vermögen. Je mehr der technische

Fortschritt aber von denen vorangetrieben wird, die die Mittel dazu haben, um so schwieriger wird der Zugang derer, die schon von Anfang an nicht an dieser Entwicklung teilnehmen konnten. In Kambodscha etwa muß jemand mit durchschnittlichem Lohn mehr als acht Jahre arbeiten, um sich einen Computer zu kaufen, in den USA nicht einmal einen Monat. In der Cyber-Welt wird englisch gesprochen, das nur eine Minderheit der Weltbevölkerung versteht. Von Tag zu Tag wächst damit die Gefahr, daß sich diese Entkoppelung von Innovation und Entwicklung zu einem unumkehrbaren Prozeß auswächst (*Le Monde,* 13.7.1999), der die im UNDP-Bericht 1999 geforderte „Globalisierung mit menschlichem Antlitz" ad absurdum führt.

Anmerkungen

* Professor em., Universität Braunschweig

1 „Wann bekommen wir als Korrelat zur Armutsforschung eine Reichtumsforschung?" Hinrich Lehmann-Grube in: Bergedorfer Gesprächskreis, Wachsende Ungleichheiten – neue Spaltungen? Exklusion als Gefahr für die Bürgergesellschaft, Protokoll Nr. 112, Hamburg 1998, S. 26.

2 Vgl. u. a. Landes 1998; Fitoussi 1997; Cohen 1998; Giraud 1996; Stötzel 1998; Fitoussi/ Rosanvallon 1996; Bergedorfer Gesprächskreis 1998; UNDP 1999.

3 Anläßlich einer Besprechung der Bücher von Hirst/Thompson (1996), Ruigrok/ van Tulder (1995) und Doremus et al. (1998) unter dem Titel „Global Money?" in: *Review of International Political Economy,* Winter 1998, S. 704-711.

Literatur

Bickenbach, Frank; Soltwedel, Rüdiger (1996): Ordnung, Anreize und Moral. Ethik und wirtschaftliches Handeln in der modernen Gesellschaft, Gütersloh.

Castells, Manuel (1996): The Rise of the Network Society, 3 Bde., Oxford.

Cohen, Daniel (1998): Fehldiagnose Globalisierung. Die Neuverteilung des Wohlstands nach der dritten industriellen Revolution, Frankfurt/M. (franz. 1997).

Conert, Hansgeorg (1998): Vom Handelskapital zur Globalisierung. Entwicklung und Kritik der kapitalistischewn Ökonomie, Münster.

Deutschmann, Christoph (1999): Die Verheißung des absoluten Reichtums. Zur religiösen Natur des Kapitalismus, Frankfurt/M..

Doremus, P., Keller; W., Pauly, L.; Reich S. (1998): The Myth of the Global Corporation, Princeton NJ.

Finsterbusch, Stephan (1999): „Reich von Gottes Gnaden". Die Fugger beherrschten viele Jahrhunderte Europa und gelten als Vorreiter von Investmentbanking und Globalisierung, in: *Frankfurter Allgemeine Zeitung,* 6.7.1999, S. B 10.

Gates, Bill (1999) : Digitales Business, München.

Giraud, Pierre-Noel (1996) : L'inégalité du monde. Économie du monde contemporaine, Paris.

Gréau, Jean-Luc (1998) : Le capitalisme malade de sa finance, Paris.

Fitoussi, Jean-Paul ; Rosanvallon, Pierre (1996) : Le nouvel age des inégalités, Paris.

Fitoussi, Jean-Paul (1997) : Mondialisation er inégaltés, in: *futuribles*, Nr. 224, Oktober.

Hirst, Paul; Thompson, Grahame (1996): Globalization in Question. The International Economy and the Possibilities of Governance, London.

Landes, David S. (1998): The Wealth and Poverty of Nations, London.

O'Boyle, Thomas F. (1999): Jack Welch. Im Hauptquartier des Shareholder Value, Stuttgart (engl. 1998).

Ruigrok, Winfried; van Tulder, Rob (1995): The Logic of International Restructuring, London.

Sassen, Saskia (1996): Metropolen des Weltmarkts. Die neue Rolle der Global Cities, Frankfurt/M..

Stötzel, Regina (Hrsg.) (1998): Ungleichheit als Projekt. Globalisierung, Standort, Neoliberalismus, Marburg.

Strange, Susan (1997), Casino Capitalism, Manchester (Neuauflage).

UNCTAD (1998), World Investment Report 1998: Trends and Determinants, New York und Genf.

UNDP (1998), Bericht über die menschliche Entwicklung 1998, Bonn.

UNDP (1999), Bericht über die menschliche Entwicklung 1999, Bonn.

Richard Hauser und Irene Becker*

Zur Verteilungsentwicklung in Deutschland – Probleme ihrer Erforschung

1 Begriffliche Erläuterungen

„Reichtum" – ein Schlüsselwort dieses Tagungsbandes – ist ein vielschichtiger Begriff. Vor einer vertiefenden Analyse der verschiedenen Aspekte und Erscheinungsformen von „Reichtum" ist es sinnvoll, sich zunächst generell mit der Verteilung von Einkommen und Vermögen zu befassen; innerhalb dieser Verteilungen kann dann „Reichtum" lokalisiert werden. In der empirischen Verteilungsforschung gibt es allerdings eine Vielzahl von Untersuchungsebenen und Meßkonzepten, was Vergleiche von Ergebnissen verschiedener Studien erschwert und teilweise zu einer verwirrenden Ergebnisvielfalt führt. Von daher sind für eine sachliche Diskussion begriffliche Klärungen unabdingbar[1], wobei im folgenden nur einige grundlegende Definitionen erörtert werden können.

1.1 Einkommensbegriffe

Untersuchungen zur Einkommensverteilung unterscheiden sich sowohl bezüglich des Verteilungsobjekts als auch hinsichtlich des Verteilungssubjekts. Ausgangspunkt ist das *Markteinkommen* als die Summe der Einkommen aus unselbständiger Arbeit (ohne oder mit den Arbeitgeberbeiträgen zur Sozialversicherung), Einkommen aus selbständiger Tätigkeit und Vermögenseinkommen (ohne oder mit einem kalkulatorischen Mietwert selbstgenutzten Wohneigentums). Verteilungssubjekte sind die Bezieher dieser Einkommensarten, woraus sich die *personelle Primärverteilung* ergibt. Bei der Interpretation der Begriffe Markt- oder Faktoreinkommen und Primärverteilung ist allerdings zu berücksichtigen, daß bereits diese Verteilungsebene von staatlichen Eingriffen beeinflußt ist. Das *verfügbare Einkommen* resultiert aus den Markteinkommen aller Haushaltsmitglieder nach Abzug der Lohn- bzw. Einkommen-, Kirchen-, Vermögensteuer und der Sozialversicherungsbeiträge (gegebenenfalls abzüglich analoger Vorsorgeaufwendungen der Nicht-Pflichtversicherten) zuzüglich der monetären Transfers. Verteilungssubjekte sind in diesem Zusammenhang die privaten Haushalte, woraus die *Sekundärverteilung* resultiert. Demgegenüber impliziert das *Nettoäquivalenzeinkommen* Personen als Verteilungssubjekte. Es wird wegen unterschiedlicher Haushaltsgrößen und -strukturen als ein besserer Wohlstandsindikator als das verfügbare Haushaltseinkommen angesehen. Das Nettoäquivalenzeinkommen stellt ein gewichtetes Pro-Kopf-Einkommen der Haushaltsmitglieder dar. Das Gewichtungsschema ist eine Äquivalenzskala, die die Einsparungen beim gemeinsamen Wirtschaften und den im Vergleich zu Erwachsenen geringeren Bedarf von Kindern zum Ausdruck bringt.[2] Das Ergebnis der *haushaltsgrößenbereinigten personellen Sekundärverteilung* kann allerdings je nach der gewählten Äquivalenzskala unterschiedlich ausfallen. Schließlich ergibt sich das *Tertiäreinkommen* aus dem verfügbaren Haushaltseinkommen zuzüglich des Wertes der vom Staat kostenlos oder verbilligt zur Verfügung gestellten Leistungen. Als Verteilungssubjekte können sowohl Haushalte als auch – nach Gewichtung mit einer Äquivalenzskala – Personen definiert werden. Wegen besonderer Bewertungs- und Zurechnungsprobleme ist die *(personelle) Tertiärverteilung* bisher aber kaum erforscht.

1.2 Vermögensbegriffe

Analysen der Vermögensverteilung unterscheiden sich weniger hinsichtlich des Verteilungssubjekts – Bezugseinheit ist meist der Haushalt – als vielmehr hinsichtlich des Verteilungsobjekts. Sie beziehen sich teilweise auf einzelne Vermögensarten, teilweise auf mehr oder minder umfassende Gesamtvermögensbegriffe, wobei wiederum jeweils unterschiedliche Bewertungskonzepte zu berücksichtigen sind. Das *Bruttovermögen* umfaßt das Geldvermögen, das – zu Einheits- oder Verkehrswerten bewertete – Immobilienvermögen, das Gebrauchsvermögen, meist bewertet zu Wiederbeschaffungspreisen, sowie das Produktivvermögen als Wert der Anteile am Unternehmenssektor[3]; letzteres kann wiederum zu steuerlichen Einheitswerten oder geschätzten Verkehrswerten angesetzt werden. Das *Nettovermögen* ergibt sich aus dem Bruttovermögen nach Abzug aller Verbindlichkeiten. Ein erweiterter Vermögensbegriff umfaßt darüber hinaus das Humanvermögen als Summe der diskontierten künftigen Einkommenserzielungsmöglichkeiten durch Arbeitsleistung, das Sozialvermögen als Wert der Ansprüche an die Sozialversicherung und den Staat im Falle des Eintritts eines Risikofalles[4] sowie das Umweltvermögen. Die Bewertung dieser Vermögenskomponenten ist allerdings äußerst problematisch, so daß sie in empirischen Analysen meist vernachlässigt werden.

1.3 Verteilungen

Für jede dieser verschiedenen Einkommens- und Vermögensbegriffe können – je nach Fragestellung – Verteilungen auf absolute oder relative Größenklassen oder aber auf Haushalts- bzw. Personengruppen, die nach sozio-ökonomischen Merkmalen abgegrenzt sind, untersucht werden. Bei der Definition relativer Größenklassen wird als Bezugsgröße meist das arithmetische Mittel, teilweise aber der Median herangezogen. Von besonderem Interesse sind Mehrfachklassifikationen, beispielsweise eine Differenzierung der Verteilung auf relativ abgegrenzte Einkommensklassen nach der Erwerbsbeteiligung, dem Haushaltstyp oder dem Alter; hinsichtlich der Vermögensverteilung ist insbesondere eine Doppelklassifikation nach Einkommen und Vermögen oder gar eine Dreifachklassifikation unter Berücksichtigung von sozio-ökonomischen Merkmalen – beispielsweise des Alters der Bezugsperson oder des Haushaltstyps – sinnvoll. Andere, eher summarische Darstellungsweisen beruhen auf einer Aggregation der „Spreizung" von Verteilungen zu einem Indikator. Die Aggregationsweisen sind vielfältig und beruhen auf verschiedenen impliziten Werturteilen; daraus folgt, daß die Verteilungsmaße auf Veränderungen in Teilbereichen der Verteilung in unterschiedlichem Ausmaß reagieren. Beispielsweise ist die Sensitivität des Variationskoeffizienten im oberen Bereich besonders hoch, die des Gini-Koeffizienten im Mittelbereich und die des Atkinson-Maßes und einer Variante des Theil-Maßes[5] im unteren Bereich.[6]

Ein neuerdings in der verteilungspolitischen Debatte häufig verwendeter, aber nur selten präzisierter Begriff ist der der Polarisierung. Er kennzeichnet eine Verteilungsänderung im Zeitablauf, und wird in einem weiten Sinn bereits für den Anstieg eines aggregierten Verteilungsmaßes verwendet.[7] Es erscheint jedoch zweckmäßig, den Begriff nicht derart allgemein zu verwenden. In einem engeren Sinn wird mit Polarisierung die Herausbildung oder Verstärkung einer Zweigipfligkeit der Verteilung bezeichnet[8], die bei einer graphischen Darstellung der Häufigkeitsverteilung erkennbar wird, oder die Zunahme des Einkommens- bzw. Vermögensanteils, der einer Spitzengruppe (oberste 1% oder 5% oder 10%) der Bevölkerung zufließt bzw. gehört.

Die skizzierte Vielschichtigkeit von Verteilungsbegriffen erfordert einen mehrdimensionalen Analyseansatz und eine große und valide Stichprobe von Personen und Haushalten, die die relevanten Variablen enthält und regelmäßig durchgeführt wird. Von einem derartigen Idealzustand sind wir allerdings weit entfernt; auf die zahlreichen Restriktionen soll im folgenden eingegangen werden.

2 Verfügbare Statistiken

Amtliche statistische Angaben zur Einkommens- und Vermögensverteilung sind dünn gesät und unvollständig. Deshalb müssen auf der Basis amtlicher Stichproben des Statistischen Bundesamtes und prozeßproduzierter Daten sowie auf der Basis der von der Wissenschaft selbst erhobenen Stichproben ergänzende Forschungen erfolgen. Die meisten Datenquellen erfassen allerdings lediglich das Einkommen, während die empirischen Grundlagen zur Vermögensverteilung noch wesentlich spärlicher sind.

Als wichtigste *amtliche Stichproben* für Verteilungsanalysen sind die Einkommens- und Verbrauchsstichproben (EVS), der Mikrozensus, das Europanel sowie die ASiD-Erhebung zu nennen. Die *Einkommens- und Verbrauchsstichproben* werden seit 1962 in ungefähr fünfjährigem Turnus als Querschnittsbefragungen mit freiwilliger Beteiligung durchgeführt. Die jüngste Erhebung hat 1998 stattgefunden. Neben detaillierten Einkommensangaben umfassen die EVS auch Angaben zum Geld- und Grundvermögen – seit 1988 leider nicht mehr zum Betriebsvermögen – sowie zu ausgewählten Gebrauchsgütern. Wegen ihres großen Stichprobenumfangs (jeweils ca. 45.000 Haushalte) sind die EVS für differenzierte und mehrdimensionale Verteilungsanalysen in besonderem Maße geeignet, aber dennoch nur beschränkt aussagefähig. So waren von den Erhebungen vor 1993 Haushalte mit ausländischer Bezugsperson ausgeschlossen, und die Bevölkerung in Anstalten sowie Personen ohne festen Wohnsitz werden nicht einbezogen. Besonders problematisch ist die unzureichende Erfassung der obersten Einkommensschichten. Die Teilnahmebereitschaft und infolgedessen die realisierten Fallzahlen sind hier so gering, daß die Haushalte oberhalb einer „Abschneidegrenze" vom Statistischen Bundesamt aus dem Datensatz eliminiert werden. Die unzureichende Erfassung des oberen, aber auch des unteren Rands der Einkommensverteilung ist übrigens ein allgemeines Phänomen von Befragungen mit freiwilliger Beteiligung, auch wenn es nur selten explizit dargelegt wird.

Der *Mikrozensus* – ebenfalls eine Querschnittsbefragung, allerdings mit Auskunftspflicht für ausgewählte wichtige Tatbestände – wird im Prinzip jährlich erhoben, liefert also regelmäßig aktuellere Informationen als die EVS. Er ist allerdings für Verteilungsanalysen nur sehr begrenzt geeignet, da lediglich nach Größenklassen des Haushaltsnettoeinkommens gefragt wird und für die höchste, nach oben offene Klasse eine recht niedrige Grenze (7500 DM Monatseinkommen) gilt; zudem können die Einkommensangaben verweigert werden. Vermögenswerte werden mit dem Mikrozensus überhaupt nicht erhoben.

Das *Europäische Haushaltspanel* ist eine Wiederholungsbefragung zu demographischen Tatbeständen, Arbeitsmarktbeteiligung und Einkommensvariablen, bietet also die Möglichkeit zu Querschnitts- und Längsschnittanalysen der Einkommensverteilung. Da es in allen EU-Ländern konzeptionell gleichartig durchgeführt wird, ist das Europanel darüber hinaus eine gute Basis für international vergleichende Studien. Einschränkend wirkt allerdings der geringe Stichprobenumfang, der dem realisierbaren Differenzierungsgrad von Verteilungsanalysen Grenzen setzt und relativ hohe Fehlerspielräume hinsichtlich der Randbereiche der Verteilung impliziert.

Schließlich ist auf die Stichproben des Bundesministeriums für Arbeit und Sozialordnung (BMA) und des Verbandes Deutscher Rentenversicherungsträger (VDR) zur „Alterssicherung in Deutschland", *ASiD,* hinzuweisen. Hierbei wurden für Westdeutschland 1992 Einkommen differenziert erhoben und bis 1995 fortgeschrieben, für Ostdeutschland wurde 1995 eine entsprechende Erhebung durchgeführt. Diese Datenquelle ist allerdings auf die ältere Bevölkerung beschränkt.

Auch *prozeßproduzierte Daten* sind auf bestimmte Bevölkerungsgruppen begrenzt und von daher nur für Analysen von Teilbereichen der Einkommens- bzw. Vermögensverteilung geeignet; dem steht allerdings der Vorteil sehr großer Fallzahlen gegenüber. Die *Lohn- und Einkommensteuerstatistik* ist definitorisch auf die entsprechenden Steuerpflichtigen beschränkt, schließt also Teilgruppen von Transferempfängern aus. Bei den Bezugseinheiten handelt es sich teilweise um Personen, teilweise aber um zusammenveranlagte Ehepaare; wichtige sozio-demographische Variablen sind nicht erfaßt. Darüber hinaus sind die steuerrechtlichen Begriffe des Gesamtbetrags der Einkünfte und des zu versteuernden Einkommens nicht umfassend, da bereits bestimmte Abzüge vorgenommen wurden und einzelne Einkommens-, insbesondere Transferarten nicht einbezogen sind; daher läßt sich daraus das Haushaltsnettoeinkommen in der üblichen Abgrenzung nicht ableiten. Bisher waren für die Verteilungsforschung zudem lediglich Ergebnisse der Lohn- und Einkommensteuerstichproben, die in ungefähr dreijährigem Turnus durchgeführt und vom Statistischen Bundesamt standardmäßig ausgewertet werden, zugänglich[9]. Erst neuerdings haben sich erweiterte Möglichkeiten ergeben, beim Statistischen Bundesamt Sonderauswertungen der Steuerstichproben vornehmen zu lassen – erstmals für das Jahr 1992[10]; möglicherweise können auf diesem Wege Erfassungslücken der EVS verkleinert werden. Ob künftig auch ein direkter Zugang zu anonymisierten Einzeldaten gewährt werden wird, ist ungewiß.

Auch die *Vermögensteuerstatistik* wurde bisher im Abstand von ungefähr drei Jahren durchgeführt; da seit 1997 die Erhebung der Vermögensteuer allerdings ausgesetzt ist, bezieht sich der vorerst letzte Datensatz auf 1993. Für die Vermögensteuerstatistik gilt in noch viel stärkerem Maße als für die Einkommensteuerstatistik, daß sie lediglich ergänzend zu anderen Datenquellen herangezogen werden kann. Denn sie erfaßt infolge der hohen Vermögensgrenzen, deren Überschreiten zur Erklärung verpflichtet[11], aber wohl auch wegen häufig nicht erfolgter Erklärung trotz bestehender Verpflichtung, nur einen sehr kleinen Teil der privaten Haushalte. 1993 wurden nur ca. 1,1 Mio. unbeschränkt steuerpflichtige natürliche Personen veranlagt. Die Ergebnisse der Vermögensteuerstatistik müssen des weiteren unter dem Vorbehalt interpretiert werden, daß einzelne Vermögensarten, insbesondere das Immobilienvermögen, mit den niedrigen Einheitswerten angesetzt werden, für das Betriebsvermögen besonders hohe Freibeträge gelten[12] und häufige bewertungsrechtliche und sonstige gesetzliche Änderungen einen Vergleich der Ergebnisse verschiedener Veranlagungsjahre kaum zulassen. Da es keinen Zugang zu den der Vermögensteuerstatistik zugrunde liegenden Einzeldaten gibt, sind Analysen zudem auf die standardisierten Ergebnistabellen des Statistischen Bundesamtes beschränkt[13].

Eine weitere Datenquelle könnte eine Erbschaftsteuerstatistik sein. Leider werden die im Zuge der Erbschaftsbesteuerung anfallenden Daten jedoch nicht einmal rudimentär aufbereitet. Falls die derzeit diskutierte Reform der Erbschaftsteuer durchgesetzt wird, sollte die Gelegenheit zum Aufbau einer aussagefähigen Erbschaftsteuerstatistik genutzt werden.

Die *Beschäftigtenstichprobe* des Instituts für Arbeitsmarkt- und Berufsforschung (IAB) der Bundesanstalt für Arbeit enthält für den Zeitraum seit 1975 die Einkommensdaten von 1% der sozialversicherungspflichtig Beschäftigten sowie einige Betriebsangaben[14]. Sie ist als „scientific use file" der Wissenschaft zugänglich und umfaßt sowohl Querschnitts- als auch Längsschnittinformationen über die Verteilung der Bruttoeinkommen aus unselbständiger Arbeit[15] als des wichtigsten Elements der Markteinkommen. Sie enthält allerdings keinerlei Informationen über das Gesamteinkommen von Personen oder Haushalten und unterliegt selbst hinsichtlich der Erfassung von Arbeitnehmereinkommen einigen Einschränkungen. So wurden bisher die „630 DM-Jobs", deren Bedeutung im Zeitablauf stark gestiegen ist, ex definitione nicht erfaßt, und die Einkommen oberhalb der Beitragsbemessungsgrenze gehen nur mit diesem Grenzwert ein, so daß Einkommensreichtum, der sich allein aus dem Arbeitseinkommen, beispielsweise von leitenden Angestellten und Managern, ergibt, nicht erfaßt ist.

Aufgrund der unzureichenden amtlichen Daten bzw. deren nur eingeschränkter Zugänglichkeit werden seit längerer Zeit regelmäßig *Erhebungen von Wissenschaftlern bzw. Forschungsinstituten* durchgeführt. Als Querschnittsbefragungen sind in unserem Zusammenhang die Wohlfahrtssurveys und der ALLBUS (Allgemeine Bevölkerungsumfrage der Sozialwissenschaften) hervorhebenswert. Mit den *Wohlfahrtssurveys* (1978, 1980, 1984, 1988, 1993 und 1998) werden objektive Lebensbedingungen im Zusammenhang mit der subjektiv wahrgenommenen Lebensqualität erhoben. Schwerpunkte der in zweijährigem Turnus durchgeführten *ALLBUS*-Erhebungen sind Fragen zur Sozialstruktur, zu Sozialbeziehungen, allgemeinen Werten und Grundeinstellungen. Fragen zum Einkommen gehen dabei nur am Rande ein; bei beiden Umfragen wird nur die Nettoeinkommensklasse der Befragten erhoben. Diese Datenquellen bieten also nur recht grobe Verteilungsinformationen, zumal die Stichproben mit derzeit ca. 3.000 (Wohlfahrtssurvey) bzw. 3.500 (ALLBUS) Personen relativ klein sind.

Die wichtigste nicht-amtliche Quelle für empirische Verteilungsanalysen ist das *Sozio-ökonomische Panel* (SOEP), das seit 1984 alljährlich durchgeführt wird und sowohl für Querschnitts- als auch für Längsschnittanalysen genutzt werden kann. Von Beginn an waren auch ausländische Haushalte einbezogen. 1990 wurde das SOEP auf die damalige DDR ausgeweitet und dann in den neuen Bundesländern fortgeführt. 1994/95 wurde das SOEP zur Anpassung an die mittlerweile veränderte Grundgesamtheit durch eine „Zuwanderer-Stichprobe" ergänzt. Mit dem SOEP werden die Einkommen aller Haushaltsmitglieder detailliert und regelmäßig erhoben, wobei es im Vergleich zur EVS von großem Vorteil ist, daß auch die Arbeitszeiten erfaßt werden. Nach Vermögenswerten wurde bisher allerdings nur in einer Welle (1988), ansonsten lediglich nach dem Besitz einzelner Vermögensarten gefragt. Ein weiterer begrenzender Faktor ist der Stichprobenumfang mit derzeit (1997) ca. 6.800 Haushalten und 13.300 Befragten[16]; dies führt zu einem relativ großen Fehlerspielraum bei Analysen zum oberen und unteren Rand der Verteilung und anderer kleiner Teilgruppen der Bevölkerung.

3 Zum Stand der Verteilungsforschung in Deutschland

3.1 Forschungspolitischer Stand

Den forschungspolitischen Stand in der Bundesrepublik zu Verteilungsfragen kann man nicht besser kennzeichnen als mit dem Titel, den Tony Atkinson seiner „presidential address" vor der Royal Economic Society im Jahr 1996 gegeben hat: „Bringing Income Distribution in from the Cold".

Das heißt: Der Forschungsstand ist ungenügend; Verteilungsfragen wurden in den vergangenen 20 Jahren stark vernachlässigt. Dies äußert sich nicht nur in den oben skizzierten Unzulänglichkeiten des Datenmaterials, sondern allgemein in den vorherrschenden Themen. Die neoliberal beherrschte wirtschaftswissenschaftliche Forschung befaßt sich schwergewichtig mit Fragen der effizienten Allokation.

Bei der Frage nach dem gegenwärtigen Stand der Verteilungsforschung ist allerdings zwischen drei Aspekten zu differenzieren. Zur *Deskription der Einkommens- und Vermögensverteilung* liegen mittlerweile zahlreiche Studien vor, die trotz der aufgezeigten Grenzen des empirischen Materials wichtige Erkenntnisse gebracht haben.[17] Dennoch wissen wir noch nicht genug, um durch eine reine Literaturanalyse einen Armuts- und Reichtumsbericht erstellen zu können. Die *Erklärung der Einkommens- und Vermögensverteilung* sowie schließlich die *theoriebasierte Analyse und Prognose* der Wirkungen staatlicher verteilungspolitischer Maßnahmen sind demgegenüber noch kaum entwickelt; diese Bereiche der Verteilungsforschung sind auch wesentlich stärker von politischen Werturteilen durchsetzt als die deskriptive Analyse. Im folgenden werden beispielhaft einige deskriptive Ergebnisse auf der Basis der Einkommens- und Verbrauchsstichproben und des SOEP präsentiert, die allerdings vor dem Hintergrund der unzureichenden Erfassung der Randgruppen eher als untere Grenzwerte der Ungleichheit der Verteilung zu interpretieren sind.

3.2 Markteinkommensverteilung versus Äquivalenzeinkommensverteilung: Gibt es Anzeichen einer Polarisierung?

Veränderung der relativen Positionen von sozialen Gruppen 1972-1996
In Abbildung 1 sind Ergebnisse des Statistischen Bundesamtes über die Verteilungsentwicklung nach sozialen Gruppen dargestellt, die auf den Volkswirtschaftlichen Gesamtrechnungen und strukturellen Informationen aus zahlreichen anderen Quellen, u.a. den EVS, basieren. Die Graphik bezieht sich bis einschließlich 1990 auf Westdeutschland, ab 1991 auf Gesamtdeutschland; das Einkommenskonzept entspricht dem des Nettoäquivalenzeinkommens. Über den gesamten Zeitraum von 1972 bis 1996 zeigt der Verlauf der durchschnittlichen Einkommen der nach der sozialen Stellung des Haushaltsvorstands abgegrenzten Gruppen - jeweils in Relation zum Gesamtdurchschnitt - keine extreme Auseinanderentwicklung und - abgesehen von den Landwirtehaushalten - eine konstante Rangfolge. Auffällig ist, daß die gruppenspezifische relative Position der Pensionärshaushalte höher als die der Beamtenhaushalte, die der Rentnerhaushalte höher als die der Arbeiterhaushalte ist; dies ist auf die geringere Haushaltsgröße der Altenhaushalte zurückzuführen, die den Effekt des niedrigeren Haushaltsnettoeinkommens in der Nacherwerbsphase überkompensiert. Erwartungsgemäß wurde die höchste relative Position immer von den Selbständigenhaushalten erreicht, bei allerdings vergleichsweise großen Schwankungen im Zeitablauf. Nach

einem starken Einbruch zu Beginn der achtziger Jahre ist hier ein deutlich steigender Trend zu beobachten, so daß die bereits hohe relative Position von 1972 (ca. 230%) in der zweiten Hälfte der achtziger Jahre überschritten wurde. Dies allein sollte allerdings noch nicht als Polarisierung bezeichnet werden, da in der Darstellung Gruppengrößen und gruppeninterne Verteilungen nicht berücksichtigt sind.

Verteilungskennziffern und graphische Darstellung der Markteinkommensverteilung

Im Gegensatz zu Abbildung 1 basieren die folgenden Darstellungen auf Mikrodaten der Gesamtverteilung anstelle von gruppenspezifischen Durchschnittswerten. Tabelle 1 bezieht sich auf die personelle Primärverteilung. Angesichts der starken gesamtwirtschaftlichen Veränderungen im Beobachtungszeitraum – Rückgang der Erwerbstätigenquote infolge des Anstieg der Arbeitslosenquote, Anstieg der Teilzeitquote und Zunahme der sozialversicherungsfreien Beschäftigungsverhältnisse, zunächst sinkende, dann steigende Einkommensquote aus Unternehmertätigkeit und Vermögen – sind die Unterschiede zwischen den Ungleichheitsindikatoren von 1973 und 1993 überraschend gering. Sowohl der Gini-Koeffizient als auch die im unteren Einkommensbereich besonders sensiblen Indikatoren Atkinson- und Theil-Maß zeigen nur von 1973 bis 1978 einen deutlichen Anstieg, um anschließend wieder allmählich zu sinken. Auch eine Gegenüberstellung der sich 1993 für West- und Ostdeutschland ergebenden Verteilungsmaße zeigt keine allzu großen Abweichungen.

Einparametrige Verteilungsmaße sagen allerdings nichts über die Gestalt von Verteilungen aus. Abbildung 2 zeigt, daß die personelle Primärverteilung bimodal ist und der erste Gipfel im Bereich sehr niedriger Markteinkommen – das sind Bezieher kleiner Vermögenseinkommen ohne Erwerbseinkommen, die überwiegend von Transfereinkommen leben – 1993 etwas höher ausfällt als 1973. Auch die Verteilungsdichte im Bereich sehr hoher Markteinkommen hat während der betrachteten beiden Dekaden etwas zugenommen.

Wie wir aus verschiedenen Aufspaltungen der für die Gesamtbevölkerung gemessenen Ungleichheit in entsprechende Maße für Subgruppen wissen, verbergen sich hinter den moderaten Entwicklungen von aggregierten Verteilungsmaßen allerdings häufig größere Veränderungen in Teilbereichen, die sich tendenziell kompensieren; dies gilt analog für Verschiebungen der Verteilungskurven im Zeitablauf. Beispielsweise hat sich die Dichtekurve der individuellen Faktoreinkommen für die Teilgruppe der Personen im „zentralen Erwerbsalter" (25 bis 59 Jahre) im Beobachtungszeitraum stärker verschoben – und damit tendenziell polarisiert[18] – als für alle Einkommensbezieher. Von daher sollten aus den mäßigen Veränderungen der Gesamtverteilung keine voreiligen Schlußfolgerungen gezogen werden.

Verteilungskennziffern und graphische Darstellung
der personellen Nettoäquivalenzeinkommensverteilung
Die Ungleichheit bei der Verteilung der Nettoäquivalenzeinkommen ist erwartungsgemäß wesentlich geringer als die der personellen Primärverteilung. Tabelle 2 zeigt darüber hinaus aber auch einen anderen Entwicklungsverlauf als Tabelle 1 für die individuellen Faktoreinkommen. Während in der ersten Dekade die insgesamt gemessene Ungleichheit nahezu konstant geblieben ist, sind die aggregierten Maße sowie Armuts- und Reichtumsquote[19] insbesondere im letzten Fünfjahreszeitraum gestiegen. Offensichtlich hat die ausgleichende Wirkung des Abgaben- und Transfersystems nachgelassen. Abbildung 3 bestätigt diesen Eindruck; die unimodale Verteilung der Nettoäquivalenzeinkommen ist noch stärker linkssteil geworden und zeigt etwas höhere Besetzungsdichten am rechten Rand. Trotz dieser problematischen Entwicklung kann daraus aber noch nicht auf eine Polarisierung geschlossen werden; dieser Frage muß mit differenzierteren Analysen nachgegangen werden.[20]

3.3 Einkommensmobilität oder: bleibt jeder dort, wo er ist?

Zur Beurteilung einer sich aus verschiedenen Bevölkerungsquerschnitten ergebenden Verteilungsentwicklung ist es von großem Interesse, ob diese auf häufigen individuellen Auf- und Abstiegen oder aber auf im Zeitablauf weitgehend konstanten individuellen Einkommenspositionen beruht. Bisherige Untersuchungen auf der Basis des SOEP kommen zu dem Ergebnis einer überraschend hohen Einkommensmobilität in Deutschland[21]. Die Mobilitätsmatrix in Tabelle 3[22] zeigt dies beispielhaft für die Nettoäquivalenzeinkommen in Westdeutschland, wobei nur Haushalte mit mindestens einer erwerbstätigen oder arbeitslosen Person einbezogen wurden, die im Jahr 1990 zwischen 18 und 54 Jahre alt waren. In der Diagonalen der Matrix sind die Anteile jener Personen aufgeführt, die sich 1990 und 1995 in der gleichen relativen Einkommensklasse befanden. Sie liegen in jeder Klasse unter 50%, d.h., daß jeweils mehr als die Hälfte, im Bereich von 100% bis 150% des durchschnittlichen Äquivalenzeinkommens sogar 70% zwischen 1990 und 1995 auf- oder abgestiegen sind. Auf der vorgelagerten Ebene der Bruttoäquivalenzeinkommen aus Erwerbstätigkeit ergibt sich sogar eine noch größere Mobilität; das soziale Sicherungs- und Steuersystem dämpft also sowohl die Abwärts- als auch die Aufwärts-Mobilität.

4 Forschungsbemühungen in anderen Ländern

Wenn im vorherigen Abschnitt einleitend der Stand der Verteilungsforschung in Deutschland als ungenügend bezeichnet wurde, so resultiert diese Einschätzung auch aus einem internationalen Vergleich. In einigen Ländern, insbesondere in den USA und in Großbritannien, aber auch in den skandinavischen Ländern und Australien, sind die Forschungsbemühungen im Bereich der Einkommensverteilung weiter gediehen als in der Bundesrepublik Deutschland. Zum einen wurden dort die – meist jährlich erhobenen – Mikrodaten amtlicher Erhebungen wesentlich früher der Wissenschaft in anonymisierter Form zur Verfügung gestellt[23], teilweise besteht auch seit langem ein Zugang zu prozeßproduzierten Daten der Einkommensbesteuerung. Zum anderen wurden aber auch Projekte zur Verteilungsforschung vergleichsweise stark gefördert. Einschränkend ist allerdings anzumerken, daß die Häufigkeit der Stichprobenerhebungen teilweise zu Lasten der Stichprobengröße gegangen ist. Beispielsweise werden beim britischen Family Expenditure Survey ca. 7.000 Haushalte befragt, beim Panel Study of Income Dynamics der USA ungefähr 5.000 Haushalte, was im Vergleich zur in fünfjährigem Turnus durchgeführten EVS (45.000 Haushalte) wenig ist. Angesichts knapper Forschungsmittel ist bei der Konzeption künftiger Erhebungen also zwischen den Gestaltungsparametern „Stichprobengröße" und „Periodizität" der Befragungen abzuwägen.

Internationale Vergleiche von Einkommens- und Vermögensverteilungen sind infolge vielfältiger methodischer Unterschiede zwischen den vorliegenden nationalen Datenquellen, unterschiedlich abgegrenzten Bezugseinheiten (Personen, Steuerpflichtige, Familien, Haushalte), sowie wegen inhaltlich abweichender Definitionen des Einkommens und Vermögens mit erheblichen Problemen verbunden. Einen wesentlichen Fortschritt hat allerdings das Luxembourg Income Study- (LIS-) Projekt gebracht.[24] Im LIS-Projekt wurden die Mikrodaten von Stichproben verschiedener Länder in möglichst vergleichbare Variable transferiert und in eine große Datenbank implementiert, die ständig erweitert und ausgewertet wird. Tabelle 4 vermittelt mit einer Zusammenstellung von Gini-Koeffizienten und Perzentilsverhältnissen für die 80er bzw. Anfang der 90er Jahre einen knappen Einblick in die Reichweite der LIS-Datenbank, die für Forscher aus allen Mitgliedsländern zugänglich ist. Westdeutschland liegt mit einem Gini-Koeffizienten von 0,261 im Jahr 1989 ungefähr im Mittelfeld, während für Finnland die geringste und für die USA die höchste Ungleichheit der Nettoäquivalenzeinkommen[25] ermittelt wurde.[26] Diese Datenbank wird – mit Unterstützung der Mitgliedsländer und auch der Europäischen Union – weiter aktualisiert und fortentwickelt.

Neuerdings gibt es mit dem Europäischen Haushaltspanel (ECHP) eine
weitere Quelle für international vergleichende Verteilungsstudien. Im Gegensatz zum LIS-Ansatz, wonach vorhandene Stichprobenangaben nachträglich
soweit möglich vergleichbar gemacht wurden, ist für das ECHP im Vorfeld
der Befragungen ein für alle beteiligten Länder möglichst einheitliches Er-
hebungskonzept entwickelt worden. Dies ist ein vielversprechendes Verfahren, und es liegen auch bereits erste Ergebnisse vor.[27] Eine anonymisierte
Version der ersten drei Wellen des ECHP kann bei EUROSTAT oder beim
Statistischen Bundesamt gegen eine Gebühr von ca. 24.000 DM gekauft
werden, während die LIS-Datenbank ohne nennenswerte Kosten wissenschaft-
lich genutzt werden kann.

5 Was müßten ein Verteilungs- und ein Reichtumsbericht leisten?

Wie eingangs erwähnt, sollte ein Reichtumsbericht – analog wie auch ein
Armutsbericht – Bezug nehmen auf das gesamtwirtschaftliche Wohlstandsniveau und die gesamte Wohlstandsverteilung. Es erscheint sinnvoll, Einkom-
mens- und Vermögensreichtum relativ zu definieren;[28] die mit dem Begriff
Reichtum assoziierten Absolutbeträge sind demnach im Zeitablauf veränder-
lich, ebenso wie die Bereichsgrenzen von Armut und Mittelschicht. Vorab sind
also die Entwicklungen des nominalen und des realen Volkseinkommens, der
funktionalen Verteilung, des Brutto- und des Nettovermögens des privaten
Haushaltssektors[29] sowie entsprechender Durchschnittsgrößen aufzuzeigen.
Hieran sollte sich eine Darstellung der jeweiligen Verteilungen anschließen, für
die die Entwicklung der makroökonomischen Rahmenbedingungen zusammen mit demographischen Faktoren als Erklärungshilfen dienen können.

Ein Verteilungsbericht sollte mehrere Verteilungsebenen gesondert behandeln, um die Bedeutung einzelner Einkommens- und Vermögensarten, der
direkten staatlichen Einflüsse (über Abgaben und Transfers) sowie den Effekt
des innerfamiliären Teilens eruieren zu können. Auf konsistenter methodischer
Basis sind Zeitreihen zur Deskription, erstens der personellen Verteilung der
Arbeits- sowie der Vermögenseinkommen auf die jeweiligen Bezieher, zweitens
der Verteilung dieser Markteinkommen auf Haushalte und drittens der
Nettoäquivalenzeinkommen auf Personen zu entwickeln und ständig zu aktua-
lisieren. Vor der Festlegung der relativ zu definierenden Einkommens-
größenklassen ist die Frage nach einer sinnvollen Reichtumsgrenze zu diskutieren. In neuerer Zeit wird häufig das Doppelte des durchschnittlichen
Nettoäquivalenzeinkommens als Grenzwert verwendet.[30] Es erscheint aller-

dings zweckmäßig, innerhalb dieser Gruppe der Reichen nochmals zu differenzieren, da Reichtum oberhalb einer Schwelle nicht nur gehobenen Konsum und freiere Lebensgestaltung bedeutet, sondern durch Investitionen und Vermögensbildung die Schaffung neuer Einkommensquellen ermöglicht.[31] Dementsprechend ist auch eine Reichtumsgrenze in bezug auf den Wert des Nettovermögens zu definieren. Hierfür könnte beispielsweise das Zehnfache des durchschnittlichen Nettoäquivalenzeinkommens verwendet werden.

Bei der Deskription der haushaltsgrößenbereinigten personellen Sekundärverteilung sind weitere sozio-ökonomische Merkmale als Gruppierungskriterien heranzuziehen. Von besonderer gesellschaftspolitischer Relevanz sind die soziale Stellung, Alter und Geschlecht des Haushaltsvorstandes, der Haushaltstyp und alternativ die entsprechenden individuellen Merkmale – soziale Stellung, Alter und Geschlecht der Personen. Dabei kann eine sinnvolle Verknüpfung einzelner Merkmalsausprägungen zu einem geschlossenen Auswertungskonzept aussagefähiger sein als das unverbundene Nebeneinander verschiedener zweidimensionaler Tabellen. Beispielsweise ist angesichts von Arbeitslosigkeit und Unterschieden beim Rentenzugangsalter die Generierung einer Gruppierungsvariable aus den Merkmalen Alter und soziale Stellung inhaltlich eher geeignet als die alleinige Bezugnahme auf das Alter.

Eine Deskription der Vermögensverteilung und ihrer Entwicklung im Zeitablauf sollte sich primär auf Haushalte beziehen, da eine gleichmäßige Teilhabe aller Haushaltsmitglieder weniger wahrscheinlich ist als hinsichtlich des Haushaltseinkommens. In Analogie zur Einkommensverteilung sind Gruppierungen hier vorrangig nach relativen Größenklassen des Nettovermögens vorzunehmen. Dabei sind hier neben der Verteilung der Haushalte – möglichst in der Differenzierung nach der sozialen Stellung und dem Alter des Haushaltsvorstands – ergänzend die Verteilungen einzelner Vermögensarten und des Gesamtvermögens von Interesse. Denn die einzelnen Vermögensgrößenklassen zurechenbaren Anteile am Bruttogeldvermögen, differenziert nach Aktien und sonstigen Forderungen, am Nettogeldvermögen, am Immobilienvermögen, am Unternehmensvermögen (ohne Aktien) und am Gebrauchsvermögen zeigen gruppenspezifische Unterschiede in der Liquidität und Rentierlichkeit der Portfolios; mit der Verteilung des Nettogesamtvermögens nach Vermögensgrößenklassen wird schließlich das Ausmaß der Ungleichheit der Verteilung verdeutlicht.

Als weiteres bedeutsames Element könnten die akkumulierten Rentenansprüche einbezogen werden. Eine Abschätzung der Verteilung der Rentenansprüche auf die Größenklassen des Nettovermögens im engeren Sinne würde unter dem Aspekt der Sicherungsfunktion von Vermögen zusätzliche Informationen ergeben.

Schließlich sollte eine integrative Betrachtung der Einkommens- und Vermögensverteilung erfolgen, um abschätzen zu können, inwieweit Einkommensreichtum mit Vermögensreichtum verbunden ist. Dies ist nicht notwendigerweise der Fall; beispielsweise wird in jungen Haushalten teilweise ein hohes Einkommen erzielt, ohne daß bereits Vermögen akkumuliert werden konnte, und umgekehrt beziehen Altenhaushalte häufig ein relativ geringes Einkommen, haben aber während ihrer Erwerbsphase Vermögen gebildet. Überwiegend ist allerdings von einer starken positiven Korrelation von Einkommen und Vermögen auszugehen, was durch eine Kreuzklassifikation von Nettoäquivalenzeinkommen und Nettovermögen der Haushalte, eventuell auch von Nettoäquivalenzeinkommen und Pro-Kopf-Vermögen der Personen analysiert werden kann. Eine alternative Integration von Einkommen und Vermögen basiert auf einem erweiterten Einkommensbegriff, der das in Annuitäten umgerechnete Vermögen umfaßt. Bei diesem Ansatz ist wegen der Eindimensionalität des Verteilungsobjekts eine überschaubare Darstellung auch unter Berücksichtigung weiterer sozio-ökonomischer Merkmale der Haushalte bzw. Personen möglich.

Abschließend bleibt festzustellen, daß das hier skizzierte Konzept der Verteilungs- bzw. Reichtumsberichterstattung hinsichtlich der Verfügbarkeit von Mikrodaten sehr anspruchsvoll ist, obwohl die Längsschnittperspektive ausgeklammert wurde. Wie im zweiten Abschnitt erläutert wurde, sind die empirischen Grundlagen in Deutschland insbesondere zur Vermögensverteilung noch weit von den Erfordernissen eines Reichtumsberichts entfernt. Folglich müssen in einem ersten Schritt viele statistische Lücken durch – notwendigerweise grobe – Schätzungen gefüllt werden. In weiteren Schritten sind insbesondere die Daten der Einkommens- und Verbrauchsstichproben durch Ergebnisse der Volkswirtschaftlichen Gesamtrechnungen und Sonderauswertungen der bisherigen Vermögensteuerstatistiken sowie der Einkommensteuerstichproben zu ergänzen. Aus den steuerlichen Daten zu Kapitaleinkommen lassen sich möglicherweise Anhaltspunkte für die entsprechenden Vermögen finden. Das Deutsche Institut für Wirtschaftsforschung hat bereits einen derartigen Ansatz zur Erfassung der Vermögensverteilung entwickelt.[32] Schließlich sind auch das Stichprobendesign und das Fragebogenprogramm der bisherigen Erhebungen zu diskutieren und eventuell zu modifizieren oder zusätzliche Befragungen zu konzipieren.

Abbildung 1: Relative Wohlstandspositionen nach der sozialen Stellung des Haushaltsvorstandes in Westdeutschland 1972 bis 1990 bzw. in Gesamtdeutschland 1991 bis 1996[1]

A: Selbständige (ohne Landwirte). B: Pensionäre. C: Beamte. D: Angestellte. E: Rentner. F: Arbeiter. G: Landwirte. H: Arbeitslose. I: Sozialhilfeempfänger.

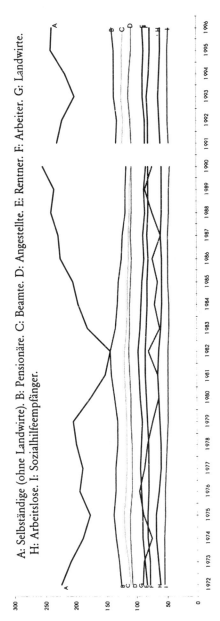

1 Die relative Wohlstandsposition ist definiert als gruppendurchschnittliches verfügbares Einkommen je Verbrauchereinheit in Relation zum entsprechenden Gesamtdurchschnitt. Bei der Berechnung von Verbrauchereinheiten wurde dem Haushaltsvorstand ein Bedarfsgewicht von 1,0, den weiteren Personen in Mehrpersonenhaushalten ein Gewicht von 0,7 bzw. 0,5 für Kinder unter 14 Jahren zugeordnet. Der Gesamtdurchschnitt der verfügbaren Einkommen je Verbrauchereinheit für Gesamtdeutschland – und somit die Relativierungsbasis für die gruppenspezifischen relativen Wohlstandspositionen – lag deutlich unter dem Durchschnitt für Westdeutschland (1991: 28 600 DM p.a. gegenüber 30 300 DM p.a.). Je nachdem, ob die entsprechenden gruppenspezifischen Differenzen (zwischen gesamt- und westdeutschem Durchschnitt) über- oder unterdurchschnittlich waren, liegen die relativen Positionen für Gesamtdeutschland unter oder über denen für Westdeutschland.
Quelle: Statistisches Bundesamt (1994 und 1998a): Verfügbares Einkommen, Zahl der Haushalte und Haushaltsmitglieder nach Haushaltsgruppen, Wiesbaden.

Abbildung 2: Relative individuelle Faktoreinkommen 1973 und 1993,
West-Deutschland (ohne Ausländer)

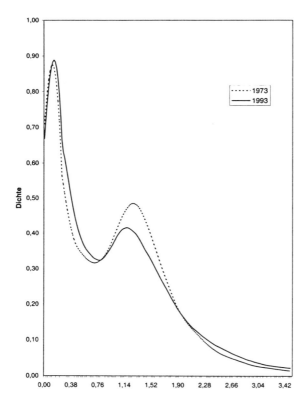

Relatives individuelles Faktoreinkommen
(Vielfache des arithmetischen Mittels)

Abbildung 3: Relative Nettoäquivalenzeinkommen 1973 und 1993, West-Deutschland (ohne Ausländer)

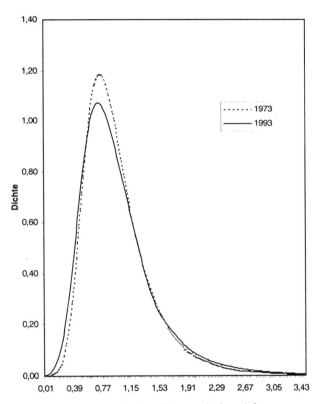

Relatives Nettoäquivalenzeinkommen
(Vielfache des arithmetischen Mittels)

Tabelle 1: Ungleichheitsindikatoren für die Verteilung der
individuellen Faktoreinkommen (brutto)[1](nur Bezieher)
1973 bis 1993[2]

Verteilungsmaß	1973	1978	1983	1988	1993	1993	
	ohne Ausländer					mit Ausländern	
	Westdeutschland					West	Ost
Gini-Koeffizient	0,489	0,515	0,504	0,505	0,502	0,500	0,496
Atkinson-Maß, ε = 1	0,499	0,537	0,507	0,493	0,490	0,488	0,507
Theil-Index[3]	0,692	0,771	0,707	0,679	0,673	0,669	0,707

1   Summe der Einkommen aus unselbständiger Arbeit, aus selbständiger Arbeit
(ohne sonstige Einnahmen aus selbständiger Tätigkeit) und aus Vermögen
(einschl. Mietwert selbstgenutzten Wohneigentums).

2   Um den Einfluß der in den einzelnen Stichjahren unterschiedlichen Rundungen
bei einzelnen Einkommensbeträgen (bzw. ähnlicher Anonymisierungsprozeduren)
auf die Ergebnisse zu begrenzen, wurden Marginalbeträge unterhalb eines Grenzwertes auf die Hälfte des Grenzwertes gesetzt. Der untere Grenzwert wurde für
1973 auf 1.000 DM p.a. gesetzt und liegt damit weit (um gut drei Fünftel)
unterhalb der damaligen Geringfügigkeitsgrenze der Sozialversicherung (ein Sieb-
tel des durchschnittlichen Entgelts der in der GRV versicherten Personen: 2614
DM p.a.). Der untere Grenzwert wurde mit der Wachstumsrate des Volkseinkommens pro Kopf fortgeschrieben; vgl. Sachverständigenrat (1996, S. 362).

3   Bottom – sensitive Version des Theil-Index: mean logarithmic deviation.
Quelle: EVS-Datenbank

Tabelle 2: Ungleichheitsindikatoren für die Verteilung der
Nettoäquivalenzeinkommen[1] 1973 bis 1993

Verteilungsmaß	1973	1978	1983	1988	1993	1993	
		ohne Ausländer				mit Ausländern	
		Westdeutschland				West	Ost
Gini-Koeffizient	0,248	0,247	0,250	0,253	0,267	0,269	0,199
Atkinson-Maß, $\varepsilon = 1$	0,095	0,095	0,098	0,101	0,110	0,112	0,063
Theil-Index[2]	0,100	0,100	0,103	0,106	0,117	0,118	0,065
90/10 Perzentil	2,9	2,9	3,0	3,0	3,3	3,3	2,4
„Armutsquote"[3]	6,5	6,5	7,7	8,8	10,1	10,3	3,1
„Reichtumsquote"[4]	4,2	3,9	4,0	4,3	4,8	4,9	2,4

1   Zur Umrechnung des Haushaltsnettoeinkommens in das Nettoäquivalenzeinkommen wurde die ältere OECD-Skala mit folgenden Gewichten verwendet:
1,0 für den Haushaltsvorstand, 0,7 für weitere Haushaltsmitglieder ab dem Alter
von 15 Jahren, 0,5 für jüngere Haushaltsmitglieder.

2   Bottom-sensitive Version des Theil-Index: mean logarithmic deviation.

3   Personen mit weniger als 50% des durchschnittlichen Nettoäquivalenzeinkommens in Prozent der Gesamtpopulation.

4   Personen mit mehr als 200% des durchschnittlichen Nettoäquivalenzeinkommens in Prozent der Gesamtpopulation.

Tabelle 3: Mobilität der Nettoäquivalenzeinkommen in Westdeutschland zwischen 1990 und 1995[1]

Nettoäquivalenzeinkommen in Prozent des Durchschnitts		Einkommensklassen 1995						Verteilung nach Einkommensklassen 1990
		unter 50	50-75	75-100	100-125	125-150	mehr als 150	
Ein-kom-mens-klassen 1990	unter 50	40,5	27,0	13,3	6,3	6,4	6,4	6,6
	50-75	13,8	41,5	23,9	8,6	4,4	7,8	18,3
	75-100	7,0	23,0	36,7	19,8	8,3	5,1	22,3
	100-125	3,2	14,2	26,8	30,4	15,0	10,5	21,1
	125-150	2,7	12,0	11,8	20,3	29,0	24,2	12,9
	mehr als 150	1,1	4,4	11,4	13,5	19,9	49,7	18,9
Verteilung nach Einkommensklassen 1995		8,0	19,8	22,7	18,0	13,7	17,7	100

1   Verteilung der Personen einer (relativen) Einkommensgruppe 1990 (Tabellenzeile) auf relative Einkommensgruppen im Jahr 1995 (Tabellenspalten).
Quelle: Hauser und Fabig (1998), S. 27 (Table 5); Datenbasis: SOEP 1990-1995.

Tabelle 4: Ungleichheitsindikatoren für die Verteilung der Nettoäquivalenzeinkommen[1]im internationalen Vergleich

	Gini-Koeffizient[2]	90/10 Perzentilsverhältnis
Finnland 1991	0,223	2,75
Schweden 1992	0,229	2,78
Belgien 1992	0,230	2,79
Norwegen 1991	0,233	2,80
Dänemark 1992	0,239	2,86
Luxemburg 1985	0,238	2,95
Niederlande 1991	0,249	3,05
Italien 1991	0,255	3,14
Deutschland 1989	0,261	3,21
Österreich 1987	k.A.	3,34
Schweiz 1982	0,311	3,43
Neuseeland 1987/1988	k.A.	3,46
Frankreich 1984	0,294	3,48
Kanada 1991	0,285	3,90
Taiwan 1991	0,300	3,90
Spanien 1990	0,306	4,04
Israel 1992	0,305	4,12
Japan 1992	0,315	4,17
Irland 1987	0,328	4,18
Australien 1989	0,308	4,30
Großbritannien 1991	0,335	4,67
USA 1991	0,343	5,78
Durchschnitt[3]	0,279	3,60

1 Verfügbares Haushaltseinkommen dividiert durch die Quadratwurzel der Haushaltsgröße.
2 Dabei wurden Einkommen von weniger als 1% bzw. mehr als dem Zehnfachen des Durchschnitts ausgeschlossen.
3 Ungewichteter arithmetischer Mittelwert.
Quelle: Smeeding (1997), S. 11, Figure 1.

Anmerkungen

* Wiss. Mitarbeiter an der Universität Frankfurt/M.

1 Vgl. in diesem Zusammenhang auch Hauser (1998).

2 Vgl. Faik (1995).

3 Dazu zählen nicht Aktien oder ähnliche Anteilsscheine, die dem Geldvermögen zugerechnet werden, sondern im wesentlichen Betriebe von natürlichen Personen und Personengemeinschaften/-gesellschaften sowie Betriebe in der Rechtsform der GmbH, soweit deren Anteile von natürlichen Personen gehalten werden.

4 Vgl. z.B. Thiele (1998).

5 Diese entspricht der „mean logarithmic deviation".

6 Vgl. in diesem Zusammenhang Faik (1995), S. 293-314 und Hauser (1996), S. 28-33.

7 Die Zunahme eines zusammenfassenden Ungleichheitsmaßes geht allerdings häufig mit einem steigenden Anteil jener Gruppen, die unter einer definierten Armutsgrenze und/oder oberhalb einer definierten Reichtumsgrenze liegen, einher.

8 Vgl. in diesem Zusammenhang Hauser und Becker (1998).

9 Vgl. Statistisches Bundesamt (1998b).

10 Dies ergibt sich aus einer Änderung des Gesetzes über Steuerstatistiken, die mit dem Jahressteuergesetz 1996 erfolgte. Vgl. Zwick (1998).

11 70.000 DM bei allein veranlagten natürlichen Personen; bei zusammenveranlagten natürlichen Personen werden für jeden der Beteiligten 70.000 DM als Grenzwert angesetzt; vgl. Schöffel (1997), S. 497.

12 Durch das Steueränderungsgesetz 1992 wurde der Freibetrag (für jedes Mitglied mit Betriebsvermögen) von 125.000 DM auf 500.000 DM erhöht; vgl. Schöffel (1997), S. 499.

13 Vgl. Statistisches Bundesamt (1997).

14 Vgl. Bender und Hilzendegen (1995).

15 Vgl. z.B. Schäfer (1997).

16 Die Ausgangsstichprobe 1984 umfaßte 12.245 Befragte in 5.921 Haushalten, die Basisbefragung des SOEP-Ost 1990 4.453 Personen in 2.179 Haushalten. In der Zuwanderer-Stichprobe (1994/95) wurden 1.078 Erwachsene befragt, sie umfaßte einschließlich der Kinder ca. 1.600 Personen in 522 Haushalten.

17 Vgl. z.B. Krause und Wagner (1997), Frick, Krause und Wagner (1997), Habich und Krause (1997), Hauser u.a. (1997), Becker (1999), Schlomann (1992), Schlomann und Faik (1997), Hauser und Stein (1999).

18 Bisher unveröffentlichtes Ergebnis.

19 Zur Definition vgl. die Fußnoten 3 und 4 in Tabelle 2.

20 Vgl. Hauser und Becker (1999).

21 Vgl. Hauser und Fabig (1998), S. 3f; dies gilt auch im internationalen Vergleich, wie Fabig (1999) zeigt.

22 Quelle: Hauser und Fabig (1998), S. 27 (Table 5).

23 Beispielsweise wird der Family Expenditure Survey (FES) in Großbritannien seit 1961 alljährlich erhoben. Für auf Großbritannien bezogene Längsschnittanalysen

stehen mit dem British Household Panel Survey (BHPS) allerdings erst seit 1991 Daten zur Verfügung, während Paneldaten für die USA mit dem Panel Study of Income Dynamics (PSID) bereits seit 1968 jährlich erhoben werden. Differenzierte Studien zur Einkommensverteilung finden sich für Großbritannien z.b. bei Atkinson (1993), Jenkins (1995) und Goodman, Johnson und Webb (1997), für die USA beispielsweise in Danziger und Gottschalk (1993).

24 Daneben vermittelt aber auch die Gegenüberstellung einzelner Länderstudien, denen verschiedene Datenquellen zugrunde liegen, einen Eindruck über Gemeinsamkeiten oder Differenzen in den nationalen Verteilungs*entwicklungen*. Vgl. z.B. Gottschalk, Gustafsson und Palmer (1997).

25 Im Gegensatz zu den Tabellen 1, 2 und 3 liegt der LIS-Studie eine Äquivalenzskala mit geringeren und altersunabhängigen Bedarfsgewichten für Mehrpersonenhaushalten zugrunde: die Quadratwurzel der Haushaltsgröße.

26 Weitere internationale Vergleiche finden sich bei Gottschalk und Smeeding (1997).

27 Vgl. Eurostat (1997).

28 Vgl. Huster (1997), S. 11f..

29 Hierzu liegen wichtige Ergebnisse der Deutschen Bundesbank vor. Vgl. z.B. Deutsche Bundesbank (1993) und dies. (1999).

30 Vgl. Huster (1997), S. 12f..

31 Ebenda, S. 14.

32 Vgl. Bach und Bartholmai (1996).

Literaturverzeichnis

Atkinson, Anthony B. (1993): What is happening to the distribution of income in the UK? Discussion Paper WSP/87, Welfare State Programme, London School of Economics, London.

Bach, Stefan, Bernd Bartholmai (1996): Zur Neuregelung der Vermögen- und Erbschaftsteuer. In: DIW-Wochenbericht, 63. Jg., Heft 30/96, S. 497-506.

Bartholmai, Bernd, Stefan Bach (1998): Immobilienvermögen privater Haushalte in Deutschland 1995. Erhebungen nach § 7 BStatG. Projektbericht, hrsg. v. Statistischen Bundesamt. Wiesbaden.

Becker, Irene (1999): Zur Verteilungsentwicklung in den 80er und 90er Jahren. Gibt es Anzeichen einer Polarisierung in der Bundesrepublik Deutschland? Teil 1: Veränderungen der personellen Einkommensverteilung. In: WSI-Mitteilungen, 52. Jg., Heft 3/1999, S. 205-214. Teil 2: Zum Ausmaß der Vermögenskonzentration. In: WSI-Mitteilungen, 52. Jg., Heft 5/1999, S. 331-337.

Becker, Irene, Richard Hauser (1997) (Hrsg.): Einkommensverteilung und Armut. Deutschland auf dem Weg zur Vierfünftel-Gesellschaft? Frankfurt a.M./New York.

Bender, Stefan, Jürgen Hilzendegen (1995): Die IAB-Beschäftigtenstichprobe als scientific use file. In: Mitteilungen aus dem Arbeitsmarkt- und Berufsforschung, 28. Jg., Heft 1/1995, S. 76-95.

Danziger, Sheldon, Peter Gottschalk (1993) (Hrsg.): Uneven Tides. Rising Inequality in America. New York.

Deutsche Bundesbank (1993): Zur Vermögenssituation der privaten Haushalte in Deutschland. In: Monatsbericht 10/1993, S. 19-31.

Deutsche Bundesbank (1999): Zur Entwicklung der privaten Vermögenssituation seit Beginn der neunziger Jahre. In: Monatsbericht 1/1999, S. 33-50.

Eurostat (1997): Income distribution and poverty in EU12 - 1993. In: Statistics in Focus. Population and Social Conditions 1997-6. Luxemburg.

Fabig, Holger (1999): Einkommensdynamik im internationalen Vergleich - eine empirische Mobilitätsanalyse mit Panel-Daten. Frankfurt a.M./New York.

Faik, Jürgen (1995): Äquivalenzskalen. Theoretische Erörterung, empirische Ermittlung und verteilungsbezogene Anwendung für die Bundesrepublik Deutschland. Berlin.

Frick, Joachim, Peter Krause, Gert Wagner (1997): Einkommensverteilung. In: Statistisches Bundesamt (Hrsg.), Datenreport 1997. Zahlen und Fakten über die Bundesrepublik Deutschland, Bonn, S. 502-514.

Goodman, Alissa, Paul Johnson, Steven Webb (1997): Inequality in the UK. Oxford.

Gottschalk, Peter, Timothy M. Smeeding (1997): Cross-National Comparisons of Earnings and Income Inequality. In: Journal of Economic Literature, Vol. XXXV, Number 2, June 1997, S. 633-687.

Gottschalk, Peter, Björn Gustafsson, Edward Palmer (1997) (Hrsg.): Changing patterns in the distribution of economic welfare. An international perspective. Cambridge.

Habich, Roland, Peter Krause (1997): Armut. In: Statistisches Bundesamt (Hrsg.), Datenreport 1997. Zahlen und Fakten über die Bundesrepublik Deutschland, Bonn, S. 515-525.

Hauser, Richard (1996): Zur Messung individueller Wohlfahrt und ihrer Verteilung. In: Statistisches Bundesamt (Hrsg.), Wohlfahrtsmessung - Aufgabe der Statistik im gesellschaftlichen Wandel, Band 29 der Schriftenreihe Forum der Bundesstatistik, Stuttgart, S. 13-38.

Hauser, Richard (1998): Einkommen und Vermögen. In: Schäfers, B., W. Zapf (Hrsg.), Handwörterbuch zur Gesellschaft Deutschlands, Opladen, S. 154-166.

Hauser, Richard u.a. (1997): Entwicklung und Verteilung von Einkommen und Vermögen der privaten Haushalte in Deutschland 1969 bis 1995. Gutachten im Auftrag der Kommission für Zukunftsfragen der Freistaaten Bayern und Sachsen. In: Kommission für Zukunftsfragen der Freistaaten Bayern und Sachsen (1998) (Hrsg.), Erwerbstätigkeit und Arbeitslosigkeit in Deutschland. Entwicklung, Ursachen und Maßnahmen, Anlageband, Band 1, S. 321-547.

Hauser, Richard, Irene Becker (1998): Polarisierungstendenzen der Einkommensverteilung. In: Statistisches Bundesamt (Hrsg.), Einkommen und Vermögen in Deutschland - Messung und Analyse, Band 32 der Schriftenreihe Forum der Bundesstatistik, Stuttgart, S. 42-62.

Hauser, Richard, Irene Becker (1999): Changes in the distribution of pre-government and post-government income in Germany 1973- 1993. Arbeitspapier Nr. 20 des EVS-Projekts, Frankfurt a. M. (erscheint demnächst auch in: Hauser, Richard, Irene Becker (Hrsg.), The personal distribution of income in an international perspective, Berlin-Heidelberg).

Hauser, Richard, Holger Fabig (1998): Labor Earnings and Household Income Mobility in Reunified Germany: A Comparison of the Eastern and Western States. Arbeitspapier Nr. 15 des EVS-Projekts. Frankfurt a.m..

Hauser, Richard, Holger Stein (1999): Das Immobilienvermögen privater Haushalte in der Bundesrepublik Deutschland. Eine mikroökonomische Analyse für Ost- und Westdeutschland auf der Basis der Einkommens- und Verbrauchsstichprobe 1993. Schriftenreihe der Stiftung Der Private Haushalt, Düsseldorf.

Huster, Ernst-Ulrich (1997): Enttabuisierung der sozialen Distanz: Reichtum in Deutschland. In: ders. (Hrsg.), Reichtum in Deutschland. Die Gewinner in der sozialen Polarisierung, Frankfurt a. M./New York, S. 7-31.

Jenkins, S. P. (1995): Accounting for Inequality Trends: Decomposition Analysis for the UK, 1971-1986. In: Economica, Vol. 62, S. 29-63.

Krause, Peter, Gert Wagner (1997): Einkommens-Reichtum und Einkommens-Armut in Deutschland. Ergebnisse des Sozio-oekonomischen Panels. In: Huster, Ernst-Ulrich (Hrsg.), Reichtum in Deutschland. Die Gewinner in der sozialen Polarisierung, Frankfurt a.m./New York, S. 65-88.

Sachverständigenrat zur Begutachtung der gesamtwirtschaftlichen Entwicklung (1996): Jahresgutachten 1996/97. Bundestagsdrucksache 13/6200, Bonn.

Schäfer, Claus (1997): Empirische Überraschung und politische Herausforderung: Niedriglöhne in Deutschland. In: Becker, Irene, Richard Hauser (Hrsg.), Einkommensverteilung und Armut. Deutschland auf dem Weg zur Vierfünftel-Gesellschaft? Frankfurt a. M./New York, S. 83-111.

Schlomann, Heinrich (1992): Vermögensverteilung und private Altersvorsorge. Frankfurt a. M./New York.

Schlomann, Heinrich, Jürgen Faik (1997): Die Entwicklung der Vermögensverteilung in Deutschland. In: Huster, Ernst-Ulrich (Hrsg.), Reichtum in Deutschland. Die Gewinner in der sozialen Polarisierung, Frankfurt a. M./New York, S.

Schöffel, Roland (1997): Vermögen und seine Besteuerung 1993. In: Wirtschaft und Statistik, Heft 7/1997, S. 497-503.

Smeeding, Timothy M. (1997): American Income Inequality in a Cross-National Perspective: Why are We so Different? Luxembourg Income Study Working Paper No. 157, Luxembourg.

Statistisches Bundesamt (1994 und 1998a): Verfügbares Einkommen, Zahl der Haushalte und Haushaltsmitglieder nach Haushaltsgruppen. Wiesbaden.

Statistisches Bundesamt (1997): Fachserie 14, Finanzen und Steuern, Reihe 7.4, Vermögensteuer, Hauptveranlagung 1993. Stuttgart.

Statistisches Bundesamt (1998b): Fachserie 14, Finanzen und Steuern, Reihe 7.1, Lohn- und Einkommensteuer 1992. Stuttgart.

Thiele, Silke (1998): Das Vermögen privater Haushalte und dessen Einfluß auf die soziale Lage. Studien zur Haushaltsökonomie, Bd. 17, Frankfurt a. M. u.a..

Zwick, Markus (1998): Die erweiterte Datenverfügbarkeit nach der Modifizierung des Gesetzes über Steuerstatistiken. In: Statistisches Bundesamt (Hrsg.), Einkommen und Vermögen in Deutschland – Messung und Analyse, Band 32 der Schriftenreihe Forum der Bundesstatistik, Stuttgart, S. 258-264.

Jürgen Faik
Empirische Befunde zur Entwicklung der Vermögensverteilung privater Haushalte in Deutschland[1]

1 Einleitung

Da sich bereits der Beitrag von Hauser in diesem Band mit methodischen Verteilungsfragen auseinandergesetzt hat, werde ich in meinem Beitrag, der die Entwicklung der bundesdeutschen Vermögensverteilung zum Gegenstand hat, methodische Fragestellungen weitgehend ausblenden und empirische Befunde zur Vermögensverteilung in den Vordergrund der Betrachtung stellen.

Grundsätzlich lassen sich folgende Funktionen wirtschaftlichen Vermögens voneinander unterscheiden:[2]
- Die Verleihung wirtschaftlicher und sozialer Macht (Machtfunktion),
- die Schaffung von Einkommenserzielungspotential (Verwertungsfunktion),
- die Nutzung in Form von Sachvermögen (Nutzungsfunktion),
- die Absicherung gegen Risiken (Sicherungsfunktion) sowie
- die Übertragung von Vermögen nach eigenem Willen auf andere Personen (Übertragungsfunktion).

Dem Besitz von Vermögen kommt daher ein herausragender gesellschaftlicher Stellenwert zu.

Ich werde mich nachfolgend ausschließlich auf die Vermögensbestände beziehen, die von privaten Haushalten gehalten werden. Ehe ich hierbei auf Verteilungsergebnisse eingehen werde, sei an dieser Stelle ein grober Eindruck von der verfügbaren „Verteilungsmasse" gegeben: Nach Schätzungen der Deutschen Bundesbank betrug das gesamte Bruttovermögen, welches zu Beginn der neunziger Jahre direkt von privaten Haushalten und Organisationen ohne Erwerbszweck in den alten Ländern gehalten wurde, etwa 9,5 Billionen DM. Hierbei setzte sich das Vermögen der privaten Haushalte zu mehr als der Hälfte aus Haus- und Grundvermögen, zu etwas mehr als einem Zehntel aus Gebrauchsvermögen und zu gut einem Drittel aus Geldvermögen zusammen. Diesen Vermögenswerten standen Verbindlichkeiten in Höhe von 13% des privaten Bruttovermögens gegenüber, so daß sich nach Abzug der Verbindlichkeiten ein Nettovermögen in Höhe von ca. 8,3 Billionen DM ergab. Gegenüber 1980 war dies – nominal betrachtet – mehr als das Doppelte, gegenüber 1970 gar mehr als das Sechsfache.[3]

Rechnet man zu den genannten Vermögenswerten noch die Anteile der privaten Haushalte am Unternehmensvermögen hinzu, so resultiert für Westdeutschland eine Größenordnung von 11 bis 14 Billionen DM für das privat gehaltene Vermögen, was immerhin dem Vier- bis Fünffachen des westdeutschen Bruttoinlandsprodukts gleichkommt.[4] Diese Größenverhältnisse verdeutlichen m. E. eindrucksvoll die sozialpolitische Relevanz des privaten Vermögens in Deutschland.

Hinzuweisen gilt es allerdings auf die großen Bewertungs- und Erfassungsprobleme einzelner Vermögensteile.[5] Vermögensanalysen sind daher üblicherweise durch eine sehr pragmatische Operationalisierung des Vermögensbegriffes gekennzeichnet. Dies gilt auch für die nachfolgenden Ausführungen: Es werden in den Kapiteln 2 und 3 lediglich empirische Aussagen zum Geld- sowie zum Haus- und Grundvermögen getroffen. Die Betrachtung des Gesamtvermögens in Kapitel 4 bezieht sich überwiegend auf die - allenfalls um das Betriebsvermögen ergänzte - Summe aus den beiden vorstehend genannten Vermögensarten.

2 Die private Geldvermögensverteilung in Deutschland

Als erstes wird auf die private Geldvermögensverteilung und ihre zeitlichen Veränderungen eingegangen. In diesem Zusammenhang weisen - zugegebenermaßen etwas veraltete - Berechnungen des Statistischen Bundesamtes auf Basis der Einkommens- und Verbrauchsstichprobe 1988 aus, daß das untere Viertel aller westdeutschen Privathaushalte lediglich knapp 2% des gesamten Bruttogeldvermögens innehatte. Demgegenüber verfügten die oberen 1% aller Haushalte über fast 15% des gesamten Bruttogeldvermögens. Die Ungleichverteilung des privaten Nettogeldvermögens war noch größer[6], was auf die negative Korrelation zwischen Bruttogeldvermögen und Verschuldungsquote zurückzuführen ist. Ergänzend hierzu indizieren weitere Ungleichheitsbefunde des Statistischen Bundesamtes auf Basis weiter zurückliegender Einkommens- und Verbrauchsstichproben, daß sich die Ungleichverteilung des (erfaßten) privaten westdeutschen Nettogeldvermögens in den siebziger und achtziger Jahren schrittweise - wenngleich jeweils nur schwach ausgeprägt - erhöht hat.[7]

Auch Befunde anderer Untersuchungen gehen in diese Richtung. Schlomann z. B. ermittelte auf Basis der Einkommens- und Verbrauchsstichprobe 1983 für das westdeutsche Nettogeldvermögen einen (haushaltsbezogenen) Ginikoeffizienten[8] in Höhe von 0,62[9], welcher im Vergleich zu dem von Hauser/Becker/Faik/Schwarze errechneten Wert für die Einkommens- und Verbrauchsstichprobe 1988 in Höhe von 0,64 (siehe Tabelle 1) etwas niedriger liegt, was – wie die einzelnen Befunde zeigen – in erster Linie auf Ungleichheitsanstiege bei den Sparguthaben und bei den Bausparguthaben zurückzuführen ist.[10]

Tabelle 1: Arithmetische Mittelwerte und Ginikoeffizienten für
verschiedene Vermögensarten in der Bundesrepublik
Deutschland am Jahresende 1988

Vermögensart	Alle Haushalte		Besitzerhaushalte**	
	Arithmetischer Mittelwert	Gini-koeffizient	Arithmetischer Mittelwert	Gini-koeffizient
Bruttovermögen	228.142	0,663	239.592	0,646
Nettovermögen*	202.925	0,682	225.134	0,640
Bruttogrundvermögen	187.157	0,720	412.544	0,384
Nettogrundvermögen*	164.152	0,744	371.676	0,404
Bruttogeldvermögen	40.985	0,598	43.394	0,574
Nettogeldvermögen*	38.773	0,643	44.091	0,570
Sparguthaben	11.084	0,628	12.602	0,577
Bausparguthaben	4.142	0,824	10.771	0,543
Versicherungsguthaben	15.543	0,766	26.754	0,597
Wertpapierguthaben	8.712	0,885	26.862	0,645
Sonstiges Geldvermögen	1.505	0,978	28.675	0,575

* = negative Wert nullgesetzt, ** = Wert der jeweiligen Vermögensart > 0
Datenbasis: Einkommens- und Verbrauchsstichprobe 1988.
Quelle: Hauser/Becker/Faik/Schwarze 1998, Tabelle 3.8 auf S. 459.

Auf Basis der neuesten der Wissenschaft zugänglichen Einkommens- und Verbrauchsstichprobe aus dem Jahre 1993 spiegeln vorläufige Ergebnisse – präzisere Analysen sind m.W. an der Professur Hauser in Frankfurt/Main „in Arbeit" – zum einen eine höhere Geldvermögensungleichverteilung in West-gegenüber Ostdeutschland wider.[11] Zum anderen sind im Vergleich zu den für Westdeutschland 1988 errechneten Ginikoeffizienten jene für 1993 so-wohl auf der Brutto- als auch auf der Nettogeldvermögensebene etwas niedriger. Dies deutet auf eine leichte Abschwächung der Geldvermögensungleichverteilung zwischen 1988 und 1993 hin.[12] Insgesamt lassen die vorliegenden Befunde vermuten, daß sich die bundesdeutsche Geldvermögensungleichverteilung seit den siebziger Jahren zumin-

dest nicht wesentlich verändert hat. Angesichts der Tatsache, daß die Ein-
kommens- und Verbrauchsstichproben den oberen Verteilungsrand nur unzureichend berücksichtigen[13], trifft die vorgenannte Aussage allerdings in
erster Linie nur auf den unteren und mittleren Bereich der privaten Geldvermögensverteilung zu.

3 Die private Grundvermögensverteilung in Deutschland

Die Ungleichverteilung des Haus- und Grundvermögens über alle Haushalte hinweg – d.h. unabhängig davon, ob ein Haushalt über Haus- und
Grundvermögen verfügt oder nicht – ist in Deutschland stärker als jene des
gesamten Geldvermögens ausgeprägt. Der Grund hierfür ist, daß nur etwa
die Hälfte aller bundesdeutschen Privathaushalte Immobilienbesitzer sind,
während fast jeder Haushalt Geldvermögen in der einen oder anderen
Anlageform besitzt. Betrachtet man demgegenüber nur die Haushalte, die
im Besitz der jeweiligen Vermögenskomponente sind, verringert sich zum
einen die Ungleichverteilung des privaten Haus- und Grundvermögens
deutlich. Zum anderen ist die Ungleichverteilung des Haus- und Grundvermögens nunmehr niedriger als etwa jene des Geldvermögens (siehe hierzu
nochmals Tabelle 1).[14]

Die Gegenüberstellung der – allerdings nur teilweise vergleichbaren –
Grundvermögensstudien von Schlomann für 1983 und von Mierheim/Wicke
für 1973 legt die Schlußfolgerung nahe, daß die Ungleichverteilung des
privaten Grundvermögens 1973 mindestens so hoch wie jene im Jahre 1983
war. Verglichen hiermit, ergab sich 1988 eine Verringerung der gemessenen
Ungleichverteilung des westdeutschen Grundvermögens. Die Tendenz zu
einer Verringerung der Ungleichverteilung des privaten Grundvermögens setzte sich in der Folge fort: Für 1993 ermittelten Hauser et al. für das westdeutsche Bruttogrundvermögen einen gegenüber 1988 um 6,5 % niedrigeren
Ginikoeffizienten. Die vorstehende Tendenz dürfte vorrangig die Folge der
im Zeitablauf beobachteten Erhöhung der Wohneigentümerquote sein, welche wiederum maßgeblich auf die staatliche Wohnungsbau- und Wohneigentumsförderung sowie die Zunahme von Erbschaften entsprechender Vermögenswerte zurückzuführen sein dürfte.[15]

In einem Ost-West-Vergleich zeigen vergleichsweise aktuelle Berechnungen eine höhere Ungleichverteilung des Bruttogrundvermögens in Ost- gegenüber Westdeutschland.[16] Diese resultiert nicht zuletzt daraus, daß die
relativ schlechte Bausubstanz der ostdeutschen Gebäude eine starke Klum-
pung der Grundvermögenswerte im unteren Verteilungsbereich bewirkt, so

daß zahlreiche niedrige Grundvermögenswerte einigen wenigen hohen Verkehrswerten gegenüberstehen.[17]

4 Die private Gesamtvermögensverteilung in Deutschland

4.1 Die Vermögensverteilung privater Haushalte im Aggregat

Die Verteilung des privaten Gesamtvermögens wird naturgemäß maßgeblich durch die Operationalisierung des Gesamtvermögensbegriffs beeinflußt. Definiert man z.b. das Gesamtvermögen lediglich als Summe aus Geld- und Grundvermögen, so steht zu erwarten, daß die betreffende Verteilung wesentlich gleichmäßiger als etwa die Verteilung eines aus Geld-, Grund- und Betriebsvermögen zusammengesetzten Vermögensaggregats ist. Dies ergibt sich daraus, daß das Betriebsvermögen in Deutschland über alle Haushalte hinweg äußerst ungleich verteilt ist. Frühere, auf die sechziger bzw. achtziger Jahre bezogene Untersuchungen erbrachten für die alte Bundesrepublik üblicherweise Betriebsvermögensanteile zwischen immerhin 65 und 75% für die reichsten 2% aller Privathaushalte.[18]

Empirische Untersuchungen über die Verteilung des privaten Gesamtvermögens in Deutschland weisen – ungeachtet aller Unterschiede hinsichtlich der jeweiligen Vermögensoperationalisierung – als gemeinsames Ergebnis aus, daß das Nettovermögen wesentlich ungleicher als das Haushaltsnettoeinkommen verteilt ist.[19] Auf der Haushaltsebene wurden seit den siebziger Jahren für das Nettovermögen üblicherweise Ginikoeffizienten um die Marke von 0,70 herum ermittelt, während die korrespondierenden Werte für das Nettoeinkommen lediglich etwa 0,30 betrugen. Diese Diskrepanz dürfte nicht zuletzt aus der zu beobachtenden positiven Korrelation zwischen der Höhe des privat gehaltenen Vermögens und der korrespondierenden Durchschnittsrendite resultieren.[20]

Die starke Ungleichverteilung des privaten Vermögens zeigt sich exemplarisch daran, daß im Jahre 1988 den vermögensstärksten 10% der privaten westdeutschen Haushalte immerhin ca. 45% des Nettogesamtvermögens zugeordnet waren. Im Unterschied hierzu hatten die unteren 50% aller Privathaushalte lediglich 3% des Nettogesamtvermögens inne.[21]

Mierheim/Wicke errechneten auf Basis der Einkommens- und Verbrauchsstichprobe 1973 für das private Nettovermögen – unter Hinzurechnung von Schätzwerten für die nicht in der Einkommens- und Verbrauchsstichprobe repräsentierten (vorrangig vermögensstarken) Haushalte – Ginikoeffizienten von 0,69 (Personenbetrachtung) bzw. 0,75 (Haushaltsbetrachtung). Im Vergleich zu den sechziger Jahren konstatierten sie eine Abnahme der Ungleichverteilung des privat gehaltenen Vermögens. Als Gründe hierfür führten sie die Einkommenserhöhungen für breite Teile der Bevölkerung und die hiermit verbundene Verbesserung der Sparmöglichkeiten auch der unteren bzw. mittleren Einkommensschichten an.[22]

Aussagen zur zeitlichen Entwicklung der privaten Vermögensverteilung in Deutschland finden sich darüber hinaus bei Baron. Er hat Daten der Vermögensteuerstatistik von 1953 bis 1980 analytisch ausgewertet.[23] Die Vermögensteuerstatistik ist allerdings nur für den oberen Teil der Vermögensverteilung (d.h. für die reichsten 3,4% aller bundesdeutschen Privathaushalte) aussagekräftig.[24] Barons Befunden zufolge erhöhte sich die Vermögensungleichverteilung tendenziell bis 1960, ehe sie – in Übereinstimmung mit Mierheim/Wickes Befund – bis 1972 der Tendenz nach rückläufig war. Anschließend folgten bis zum Ende der Beobachtungsperiode (1980) keine nachhaltigen Veränderungen in der Ungleichverteilung des privaten Vermögens.[25]

Ergänzend zu Barons Ergebnissen ergeben sich auch aus der Gegenüberstellung der Einkommens- und Verbrauchsstichproben von 1973 bis 1988 keine größeren Ungleichheitsveränderungen; es wird allenfalls eine sehr schwache Tendenz zur Verminderung der Vermögensungleichverteilung sichtbar. Für die Einkommens- und Verbrauchsstichprobe 1993 existieren m.W. noch keine Befunde zur Ungleichverteilung des Gesamtvermögens. Die beim Haus- und Grund- sowie beim Geldvermögen zwischen 1988 und 1993 in Westdeutschland zu beobachtenden Ungleichheitsverminderungen deuten darauf hin, daß die Ungleichheit in der Verteilung des privaten westdeutschen Gesamtvermögens (in der Definition als Summe aus Geld- und Grundvermögen) zwischen 1988 und 1993 (zumindest im unteren und mittleren Verteilungsabschnitt) rückläufig war. Als problematisch in bezug auf die obigen Aussagen erweist sich allerdings, daß die Vermögensdefinitionen in den einzelnen Untersuchungen nicht vollständig deckungsgleich sind.[26]

4.2 Die sozioökonomisch differenzierte Vermögensverteilung privater Haushalte

Weitere interessante Einblicke in die Verteilung des privat gehaltenen bundesdeutschen Vermögens ergeben sich aus einer personenbezogenen Kreuztabellierung verschiedener Nettogesamtvermögensklassen mit relativen Äquivalenzeinkommensklassen.[27] Zum einen ist in dieser Perspektive anhand der Randverteilungen eine deutlich stärkere Ungleichverteilung des Gesamtvermögens gegenüber dem Haushaltsnettoäquivalenzeinkommen zu erkennen. 1988 beispielsweise wiesen 8,9 % aller westdeutschen Personen ein Äquivalenzeinkommen von weniger als 50 % des betreffenden Durchschnittswertes auf, während dies beim Pro-Kopf-Vermögen immerhin 50,3 % aller westdeutschen Personen waren. Zum anderen kann untersucht werden, wieviele Personen sowohl ein Einkommens- als auch ein Vermögensniveau von weniger als 50 % des jeweiligen Gesamtdurchschnitts aufweisen. Deren Lage kann aus sozialpolitischem Blickwinkel heraus als besonders prekär bezeichnet werden. 1988 z. B. waren immerhin 7,7 % aller westdeutschen Personen in einer derartigen Lage (siehe Tabelle 2).[28]

Tabelle 2: Einkommens-Vermögens-Kreuztabellierung
            am Jahresende 1988

Relative Äquivalenzein-kommensklasse	Relative Pro-Kopf-Vermögensklasse								Alle Per-sonen
	unter 0,50	0,50 -0,75	0,75 -1,00	1,00 -1,25	1,25 -1,50	1,50 -2,00	2,00 -3,00	3,00 oder mehr	
unter 0,50	7,7	0,4	0,2	0,2	0,1	0,1	0,1	0,1	8,9
0,50-0,75	17,1	1,9	1,6	1,4	0,6	1,0	0,6	0,5	24,8
0,75-1,00	13,6	2,3	2,3	2,3	1,7	2,2	1,6	1,1	27,1
1,00-1,25	7,0	1,7	1,4	1,7	1,4	1,9	1,7	1,1	17,9
1,25-1,50	2,7	0,8	0,7	0,8	0,7	1,3	1,5	1,1	9,6
1,50-2,00	1,6	0,5	0,4	0,5	0,5	1,0	1,4	1,5	7,5
2,00-3,00	0,4	0,2	0,2	0,2	0,1	0,3	0,7	1,3	3,4
3,00 oder mehr	0,1	0,0	0,0	0,0	0,0	0,1	0,1	0,5	0,8
Alle Personen	50,3	7,7	6,9	7,2	5,1	7,9	7,7	7,2	100,0

Datenbasis: Einkommens- und Verbrauchsstichprobe 1988
Quelle: Hauser/Becker/Faik/Schwarze 1998, Tabelle 3.19a auf S. 503.

Setzt man im Rahmen einer weiteren Betrachtung das Pro-Kopf-Netto-gesamtvermögen in Relation zum Nettoäquivalenzeinkommen, so ergibt sich auch für dieses Verhältnis eine nennenswerte Ungleichverteilung. Beispielsweise wiesen 1988 26,6% aller westdeutschen Personen ein im Vergleich zum Haushaltsnettoeinkommen nur maximal halb so hohes Nettogesamtvermögen auf; für diesen Personenkreis ergibt sich bei Einkommensausfall als Folge von Arbeitslosigkeit, Krankheit, Erwerbsunfähigkeit oder Alter nur eine sehr eingeschränkte zusätzliche Sicherungsfunktion durch vorhandenes Vermögen. Demgegenüber verfügten 1988 immerhin 34,5% aller westdeutschen Personen über ein Nettogesamtvermögen von mindestens dem Fünffachen des Haushaltsnettoeinkommens (siehe Tabelle 3).[29]

Tabelle 3: Nettovermögens-Nettoeinkommensrelationen* in der Bundesrepublik Deutschland am Jahresende 1988

Soziale Gruppe	Nettovermögens-Nettoeinkommensrelation					Alle Personen
	unter 0,50	0,50 -3,00	3,00 -5,00	5,00 -10,00	10,00 oder mehr	
Alter des Haushaltsvorstandes:**						
unter 25 Jahren	1,6	0,5	0,0	0,0	0,0	2,1
25-49 Jahre	15,9	14,4	6,6	11,3	4,2	52,5
50-64 Jahre	4,3	6,7	3,6	7,8	3,9	26,5
65 Jahre oder älter	4,9	5,4	1,8	3,9	3,2	19,1
Statusgruppe des Haushaltsvorstandes:**						
Landwirt	0,1	0,4	0,6	0,6	0,4	2,0
Selbständiger	0,7	1,8	1,0	2,0	1,4	6,8
Beamter	1,6	2,5	1,4	2,5	0,5	8,2
Angestellter	6,1	7,3	3,5	5,9	1,8	24,7
Arbeiter	7,3	5,4	2,8	5,8	2,3	24,7
Arbeitsloser	1,9	0,6	0,2	0,5	0,3	3,4
Rentner	4,8	5,3	1,7	3,6	3,1	18,7
Sonst. Nichterwerbst.	4,1	2,7	1,0	2,3	1,6	11,4
Haushaltstyp:**						
Alleinstehende	4,9	3,2	0,4	1,0	1,2	10,8
Alleinstehender	2,3	1,2	0,2	0,5	0,4	4,5
Alleinerz., K. < 22 J.	2,7	0,9	0,2	0,5	0,4	4,6
Paar ohne Kinder	5,6	7,1	2,7	5,5	3,6	24,5
Paar, K. < 22 J.	9,3	11,3	6,0	11,6	4,2	42,4
Sonst., K. < 22 J.	0,8	1,4	1,2	1,8	0,7	5,9
Sonst., ohne K.	1,0	1,7	1,2	2,3	1,0	7,3
Alle Personen	26,6	27,0	12,0	23,1	11,4	100,0

*: Pro-Kopf-Nettogesamtvermögen dividiert durch Haushaltsnettoäquivalenzeinkommen
**: Anteilswerte auf Personen insgesamt bezogen; K. = Kind(er), J. = Jahre
Datenbasis: Einkommens- und Verbrauchsstichprobe 1988.
Quelle: Hauser/Becker/Faik/Schwarze 1998, Tabelle 3.20b auf S. 508.

Im Rahmen soziodemographisch differenzierter Ungleichheitsberechnungen von Hauser/Becker/Faik/Schwarze zeigte sich ferner, daß bei altersbezogener Differenzierung für das Gesamtvermögen und seine Teilaggregate die höchsten gemessenen Ungleichheitswerte in den Haushaltsgruppen mit einem

jungen bzw. einem alten Haushaltsvorstand auftraten. Bei Differenzierung
nach sozialen Statusgruppen ergaben sich 1988 die höchsten Ungleichheitswerte für die Nichterwerbstätigenhaushalte (Arbeitslosen-, Rentner-, sonstige
Nichterwerbstätigenhaushalte) und die niedrigsten Ungleichheitswerte für die
Landwirte- und die Selbständigenhaushalte. In der Differenzierung nach
Haushaltstypen waren 1988 die Nettovermögensverteilungen der Alleinste-
henden und der Alleinerziehendenhaushalte deutlich ungleichmäßiger als
jene der Paarhaushalte. Des weiteren war das Nettovermögen bei den Paarhaushalten mit Kindern etwas gleichmäßiger als bei den Paarhaushalten ohne
Kinder verteilt.[30]

5 Schlußbetrachtung

Die vorstehenden Ausführungen haben deutlich gemacht, daß die privaten
Vermögensbestände in einem überaus hohen Maße auf wenige Haushalte
bzw. Personen konzentriert sind. Ähnliche Befunde ergaben sich auch aus
anderen Länderstudien.[31]

Dieser Sachverhalt muß berücksichtigt werden, wenn man Vorschläge
diskutiert, denen zufolge die bundesdeutsche Altersabsicherung in deutlich
stärkerem Maße als bislang auf dem Besitz bzw. Erwerb privater Vermögensbestände gründen soll. Der Blick auf die Durchschnittswerte der privaten
Vermögensbestände könnte in der Tat zu einer derartigen Schlußfolgerung
verleiten. Unter Berücksichtigung des Faktums, daß einige gesellschaftliche
Gruppen nur ein geringes Vermögen besitzen, welches darüber hinaus innerhalb der einzelnen Gruppen noch sehr ungleich verteilt ist, ergibt sich hingegen eine andere Sichtweise. Die Betroffenen – etwa Alleinerziehende oder
Arbeitslose und ihre Angehörigen – erscheinen bei zunehmender Substituti-
on staatlicher Altersvorsorge durch private Eigenvorsorge im Alter nur unzureichend abgesichert.[32] Insbesondere für Ostdeutschland, wo die privaten
Vermögensbestände nur Bruchteile der westdeutschen Vergleichswerte ausmachen, erscheint die Idee einer verstärkten Nutzung privaten Vermögens im
Alter äußerst problematisch.[33]

Die private Vermögensverteilung dürfte auch künftig in Deutschland sehr
ungleich verteilt sein. Es werden zwar in den kommenden Jahren erhebliche
Vermögensbestände vererbt. So geht das Deutsche Institut für Wirtschaftsforschung (DIW) von einem aktuellen bundesdeutschen Erbschafts- und
Schenkungsvolumen in Höhe von 170 bis 200 Mrd. DM/Jahr beim
Immobilienvermögen und in Höhe von 100 bis 120 Mrd. DM/Jahr beim
zusammengefaßten Geld- und Betriebsvermögen aus.[34] Von den korrespon-

dierenden Erbschaften bzw. Schenkungen werden jedoch viele Haushalte kaum profitieren: Etwa ein Viertel aller bundesdeutschen Haushalte wird voraussichtlich nur geringfügige Vermögensbestände vererben.[35] Resümierend kann festgehalten werden, daß trotz nicht zu leugnender Anstrengungen der staatlichen Vermögenspolitik für beide Teile Deutschlands eine beträchtliche Ungleichverteilung des privat gehaltenen Vermögens nach wie vor Fakt ist.[36] Auch wenn man in Rechnung stellt, daß sich querschnittsbezogen festgestellte Ungleichheiten in einer Längsschnittbetrachtung[37] z.T. einebnen würden, kann man wohl konstatieren, daß die personelle Vermögensverteilung Deutschlands noch weit von einem Zustand entfernt ist, den man unter der Bezeichnung der „gerechten Vermögensverteilung" fassen könnte.

Anmerkungen

1 Der Aufsatz basiert auf den Ausführungen und Berechnungen des Autors im Rahmen der umfassenderen Studie von Hauser/Becker/Faik/Schwarze 1998.

2 Vgl. hierzu Folkers 1981, S. 30. Vgl. auch Fachinger 1998, S. 8.

3 Vgl. Deutsche Bundesbank 1993, S. 31.

4 Vgl. Hauser/Becker/Faik/Schwarze 1998, S. 447.

5 Vgl. z. B. Hauser/Becker/Faik/Schwarze 1998, S. 445-446 und S. 532-537.

6 Vgl. Statistisches Bundesamt 1991, S. 24*-25*.

7 Vgl. hierzu Statistisches Bundesamt 1986, S. 20-21.

8 Der Ginikoeffizient stellt ein gebräuchliches Maß zur Messung wirtschaftlicher Ungleichheit dar. Er ist als auf den Mittelwert bezogene mittlere Differenz aus allen Vermögenspaaren definiert. Sein Wertebereich liegt zwischen Null (Gleichverteilung) und (nahe) Eins (vollständige Ungleichverteilung; d.h. eine Untersuchungseinheit besitzt das gesamte Vermögen allein). Der Ginikoeffizient reagiert üblicherweise auf Änderungen im mittleren Verteilungsbereich am intensivsten (vgl. hierzu z. B. Faik 1995, S. 303-305).

9 Vgl. Schlomann 1992, S. 142.

10 Vgl. Schlomann 1992, S. 144 (für 1983), und Hauser/Becker/Faik/Schwarze 1998, Tabelle 3.8 auf S. 469 (für 1988). Vermögensbezogene Ungleichheitsbefunde auf Basis der Einkommens- und Verbrauchsstichprobe 1988 finden sich darüber hinaus in Grimm 1998 und in Thiele 1998.

11 Vgl. hierzu DIW 1995, S. 439.

12 Vgl. Hauser/Becker/Faik/Schwarze 1998, S. 468.

13 Vgl. hierzu die umfangreichen Ausführungen in Fachinger 1998, S. 15-21.

14 Vgl. hierzu etwa Hauser/Becker/Faik/Schwarze 1998, S. 476.

15 Vgl. DIW 1996a, S. 70-71.

16 Vgl. Hauser et al. 1996, S. 173.

17 Vgl. hierzu Schlomann/Faik 1997, S. 272-273; vgl. in diesem Kontext auch Hauser et al. 1996, S. 170.

18 Vgl. etwa Krelle/Schunck/Siebke 1968, S. 381, sowie Siebke 1971. Vgl. auch
    Schlomann 1992, Tabelle 6.12 auf S. 158.
19 Vgl. z. B. die Befunde von Schlomann 1992; vgl. auch Hauser/Becker/Faik/
    Schwarze 1998, Abbildung 3.2a auf S. 510 und Abbildung 3.2b auf S. 511.
20 Vgl. hierzu auch Faik/Schlomann 1997, S. 122-123.
21 Vgl. Hauser/Becker/Faik/Schwarze 1998, S. 490.
22 Vgl. Mierheim/Wicke 1978, S. 272-273.
23 Vgl. Baron 1988.
24 Vgl. Fachinger 1998, S. 18.
25 Vgl. hierzu Baron 1988.
26 Vgl. Hauser/Becker/Faik/Schwarze 1998, S. 488-489.
27 Das Nettoäquivalenzeinkommen eines Haushalts ergibt sich dadurch, daß das
    Haushaltsnettoeinkommen durch einen sogenannten Äquivalenzskalenwert divi-
    diert wird. Der Äquivalenzskalenwert eines Haushalts wiederum bestimmt sich
    als – um die Haushaltsgrößenersparnisse bereinigte – Summe des relativen Be-
    darfs der einzelnen Haushaltsmitglieder (zur Äquivalenzskalenthematik vgl. z.B.
    Faik 1995). Zur Operationalisierung des Haushaltsnettoäquivalenzeinkommens
    wurde im obigen Zusammenhang die sogenannte OECD-Skala verwendet; sie
    setzt sich aus folgenden Bedarfsgewichten zusammen: Haushaltsvorstand: 100 %;
    weitere Haushaltsmitglieder: 14 Jahre oder jüngere Person: 50 %, 15 Jahre oder
    ältere Person: 70 %. Das auf die vorstehende Weise ermittelte Haushaltsnetto-
    äquivalenzeinkommen wurde in einem nächsten Schritt durch das gesamt-
    durchschnittliche Nettoäquivalenzeinkommen dividiert und anschließend klassi-
    fiziert (vgl. Hauser/Becker/Faik/Schwarze 1998, S. 336-337 und S. 343).
28 Vgl. Hauser/Becker/Faik/Schwarze 1998, S. 502.
29 Vgl. Hauser/Becker/Faik/Schwarze 1998, S. 506.
30 Vgl. Hauser/Becker/Faik/Schwarze 1998, S. 494-498.
31 Vgl. in diesem Kontext z. B. Wolff 1996. Vgl. auch Wolff 1995, S. 21-25.
32 Vgl. Ruland/Faik 1999, S. 24. Vgl. in diesem Zusammenhang auch die Ausfüh-
    rungen in Schmähl/Fachinger 1998, S. 32-33.
33 Vgl. Hauser/Becker/Faik/Schwarze 1998, S. 512.
34 Vgl. DIW 1996b, S. 503.
35 Vgl. Schlomann 1992, S. 272-275.
36 Zu einer entsprechenden – auf Westdeutschland bezogenen – Aussage vgl. z.B.
    bereits Roberts/Stiepelmann 1983, S. 211.
37 Der Mangel an Längsschnittanalysen im Bereich der personellen Vermögensver-
    teilung ist für die Bundesrepublik Deutschland vielfach beklagt worden (vgl. z.B.
    Fachinger 1998, S. 39). Eine Ausnahme jüngeren Datums bildet die Studie von
    Himmelreicher 1999.

Literatur

Baron, Dietmar (1988): Die personelle Vermögensverteilung in der Bundesrepublik
    Deutschland und ihre Bestimmungsgründe, Frankfurt am Main et al.

Deutsche Bundesbank (1993): Monatsbericht Oktober 1993, Jg. 45, Nr. 10, Frankfurt am Main.

Deutsches Institut für Wirtschaftsforschung (DIW; 1995): Die Vermögenseinkommen der privaten Haushalte 1994. In: Wochenbericht des DIW, Nr. 25, S. 435-442.

Deutsches Institut für Wirtschaftsforschung (DIW; 1996a): Immobilienvermögen der privaten Haushalte. In: Wochenbericht des DIW, Nr. 4, S. 61-72.

Deutsches Institut für Wirtschaftsforschung (DIW; 1996b): Zur Neuregelung von Vermögen- und Erbschaftsteuer. In: Wochenbericht des DIW, Nr. 30, S. 497-506.

Fachinger, Uwe (1998): Die Verteilung des Vermögens privater Haushalte: Einige konzeptionelle Anmerkungen sowie empirische Befunde für die Bundesrepublik Deutschland, ZeS-Arbeitspapier Nr. 13/98, Universität Bremen.

Faik, Jürgen (1995): Äquivalenzskalen. Theoretische Erörterung, empirische Ermittlung und verteilungsbezogene Anwendung für die Bundesrepublik Deutschland, Berlin.

Faik, Jürgen/Schlomann, Heinrich (1997): Die Entwicklung der Vermögensverteilung in Deutschland. In: Reichtum in Deutschland. Die Gewinner in der sozialen Polarisierung, 2. Auflage, hrsg. von Ernst-Ulrich Huster, Frankfurt am Main/New York, S. 89-126.

Folkers, Cay (1981): Vermögensverteilung und staatliche Aktivität, Frankfurt am Main/Bern.

Grimm, Michael (1998): Die Verteilung von Geld- und Grundvermögen auf sozioökonomische Gruppen im Jahr 1988 und Vergleich mit früheren Ergebnissen, EVS-Arbeitspapier Nr. 14, Universität Frankfurt am Main.

Hauser, Richard et al. (1996): Ungleichheit und Sozialpolitik. Berichte zum sozialen und politischen Wandel in Ostdeutschland, Opladen.

Hauser, Richard/Becker, Irene/Faik, Jürgen/Schwarze, Johannes (1998): Entwicklung und Verteilung von Einkommen und Vermögen der privaten Haushalte in Deutschland von 1969/70 bis 1995, Gutachten im Auftrag der Kommission für Zukunftsfragen der Freistaaten Bayern und Sachsen, Frankfurt am Main, 20.07.1997. In: Erwerbstätigkeit und Arbeitslosigkeit in Deutschland. Entwicklung, Ursachen und Maßnahmen, Anlageband zu Band 1: Entwicklung, Bewertung und Entlohnung von Erwerbsarbeit sowie Wirkungen der Globalisierung auf die Beschäftigung, hrsg. von der Kommission für Zukunftsfragen der Freistaaten Bayern und Sachsen, Bonn, S. 321-547.

Himmelreicher, Ralf K. (1999): Westdeutsche Haushalte und ihr Vermögen. Eine Längsschnitt-Kohortenanalyse auf Datenbasis des SOEP (1985-1996), IKSF-Discussion Paper No. 18, Universität Bremen.

Krelle, Wilhelm/Schunck, Johann/Siebke, Jürgen (1968): Überbetriebliche Ertragsbeteiligung der Arbeitnehmer, Bd. 2, Tübingen.

Mierheim, Horst/Wicke, Lutz (1978): Die personelle Vermögensverteilung in der Bundesrepublik Deutschland, Tübingen.

Roberts, Charles C./Stiepelmann, Heiko (1983): Überprüfung der verschiedenen Schätzungen der Vermögensverteilung in der Bundesrepublik Deutschland, Berlin/München.

Ruland, Franz/Faik, Jürgen (1999): Wirtschaftliche Unabhängigkeit von Alt und Jung – Basis für das Miteinander der Generationen. In: Deutsche Rentenversicherung, Frankfurt am Main, Heft 1-2, S. 10-26.

Schlomann, Heinrich (1992): Vermögensverteilung und private Altersvorsorge, Frankfurt am Main/New York.

Schlomann, Heinrich/Faik, Jürgen (1997): Die Verteilung des Haus- und Grundvermögens in den neuen Bundesländern seit 1990. In: Wohlstand für alle? Hrsg. von Wolfgang Glatzer und Gerhard Kleinhenz, Opladen, S. 241-289.

Schmähl, Winfried/Fachinger, Uwe (1998): Armut und Reichtum: Einkommen und Einkommensverwendung älterer Menschen, ZeS-Arbeitspapier Nr. 9/98, Universität Bremen.

Siebke, Jürgen (1971): Die Vermögensbildung der privaten Haushalte in der Bundesrepublik Deutschland, Bonn.

Statistisches Bundesamt (1986): Wirtschaftsrechnungen, Fachserie 15: Einkommens- und Verbrauchsstichprobe 1983, Heft 2: Vermögensbestände und Schulden privater Haushalte, Wiesbaden.

Statistisches Bundesamt (1991): Wirtschaftsrechnungen, Fachserie 15: Einkommens- und Verbrauchsstichprobe 1988, Heft 2: Vermögensbestände und Schulden privater Haushalte, Wiesbaden.

Thiele, Silke (1998): Das Vermögen privater Haushalte und dessen Einfluß auf die soziale Lage, Frankfurt am Main et al.

Wolff, Edward N. (1995): Top Heavy. A Study of the Increasing Inequality of Wealth in America, New York.

Wolff, Edward N. (1996): International Comparisons of Wealth Inequality. In: Review of Income and Wealth, Jg. 42, S. 433-451.

*Claus Schäfer**

Von massiven Verteilungsproblemen heute zu echten Standortproblemen morgen.

Ein Beitrag zur Entmythologisierung der „Standortdebatte"

Im folgenden werden Daten und Thesen vorgestellt, die hauptsächlich aus den WSI-Verteilungsberichten der letzten Jahre[1] entnommen worden sind. In konzentrierter Form vermitteln sie ein völlig anderes, ja ein entgegengesetztes Bild der öffentlich verbreiteten Vorstellungen von Verteilungswirklichkeit und Verteilungspolitik. Zusammenfassend läßt sich die Botschaft dieser Ausführungen hier, wie auch der Verteilungsberichte, so formulieren:

Die ökonomische Diskussion wie das politische Handeln werden seit geraumer Zeit von der Behauptung geprägt, die deutsche Wirtschaft habe ein generelles Standortproblem. Schuld daran trügen insbesondere zu hohe Steuern sowie ebenfalls zu hohe bzw. zu wenig differenzierte Löhne. Diese These läßt sich jedoch empirisch immer weniger belegen, je genauer man sie mit geeigneten Daten beleuchtet. Statt dessen liefert die Empirie Hinweise, die von einem schwerwiegenden – und sozial wie ökonomisch gleichermaßen problematischen – generellen Verteilungsproblem künden. Teilweise sind Einkommen und Steuern sogar zu niedrig, gefährden die private Nachfrage und die öffentliche Infrastruktur und bedrohen so langfristig auch ökonomische Produktivität und internationale Wettbewerbsfähigkeit. Werden diese „eigentlichen" Verteilungsprobleme nicht gelöst – z.B. nicht durch eine Steuerreform, die die Staatseinnahmen per Saldo sogar erhöhen müßte –, bekommt die Wirtschaft zukünftig in der Tat ein echtes Standortproblem, aber zusätzlich auch die deutsche Gesellschaft ein „Identifikationsproblem". Wenn es also gegenwärtig ökonomische und soziale Gefahren gibt, dann existieren sie aufgrund einer seit Jahren verfehlten Wirtschafts- und Steuerpolitik – und wachsen mit einer eventuellen Fortsetzung dieser Politik. Eine geforderte alternative Politik muß dagegen das „Soziale" in der „Marktwirtschaft" wiederbeleben, weil das Soziale und das Ökonomische entgegen einer landläufigen Meinung positiv korreliert sind bzw. weil ökonomische Effizienz und Verteilungsgerechtigkeit sich eben nicht gegenseitig ausschließen.[2] Die öffentliche Verteilungsdebatte basiert auf einer „eingebildeten Wirklichkeit"
Diese hier zusammengefaßte Position widerspricht nicht zuletzt deshalb so stark dem „mainstream" in Politik und Wissenschaft, weil letzterer mit der Wirklichkeit höchst fragwürdig umgeht: die empirischen Verhältnisse werden einseitig dargestellt oder unscharf wahrgenommen, beschönigt oder einfach

übersehen und verdrängt. Unbewußt und bewußt ist so ein Verteilungs-Mythos geschaffen worden, der im Dienst des Globalisierungs-Mythos steht, also im wesentlichen der Behauptung, angesichts wachsender weltweiter Herausforderungen alle sozialen und öffentlichen Ansprüche unausweichlich zurückschrauben zu müssen, dafür aber als „Lohn" mehr Beschäftigung, mehr Wettbewerbsfähigkeit und generell mehr Wohlstand einstreichen zu können. Insofern gilt der folgende Beitrag auch dem „Kampf gegen den mehrköpfigen Drachen Mythos" durch die Waffe der (empirischen) Aufklärung.

Die „Wirklichkeit" wird für Öffentlichkeit und Politik seit Jahren zur Einstimmung wie zur Rechtfertigung von verteilungspolitischen Forderungen und Maßnahmen teilweise regelrecht „inszeniert", um insbesondere Wege zur Erhöhung der Gewinne bzw. zur Entlastung der Einkommen aus Unternehmertätigkeit und Vermögen zu erleichtern. So werden z.B. international Spitzensteuersätze miteinander verglichen, ohne auf die in Deutschland besonders günstigen Steuerbemessungsgrundlagen zu verweisen, mit denen erst ein echter – und günstig verlaufender – Steuerlastvergleich möglich wäre. Genauso werden hohe Lohnkosten und deren Zunahme für Deutschland beklagt, ohne auf die hohen Arbeitsproduktivitäten in Deutschland einzugehen, die im Zusammenwirken international gesehen relativ unproblematische, ja zuletzt sogar gesunkene Lohnstückkosten ergeben. Oder die Lohnstückkosten werden, wenn man sich doch auf sie einläßt, im internationalen Vergleich gern auf Basis einer einheitlichen Währung dargestellt, weil dann die DM-Aufwertung (oder die Abwertung anderer Währungen) in den letzten Jahren die relativ moderate deutsche Lohnkostenentwicklung wenigstens zum Teil überdeckt.[3] Oder es werden die deutschen Lohnnebenkosten, die in den Lohnstückkosten enthalten sind, durch problematische Definitionen in Relation zum bezahlten Arbeitsentgelt „aufgeblasen".[4] Oder es wird der Überhang der Auslandsinvestitionen deutscher Unternehmen in Relation zu denen ausländischer Unternehmen in Deutschland als Schwäche statt als Stärke des Standorts ausgegeben usw.[5]

Wie ungläubig, verärgert und gereizt die Inszenatoren solcher „Wirklichkeiten" sein können, wenn am jahrelang zum Mythos gehegten Bild „gekratzt" wird, konnte man im Sommer 1996 an den Reaktionen von Unternehmensverbänden und Politik auf eine international vergleichende Arbeit des ifo-Instituts ablesen – zumal dieses Institut den „eigenen Reihen" zugerechnet wurde und seine Aussagen deshalb als besonders despektierlich galten. Ifo kam zu folgendem Ergebnis: Lohnkosten und Steuern der deutschen Unternehmen sind nicht zu hoch; anders lautende Behauptungen hat ifo als

„zu einem großen Teil interessenpolitisch motiviert" bezeichnet. Zu den Löhnen schreibt ifo:

„Die Daten bestätigen die These von den maßvollen deutschen Gewerkschaften und belegen, daß hohe Stundenlöhne bei kurzen effektiven Arbeitszeiten durch die (hohe Arbeits-)Produktivität gerechtfertigt sind."[6] Einen ähnlich prägnanten Satz zu den deutschen Steuern als Standort- und Wettbewerbsfaktor formuliert ifo nicht. Aber man könnte ihn aus dem ifo-Argumentationszusammenhang – wie auch aus vergleichbaren Veröffentlichungen des Deutschen Instituts für Wirtschaftsforschung in Berlin (DIW) – etwa wie folgt ableiten: Die präsentierten Daten und Berechnungen bestätigen die These vom „maßvollen" deutschen Fiskus bei den Unternehmens-Steuerlasten und belegen, daß sie angesichts der öffentlichen Infrastruktur und anderer öffentlicher Leistungen (mehr als) gerechtfertigt sind.

Die weiteren Ausführungen hier wenden sich wie ifo der ungeschminkten Wirklichkeit zu, zunächst der in Deutschland, später dann auch kurz der US-Empirie:

Tendenzen der sozialen Polarisierung bei Einkommensverteilung und Arbeitsmarkt

Die Einkommensverteilung in Deutschland weist Tendenzen der sozialen Polarisierung auf; Gewinne, Liquidität und Handlungsspielraum der Unternehmen entwickeln sich im Vergleich zu den Arbeitseinkommen sehr gut; die Schere der verfügbaren Einkommen zwischen Selbständigenhaushalten und allen anderen Haushaltsgruppen nimmt sowohl im Durchschnitt und mehr noch an den Einkommensrändern zu; das Ausmaß relativer Einkommensarmut und prekärer Einkommen einerseits sowie relativen Einkommensreichtums andererseits steigt; Verschuldung und Überschuldung am unteren Rand der Einkommenspyramide verschärfen die Polarisierung zusätzlich; Niedriglöhne sind schon lange in erheblichem Ausmaß vorhanden; das Sozialhilfeniveau ist nach wie vor nicht angemessen usw. Schließlich setzt sich die verstärkte Einkommensungleichheit in einer noch ungleicheren Vermögensverteilung fort[7].

Zur Illustration dieser These verweise ich zunächst auf ein Schaubild zur Entwicklung der verfügbaren Einkommen privater Haushalte in Deutschland (West) von 1972 bis 1995 (s. Schaubild 1). Die entsprechenden Einkommen verschiedener Haushaltsgruppen sind in Abhängigkeit vom Durchschnittseinkommen aller Haushalte dargestellt; letzteres wird durch die gestrichelte Linie in der Mitte des Schaubilds repräsentiert. Es zeigt sich, daß die Einkommen der verschiedenen sozialen Gruppen sich überwiegend parallel und nur wenig über oder unter dieser Durchschnittslinie bewegen. Eine Ausnah-

Schaubild 1: Verfügbares Einkommen der privaten Haushalte 1972–
              1995 je Haushalt und Monat in vH des durchschnittlichen
              Einkommens aller Haushalte (alte Bundesländer)

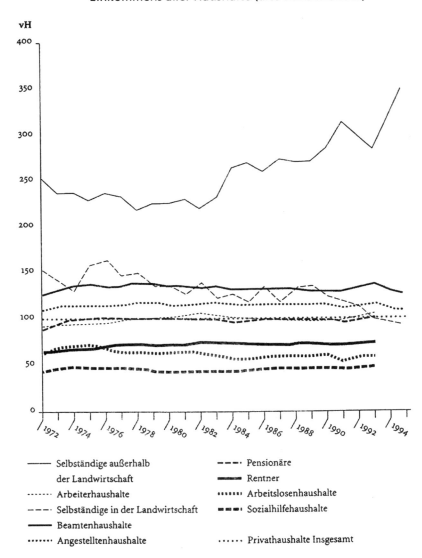

vH

---- Selbständige außerhalb   ----· Pensionäre
      der Landwirtschaft   ▬▬▬ Rentner
······ Arbeiterhaushalte   ▪▪▪▪▪▪▪ Arbeitslosenhaushalte
---- Selbständige in der Landwirtschaft   ▬ ▬ ▪ Sozialhilfehaushalte
---- Beamtenhaushalte
········ Angestelltenhaushalte   ······ Privathaushalte Insgesamt

me macht eine Einkommens-Linie, die im Ausgangsniveau deutlich höher liegt als alle anderen und zudem seit dem Jahre 1982, dem Beginn der gerade abgelösten christlich-liberalen Bundesregierung, deutlich weiter ansteigt. Sie steht für das Einkommen der Selbständigen-Haushalte (ohne die Landwirte), also der der Unternehmer und Selbständigen, die durch Produktion, Handel und freie Berufe ihre überwiegenden Einkommen erzielen.

Setzt man dieses Schaubild um in absolute Zahlen, dann werden die Veränderungen der Einkommensverhältnisse noch etwas deutlicher (s. Tabelle 1). Die Selbständigen-Haushalte, deren verfügbares Einkommen 1980 rund 230% des Einkommensdurchschnitts aller Haushalte ausmachte, weisen zuletzt eine relative Einkommensposition von rund 350% auf. Und sie sind (fast) die einzige Gruppe, die hinzugewonnen hat. Alle anderen Gruppen von Erwerbstätigen-Haushalten – ganz gleich ob Arbeiter, Angestellte, Beamte – haben im Durchschnitt 10% ihrer relativen Einkommensposition verloren. Dagegen haben sich bei der Gruppe der Nicht-Erwerbstätigen nur zwei kleinere Ein-

Tabelle 1: Relative Wohlstandspositionen der privaten Haushalte – verfügbares Einkommen[1] in vH des Durchschnittseinkommens aller Haushalte – (absolute vH-Angaben zu Schaubild 1)

Haushaltsgruppe[2]	1980	1995
Selbständige (ohne Landwirte)[4]	227,6	351,2
Arbeitnehmer[4]	107,7	97,4
– Beamte	132,1	120,1
– Angestellte	113,3	101,4
– Arbeiter	97,6	87,1
Nichterwerbstätige	69,8	68,8[3]
– Arbeitslose	60,7	55,4[3]
– Sozialhilfeempfänger	40,8	44,9[3]
– Rentner	69,0	70,0[3]
– Pensionäre	98,9	99,5[3]
Alle Haushalte (in DM/Monat)	100,0 (3.142)	100,0 (5.247)

1 Nach Abzug von direkten Steuern und Sozialabgaben, zuzüglich öffentliche Einkommenstransfers; nicht gewichtet mit der Personenzahl pro Haushalt
2 Definiert nach der sozialen Stellung des Haushaltsvorstands.
3 Letzte Angabe für 1993.
4 Zuletzt beträgt die durchschnittliche Personenzahl in den Haushalten von Selbständigen (ohne Landwirte) sowie von Beamten und Arbeitern je 2,7; bei den Haushalten von Angestellten lautet sie 2,3
Quelle: Statistisches Bundesamt – Berechnungen des WSI

kommensveränderungen ergeben. Die Arbeitslosen-Haushalte haben wegen ständig steigender und auch lang anhaltender Arbeitslosigkeit, aber auch wegen gekürzter öffentlicher Leistungen Einbußen bei der Arbeitslosenunterstützung erlitten und sind deshalb in ihrer relativen Einkommensposition zurückgefallen. Die Haushalte, die überwiegend von Sozialhilfe leben, haben eine leichte Verbesserung ihrer Einkommensposition erfahren; aber sie liegt mit 44% immer noch unter der 50%-Linie, die inzwischen europaweit als Eintrittsschwelle zur Armut angesehen wird. Dagegen liegt die durchschnittliche Einkommensposition der Arbeitslosen-Haushalte nur noch fünf Prozentpunkte über dieser Armutsschwelle.

Diese Entwicklung hat verschiedene Gründe; zwei davon will ich hervorheben. Der erste ist die allgemeine Entwicklung auf dem Arbeitsmarkt, genauer: die gestiegene Arbeitslosigkeit und auch die veränderte Struktur der Arbeitsverhältnisse in Deutschland. Wenn wir von Beschäftigung unter „normalen" Bedingungen sprechen, ist eine Vollzeit-Beschäftigung gemeint, die sozialversicherungspflichtig ist und deshalb mit Ansprüchen an alle Sicherungssysteme des Sozialstaates Deutschland verbunden ist. 1970 waren 85% aller abhängig Beschäftigten in diesem „Normalarbeitsverhältnis"; heute sind es nur noch zwei Drittel (s. Schaubild 2)[8]. Umgekehrt sind ein Drittel aller heutigen Beschäftigungsverhältnisse mehr oder weniger „prekär", mit geringeren Einkommen oder mit geringeren Sicherungsstandards oder sogar mit beiden Nachteilen.

Aber selbst innerhalb des Normalarbeitverhältnisses gibt es dramatische Veränderungen, wie sich insbesondere an den Einkommensverhältnissen ablesen läßt. Und auch dazu können entsprechende Daten vorgelegt werden (s. Tabelle 2), die aus einem noch laufenden Forschungsprojekt des WSI auf Basis der Beschäftigtenstatistik der Bundesanstalt für Arbeit stammen: Hier sind die individuellen Vollzeit-Arbeitseinkommen nach Größenklassen bzw. nach Vielfachen des durchschnittlichen Einkommens aller Vollzeit-Beschäftigten in Westdeutschland geschichtet, deren im Zeitablauf veränderte Besetzung einen generellen „Umbau" der Arbeitseinkommens-Pyramide anzeigt: Die drei aufgeführten Einkommensklassen enthalten hier Bezieher von „prekären", von „mittleren" und von „höheren" Einkommen (wobei die gewählten Abgrenzungen zwischen diesen drei Gruppen durchaus diskussionsfähig sind). Die Gruppe der Vollzeit-Beschäftigten mit einem Arbeitseinkommen unter 75% des durchschnittlichen Arbeitsentgelts machte 1975 einen Anteil von rund 28% an allen Vollzeit-Beschäftigten aus. Bis 1995 ist das Gewicht dieser Gruppe auf fast 36% gestiegen. Der Umfang des sogenannten Arbeits-„Mittelstands" – Personen, die zwischen 75% und 125% des durchschnittlichen Arbeitseinkommens verdienen –, ist im gleichen Zeitraum von 57% auf

Schaubild 2: Abhängig Beschäftigte in Norm- und Nicht-
Normarbeitsverhältnissen in Westdeutschland 1970–1995
(schematische Darstellung in vH der abhängig
Beschäftigten und abhängig Selbstständigen)

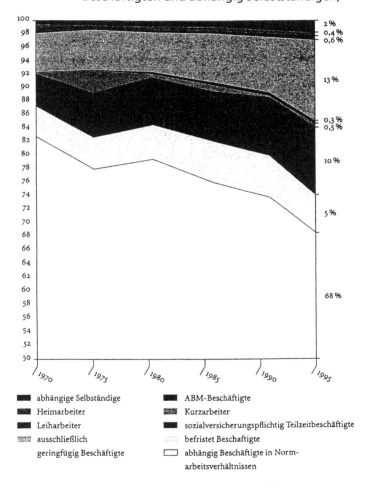

■ abhängige Selbständige   ■ ABM-Beschäftigte
▓ Heimarbeiter   ▒ Kurzarbeiter
■ Leiharbeiter   ■ sozialversicherungspflichtig Teilzeitbeschäftigte
▓ ausschließlich   befristet Beschaftigte
    geringfügig Beschäftigte   ☐ abhängig Beschäftigte in Norm-
                                  arbeitsverhältnissen

Teilzeit- und ausschließlich geringfügig Beschäftigte um Überschneidungen mit anderen
Beschäftigungsformen bereinigt; Summe wegen Rundungen kleiner 100; Schätzungen: abhängig Selbstständige im ganzen Zeitraum, ausschließlich geringfügig Beschäftigte 1970-
1985, befristet Beschäftigte 1970-1980, sozialversicherungspflichtig Teilzeitbeschäftigte 1970
Quelle: Rühmann/Buch (1996), BA, BMA, StBA, eigene Berechnungen und Schätzungen

Tabelle 2: Die Pyramide der Arbeitseinkommen im „Umbau"
Relative Einkommenspositionen von
sozialversicherungspflichtigen Vollzeitbeschäftigten
in Westdeutschland

Einkommensniveau	Einkommensbezieher in vH[4]	
	1975	1990
prekäre Einkommen[1]	27,8	35,9
mittlere Einkommen[2]	56,8	47,8
obere Einkommen[3]	15,4	16,3

1) Arbeitseinkommen unter 75 vH des Durchschnitts (arithmetisches Mittel) aller sozialversicherungspflichtigen Vollzeiteinkommen (von deutschen Männern und Frauen). – 2) Arbeitseinkommen zwischen 75 vH und 125 vH des Durchschnitts. – 3) Arbeitseinkommen oberhalb von 125 vH des Durchschnitts; bei etwa 130 vH liegt im langjährigen Vergleich die Beitragsbemessungsgrenze der gesetzlichen Rentenversicherung. – 4) In vH aller sozialversicherungspflichtigen Vollzeitbeschäftigten
Quelle: WSI. – Beschäftigtenstichprobe des IAB. WSI '98

48% gesunken. Und die Gruppe mit oberen Arbeitseinkommen – Personen mit einem Verdienst von mehr als 125% des durchschnittlichen Arbeitseinkommens – hat spürbar zugenommen – wobei zur Verdeutlichung der Verdienstniveaus darauf hinzuweisen ist, daß die Beitragsbemessungsgrenze zur gesetzlichen Rentenversicherung in der Vergangenheit zwischen 125 und 130% des Verdienstdurchschnitts lag. Wir verzeichnen also auch innerhalb des Normalarbeitverhältnisses eine zunehmende Spreizung der Einkommen schon seit 1975 und nicht erst in den letzten Jahren.

Doch noch viel wichtiger ist die Feststellung, daß die generelle Verteilungsungleichheit in Wirklichkeit sowohl beim Vergleich von gruppenspezifischen Einkommensdurchschnitten als auch bei der Betrachtung der Einkommensstreuung um diese Durchschnitte noch deutlicher ausfällt als mit den bisherigen Tabellen dokumentiert: So ist z.B. der Hinweis nötig, daß das Volkseinkommen schätzungsweise um ein Achtel höher ausfallen würde, könnte man „schwarz" entstehende Einkommen statistisch erfassen; solche Einkommen aber fallen in der Summe nicht überwiegend bei den „Schwarzarbeitern" an, sondern in den Kassen von Unternehmen und Selbständigen. Oder: zu den Selbständigen mit dem höchsten Haushalts-Durchschnittseinkommen gehören auch die Scheinselbständigen mit häufig niedrigen bis sehr niedrigen

Einkommen; wenn aber deren Zahl laut einer Untersuchung des IAB auf
maximal eine Million Personen veranschlagt werden kann – und damit wesentlich mehr als in Schaubild 2 beziffert –, muß das Einkommen von echten
Selbständigen oberhalb der in Schaubild 1 und Tabelle 1 ausgewiesenen
Einkommensposition von Selbständigen-Haushalten liegen. Ähnlich hetero-
gen ist auch die Haushaltsgruppe der Angestellten – und um so weniger
repräsentativ die Aussagefähigkeit ihres Durchschnittseinkommens; in dieser
Gruppe befinden sich ebenso die Einkommen von schlecht bezahlten Haus-
haltsvorständen, die im Handel und anderen Dienstleistungsbereichen arbeiten, wie die hohen bis sehr hohen Einkommen von formal abhängig beschäftigten Managern aus allen Branchen. Leider reichen die verfügbaren Statistiken nicht aus, die Einkommensschichtungen gerade am oberen Ende der
Einkommenspyramide detailliert abzubilden.

Armut in der Arbeit: Niedrigeinkommen
trotz Vollzeitbeschäftigung

Die Statistik kann allenfalls den mittleren Einkommensbereich einigermaßen
gut abbilden, bei den individuellen Arbeitseinkommen auch den unteren
Bereich. Eine noch weitergehende Differenzierung der Arbeitseinkommen als
in Tabelle 2 fördert denn auch ein überraschendes Ausmaß an „Armut in der
Arbeit" bzw. trotz Vollzeitarbeit zutage, die man einer in der EU verbreiteten
Konvention zufolge ab einem Einkommen von 50% und weniger des durchschnittlichen Arbeitseinkommens konstatiert. Danach waren bereits 1975
10,4 % aller Vollzeitbeschäftigten (1,8 Mill. Personen) einkommensarm; ihr
Gewicht ist bis 1995 auf 10,9% (1,9 Mill. Personen) gestiegen. Und diese
Armuts-Einkommen ballen sich nicht etwa knapp unterhalb der 50%-Grenze;
sie sind relativ weit unter dieser Grenze verstreut. Es gibt einige zehntausend
Personen, die als Vollzeitbeschäftigte sogar weniger als 20% des durchschnittlichen Vollzeit-Arbeitseinkommens verdienen[9].

Und auch diese Einkommensdifferenzierung kann noch unzulänglich und
sogar irreführend für die Bewertung von sozialer Polarisierung sein, wenn
man nicht zusätzlich die Einkommensverwendung mit einbezieht, also den
durch Lebenshaltung und Miete u.ä. gegebenen Ausgabedruck oder noch
allgemeiner: Gesichtspunkte des Bedarfs. Dann können insbesondere in Bal-
lungsgebieten vor allem wegen der Mietbelastung selbst mittlere Einkommen
nicht mehr „ausreichen". Eine neuere Studie an der Fachhochschule Frank-
furt/Main kommt bei Anlegen der Sozialhilfe-Bedarfssätze an die Haushaltseinkommen von erwerbstätigen Arbeitnehmern zu dem Schluß, daß Armut

in der Arbeit eher bei 60% des durchschnittlichen Arbeitseinkommens beginnt als bei 50% und damit entsprechend mehr Personen betrifft[10].

Fortsetzung von Polarisierungen in der Vermögensverteilung

Es kann überhaupt nicht verwundern, wenn bei den relativ vielen Beziehern von niedrigen und selbst mittleren Einkommen wegen solchen Ausgaben- bzw. Bedarfsdrucks wenig oder keine Ersparnis möglich ist und sogar Schulden gemacht werden. Ohne ausreichende und regelmäßige Ersparnis ist aber keine Vermögensbildung möglich. Dagegen fällt bei hohen Einkommen die jährliche Vermögensbildung relativ leicht, zumal angesammelte Vermögensbestände und auch Vermögenseinkommen aus diesen Beständen fiskalisch seit der Nachkriegs-Währungsreform bis heute begünstigt werden. Entsprechend setzt sich die ungleiche Einkommensverteilung in einer noch ungleicheren Vermögensverteilung fort, wie die – gegenüber dem Einkommensbereich noch unzulänglicheren – Statistiken über das private Vermögen nahelegen. Die aktuelle Verteilung des privaten Vermögens läßt sich selbst aus der Einkommens- und Verbrauchsstichprobe (EVS) des Statistischen Bundesamtes von 1993 nicht annähernd ablesen, die zwar wegen ihrer Stichprobengröße (rund 50.000 befragte Haushalte) relativ differenzierte Informationen vermittelt, aber gerade hohe und höchste Vermögen (und Einkommen) nicht erfaßt. Doch trotz ihrer Defizite zeigt auch die EVS eine hohe Konzentration des Geldvermögens und eine noch höhere des Grundvermögens:

Zwar haben beim Geldvermögen fast alle privaten Haushalte irgendeine Form von Geldanlage; doch die weite Verbreitung von verschiedenen Ersparnis- oder Vermögensanlageformen ist streng zu unterscheiden von der entscheidenden Ersparnishöhe[11]. So haben 11% aller westdeutschen Haushalte mehr Schulden als Geldvermögen; 50% aller westdeutschen Haushalte einschließlich der verschuldeten besitzen insgesamt nur 9% des ganzen in der EVS erfaßten Netto-Geldvermögens. Dagegen besitzen in Westdeutschland nur 5,5% aller Haushalte fast ein Drittel (genau 30,7%) des gesamten Netto-Geldvermögens, d.h. nach Abzug von Schulden. Das Netto-Geldvermögen dieser Haushalte, die weit überwiegend Selbständigen-Haushalte sind, beträgt in Form von Sparguthaben, Bausparverträgen, Wertpapieren, Lebensversicherungen u.ä. zusammen mindestens 200.000 DM und im Durchschnitt 359.600 pro Haushalt. Grundvermögen dagegen besitzt in Westdeutschland ohnehin nur die Hälfte aller Haushalte (genau 50,5% der Haushalte). Aber nur 5,8% aller westdeutschen Haushalte (einschließlich der Haushalte ohne jegliches

Grundvermögen) verfügt als Eigentümer über fast ein Drittel (genau 31,6%) des gesamten von der EVS erfaßten Netto-Immobilienvermögens nach Abzug von Grundschulden. Auch diese Haushaltsgruppe besteht weit überwiegend aus Selbständigen-Haushalten mit einem Rein- bzw. Netto-Immobilienvermögen an Ein- und Mehrfamilienhäusern im Wert von mindestens 700.000 und durchschnittlich rund 991.000 DM pro Haushalt.

Tatsächlich erfaßt die EVS die besonders hohen Vermögen nicht, weil sich ihre Eigentümer – mit in der Regel auch sehr hohen Einkommen – einer freiwilligen Befragung entziehen. Das von der EVS ermittelte und hochrechenbare Geldvermögen z.b. deckt 1993 nur 56% des privaten Geldvermögens ab, das die Bundesbank in ihren gesamtwirtschaftlichen Finanzierungsrechnungen nachweist.

„Ein noch gewichtigerer Unterschied zeigt sich bei der Geldanlage in festverzinslichen Wertpapieren, Aktien und Investmentzertifikaten (als Teil des Geldvermögens). Von diesen Vermögenswerten (laut Bundesbank 1,16 Billionen DM) sind in der EVS nur 415 Mrd. DM nachgewiesen, es fehlen also 743 Mrd. DM. Dieser Teil der Geldanlagen dürfte bei den reichen Haushalten konzentriert sein"[12].

Korrigiert man die Geldvermögens-Verteilung der EVS entsprechend – und noch an anderen Stellen –, so besitzen schätzungsweise rund 6% aller privaten Haushalte mehr als 40 vH des gesamten Netto-Geldvermögens. Eine ähnliche Untererfassung der Vermögenswerte durch die EVS ist auch beim Immobilienvermögen zu verzeichnen: Die Zahl der Mehrfamilienhäuser in Haushaltsbesitz wird in der EVS 1993 mit 0,81 Millionen angegeben, während die ebenfalls 1993 durchgeführte amtliche Gebäude- und Wohnungsstichprobe 1,57 Millionen derartiger Gebäude im Eigentum privater Haushalte ausweist. „Der dieser 'Differenzmasse' entsprechende Wert von 550 Mrd. DM muß in den oberen (Einkommens- und Vermögens-)Klassen zur EVS-Verteilung hinzugefügt werden."[13] Nach dieser und weiteren Korrekturen der EVS besitzen schätzungsweise rund 6% der privaten Haushalte (einschließlich der Haushalte ohne Grundbesitz) rund 40% des gesamten Netto-Immobilienvermögens – ebenfalls deutlich mehr Vermögensanteil als in der unkorrigierten EVS ausgewiesen. Außerdem wird in der EVS das sogenannte Produktivvermögen, also Besitz von betrieblichen Maschinen, Anlagen usw., ohnehin nicht erfaßt; es kann allerdings auch mit anderen Statistiken bis heute kaum befriedigend ermittelt werden.

Wieviel ungleicher in Wirklichkeit als in der EVS darstellbar die Vermögensverteilung sein muß, läßt sich auch aus Angaben über die Streuung der Einkommen aus Vermögen in Form von Zinsen, Dividenden u.ä. erahnen:

„Nach den Ergebnissen des sozio-ökonomischen Panels (einer der EVS vergleichbaren
Befragung von privaten Haushalten durch das DIW) empfingen 1993 zwar fast neun
Zehntel der in die Befragung einbezogenen Haushalte Zinsen und Dividenden; doch
entfielen auf 61% der Haushalte mit solchen Einkünften nur 12% der erfaßten Vermögenseinkommen; hier lagen die Einzelbeträge der empfangenen Zinsen erheblich unter dem
Durchschnitt. Demgegenüber konzentrierten sich auf 5% der Haushalte (mit weit überdurchschnittlich hohen Vermögenseinkünften) 36% der Zinsen und Dividende."[14]

Verschärfung der Polarisierung durch die öffentliche Umverteilungspolitik

Die Umverteilung durch den Staat leistet zu diesen Verteilungstendenzen
einen erheblichen Beitrag. Insbesondere das Steuersystem begünstigt immer
mehr Einkommen aus Unternehmertätigkeit und Vermögen (sowie Vermögensbesitz) und benachteiligt immer stärker andere Einkommen. Faktisch
handelt es sich wegen privilegierender „Gestaltungssteuern" zugunsten von
Einkommen aus Unternehmertätigkeit und Vermögen einerseits sowie diskri-
minierender „Zwangssteuern" zu Lasten von Arbeitseinkommen und anderen
Masseneinkommen andererseits bereits seit längerem um zwei Steuersysteme.
Selbst der Chefredakteur des Handelsblatts scheute sich schon vor einiger
Zeit nicht, angesichts dieser „dualen" Entwicklung des Steuersystems einen
historischen Vergleich zum Schedulensystem zu ziehen, das früher den Adel
und den Klerus von jeglicher Steuerpflicht ausnahm, und gleichzeitig daran
zu erinnern, daß dies einer der Gründe für die französische Revolution war.[15]
    Zum Beleg für die Mitwirkung des Staates bei der Polarisierung kann man
zurückkehren zu den Daten der Volkswirtschaftlichen Gesamtrechnung, die
Ausgangsbasis sind für die in Schaubild 1 dargestellten Markteinkommen
und nach ihrer Umverteilung durch den Staat. Mit ihrer Hilfe lassen sich
auch die Umverteilungseffekte separat darstellen – als Differenz zwischen
Markteinkommen und verfügbaren Haushaltseinkommen, noch genauer: als
Saldo von direkten Steuern sowie Sozialabgaben einerseits und allen öffentlichen Geldtransfers andererseits. In Tabelle 3 sind nur Erwerbstätigen-Haus-
halte aufgeführt (ohne Landwirte). Zu sehen ist, daß das Bruttoeinkommen
der Selbständigen-Haushalte 1982 um fast 30% durch die staatliche Umverteilung vermindert wurde, 1995 aber nur noch um 23%. Es hat hier eine
Entlastung stattgefunden – und zwar so sehr, daß die Umverteilung bei den
Selbständigen-Haushalten inzwischen weniger gravierend ist als selbst bei den
Arbeiter-Haushalten. Mit anderen Worten: Arbeiter-Haushalte werden heute
in Deutschland fiskalisch relativ stärker belastet als Selbständigen-Haushalte,

**Tabelle 3: Umverteilungswirkungen der staatlichen Abgaben-
und Transferpolitik auf die Bruttoeinkommen von
Erwerbstätigen-Haushalten**

Haushaltsgruppe	Durchschnittliche Bruttoeinkommen aus Erwerb und Vermögen pro Monat in DM		Durchschnittliche Nettobe- und -entlastung durch die staatliche Umverteilung (Saldo) in vH	
	1982	1993	1982	1993
Selbständige (ohne Landwirte)	10.483	18.142	- 29,8	- 23,2
Beamte	4.925	7.492	- 11,0	- 14,2
Angestellte	5.258	7.750	- 27,3	- 30,0
Arbeiter	4.175	6.192	- 22,3	- 24,8

Quelle: Statistisches Bundesamt (VGR) – Berechnungen des WSI.

obwohl letztere im Durchschnitt wesentlich mehr verdienen und deshalb
von einer progressiven Einkommensteuer z.B. stärker betroffen sein müßten.
Angestellten-Haushalte werden noch stärker belastet als Arbeiter-Haushalte,
weil sie im Durchschnitt ein höheres Einkommen haben und bei ihnen die
Steuerprogression offenbar Wirkung zeigt. Beamten-Haushalte dagegen werden insgesamt am wenigsten belastet, weil sie bekanntlich in Deutschland
keine Sozialabgaben zu zahlen haben.

Noch einmal: das erstaunliche Ergebnis hier ist, daß von der staatlichen
Umverteilung die Selbständigen-Haushalte relativ am wenigsten getroffen
werden, obwohl ihr Bruttoeinkommen absolut am höchsten ist; also werden
mit anderen Worten Selbständigen-Haushalte fiskalisch privilegiert. Den da-
hinterstehenden fiskalischen Mechanismen will ich im folgenden genauer
nachgehen, zunächst mit Daten über das effektive Ausmaß der Steuerbelastung bei Einkommen aus Unternehmertätigkeit und Vermögen (s. Tabelle 4).
In der letzten Spalte dort ist die durchschnittliche Belastung durch alle
direkten Steuern angegeben, die faktisch auf gewerbliche Tätigkeit und auf
Vermögen entfallen. Diese Belastung betrug bereits 1980 nur 20% des entsprechenden Bruttoeinkommens und ist seitdem kontinuierlich gesunken auf
unter 10%. Somit sind die politischen Klagen über eine angeblich zu hohe,
auch international zu hohe Steuerbelastung absurd: und trotzdem gibt es
Forderungen nach weiteren Entlastungen. Klagen und Forderungen sind

Tabelle 4: Relative Wohlstandspositionen der privaten Haushalte in Westdeutschland – Bruttoeinkommen[1], verfügbares Einkommen[2] und Umverteilungseffekte[3] in vH des Durchschnittseinkommens aller Haushalte

Haushaltsgruppe[4]	1980[5]			1993[5]			1996[6]		
	Brutto[1]	Verfügb.[2]	Umv.[3]	Brutto[1]	Verfügb.[2]	Umv.[3]	Brutto[1]	Verfügb.[2]	Umv.[3]
Selbständige (ohne Landwirte)	312,4	227,6	- 30,8	347,2	283,4	- 23,2	393,8	348,5	- 17,4
Arbeitnehmer	132,8	107,7	- 23,0	135,3	105,9	- 26,3	129,8	97,0	- 30,3
- Beamte	143,3	132,1	- 12,5	143,4	130,7	- 14,2	137,6	119,6	- 18,9
- Angestellte	146,6	113,3	- 26,6	148,3	110,3	- 30,0	142,3	101,0	- 33,8
- Arbeiter	118,7	97,6	- 21,9	118,5	94,7	- 24,8	113,7	86,7	- 28,8
Nichterwerbstätige	21,9	69,8	+ 202,7	26,2	68,8	+ 147,5	–	–	–
- Arbeitslose	19,4	60,7	–	16,9	55,4	–	–	–	–
- Sozialhilfeempfänger	4,5	40,8	–	2,4	44,9	–	–	–	–
- Rentner	19,9	69,0	–	23,9	70,0	–	–	–	–
- Pensionäre	21,2	98,9	–	26,3	99,5	–	–	–	–
Alle Haushalte	100,0	100,0	–	100,0	100,0	–	100,0	100,0	–
(nachrichtlich: in DM/Monat)	(3.308)	(3.142)		(5.225)	(4.917)		(5.842)	(5.452)	

1) Bruttoeinkommen der Haushalte aus Erwerb und Vermögen (einschließlich Entnahmen der Unternehmen ohne eigene Rechtspersönlichkeit); nicht gewichtet mit der Personenzahl pro Haushalt. – 2) Nach Abzug von direkten Steuern und Sozialabgaben, zuzüglich öffentliche Einkommenstransfers; nicht gewichtet mit der Personenzahl pro Haushalt. – 3) Differenz zwischen Bruttoeinkommen und verfügbarem Einkommen in vH des Bruttoeinkommens; sie wird mit dem Saldo der Umverteilungsmaßnahmen des Staates gleichgesetzt, also im wesentlichen dem Saldo zwischen direkten Steuern und Sozialabgaben einerseits sowie öffentlichen Einkommenstransfers andererseits. – 4) Definiert nach der sozialen Stellung des Haushaltsvorstands. – 5) Originäre Angaben des Statistischen Bundesamtes. – 6) Vom WSI auf der Basis von 1993 hochgerechnet mit verschiedenen Zuwachsraten für adäquate Brutto-, Netto- und verfügbare Einkommen aus der Volkswirtschaftlichen Gesamtrechnung.

Quelle: Statistisches Bundesamt. – Berechnungen des WSI. WSI '99

insbesondere deswegen absurd, weil die durchschnittliche Belastung der Arbeitseinkommen allein durch direkte Steuern, also ohne Sozialversicherungsabgaben, inzwischen doppelt so hoch ist wie 9,7%, nämlich 18,6%. Selbst eine Kapitalgesellschaft in Deutschland, d.h. eine Aktiengesellschaft oder eine vergleichbare GmbH, die in der Regel relativ viel verdienen, erfährt heute eine durchschnittliche Belastung ihrer Gewinne durch alle direkten Steuern, die mit 18% genauso hoch ist wie die der Arbeitseinkommen.

Das liegt nicht nur an legal gewährten Steuervorteilen, sondern auch an den durch das Steuersystem gegebenen Möglichkeiten gerade der Bezieher von Einkommen aus Unternehmertätigkeit und Vermögen, Steuern zu vermeiden. Tatsächlich gibt es in Deutschland zwei Steuersysteme. Ein funktionierendes zu Lasten der Arbeitseinkommen und der Verwendung dieser Arbeitseinkommen beispielsweise für Mineralöl oder den privaten Verbrauch generell. Und ein anderes Steuersystem, das nur schlecht funktioniert und deshalb die davon gesetzlich vorgesehenen Betroffenen faktisch begünstigt. Ein wichtiges Kriterium für den unterschiedlichen Grad von Funktionsfähigkeit beider Steuersysteme ist beispielsweise das Ausmaß der Einkommen, die gegenüber dem Finanzamt transparent werden, d.h. vom Steuerpflichtigen bzw. Steuerschuldner freiwillig benannt oder von fiskalischen Mechanismen aufgedeckt werden. Bei Arbeitseinkommen werden über 90% aller empirisch feststellbaren Einkommen gegenüber dem Finanzamt bekannt oder bekannt gemacht. Bei Einkommen aus Unternehmertätigkeit, Gewerbe und Vermögen gilt dies nur für 55%. Und Schätzungen besagen, daß die Hälfte dieser nicht bekannt werdenden Einkommen auf legal steuerbefreite Einkommen zurückgeht, die andere Hälfte jedoch auf illegal verschwiegene Einkommen. Man kann auch andere Kriterien nutzen, etwa den Anteil der verschiedenen Steuerarten am gesamten Steueraufkommen. Aufschlußreich ist beispielsweise der fall der veranlagten Einkommensteuer, die im wesentlichen Personengesellschaften entrichten müssen; sie hatte 1980 noch ein Gewicht am gesamten Steueraufkommen von 10,1%, zuletzt nur noch von 1,6%. Ein ähnlich deutlicher Rückgang des relativen Steueraufkommens hat bei anderen Unternehmenssteuern stattgefunden. Und da es in Deutschland auch zu wenig Betriebsprüfer des Finanzamts und zu wenig Betriebsprüfungen durch das Finanzamt gibt - selbst bei großen Unternehmen z.B. finden solche Prüfungen nur alle 5,6 Jahre statt -, ist ganz offensichtlich, daß ein Großteil von Einkommen nicht deklariert und die entsprechende Steuer nicht gezahlt wird, weil Furcht vor Entdeckung oder vor Sanktionen des Staates nicht weit entwickelt sein kann.

Folgende Einkommensspreizung:
Mehr ökonomischer Schaden als Nutzen

Moralische Empörung über das „ungerechte" Ergebnis der „dualen" Verteilungspolitik wie über diese Politik selbst ist angebracht und verständlich.
Aber sie sollte den Blick auf die auch vorhandenen ökonomischen Konsequenzen nicht verstellen, die weit mehr ausmachen als die Gefährdung des
Standortfaktors „sozialer Frieden": Die versprochenen ökonomischen Vorteile dieser Verteilungsentwicklung sind jedenfalls nicht eingetreten – vor allem
nicht die behauptete Wirkungskette: höhere Gewinne, mehr (reale) Investitionen, weniger Arbeitslosigkeit – und werden auch nicht eintreten können.
Statt dessen sind schon ökonomische Nachteile erzeugt worden – und weitere drohen. Die Nachteile dieser Verteilungsentwicklung können an nationalen sowie internationalen Beispielen abgelesen werden, wie die nächsten
beiden Abschnitte belegen.

Die Umverteilungspolitik des Staates – insbesondere Steuerentlastung der
Unternehmen, Beitragsbelastung der Arbeitnehmer und Haushaltskonsoli-
dierung – schwächt in Deutschland die Binnennachfrage direkt und indirekt,
insbesondere über die Reduzierung des Anteils der Masseneinkommen an
der privaten Kaufkraft (s. Tabelle 5): Der Anteil der Gewinn- und Vermögenseinkommen an der privaten Kaufkraft ist in der Vergangenheit von 23% auf
33% gestiegen, der Anteil der Masseneinkommen entsprechend gesunken,
darunter der Anteil der Netto-Arbeitseinkommen sogar von 54% auf 45%.
Diese Strukturverschiebung von 10% entspricht aber heute einem absoluten
Betrag von 200 Mrd. DM im Jahr, der angesichts einer mit Gewinn- und
Vermögenseinkommen verbundenen viel höheren Sparquote für die effektive
private Nachfrage weit weniger als früher zur Verfügung steht. Der Export,
dessen Verbesserung alle „Standortpolitik" gilt, kann weder diese privaten
noch die erwähnten staatlichen Nachfrageausfälle ausgleichen – zumal die
Bundesrepublik pro Kopf der Bevölkerung schon „Exportweltmeister" ist.
Noch mehr Export aber wird auch mit dem Euro an diverse Grenzen stoßen,
auch weil der Aufwertungsdruck gegenüber den Nicht-EWU-Mitgliedern in
Europa und dem Rest der Welt wahrscheinlich auf Dauer bestehen bleibt.
Und der vorhandene Export wird um so weniger aufrechtzuerhalten sein, je
mehr Infrastruktur des Staates und Produktivität des Humankapitals aufgrund von Verteilungsungleichheiten ausgehöhlt werden. (Siehe z.B. auch die
heute schon konstatierbare „Ingenieur-Lücke" als Vorboten einer zukünftig
echten „Standortschwäche").

Tabelle 5: Verfügbares Einkommen der privaten Haushalte[1](= Potential der privaten Kaufkraft) – Entwicklung und Struktur in vH

Einkommensquellen	1978	1995[3]
1. Gewinn- und Vermögenseinkommen	23	33
– „Privatentnahmen" der Selbständigen		
– aus ihren Betrieben	17	23
– Vermögenseinkünfte	6	10
2. Masseneinkommen	77	67
– Netto-Arbeitseinkommen	54	45
– Öffentliche Einkommensübertragungen[2]	23	22
Insgesamt (in Mrd. DM)	100	100
	(826)	(2152)

1 Nach Abzug von direkten Steuern und Abgaben einschließlich öffentlicher Geldtransfers.
2 Insbesondere Renten und Pensionen, Arbeitslosenunterstützung und Sozialhilfe.
3 Einschließlich neue Bundesländer.
Quelle: Deutsche Bundesbank. WSI '98

Vor allem aber internationale Beispiele und Erfahrungen zeigen noch deutlicher, daß niedrige Löhne, Lohnnebenkosten und geringe Sozialleistungen bei weitem nicht die Garanten von Vollbeschäftigung und Wettbewerbsfähigkeit sind. Im Gegenteil weisen viele Länder mit „Billig-Komponenten" in ihren ökonomischen und sozialen Strukturen erhebliche aktuelle und auch ihre Zukunft belastende Probleme auf. Hier könnten Beispiele aus Asien, Südamerika, Rußland, Portugal, Großbritannien und USA genannt werden. Zur Beurteilung der meisten Länder mag hier eine Artikelüberschrift des Handelsblatts genügen, die vom „(herbeigeredeten) Aufstieg und (tatsächlichen) Fall der Modellstaaten" kündet[16]. Ich will mich an dieser Stelle auf wenige symptomatische Fakten über die USA beschränken, die deren behauptete Vorbildfunktion in Frage stellen – und im Zusammenhang mit den Tabellen 6 und 7 einer Arbeit von Bosch entnommen worden sind[17].

Claus Schäfer

Tabelle 6: Arbeitslosenquoten im internationalen Vergleich
(Verwendung des US-Konzepts)

	1975 - 1979	1980 - 1987	1988 - 1994
Frankreich	5,0	9,1	10,5
Deutschland	3,3	5,8	5,5
Italien	3,8	6,0	8,4
Großbritannien	5,7	10,6	8,9
USA	7,0	7,7	6,2

Quelle: U.S. Department of Labor, Bureau of Labor Statistics, Monthly Labor Review, Dezember 1990, Tab. 49 und April 1996, Tab. 47

Tabelle 7: Kriminalität in den USA – Einige Kennziffern 1993

	in Millionen	in Prozent
Männliche Erwerbsbevölkerung	69,60	(100)
- im Gefängnis	1,35	1,93
- in Bewährung oder bedingt Haftentlassen	3,51	5,04
- im Justizsystem insgesamt	4,86	7,00
Anteil der 25-34jährigen im Justizsystem	-	10,00
Anteil der 25-34jähringen Schwarzen im Justizsystem	-	12,00
Kosten der Kriminalität in Prozent des Bruttosozialprodukts	-	4,00
Ausgaben für Arbeitsmarktpolitik in Prozent des Bruttosozialprodukts	-	0,55

Quelle: R. Freemann: Why do so many young American men commit crimes and what might we do about this? In: Journal of Economic Perspectives, 1996

Das „US-Modell" ist ein abschreckendes und kein vorbildliches Beispiel

Wenn mit niedrigeren Löhnen mehr Beschäftigung erzeugt würde, müßten in den USA gering qualifizierte Personen, die dort sehr schlecht bezahlt werden, eine niedrigere Arbeitslosenrate aufweisen als in Deutschland oder Europa; laut OECD[18] ist jedoch genau das Gegenteil der Fall. Wenn die joberzeugende Wirkung von niedrigen Löhnen zuträfe, müßte man für die USA ebenfalls erwarten, daß der Anteil von niedrigqualifizierten und schlechtbezahlten Arbeitnehmern an der Gesamtbeschäftigung höher ist als in Deutschland; das ist aber ebenfalls laut OECD nicht so. Die OECD sieht auch im Rahmen eines breiteren internationalen Vergleichs keinen eindeutigen Zusammenhang zwischen niedrigen Löhnen und höher Beschäftigung[19].

Aber auch der amerikanische Arbeitsmarkt insgesamt gibt Anlaß für mehr als nur Zweifel. Es wird in der öffentlichen Debatte Europas auf den Zuwachs der amerikanischen Arbeitsplätze um 30 Millionen verwiesen und daraus ein „Beschäftigungswunder" abgeleitet. Es wird aber vergessen, daß der Zuwachs sich vor dem Hintergrund der US-Bevölkerungsgröße sehr stark relativiert; er macht seit Ende der 80er Jahre jährlich 1,1% aus, während etwa Holland mit gänzlich anderen Strukturen ein jährliches Beschäftigungswachstum von 1,9% verzeichnet[20]. Vor allem aber wird übersehen, daß der US-Beschäftigungszuwachs viel kleiner ist als der US-Bestand an Arbeit und auch möglicherweise kleiner ist als das Ausmaß derjenigen, die in den USA Arbeit suchen und keine finden. Ich verweise auf das US-Arbeitsministerium, das internationale Arbeitslosenquoten nach dem amerikanisch-statistischen Konzept der Arbeitslosigkeit verglichen hat (s. Tabelle 6). Hier zeigt sich, daß in allen Perioden der Vergangenheit die Arbeitslosigkeit in den USA meist größer war als in vielen europäischen Ländern, zumindest immer größer war als in Deutschland. Erst seit 1995, dem in der Tabelle nicht mehr enthaltenen Zeitraum, hat sich dieser statistische Ausweis zugunsten der USA geändert. Allerdings nur scheinbar, weil ich an dieser Stelle Lester Thurow[21] mit seiner Warnung vor der Aussagefähigkeit der amerikanischen Arbeitsmarktstatistik folge. Nach Thurow gibt es viele Millionen Amerikaner, die nur in der amerikanischen Bevölkerungsstatistik auftauchen. In der Arbeitsmarktstatistik sind sie entweder nie erfaßt worden oder wieder verschwunden. Er erklärt das mit statistischen Problemen und mit dem Verhalten von „enttäuschten" Personen – discouraged persons –, die als Arbeitsuchende keinen Anspruch auf die ohnehin geringen Unterstützungsleistungen der amerikanischen Arbeitsmarktpolitik haben oder diese Unterstützung sogar verschmähen, um bei der Arbeitsuche den Status eines „Selbständigen" statt den Makel eines Arbeitslosen präsentieren zu können. Kürzlich ist diese Differenz zwischen beiden Statistiken, die man pauschal als Quote der Nicht-Erwerbstätigen bezeichnen kann, von weiteren US-Autoren für die amerikanischen Männer im erwerbsfähigem Alter quantifiziert worden: Sie beträgt 28% und ist damit trotz „US-Beschäftigungswunder" nicht viel größer als 1980[22].

Vor allem aber liegt diese Quote, – in der neben arbeitsunfähigen Personen, Auszubildenden, Wehrdienst- und Zivildienstleistenden u.a. auch die versteckte Arbeitslosigkeit enthalten ist – um 10 Prozentpunkte höher als bei der vergleichbaren Bevölkerungsgruppe in Deutschland. M.a.W. die Beschäftigungsbilanz des amerikanischen Systems ist in Wahrheit viel schlechter als die deutsche.

Dies Urteil wird noch durch eine Besonderheit des US-Arbeitsmarktes erhärtet, die ebenfalls aus US-Sicht diesen Markt – selbst im Licht neoklassischer ökonomischer Theorien – viel „regulierter" macht als die europäischen Arbeitsmärkte trotz deren tarifpolitischer und gesetzlicher Regelungen: die US-Kriminalität.[23] In den USA wird schon länger und stärker als in Europa diskutiert, daß es einen unmittelbaren Zusammenhang zwischen Armut ohne Arbeit und in der Arbeit sowie Kriminalität gibt. Richard Freeman argumentiert: Weil es viel Armut in den USA gibt und weil es niedrige Löhne gibt, die nicht ausreichen für den Lebensunterhalt von einzelnen Personen oder gar von Familien, werden viele Amerikaner kriminell. Freeman quantifiziert das in einem für europäische Augen erschreckenden Ausmaß am Beispiel der amerikanischen Männer im erwerbsfähigen Alter, die 87% aller Straftaten in den USA begehen (s. Tabelle 7)[24]. Danach sitzen in den USA fast 2% der männlichen Erwerbsbevölkerung unmittelbar im Gefängnis. Und weitere fast 5% der männlichen Erwerbsbevölkerung, die straffällig waren, sind unter Auflagen aus dem Gefängnis entlassen oder stehen ohne Gefängnisstrafe unter Beobachtung der Justizbehörden. Der Anteil der kriminell gewordenen männlichen Erwerbsbevölkerung in den USA ist noch höher, wenn man zwischen Alter, Geschlecht und auch ethnischer Herkunft differenziert. Im Vergleich dazu sind in Europa nur 0,3% der männlichen Erwerbsbevölkerung im Gefängnis (Angaben zu den Straffälligen unter sonstigen Auflagen der Justiz sind für Europa nicht bekannt). Interessant ist auch die Gegenüberstellung Freemans zwischen den Kosten der Kriminalität und den Kosten der Arbeitsmarktpolitik: Erstere schätzt Freeman auf 4% des amerikanischen Bruttoinlandsprodukts, letztere machen nur 0,5% des BIP aus.[25] Dabei könnte eine bessere Arbeitsmarktpolitik die Hauptursache für Kriminalität, Armut wegen fehlender Arbeit und Armut wegen

Niedriglöhnen, unmittelbar bekämpfen. Dies wäre schon deshalb nötig, weil Kriminalisierung nach Western/Beckett den Arbeitsmarkt durch „Wegschließen" von Arbeitskräften nur kurzfristig entlastet; langfristig erhöht sie die Arbeitslosigkeit, weil kriminell Gewordene wegen ihrer Stigmatisierung weniger Arbeitschancen haben.[26]

Es ist außerordentlich bedenklich, wenn die Kosten der externen Effekte des Marktes, hier die Kriminalitätskosten der Armut, so hoch sind und gleichzeitig nur den Symptomen, nicht der Ursachenbekämpfung dienen. Aber das US-Marktsystem beschädigt durch Armut auch unmittelbar seine ökonomische Leistungsfähigkeit: Die Bereitschaft der Bevölkerung, sich zu bilden, und der Betriebe, Personen auszubilden, ist ungewöhnlich gering, weil es sich angesichts der allgemein schlechten Verdienstaussichten bzw. niedrigen Löhne auf beiden Seiten nicht lohnt. Die US-Facharbeiter haben die längsten Arbeitszeiten der Welt, weil es wegen der niedrigen Löhne und auch wegen des schlechten amerikanischen Bildungswesens so wenig Facharbeiter gibt, daß sie als Rückgrat des betrieblichen Produktionsprozesses lange anwesend sein müssen. Die US-Arbeitsproduktivität hat sich im internationalen Vergleich langfristig sehr schlecht entwickelt. Und die Wettbewerbsfähigkeit von US-Produkten ist trotz häufiger indirekter Unterstützung durch (Rüstungs-)Subventionen sowie direkter Interventionen der US-Administration im Durchschnitt unbefriedigend, wie man vor allem an dem seit Jahren großen Handelsbilanzdefizit ablesen kann.[27]

Das soll genügen, um zu verdeutlichen, daß die problematischen Facetten des „Vorbilds" USA weit überwiegen. Diese Position wird übrigens in den USA häufiger und härter formuliert. Ich erwähne hier als Beispiel Michael Lind, einen ehemaligen Mitarbeiter in der Administration des Präsidenten George Bush, mit seinem Buch „The Next American Nation"[28,] das vor einem drohenden Rückfall in den Feudalismus warnt. Lind führt diese Gefahr für die amerikanische Demokratie, die sich aus seiner Sicht in vielen Bereichen der amerikanischen Gesellschaft schon teilweise materialisiert hat, vor allem auf die sehr ungleiche Einkommensverteilung zurück. Das Sinnbild für diesen Feudalismus sind ihm nicht die Armenghettos, sondern die immer zahlreicher werdenden Reichenghettos, die wie Wagenburgen in vielen amerikanischen Städten entstehen mit hohen Mauern und hohen Zäumen, mit streng bewachten und kontrollierten Ein- und Ausgängen, um innen genau das zu sichern, was außen zunehmend fehlt: funktionierende Infrastruktur, soziale Sicherheit und Gewaltfreiheit. Und die Personen in diesen Wagenburgen argumentieren nach Lind immer häufiger so:

„Warum sollen wir noch Steuern zahlen, wenn wir doch schon für alles selbst auf-
kommen."
Schließlich verweist Lind zur Therapierung dieser US-Verhältnisse ausgerech-
net auf Lösungsmöglichkeiten, wie sie in Europa bzw. in sozialstaatlichen
Strukturen zu finden sind.

Zwischen sozialer Gerechtigkeit und ökonomischer Effizienz besteht eine komplementäre Beziehung.

Nationale und internationale Erfahrungen lassen sich zu folgendem Fazit
verdichten, das dem Mainstream von Politik und auch Wissenschaft widerspricht: Mehr Verteilungsungleichheit als politisches Programm verspricht
angesichts der beobachtbaren Realitäten selbst kurzfristig nur dann Erfolg,
wenn andere Wettbewerber-Länder nicht mitziehen (und die eigene Währung
nicht aufgewertet wird) – also nur in unwahrscheinlichen Fällen. Mittelfristig
ist (mehr) Verteilungsungleichheit in jedem Fall ein ökonomischer und sozialer Selbstzerstörungs-Kurs. Umgekehrt gilt: Soziale Akzeptanz und innerer
wie äußerer ökonomischer Erfolg lassen sich auf Dauer nur durch ein „magisches Vieleck" der Politik herstellen, in dem eine „gleichmäßige Verteilung"
eine zentrale Rolle spielt. Sie besteht im wesentlichen in hohen (Massen-)
Einkommen und einer entsprechenden Besteuerungsfähigkeit, einer großen
Finanzierungsfähigkeit des Staates insbesondere für Infrastruktur-, Bildungs-
und Wissenschaftsleistungen sowie einer ausgeprägten Bildungs- und Lei-
stungsbereitschaft der Bevölkerung, die sich gegenseitig bedingen. Und dieses
„Vieleck" ist nach wie vor eine der besten nationalen Waffen gegen die
Gefahren von Globalisierung bzw. zugunsten nationaler Handlungsspielräu-
me. Für ökonomische und gesellschaftliche Strukturen im Sinne dieses „Viel-
ecks" bietet Deutschland bis heute – abgesehen von den in den letzten
Jahren politisch vollzogenen „Abstrichen" – das beste Beispiel. Deshalb
schauen auch US-Kritiker des eigenen Systems eher auf diese besondere
Spielart des „Rheinischen Kapitalismus" – und deshalb sollte die deutsche
Politik der „Abstriche" von diesem System aufgegeben werden.
  Allerdings kann das nicht heißen, dieses „deutsche Modell" bedürfe auch in
Details keinerlei Veränderungen. Selbst in der „Verteilungs-Sphäre" werden
Korrekturen für erforderlich gehalten – aber andere als die öffentlich diskutier-
ten –, um ansonsten eintretende ökonomische und soziale Zukunftshypotheken
zu vermeiden. Das sind zumindest drei Verteilungsungleichheiten: zwischen
Frauen und Männern, von denen die ersteren immer noch beim Zugang zu
Erwerbseinkommen wie beim Niveau der Erwerbseinkommen vielfach diskri-

miniert werden; zwischen Jungen – die eine eigene Existenz, Wohnung und Familie suchen – und Älteren, die das meiste davon (schon) haben und trotzdem deutlich mehr verdienen und teilweise auch steuerlich geringer belastet werden; zwischen den Ebenen der Gebietskörperschaften, deren Aufgaben und Finanzierungsmöglichkeiten nicht angemessen verteilt sind.

Die Bewältigung der genannten Verteilungsprobleme bzw. die Wiederherstellung und Optimierung des sogenannten „Vielecks" verlangen auch eine neue „Verteilungskultur", das heißt z.B.: Verteilungspolitik von einer vermeintlich lästigen wirtschaftspolitischen Nebenbedingung zu einer expliziten und erstrangigen Zielsetzung machen (die Sekundärverteilung ist mindestens so bedeutend wie die Primärverteilung); eine Verteilungsdebatte mit mehr empirischer Transparenz und weniger politischer Tabuisierung führen; den allgemeinen Steuerwiderstand in der Bevölkerung und speziell bei Unternehmen und Betrieben durch eine bessere Vermittlung staatlicher Leistungen vermindern – und auch durch bessere staatliche Leistungen selber; spezielle Formen des Steuerwiderstands wie die Steuerhinterziehung vom Glanz der „Cleverness" befreien; Armut nicht als individuelles Versagen brandmarken, sondern als ökonomische und soziale Belastung ernst nehmen; Mindestlöhne auf nationaler Ebene zur Verhinderung von Armut in der Arbeit einrichten usw.

Kurzfristig und vorrangig aber ist ein anderes Steuersystem notwendig als das zur Zeit vorhandene und in diesem Zusammenhang auch ein anderes Verständnis von einem öffentlichen Einnahmesystem, wie es oben unter dem Stichwort „magisches Vieleck" eingefordert wurde. Das heißt: Eine „Steuerreform" nach den Vorstellungen der alten Bonner Regierungskoalition hätte die Verteilung noch ungleicher gemacht, die Konjunktur noch mehr belastet und auf Dauer auch Infrastruktur u.a. beschädigt. Aber selbst eine Steuerreform, wie sie jetzt von der neuen Bundesregierung geplant wird, bringt nach heutigem Stand weder den notwendigen zusätzlichen Handlungsspielraum zugunsten des Staates noch einen ausreichenden Beitrag zu mehr Verteilungsgerechtigkeit. Beides bringt nur eine Steuerreform mit per Saldo deutlich mehr Staatseinnahmen – einschließlich einer (wiedereingeführten) Vermögensteuer, die ihre ursprüngliche historische Aufgabe einer Nachholfunktion gegenüber der Einkommensteuersphäre wirklich erfüllen kann. Die machbaren Dimensionen solcher Mehreinnahmen können ohne weiteres auf 50 – 100 Mrd. DM pro Jahr veranschlagt werden. Zur Machbarkeit gehört übrigens auch der Erhalt der nationalen Steuerhoheit, die angesichts eines internationalen Steuerdumpings angeblich immer mehr gefährdet ist. Es gibt durchaus nationale bzw. autonome und kurzfristig wirksame Möglichkeiten, die Steuerbasis zu erhalten, ohne z.B. langwierige und unter Umständen auch unergiebige Verhandlungen mit Wettbewerberstaaten über Dumpinggrenzen, Steuerharmonisierung u.ä. führen zu müssen.[29]

Mehr öffentlicher Handlungsspielraum durch zusätzliche Staatseinnahmen ist also nicht nur möglich, sondern zur Zukunftsbewältigung einschließlich der internationalen Wettbewerbsfähigkeit auch nötig. Die Behauptung vom „Ende national-staatlicher Politik" dagegen ist ein fragwürdiger, langfristig selbstzerstörerischer Bestandteil des Globalisierungs-Mythos. Um so schlimmer ist die von Ulrich Beck[30] und anderen fassungslos beobachtete „bedenkenlose, fröhliche, blinde Aufführung eines öffentlichen Selbstmordes" einer „globalisierungshörigen" Politik in vielen Ländern, weil ihr vermeintlich hehres Opfer zugunsten des Marktes und der Wirtschaft nichts nutzt, sondern selbst diese langfristig ebenfalls bedroht. Und der „L'horreur économique" als Folge nicht zuletzt des Rückzugs der Politik, den Viviane Forrester[31] aus französischer Sicht zu Lasten der restlichen Gesellschaft beklagt, ist nicht nur heute schmerzlich, er wirkt auch morgen kontraproduktiv – und deshalb ist er grundsätzlich überflüssig. Denn der behauptete neue „Wettlauf der Systeme" im Rahmen der Triade USA, Europa, Asien oder zwischen „rheinischem", „anglikanischem" und „nacktem" Kapitalismus findet schon lange statt – und ist, wenn man die Wirklichkeit sehen will, vor allem entschieden zugunsten der „sozialen" Variante.

Erstaunlicherweise scheint z.b. gerade auch die Weltbank[32] diese Wirklichkeit und darin die Komplementarität zwischen sozialer und ökonomischer Ebene in ihrem jüngsten „Entwicklungsbericht" zu entdecken, nachdem sie lange marktradikale Positionen vertreten hat. Sie schreibt: Ein „funktionsfähiger Staat" ist ein „Grundpfeiler für erfolgreiche Wirtschaftssysteme" ... In vielen Ländern mangele es an institutionellen Fundamenten, die für ein Wachstum der Märkte nötig sind: hohe Kriminalitätsraten, ein unberechenbares Justiz- und Steuersystem sowie insbesondere das Vorhandensein von Korruption behinderten häufig private Aktivitäten ... Zu den unverzichtbaren Kernaufgaben der Regierungen gehörten die Schaffung rechtlicher Rahmenbedingungen, Investitionen in grundlegende soziale Leistungen und Infrastruktur, ein umfassendes Sicherheitsnetz für schwächere Mitglieder der Gesellschaft sowie Umweltschutz. Dabei komme es darauf an, Armut und Ungleichheit zu reduzieren. Geschrieben worden sind diese Sätze der Weltbank schon vor dem offenen Ausbruch der Krisen in Asien und zuletzt auch Südamerika. Sie gelten danach erst recht und natürlich nicht nur für Entwicklungsländer.

Diese Abkehr von alten „Gewißheiten" bei der Weltbank läßt, auch wenn sie noch relativ verhalten ist, für andere politische Ebenen ebenfalls auf Lernprozesse und entsprechende Umkehr ihrer Strategien hoffen.

Anmerkungen

*   Wiss. Mitarbeiter beim WSI

1   Vgl. z.B. Claus Schäfer, Mit falschen Verteilungs-„Götzen" zu echten Standort-problemen (WSI-Verteilungsbericht 1996), in: WSI-Mitteilungen 10/1996, S. 597 ff.; derselbe, Das Ende der Bescheidenheit wäre der Anfang der Vernunft, (WSI-Verteilungsbericht 1998) in: WSI-Mitteilungen 10/1998, S. 675 ff.

2   Wie z.B. bei Berthold/Fehn behauptet; vgl. Norbert Berthold und Rainer Fehn,, Arbeitslosigkeit oder ungleiche Einkommensverteilung – ein Dilemma?, in: Aus Politik und Zeitgeschichte, Beilage zu: Das Parlament 26/1996.

3   Vgl. Reinhard Pohl, Löhne, Wechselkurse und Wettbewerbsfähigkeit, in: DIW-Wochenbericht 30/1997, S. 517 ff.

4   Vgl. DGB-Bundesvorstand, Debatte um Lohnnebenkosten entdramatisieren, in: DGB-Informationen zur Wirtschafts- und Strukturpolitik 1/1996.

5   Siehe zur Kritik daran insgesamt auch Renate Neubäumer, Hat Westdeutschland ein Standortproblem?, in: Wirtschaftsdienst VII/1997.

6   Vgl. ifo-Institut, Sind Löhne und Steuern zu hoch? – Bemerkungen zur Standort-diskussion in Deutschland, in: ifo-Schnelldienst 20/1996, S. 6 ff., hier S. 10 und S. 8.

7   Vgl. dazu auch zuletzt Irene Becker, Zur Entwicklung der Einkommens- und Vermögensverteilung in den 80er und 90er Jahren. Gibt es eine Tendenz zur sozialen Polarisierung? Arbeitspapier Nr. 19 des von der Hans-Böckler-Stiftung geförderten EVS-Projekts „Personelle Einkommensverteilung in der Bundesrepu-blik Deutschland" an der Universität Frankfurt, Frankfurt/M. 1998

8   Vgl. Kommission für Zukunftsfragen der Freistaaten Bayern und Sachsen, Er-werbstätigkeit und Arbeitslosigkeit in Deutschland – Entwicklung, Ursachen und Maßnahmen, Teil I, Bonn 1996.

9   Vgl. auch Claus Schäfer, Armut trotz Arbeit – „Ungerechte" Niedriglöhne in Deutschland und Europa, in: Gerd Pohl/Claus Schäfer (Hrsg.), Niedriglöhne – Die unbekannte Realität: Armut trotz Arbeit, Hamburg 1996, S. 57 ff.; derselbe, Empirische Überraschung und politische Herausforderung: Niedriglöhne in Deutschland, in: Irene Becker/Richard Hauser (Hrsg.), Einkommensverteilung und Armut – Deutschland auf dem Weg zur Vierfünftel-Gesellschaft?, Frankfurt/ New York 1997, S. 83 ff.

10   Vgl. Rainer Roth, Über den Lohn am Ende des Monats – Armut trotz Arbeit, Frankfurt/M. 1997.

11   Die Regierung Kohl schloß dagegen aus einer stärkeren Verbreitung verschiede-ner Ersparnisformen auch auf eine gleichmäßigere Vermögensverteilung; vgl. Bundesregierung, Antwort auf die Große Anfrage der Abgeordneten Ottmar Schreiner, Gerd Andres, Doris Barnett, weiterer Abgeordneter und der Fraktion der SPD, Entwicklung der Vermögen und ihrer Verteilung, in: Bundestags-Druck-sache 13/2406, Bonn 1996.

12   Vgl. Stefan Bach und Bernd Bartholmai, Zur Neuregelung von Vermögens- und Erbschaftsteuer, in: DIW-Wochenbericht 30/1996, S. 497 ff., hier S. 500.

13   Vgl. ebenda, S. 499.

14 Vgl. Klaus-Dietrich Bedau, Die Vermögenseinkommen der privaten Haushalte 1995, in: DIW-Wochenbericht 29/1996, S. 487 ff., hier S. 495.

15 Vgl. Hans Mundorf, Zunehmende steuerliche Differenzierung der Einkunftsarten – Ein besonderes Steuerrecht für Unternehmen wäre riskant, in: Handelsblatt vom 18.10.1994; vgl. auch derselbe, Die Einheitlichkeit des deutschen Steuersystems geht verloren – Vorzugsbehandlung für Unternehmer, in: Handelsblatt vom 23.5.1996.

16 Vgl. Hans Mundorf, Standortdebatte – Vom Aufstieg und Fall der Modell-Staaten, in: Handelsblatt vom 19.7.1996.

17 Vgl. Gerhard Bosch, Der Arbeitsmarkt der Zukunft zwischen Regulierung und Deregulierung – Thesen für die Enquête-Kommission „Zukunft der Erwerbsarbeit" des Landtags Nordrhein-Westfalen, dritte Sitzung am 29.8.1996 in Düsseldorf, abgedruckt in: Pohl/Schäfer (Hrsg.), Niedriglöhne ..., a.a.O., S. 98 ff.

18 Vgl. OECD, The OECD Jobs Study. Facts, Analysis, Strategies, Paris 1994.

19 Vgl. OECD, Emplyment Outlook, Paris 1996 und 1997.

20 Vgl. John Schmitt, Lawrence Mischel, Jared Bernstein, Unterschätzte soziale Kosten, überbewertete ökonomische Vorteile des „US-Modells", in WSI-Mitteilungen 4/1998, S. 271 ff.

21 Vgl. Lester C. Thurow, Die Illusion vom Jobwunder (in den USA) – Viele Arbeitslose werden von Amts wegen gar nicht mehr registriert, in: Die Zeit 44/1996.

22 Vgl. Bruce Western und Katherine Becket, Der Mythos des freien Marktes. Das Strafrecht als Institution des US-amerikanischen Arbeitsmarktes, in: Berliner Journal für Soziologie 2/1998, S. 159 ff.

23 So ebenfalls Westen/Beckett, a.a.O.

24 Zitiert und entnommen aus Gerhard Bosch, Der Arbeitsmarkt ..., a.a.O.

25 Vgl. ebenda.

26 Vgl. Western/ Beckett, a.a.O.

27 Siehe im einzelnen, Schmitt/Mischel/Bernstein a.a.O.

28 Vgl. Michael Lind, The Next American Nation – The New Nationalism and the Fourth American Revolution, New York/London 1995.

29 Vgl. Claus Schäfer, Die Spirale der sozialen Polarisierung – ... und die falschen Vorbilder der deutschen Steuerpolitik, in: Frankfurter Rundschau (Dokumentationsseite) vom 28.11.1996; derselbe, Die Steuerlastverteilung in Deutschland, Gutachten im Auftrag der Friedrich Ebert Stiftung, Bonn 1998; derselbe, Wer trägt denn nun die Steuern?, in: Frankfurter Rundschau (Dokumentationsseite) vom 5. Mai 1998.

30 Vgl. Ulrich Beck, Die Subpolitik der Globalisierung: Die neue Macht der multinationalen Unternehmen, in: Gewerkschaftliche Monatshefte 11-12/1996.

31 Vgl. Viviane Forrester, L'horreur économique, Paris 1996.

32 Vgl. Weltbank, Entwicklungsbericht 1997, zitiert nach Frankfurter Rundschau: „Nur ein starker Staat kann Marktwirtschaft fördern", vom 26.6.1997.

Dieter Eißel
Ziele und Widerstände einer Besteuerung der Reichen

1 Zum Reichtumsbegriff und zur Notwendigkeit einer staatlichen Umverteilung

Orientiert man sich spiegelbildlich an dem Begriff der relativen (Einkommens-)Armut, dann wäre nach einem Vorschlag von E.-U. Huster reich, wer das durchschnittliche Haushaltseinkommen um das Doppelte überschreitet. (Huster 1997: 12f.) Es ist die Frage, ob wir diese sehr praktikable Größe akzeptieren oder mit Gloria von Thurn und Taxis argumentieren sollten: „Wer weiß, wieviel er hat, ist nicht wirklich reich" (Notz 1996: 3). Nur wer bedenkenlos, ohne Blick auf und Sorge um das Konto, Ausgaben machen kann, wäre reich.

In Anlehnung an das Lebenslagenkonzept in der Armutsforschung schlage ich vor, eine weitere Analogie zu verwenden, nämlich diejenige zum Armutsindikator (Human Poverty Index= HPI) und zum Entwicklungsindikator (Human Development Index= HDI), die im Bericht zur Entwicklung der Menschheit des UNDP verwendet werden. (UNDP 1997: 19-28) Spiegelbildlich zum dortigen Armutsbegriff wäre reich, wer über ausreichende materielle Ressourcen (Nahrung und gesundes Trinkwasser) verfügt, in einer intakten Umwelt lebt, eine hohe Lebenserwartung hat, gesund ist bzw. Zugang zu einem zufriedenstellenden Gesundheitssystem hat, über ein hohes Maß an Bildung verfügt und an der gesellschaftlichen und öffentlichen Kommunikation partizipiert und die Macht (Empowerment) hat, die menschlichen Fähigkeiten auszuweiten. (UNDP 1996: 64) Nehmen wir den Glücksbegriff hinzu, dann ist Reichtum neben der Verfügbarkeit über materielle Ressourcen auch eine Frage der seelischen und körperlichen Sicherheit, der Selbstachtung, der Chance zur Selbstverwirklichung und zur Liebesfähigkeit. (Giddens 1996: 244)

Schon diese Beschreibungen zeigen, daß Reichtum viele Aspekte umfaßt, die nicht vollends abhängig sind von der individuellen Verfügung über materielle Ressourcen. So kann der Schutz vor Kriminalität auch den Reichen nicht garantiert werden. Angst existiert auch bei Wohlstand. Und Liebesfähigkeit ist sicherlich gleichfalls kein Privileg von Reichen. Wenn Schulze bei seiner Darstellung der „Erlebnisgesellschaft" (1992) richtig liegt, dann äußern

die Gesättigten eine zunehmende Unzufriedenheit, u.a. weil ihnen der Kick
des Kampfes ums Überleben und die Paradiesmythen der Knappheits-
gesellschaften, die Glück und Reichtum in eins setzen, fehlen. Während
Arme viele Techniken des Überlebens erfinden und praktizieren müssen, gilt
für die Reichen, daß sie nur noch „gute Philosophen sein (müssen), um sich
in einem Übermaß von Mitteln zu behaupten." (Schulze 1997: 277) Sicherlich hat auch Beck (1986) recht, wenn er als Beleg für seine Individualisierungsthese darauf hinweist, daß Umweltkatastrophen Reiche und Arme treffen. Dennoch wäre zu ergänzen: Arme sterben früher, und am Beispiel des
Hurrikans Mitch haben wir gesehen, daß besonders die Armen in Honduras
und anderswo betroffen waren, weil deren Slumhütten eben nicht so fest
gebaut sind und weil sie eher in der Nähe von anschwellenden Strömen
wohnen und mit Schlammlawinen rechnen müssen. Daß in den Traumlagen
Kaliforniens auch die beati possidentes von Feuersbrünsten bedroht werden,
berechtigt nicht zu einer Verallgemeinerung der Individualisierungsthese und
zur Annahme, daß Reichtum und Armut ihre jeweiligen tradierten Schutz-
bzw. Bedrohungsaspekte verloren haben. Zur Not kommen Polizei und
Feuerwehr schneller zu den Reichen. Eine Demokratisierung durch Umweltkatastrophen bzw. Nivellierung durch Gefährdungen anzunehmen, scheint
mir deshalb eine waghalsige These, die keinen Verzicht auf staatliche Umverteilung zugunsten der Armen durch eine Abgabenbelastung der Reichen
rechtfertigen kann. John Rawls hat zu Recht in seiner Theorie über Gerechtigkeit darauf verwiesen, daß Ungleichheit nur in bestimmten Grenzen und
vor allem bei Fairneß in der sozialen Kommunikation und Chancengleichheit zu tolerieren ist, will man nicht die Systemintegration gefährden. „Wer
(...) begünstigt ist, (...) der darf sich der Früchte nur so weit erfreuen, wie das
auch die Lage der Benachteiligten verbessert." (Rawls 1975: 122) Deswegen
ist auch Giddens zu widersprechen, wenn er lakonisch feststellt: „Versuche
der Umverteilung von Vermögen oder Einkommen durch fiskalische Maßnahmen und herkömmliche Sozialsysteme haben alles in allem nicht funktioniert" (Giddens 1996: 214) und aus diesem Grund rät, auf derartige
Fortsetzungsversuche zu verzichten. Sicherlich können Reiche auf ein staatliches Bildungs- und Krankenversorgungsangebot ebenso verzichten, wie auf
die Überwachung ihrer Anwesen durch die Polizei, weil sie sich diese Ser-
viceleistungen privat kaufen können. Indem sie dies privat tun, meinen sie
auch – siehe USA – auf eine steuerliche Abgabe verzichten zu können. Diese
Absicht beinhaltet jedoch die Aufkündigung des Solidaritätsgebots mit den
Armen und den Verzicht auf Verwirklichung von Menschenrechten im Sinne
etwa des UNDP. Leider ist die solidarische Sichtweise auf dem Rückzug:

„Die Ideologie der Versorgung aller schwindet dahin. Statt dessen lebt eine Form des Kapitalismus wieder auf, in dem nur das 'Recht des Stärkeren' gilt" (Thurow 1998: 31). Dies gilt insbesondere für die USA, wo inzwischen 4% der Gesellschaft genau soviel Einkommen wie die 49,2 Mill. Menschen, die zu den unteren 51% der amerikanischen Einkommenspyramide zählen und wo etwa ein halbes Prozent der Bevölkerung zu denjenigen gehört, die die wirtschaftliche Macht im Lande ausüben. Diese kleine Elite besaß 1992 37,4% aller Aktien und Wertpapiere und 56,2% allen privaten Geschäftsvermögens und konnte in den letzten Jahren hohe Einkommenszuwächse verbuchen, während 80% der Bevölkerung z.t. erhebliche Wohlstandsverluste hinnehmen mußte (Rifkin 1998: 139 f). Diese wachsende Spaltung der US-Gesellschaft blieb nicht ohne gravierende Folgen: In den USA stiegen nach Recherchen von Forschern der University of Utah bei einem Prozent mehr Arbeitslosigkeit die Zahl der Mordfälle um 6,7%, der Gewaltverbrechen um 3,4% und der Eigentumsdelikte um 2,4% (Rifkin 1998: 156). „Sinkende Einkommen, zunehmende Arbeitslosigkeit und die wachsende Kluft zwischen arm und reich haben dazu geführt, daß in Teilen der USA das Faustrecht regiert. (...) „Viele arbeitslose und nicht mehr vermittelbare US-Amerikaner befinden sich in einer Abwärtsspirale, an deren Ende sie kein Sicherheitsnetz mehr auffängt. Um überleben zu können, müssen sie zu Verbrechern werden. Ausgeschlossen aus dem globalen High-Tech-Dorf, werden sie Mittel und Wege finden, um sich aus eigener Kraft das zu holen, was ihnen die Kräfte des Marktes verweigern." (ebd.: 156 f). Arbeitsplätze werden zu Kriegsschauplätzen: Nach Angaben der Zeitschrift „Training and Development" (Jan.1994: 27 nach Rifkin 1998: 138) gehen in den USA Entlassene immer häufiger mit der Schußwaffe auf ihre früheren Kollegen und Chefs los, mit dem Ergebnis, daß Mord zur dritthäufigsten Ursache von Todesfällen am Arbeitsplatz geworden ist. Bei 110.000 Gewalttaten am Arbeitsplatz wurden in den USA 1992 750 Menschen erschossen. Sicherlich sind die USA-Verhältnisse nicht ohne weiteres auf Deutschland übertragbar, aber – wenn auch abgeschwächt – darf man nicht die Augen vor der sozialen Sprengkraft von wachsender Ungleichheit verschließen.

Daher haben auch im Gegensatz zu Giddens die Begriffe Rechts und Links ihre Bedeutung keineswegs verloren. (Schui u.a. 1997: 271) Leider muß man mit Lester C. Thurow annehmen, daß die Verlierer nicht systemkritischer werden und auf einer Änderung der Verhältnisse bestehen, sondern sich zunehmend in einen religiösen Fundamentalismus und ethnischen Separatismus zurückziehen, in dem die Welt der Ungewißheit von einer Welt der Gewißheit und Nähe abgelöst wird. (Thurow 1998: 315-328) Schon allein, um dies zu verhindern, muß die Linke aktiv werden. Wir sollten nicht zulassen, daß „auf dem Altar der Freihandelsideologie, des Monetarismus und des Neoliberalismus (...) das Recht auf eine menschenwürdige Existenz, auf soziale Sicherheit und auf eine intakte Umwelt geopfert (wird)" (Boxberger/ Klimenta 1998: 50). Auf eine Umverteilung kann dabei nicht verzichtet werden. Und dies gilt nicht nur innerhalb eines Landes, sondern weltweit, worauf erst kürzlich der Präsident der Lissabon-Gruppe Riccardo Petrella eindringlich hingewiesen hat. (Dokumentation der FR vom 26.11.1988: 8) Ziel ist ein „neuer Weltvertrag" und sind „globale Sozialverträge" zur Vermeidung von Verelendung als Folge von Liberalisierung, Deregulierung und Privatisierung. (Gruppe Lissabon 1997: 152 ff.) U.a. soll der notwendige Finanzbedarf für diese solidarische Weltpolitik durch eine Steuer von 0,5% auf die weltweiten Finanztransaktionen (im Sinne der Tobin-Steuer) gesichert werden. (FR 26.11.98: 8)

Die Besteuerung der Reichen hat aber nicht nur Solidarität und soziale Gerechtigkeit zum Ziel, sondern steht stets und heutzutage herausragend im Kontext mit Vorstellungen über eine angemessene und erfolgreiche Konjunkturpolitik, deren herausragende Legitimation die Sicherung von Arbeitsplätzen darstellt. Hierbei herrscht eine neoliberale Strategie vor, obwohl diese weder theoretisch noch empirisch den Beweis antreten kann, daß sie erfolgreich war oder ist. Das Gegenteil ist der Fall und sollte daher Anlaß für eine links-keynesianischen Finanz- und Steuerpolitik – etwa nach dem Muster von Jospin oder Lafontaine – bieten. Mit erheblichen Widerstand muß jedoch gerechnet werden, dies beweist nicht zuletzt der Rücktritt des deutschen Finanzministers im März 1999.

2 Grundsätze der Besteuerung

Die Besteuerung der Reichen traf in der Geschichte stets auf kontroverse Positionen (Eißel 1997: 127ff). Egalitäre Zielsetzungen des sozialistischen Wien der 20er Jahre waren dabei eher eine Randerscheinung. Überwiegend galten in der Geschichte der bürgerlichen Gesellschaft die Reichen als die dynamischen Kräfte, von deren Initiative und Tatkraft der allgemeinen Wohlstand abhing. Reichtum wurde zudem als Belohnung für Mühe und produktiven Einsatz verstanden und begründete damit auch einen schonenden Umgang durch den Steuerstaat. John Stuart Mill hat die entsprechende Losung schon vor über hundert Jahren betont:

„Die großen Einkommen nach einem höheren Satz besteuern als die geringen, heißt nichts anderes, als die Erwerbstätigkeit und Sparsamkeit besteuern, und den Fleißigen mit einer Strafe belegen, weil er mehr gearbeitet und gespart hat als andere." (Mill 1982: 84)

Der bürgerliche Staat gerät bei seinen fiskalischen Zugriffen in eine schwierige Lage, weil er seine notwendigen Abzüge so dimensionieren soll, daß die Steuerquelle aus Mangel an Interesse an der Wertschöpfung nicht versiegt. Schumpeter hat dies als „Steuerstaatsdilemma" beschrieben. (Schumpeter 1918: 345f.) Neben diesen zentralen Gesichtspunkten gibt es jedoch weitere Anforderungen an das Steuersystem: Für staatliche Aufgaben muß sich der weitgehend mittellose Staat durch Abzüge von den Einkommen und Vermögen seiner Bürger/innen alimentieren. Dieses Budgetinteresse muß steuerrechtliche und -technische Grundsätze (z.B. Beachtung von allgemeiner Gültigkeit und Ergiebigkeit) beachten und Rücksichten auf mächtige Gruppen nehmen. Dies spricht eher für hohe indirekte Steuern – wie schon Bismarck wußte –, weil diese weniger in das Bewußtsein dringen. Traditionen spielen dabei eine nicht unbedeutende Rolle. Zusätzlich impliziert das Steuersystem eine ganze Reihe gesellschaftspolitischer Zielsetzungen, für die es mehr oder weniger geeignet ist, wenn wir etwa an die Förderung von Geburtenfreudigkeit durch Kinderfreibeträge denken. Ob politisch gewünschte Ziele durch das Steuersystem erreicht werden, ist auch eine Frage der persönlich wahrgenommenen Toleranzgrenze der Be- oder Entlastung, die mit einer Änderung der Präferenzstruktur, also einer tatsächlichen Verhaltensänderung verbunden ist. Ob etwa eine stärkere Nutzung des öffentlichen Personen-Nahverkehrs anstelle des motorisierten Individualverkehrs durch Ökologiesteuern bewirkt werden kann, ist eine Frage, deren Beantwortung auf Erfahrungswerten beruht und nicht ohne weiteres technisch lösbar ist. Das gleiche gilt für die Frage, ab welcher steuerlichen Belastung Steuerflucht in Schwarzarbeit oder in Steueroasen stattfinden wird.

Ob bei diesen vielfältigen Interessen an die Gestaltung des Steuerstaates die Reichen stärker ins Blickfeld der Steuererhebung geraten, hängt nicht zuletzt vom benötigten Einnahmebedarf der öffentlichen Haushalte und von der Existenz einer breiten und reichen Mittelschicht und Oberschicht oberhalb des steuerfreien Existenzminimums (in Deutschland ab 1995: 12.095 DM Jahreseinkommen für Ledige und 24.190 DM bei Verheirateten) ab.

Insgesamt sehen wir, daß konjunkturpolitische Interessen gegen Vorstellungen von Gerechtigkeit und Aufgabensicherung verstoßen können. Hinsichtlich der Gerechtigkeitsaspekte hat sich gegen den Widerstand des konservativen Lagers das Äquivalenzprinzip im Steuerrecht, das eine der Leistungs- bzw. Belastungsfähigkeit entsprechende Steuer legitimiert, durchgesetzt. In Deutschland war es der SPD vorbehalten, auf ihrem Parteitag 1913 die nachhaltige Durchsetzung dieses längst überfälligen Prinzips einzuklagen: „Die Sozialdemokratie fordert die Besteuerung nach der wirtschaftlichen Leistungsfähigkeit." (Wurm 1982: 184)

Die neoliberale Programmatik hat sich in den achtziger Jahren von diesen Grundsätzen verabschiedet. Deutschland war – zumindest die letzten 16 Jahre – auf dem Weg, an die Stelle einer Umverteilung zugunsten der Armen eine wachsende Schieflage und das Auseinanderdriften von Reich und Arm auch und vor allem mit Hilfe des Steuersystems durchzusetzen. Im Extremfall kann eine solche Entwicklung allerdings den sozialen Zusammenhalt und den sozialen Frieden einer Gesellschaft gefährden, die selbst nach Auffassung von Müller-Armack, dem spiritus rector der Konzeption der sozialen Marktwirtschaft, Bestandteil unseres ökonomischen und gesellschaftlichen Systems sein sollten. Sicherlich hielt er die Marktwirtschaft wegen ihrer größeren „wirtschaftlichen Ergiebigkeit" an sich schon für einen sozialpolitischen Gewinn, sah er einen notwendigen Handlungsbedarf bei wachsender Ungleichheit. „Ohne Zweifel führt die marktwirtschaftliche Einkommensbildung zu Einkommensverschiedenheiten, die uns sozial unerwünscht erscheinen." (Müller-Armack 1947: 109) Er schlug daher vor, „einen direkten Einkommensausgleich zwischen hohen und niedrigen Einkommen durch eine unmittelbare Einkommensumleitung vorzunehmen. Wenn auf dem Weg der Besteuerung die höheren Einkommen gekürzt werden und die einlaufenden Beträge etwa in Form von direkten Kinderbeihilfen, Mietzuschüssen, Wohnungsbauzuschüssen weitergeleitet werden, liegt geradezu der Idealfall eines marktgerechten Eingriffs vor." (Müller-Armack 1947: 109)

Diese sozialen Verpflichtungen eines marktwirtschaftlichen Systems, das sich zu Anfang als dritten Weg zwischen den Extremen staatlicher Kommandowirtschaft und ungezügeltem laissez-faire-Kapitalismus verstand, scheint nach jetzigem konservativ-liberalen Konzept passé. Es ist daher kein Zufall, daß Autoren wie von Hayek wieder Konjunktur haben. Bereits 1944 warnte Friedrich August von Hayek (1899-1992) in „Der Weg zur Knechtschaft" vor einer Umverteilung des Sozialprodukts im Namen der Gleichheit. In einem Interview mit der Wirtschaftswoche machte er bereits 1981 deutlich, daß die Zeiten des harten Liberalismus wieder up to date wären: „Ungleichheit ist nicht bedauerlich, sondern höchst erfreulich. (...) Diejenigen, die die Reichen attackieren, vergessen, daß die meisten von ihnen im Verlaufe ihres Reichwerdens Arbeitsplätze schufen und so mehr Leuten geholfen haben, als wenn sie ihr Geld den Armen gegeben hätten." (von Hayek in: Wirtschaftswoche (Nachdruck!) Nr.3 vom 11.1.1996: 16 f.) Die konservativ-liberale Politik und Wirtschaftswissenschaft hat sich wohl offensichtlich diesem Credo angeschlossen und die Ära Kohl hat die Umsetzung in die Praxis mit Erfolg angegangen, wie ein Blick auf empirische Daten zeigen.

3 Der Anteil des Steuerstaates an der Umverteilung nach oben

1997 gab es rund 600 Mrd. DM als Zuwachs des BIP real mehr zu verteilen als 1990. Der Zuwachs ist weder den Masseneinkommen noch dem Staat in nennenswerter Weise zugute gekommen. Während viele Großunternehmen Rekordgewinne verbuchen, haben die Arbeitnehmer 1997 im Vergleich zu 1980 real -3,7% ihres Nettoeinkommens eingebüßt. Das verfügbare Einkommen der westdeutschen Selbständigenhaushalte hat sich in der Ära Kohl (1982 bis 1994) um 124% auf 16.477 DM pro Monat erhöht, während sich die entsprechenden Zuwachsraten bei den abhängig Beschäftigten unter 50% bewegten (Arbeiter +37% auf 4.447 DM; Angestellte +43% auf 5.455 DM; Beamte + 48% auf 6.471 DM pro Monat und Haushalt). Der wachsende Abstand zwischen den sozialen Gruppen ist bei den Vermögenseinkommen noch größer. 1996 betrug das Vermögenseinkommen der Selbständigenhaushalte im Durchschnitt 20.100 DM. Bei den 6,5 Mill. Arbeiterhaushalten lag dieser Durchschnittsbetrag bei 3.200 DM. Gegenüber 1980 ist das jährlichen Vermögenseinkommen der Selbständigenhaushalte um 11.600 DM gewachsen, das der Arbeiterhaushalte dagegen nur um 1.500 DM. (Daten für Westdeutschland nach DIW-Wochenbericht 31/97: 546)

Betrachtet man den Gesamtvermögensbestand, dann zeigt sich, daß nach Schätzungen der Einkommens- und Verbrauchsstichprobe (EVS) 1993 die reichsten 10% der Haushalte 45,5% des Vermögens von insgesamt 9,5 Bill. DM besaßen; die untersten 50% der Haushalte hatten dagegen nur einen Anteil von 8,5%. Die EVS hat jedoch bekanntlich erhebliche Mängel, erstens, weil sich die Vermögensbestände - auch aus Angst vor dem Finanzamt - nur unzureichend erfragen lassen; zum zweiten, weil die Haushalte mit besonders hohem Einkommen (1993 mit über 35.000 DM Einkommen pro Monat) fehlen. Schätzungen des DIW zufolge werden infolge dieser statistischen Mängel nur 56% des Geldvermögens von zuletzt rund 4,65 Bill. DM sichtbar.

Sicherlich ist auch die Vermögensteuerstatistik nicht umfassend, da mit fehlenden oder unzureichenden Angaben gegenüber dem Finanzamt zu rechnen ist. Auch ist zu beachten, daß die steuerlich erfaßten Werte nicht immer Verkehrswerten entsprechen, sondern bei Immobilien bzw. Grundbesitz die letzten Einheitswerte abbilden und bei Betriebsvermögen vielfältige Begünstigungen entsprechend des Bewertungsgesetzes eingerechnet sind. Nach den

Ergebnissen der zuletzt vorgelegten Vermögensteuerstatistik von 1993 haben die Vermögensmillionäre (zuletzt waren es 131.000 Personen bzw. Haushalte) ihr Vermögen in der Zeit von 1989 bis 1993 um 22% auf 485,9 Mrd. DM erhöht. Ihr Anteil am Gesamtvermögen betrug 1993 58,3% (Pressemitteilungen des Statistischen Bundesamtes vom 30.6.1997). Nach Ergebnissen der Vermögensteuerstatistik entfielen 1993 44% des steuerpflichtigen Vermögens auf die reichsten 4% der Haushalte, während auf die Hälfte der Steuerpflichtigen lediglich 13% entfielen. Allerdings wurden nur ein kleiner Prozentsatz der privaten Haushalte zur Vermögensteuer veranlagt (11% der Selbständigen, 2% der Arbeitnehmer und 5% der Nichterwerbstätigen-Haushalte). (DIW-Wochenbericht 30/98: 545; Schöffel 1997: 497ff.) Während der GINI-Koeffizient, der bei dem Wert 0 eine Gleichverteilung und bei 1 eine extreme Ungleichheit beschreibt, in Westdeutschland bei den Einkommen 0,33 betrug, lag dieser Wert bei den Vermögen bei 0,58 (DIW-Wochenbericht 30/98: 545, Anm. 13). Die gesamten Vermögenseinkommen stiegen auch bezogen auf Gesamtdeutschland beachtlich: So konnten die Selbständigenhaushalte von 1991 bis 1997 ihr entsprechendes Einkommen im Durchschnitt um 2.000 DM auf 19.400 DM erhöhen.

Tabelle 1: Abgabenbelastung der Einkommen aus Kapital und Arbeit

VOLKSEINKOMMEN (VE)	1985 absolut Mrd. DM	1985 in v.H. des VE	1997 absolut Mrd. DM	1997 in v.H. des VE	Veränderung 1985 - 1997 in v.H.
Bruttoeinkommen aus Unternehmertätigkeit und Vermögen	380,4	26,9%	840,1	30,6%	120,8%
Abgaben	71,3	5%	71,7	2,6%	0,6%
Netto	309,1	21,8%	768,4	28,0%	148,6%
Bruttoeinkommen aus unselbständiger Arbeit	1 036	73,1%	1906,6	69,4%	84,0%
Abgaben	465	32,8%	925,3	33,7%	99%
Netto	571	40,3%	981,3	35,7%	71,9%

zur Information: Der Anteil der abhängig beschäftigten Arbeitnehmer betrug 1985 88,6% an den Erwerbstätigen und 1997 89,3%.
Quelle: Statistisches Bundesamt; z.T. eigene Berechnungen

An der wachsenden Schieflage der Verteilung hat vor allem das Steuersystem Anteil. Entsprechend der neoliberalen Dogmatik, wonach die Gewinnstärkung der Privaten Voraussetzung für Investitionen und die Sicherung von Arbeitsplätzen ist, konnte die letzte Bundesregierung „Erfolge" vorweisen: Der Anteil der Gewinne (Bruttoeinkommen aus Unternehmertätigkeit und Vermögen) am Volkseinkommen ist seit der Kohlschen Wende von rund 22,2% (1982) auf 30,6% (1997) gestiegen, während spiegelbildlich die Lohnquote gesunken ist. Das staatliche Steuer- und Abgabensystem hat diese Schere nochmals verschärft. In den letzten zehn Jahren wurde die Abgabenlast bei den Gewinneinkommen nur um 0,4 Mrd. DM bzw. 0,6% erhöht; bei den Arbeitseinkommen wuchsen die Abgaben in der gleichen Zeit dagegen um 460,3 Mrd. DM bzw. um 99%. Noch zu Beginn der achtziger Jahre lag der Anteil der Gewinnsteuern an den Bruttoeinkommen aus Unternehmertätigkeit und Vermögen bei 37%, 1995 betrug diese Steuerquote durchschnittlich nur noch 22,5%.

Abbildung 1: Steuerentwicklung 1960–1997 – Anteil ausgewählter Steuerarten in % der Gesamtsteuereinnahmen

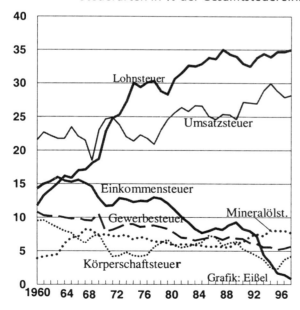

Quelle: eigene Berechnungen nach Finanzbericht Stat. Bundesamt; ab 1990 Gesamtdeutschland

Manche Großunternehmen zahlen allerdings keine oder kaum noch Steuern, weil sie Gewinne meist völlig legal aber mit allen erdenklichen Tricks, an die Muttergesellschaften im Ausland oder an üppig ausgestattete Finanzierungsgesellschaften bzw. Briefkastenfirmen in den rund 37 Steueroasen verlagern. Hierzulande bleiben kaum Gewinne zur Versteuerung übrig, wenn z.B. Kredite für hohe Zinsen von diesen Briefkastenfirmen bezogen werden. Ähnliches gilt für den Intrafirmenhandel der weltweit operierenden Konzerne. Überteuerte Lizenz- und Patentgebühren, Vorprodukte und Darlehen schmelzen den Gewinn deutscher Tochtergesellschaften erheblich ab. Legal können auch Rücklagen und vorweggenommene Wertberichtigungen z.B. im Bankengeschäft den augenblicklichen Gewinn erheblich schmälern. Selbst wenn später eine Korrektur erfolgen sollte, sind dann die Zinsgewinne in der Zwischenzeit steuerfrei kassiert worden. Auch im Inland werden Kreditzinsen zur Vermeidung von Steuern verschoben, z.B. wenn sie zwar für den privaten Konsum anfallen, aber dem Betrieb angerechnet werden.

Zählt man die regierungsamtlich inszenierten Steuerverzichte, insbesondere bei den Beteiligungen an Ost-Immobilien, Schiffsbau oder Verlagerung des Wohnortes hinzu, summieren sich die Ausfälle durch diese legalen und illegalen Manipulationen nach Angaben des SPIEGEL 1995 auf rund 170 Mrd. DM (SPIEGEL 4/97: 28). Bei einem Steuersatz von nur 25% auf Veräußerungsgewinne von Immobilien hätte der Staat 20 bis 40 Mrd. DM mehr einnehmen können. Die Besteuerung der Kursgewinne auf Aktien hätte nochmals rund 18 Mrd. DM eingebracht (nach Capital 11/96). Geht man davon aus, daß 1997 rund 207 Mrd. DM an Zinsen und Dividenden an die privaten Haushalte (ohne private Organisationen ohne Erwerbscharakter) flossen (DIW-Wochenbericht 30/98: 548), hätte der Fiskus eine relativ gute Besteuerungsmöglichkeit gehabt. Tatsächlich verzichtete er jedoch auf eine Verbreiterung der Besteuerungsmöglichkeiten, vor allem aus Gründen der Schonung der wohlhabenden Selbständigenhaushalte, denen der größte Teil der Zins- und Dividendengewinne zufließt. Deren durchschnittliche Zinseinkünfte waren 1997 fast viermal so hoch wie die der übrigen Gruppen. Als Begründung muß die eigenverantwortliche Alterssicherung dieser Gruppe herhalten, allerdings, ohne Höchstsätze festzulegen, ab denen die Steuer wieder greifen könnte. So bleiben Auszahlungen von Lebensversicherungen (nach Ablauf von 12 Jahren) und Kursgewinne aus Aktien- und Wertpapierbesitz ohne Rücksicht auf deren Höhe steuerfrei. 1997 betrugen nach Berechnungen des DIW allein die Kursgewinne aus Wertpapierbesitz 146 Mrd. DM (DIW-Wochenbericht 30/98: 548).

Die Verschiebung der Steuerlast weg von den Gewinnen und hin zu Arbeit und Konsum ist ein nachhaltiger „Erfolg" der Ära Kohl. Als Folge der konservativ-liberalen Unterstützung der Steuervermeidung haben sich die Gewinnsteuern in den neunziger Jahren insgesamt mehr als halbiert. Die veranlagte Einkommensteuer betrug 1997 nur noch 5,8 Mrd. DM (1991 waren es noch 41,5 Mrd. DM, also rund sieben Mal mehr) und ist damit gegenwärtig niedriger als die Kfz- oder die Versicherungssteuer. Die Körperschaftsteuer ging im gleichen Zeitraum ebenfalls zurück. Die Abschaffung der betrieblichen Vermögenssteuer und Gewerbesteuer auf Kapital wird den gesetzlich vorgeschriebenen Anteil der Gewinnsteuern an den Gesamtsteuereinnahmen des Staates weiter verringern. Vergleicht man die unterschiedliche Alimentierung des Staates durch die Steuern auf Arbeits- und Kapitaleinkommen, dann läßt sich zu Recht von einem „Marsch in den Lohnsteuerstaat" sprechen. Das Kapital hat sich dagegen aus der Finanzierung des Staates zurückgezogen. Dies steht im Kontrast zum Abbau an sozialstaatlichen Leistungen und auch im Kontrast zur Verschlechterung der Bildungschancen.

Der Staat bereicherte die Besserverdienenden nicht nur durch Steuerverzicht, sondern auch durch Zinszahlungen an diese Gruppe, die infolge der Kreditaufnahme zur Deckung der Finanzlücke fällig wurden. Dies ist ein bemerkenswerter Kreislauf. Die Zeche für die staatlich inszenierte Umverteilung bezahlen die Lohnsteuerzahler und die Verbraucher: In den letzten fünf Jahren kassierte der Staat allein rund 70 Mrd. DM mehr bei den Lohnsteuerzahlern, die inzwischen allein rund 35% aller Steuereinnahmen bezahlen. Die Mehrwertsteuer hat sich im gleichen Zeitraum verdoppelt und beträgt jetzt rund 200 Mrd. DM.

Die gesetzliche Begünstigung der Reichen und Unternehmen, die ja - ungleich den Arbeitnehmern - über keine gläsernen Taschen verfügen, wird durch eine bemerkenswerte Steuerpraxis ergänzt. Trotz des Wehklagens über leere öffentliche Kassen ist die Anzahl der eingesetzten Betriebsprüfer in der ersten Hälfte der neunziger Jahren von 9189 auf 8560 gesunken, was allein bei den Großunternehmen zu einer Verlängerung des durchschnittlichen Prüfungsturnus von 4,1 auf 5,4 Jahre führte und mit erheblichen Steuerausfällen verbunden war. Erst ab 1995 hat sich die Situation wieder etwas gebessert.

Wissenschaftliche Untersuchungen rechnen insgesamt damit, daß bei der nachträglichen Steuererklärung Gewinneinkommen zu rund 45% verschwiegen werden. Die Steuerehrlichkeit bei den Arbeitseinkommen lag dagegen bei 95%. (Schäfer 1996: 20) Dies erklärt neben den vielfältigen Abschreibungsmöglichkeiten u.a. auch, daß die realen Steuerbelastungen nichts mit den nominell geltenden Steuersätzen zu tun haben. Die effektiven Steu-

erbelastungen in Deutschland liegen weit unterhalb der Spitzensätze. (Hickel
1998: 82-84).

Konjunkturpolitisch war die beachtliche Verbesserung der durchschnittlichen Gewinnlage und der seit einigen Jahren vorhandene durchschnittliche
Liquiditätsüberschuß der Unternehmen ein Flop. Statt die Mittel für
Realinvestitionen und damit zur Sicherung von Arbeitsplätzen zu nutzen,
wurde im wachsenden Umfang auf den nationalen und internationalen Geldmärkten spekuliert. Während die Investitionen 1997 im Vergleich zu 1991
um 38% bzw. rund 100 Mrd. DM zurückgingen, wuchsen die Finanzanlagen
der Unternehmen beträchtlich. 1997 betrug die Geldvermögensbildung der
Unternehmen 93 Mrd. DM; dies waren 35% des gesamten Mittelaufkommens
(Monatsberichte der Bundesbank 10/98: 36). Zehn Jahre zuvor waren es bei
einer Geldvermögensbildung der Unternehmen von 47,4 Mrd. DM dagegen
nur 21,6% der verwendeten Mittel, die nicht in Realinvestitionen flossen
(Monatsberichte der Bundesbank 11/89: 17). Angesichts einer Politik, die
den Unternehmen zwar Steuererleichterung gewährte und eine Umverteilung
zu ihren Gunsten in Gang brachte, aber nicht den Engpaß im inländischen
Absatz als Handlungsaufforderung verstand, ist die Reaktion der Unternehmen durchaus verständlich. Hinzu kommt, daß bei Geldanlagen die Rendite
u.U. höher war als die Verzinsung von Realinvestitionen. Nicht zuletzt bot
die gigantisch wachsende Staatsverschuldung im Inland nicht nur ein wach-
sendes, sondern auch ein relativ risikofreies Anlagefeld. Hinsichtlich der
Wertpapieranlagen zeigt sich generell, daß sich das durchschnittliche Anlage-
volumen von 75,8 Mrd. DM pro Jahr in der zweiten Hälfte der achtziger
Jahre erheblich erhöht hat: von 1990 bis 1997 lag das durchschnittliche
jährliche Volumen der Inländer bei 190,3 Mrd. DM Neuanlagen, hat sich
also weit mehr als verdoppelt. Auch der Aktienerwerb pro Jahr hat sich in
den genannten Zeiträumen von durchschnittlich 14,7 Mrd. DM in der zweiten Hälfte der achtziger Jahre auf 49,55 Mrd. DM in den neunziger Jahren
erhöht. Wir können also im Ergebnis mit Rudolf Hickel feststellen: Die
„staatliche Reichtumspflege durch Steuerentlastungen (blieb) ohne Beschäf-
tigungseffekte" (Hickel 1998: 76). Auf Standortverlagerungen und den Abbau
von inländischen Arbeitsplätzen übte die Steuerpolitik keine nennenswerte
Wirkung aus.

4 Exkurs: Die Besteuerung der Einkommensmillionäre

Besonders bemerkenswert war die zunehmende Schonung der Einkommensmillionäre. Die Steuerstatistik ist dabei allerdings nur als ein Indikator zu

sehen, der über die tatsächliche Schonung der Superreichen wenig aussagt. „Die Statistik führt die Reichen als Arme, weil sie ja ihre wahren Bezüge mit allen Finessen gegen Null gerechnet haben" (so DER SPIEGEL 12/1996). Hier mag ein „Blick in ihre Taschen" (Beck, Meine 1997: 17-42) aussagefähiger sein.

Tabelle 2: Einkommensmillionäre* in Westdeutschland

	Anzahl	Einkünfte in Mrd. DM	Steuern in Mrd. DM	%
1983	10.318	27,0	13,1	48,5%
1986	13.662	39,5	18,4	46,6%
1989	18.101	71,5	28,6	40,0%
1992	24.975	66,6	28,6	42,9%

* zusammenveranlagte Ehepaare = 1 Steuerpflichtiger
Quelle: Stat. Jahrbuch der BRD 1995: 523; Wirtschaft und Statistik H.7/1991: 467; Stat. Bundesamt: Lohn- und Est-Statistik 1992.

1992 wurden 24.975 Einkommensmillionäre in Westdeutschland erfaßt. Deren Einkünfte (nach Abzug der Betriebsausgaben bzw. Werbungskosten) betrugen insgesamt 66,6 Mrd. DM. Davon wurden rund 61,4 Mrd. DM als zu versteuerndes Einkommen erfaßt und 28,6 Mrd. DM an Steuern festgesetzt. Dies ergibt eine durchschnittliche Steuerbelastung von 46,5%. Bezogen auf die Einkünfte lag der Steueranteil 1983 bei 48,5%, 1992 bei 42,9%. Es zeigt sich also, daß bei den Einkommensmillionären 1992 rund 4,2 Mrd. DM an Verlusten (vermutlich aus Vermietung und Verpachtung) zugestanden wurden.

Erstaunlich ist hierbei die unterschiedliche steuerliche Behandlung innerhalb dieser Gruppe der Einkommensmillionäre: 1989 zählten zur Spitzengruppe (mit 10 u.m. Mill. DM Einkommen) 895 Millionäre. Diese hatten ein zu versteuerndes Einkommen von 33,063 Mrd. DM und zahlten 11,265 Mrd. DM Steuern, was eine durchschnittliche Steuerbelastung von 34,1% ergibt. Im Durchschnitt hatte jeder dieser Spitzenverdiener 37,9 Mill. DM an Einkünften, wobei das zu versteuernde Einkommen um 1 Mill. DM niedriger lag und zahlte davon 12,6 Mill. DM Steuern. Im Vergleich zu den übrigen Millionären verdeutlicht sich die Schieflage noch eindeutiger: Immerhin zahlten die restlichen 17.206 Einkommensmillionäre bei einem zu versteuernden Einkommen von insgesamt 35,819 Mrd. DM 17,33 Mrd. DM an

Steuern. Ihr Durchschnittssteuersatz lag damit bei 48,4%. Bei Steuergleichheit für alle Millionäre hätte bei dem Durchschnittssteuersatz der untersten Gruppe von 49,04% 33,8 Mrd. DM statt nur 28,6 Mrd. DM in die öffentlichen Kassen fließen müssen. Diese Form der Steuergerechtigkeit für alle Millionäre wäre also mit Mehreinnahmen von 5,2 Mrd. DM belohnt worden. Die Einkommenszuwächse der Millionäre haben dabei eine außergewöhnliche Dynamik: von 1983 bis 1986 wuchsen sie im Durchschnitt pro Jahr um 15,4%, danach bis 1989 um 27% pro Jahr. In der zuletzt erfaßten Periode bis 1992 sanken dagegen die Einkünfte um rund 6%, obwohl die Zahl der Millionäre um 38% stieg. Auffallend ist, daß die unteren Millionärsgruppen (1-10 Mill. DM) sowohl an Zahl als auch an Einkünften (+15 Mrd. DM) zugenommen haben. Nur die Reichsten fallen aus diesem Rahmen: Ihre Zahl sank in den drei Jahren von 895 auf 751 und ihre Einkünfte von 33,1 auf rund 15 Mrd. DM, also um rund 18 Mrd. DM (Stat. Bundesamt: Fachserie 14, Reihe 7.1, Ausgabe Mai 1998). Die Millionäre sind also nicht ärmer geworden, lediglich die Reichsten haben sich und ihre Milliarden „in Sicherheit" gebracht. Ich gehe davon aus, daß die Deklarationsquote durch legale und illegale Verlagerung der Einkünfte in Steuerparadiese beachtlich sank und/oder daß vermehrte und neue Abschreibungschancen, z.B. bei Immobilien in Ostdeutschland die steuerlich erfaßten Millionärseinkünfte nach unten gedrückt haben. Generell ist bei den Einkünften über 10 Millionen DM in erster Linie jedoch zu vermuten, daß in dieser Gruppe Veräußerungsgewinne z.B. durch den Verkauf eines Betriebes oder einer Praxis und beim Verkauf von Anteilen an Kapitalgesellschaften von Unternehmensbeteiligungsgesellschaften anfielen, die nach § 6b EStG nur zur Hälfte besteuert werden.

5 Rechtfertigungsversuche

Wie gezeigt wurde, hat der neoliberale Dreisprung: Gewinnstärkung (durch Steuern) – Investitionen – Arbeitsplätze sein Ziel verfehlt. Auch die „Neuentdeckung" der 80er Jahre, daß der verschärfte Konkurrenzkampfes in der globalen Ökonomie die Umverteilung zugunsten des Kapitals erzwinge, ist weder theoretisch noch empirisch haltbar.

Durchweg war die Entwicklung des westdeutschen Lohnniveaus stärker an die Produktivitätsentwicklung angepaßt als bei den meisten Handelspartnern. Von den Lohnkosten gingen daher keine Verschlechterungen der deutschen Wettbewerbssituation in der globalen Wirtschaft aus. Auch die Behauptung einer „Kapitalflucht", also eines dramatischen Anstiegs deutscher Direktinvestitionen im Ausland, die von den angeblich zu hohen Lohn- und Steuerbelastungen ausgelöst würden, ist unseriös. Erstens sind Direktinvestitionen ein Zeichen der Stärke: Nur finanzkräftige und international erfahrene Unternehmen engagieren sich auf fremden Märkten mit hoher und wachsender Kaufkraft. Das erklärt auch, daß der weitaus größte Teil der Direktinvestitionen vor allem in die USA und die Europäische Union und kaum in Niedriglohnländer floß. Zweitens sind bei den Finanzgeschäften mit dem Ausland auch Wertpapieranlagen zu beachten, die sich hinsichtlich des Erwerbs von Unternehmensanteilen von Direktinvestitionen nur dadurch unterscheiden, daß sie nach gegenwärtiger Festlegung der Bundesbank unter der 20%-Marke liegen. In Deutschland haben die Salden der Käufe und Verkäufe von Wertpapieren netto mehr Kapital ins Land fließen lassen, als die Negativsalden der Direktinvestitionen ausmachen (DIW-Wochenbericht 1-2/97: 22). Bilanziert man also beide Kapitalflüsse mit dem Ausland, dann zeigt sich, daß Deutschland entgegen der verbreiteten Meinung ein attraktiver Anlageplatz ist.

Ähnliches gilt für den internationalen Warenhandel: So exportierte Deutschland z.B. in die, durch enorme Lohndifferenzen beeindruckenden Reformländer Mittel- und Osteuropas seit der Öffnung der Grenzen regelmäßig sehr viel mehr als es von dort importierte. Auch mit den hierzulande als Gefahr für den deutschen Markt und Arbeitsplätze betrachteten „Tigern" in Südostasien (Brunei, Singapur, Südkorea, Hongkong, Taiwan, Philippinen, Indonesien, Malaysia, Thailand) verhält es sich entgegen der landläufigen Meinung ähnlich: 1994 betrug der Überschuß 2,6 Mrd. DM und 1997 bereits 8,6 Mrd. DM (Deutschen Bundesbank, Monatsberichte, Mai 1998: 69*). Insgesamt stieg der Überschuß im Außenhandel von 1993 bis 1997 kontinuierlich an. Zuletzt waren es 121,7 Mrd. DM und damit doppelt soviel wie vier Jahre zuvor. Arbeitsplätze wurden durch den globalen Handel folglich in Deutschland gesichert und nicht gefährdet. Wollte man ernsthaft über Gefährdungen reden, müßten man sich in erster Linie mit der mangelhaften Kompensation des Produktivitätsanstiegs durch Arbeitszeitverkürzung und Erhöhung der inländischen Kaufkraft und z.t. einer fehlenden Innovationskultur in den Chefetagen deutscher Konzerne befassen und nicht mit Globalisierungsfolgen. Dies paßt aber nicht zum Bild des gefährdeten Standortes.

6 Fazit

Die konservativ-liberale Umverteilungspolitik des Steuerstaates war nicht nur aus sozialen, sondern auch aus konjunkturpolitischen Gründen höchst fragwürdig. Eine Wiederherstellung der angemessenen Besteuerung der Reichen ist überfällig. Sie muß durch Korrektur der Bemessungsgrundlagen, durch

Begrenzung der widersinnigen legalen Abschreibungsmöglichkeiten und Steuervermeidungen bei bestimmten Veräußerungsgewinnen (Immobilien und Aktien) und durch Änderung der Steuerungspraxis in Gang kommen. Die bisher erkennbaren Schritte der roten-grünen Regierung gehen durchaus in die richtige Richtung, sind aber insgesamt zu zaghaft. Wir haben keinen Anlaß, uns beruhigt in den Sessel zurückzulehnen und die Augen zu schließen. Im Gegenteil: die Gefahren der neoliberalen Strategien sind nach wie vor virulent.

Unsere Aufgabe als kritische Intellektuelle muß es auch weiterhin sein, sich an „Wortmeldungen im Dienste des Widerstands gegen die neoliberale Invasion" (so der Untertitel des Buches „Gegenfeuer" von Bourdieu 1998) zu beteiligen. Mit Bourdieu ist zu befürchten, „daß den europäischen Gesellschaften, und mit ihnen, die ein gar nicht zu überschätzendes Erbe bewahrt haben, auch allen anderen weltweit ein furchtbarer Rückschritt droht" (Bourdieu 1998: 7). Es geht dabei nicht nur um eine konjunkturpolitische sinnvolle und gerechtere Steuerpolitik, sondern insgesamt um die Verteidigung des Gesellschaftsvertrages gegen die Arroganz des Neoliberalismus, der alle sozialen Errungenschaften nicht als zivilisatorisches Erbe bestehen lassen, sondern dem ungezügelten Kapitalismus opfern will, um die Utopie grenzenloser Ausbeutung Realität werden zu lassen.

Literatur

Beck, Dorothee/ Meine, Hartmut 1997: Wasserprediger und Weintrinker. Wie Reichtum vertuscht und Armut verdrängt wird, Göttingen.

Beck, Ulrich: Risikogesellschaft. Auf dem Weg in eine andere Moderne, Frankfurt a.M.

Bourdieu, Pierre 1998: Gegenfeuer. Wortmeldungen im Dienste des Widerstands gegen die neoliberale Invasion, Konstanz.

Boxberger, Gerald / Klimenta, Harald 1998: Die 10 Globalisierungslügen. Alternativen zur Allmacht des Marktes, 2. Aufl., München.

Bundesministerium der Finanzen (Hg.): Finanzbericht, mehrere Jahrgänge, Bonn

Deutsche Bundesbank: Monatsberichte, mehrere Ausgaben.

Deutsches Institut für Wirtschaftsforschung (DIW): Wochenbericht, div. Ausgaben.

Eißel, Dieter 1996: Standortdebatte und Umverteilung. In: Soziale Sicherheit, H.12: 459-471.

– 1997: Reichtum unter der Steuerschraube?, in: E.U. Huster (Hg.): Reichtum in Deutschland, Frankfurt a.M., 2. Aufl.

Giddens, Anthony 1997: Jenseits von Links und Rechts, Frankfurt a.M.

Die Gruppe von Lissabon 1997: Grenzen des Wettbewerbs, München.

Hayek, Friedrich August von 1996 : Ungleichheit ist nötig. Interview in: Wirtschaftswoche Nr.3 vom 11.1.1996.

Hickel, Rudolf 1998: Standort-Wahn Euro-Angst. Die sieben Irrtümer der deutschen Wirtschaftspolitik, Reinbek.

Huster, Ernst-Ulrich 1997: Enttabuisierung der sozialen Distanz: Reichtum in Deutschland, in: ders. (Hg.): Reichtum in Deutschland, Frankfurt a.M. 2.Aufl..

Huster, Ernst-Ulrich, Eißel, Dieter 1997: Armut – Reichtum, Wochenschau Nr. 2 März/April 1997.

Mill, John Stuart 1982: Grundsätze der politischen Ökonomie, dt. Übersetzung von A. Soetbeer, Leipzig 1869, V.Buch, II. Kap ,§3 in: Diehl,K./ Mombert,P. (Hg.) Grundsätze der Besteuerung, Frankfurt a.M. u.a.

Müller-Armack, Alfred 1947: Wirtschaftslenkung und Marktwirtschaft, Hamburg

Notz, Anton 1996: Wer weiß, wieviel er hat ist nicht wirklich reich, in: Stuttgarter Nachrichten vom 22.7.1996.

Rawls, John 1975: Eine Theorie der Gerechtigkeit, übers. von H. Vetter, Frankfurt a.M.

Rifkin, Jeremy 1998: Das Ende der Arbeit und ihre Zukunft, Frankfurt a.M..

Schäfer, Claus 1996: Mit falschen Verteilungs-„Götzen" zu echten Standortproblemen, in: WSI-Mitteilungen H. 10.

Schöffel, Roland: Vermögen und seine Besteuerung 1993, in: Wirtschaft und Statistik H. 7/97.

Schui, Herbert u.a. 1997: Wollt Ihr den totalen Markt?, München.

Schulze, Gerhard 1992: Die Erlebnisgesellschaft. Kultursoziologie der Gegenwart, Frankfurt.

– 1997: Soziologie des Wohlstands, in: Huster, Ernst-Ulrich (Hg.): Reichtum in Deutschland, Frankfurt a.M., 2.Aufl..

Schumpeter, Joseph 1976: Die Krise des Steuerstaates (1918), in: R.Goldscheid/ J. Schumpeter: Die Finanzkrise des Steuerstaates, hrsg. v. Rudolf Hickel, Frankfurt a.M.

Thurow, Lester C. 1998: Die Zukunft des Kapitalismus, Düsseldorf 3.Aufl.

Tofaute, Hartmut 1986: Zur Problematik der besseren steuerlichen Erfassung von Einkünften aus Kapitalvermögen, in: WSI-Mitteilungen 4.

UNDP 1996: Bericht über die menschliche Entwicklung 1996, Bonn.

UNDP 1997: Bericht über die menschliche Entwicklung 1997, Bonn.

Wurm, Emanuel 1982: Über die Steuerfrage, Vortrag auf dem SPD-Parteitag 1913, in: Diehl,K./Mombert,P.(Hg): Grundsätze der Besteuerung, Frankfurt a.M. u.a.

Rudolf Hickel*

Rot-Grüne Steuerpolitik in Deutschland: Zwischen Abbau der Gerechtigkeitslücke und klientelbezogener Steuerentlastung für die Wirtschaft

1 Steuerpolitische Ausgangslage: sozial-gerechtere Steuerpolitik unter wachsendem Druck erneuter Steuerentlastungen für Unternehmen

In der Bundestagswahl war ein wesentlicher Schwerpunkt der rot-grünen Regierungsparteien die Ankündigung, eine grundlegende Reform des Steuersystems auf den Weg zu bringen. Im Vordergrund standen folgende Ziele: sozial-gerechtere Lastverteilung durch Entlastung der unteren Einkommensbezieher und Familien, Ausweitung der Binnennachfrage durch Kaufkraftstärkung, Transparenz und solide Finanzierbarkeit, d.h. Verzicht auf effektive Steuerausfälle, um fiskalisch handlungsfähig zu bleiben. Im Mittelpunkt stand die Erkenntnis, daß Deutschland für die Unternehmen im internationalen Vergleich kein Hochsteuerland ist. Die vergleichsweise günstige Position der unternehmerischen Steuerbelastung ist auch das Ergebnis der durch die Kohl-Regierung durchgesetzten schrittweisen Entlastungen für die Wirtschaft. Die rot-grüne Bundesregierung hat relativ klar dann die Ziele dieser steuerpolitischen Wende im Koalitionsvertrag im Oktober 1998 festgeschrieben. Schließlich wurde trotz intensiver Attacken aus der Wirtschaft das „Steuerentlastungsgesetz" ab dem 1.1.1999 für die Jahre 1999/2001/2002 durchgesetzt: Entlastungen für Familien und Einkommensschwache einerseits und der Abbau von Steuervorteilen bei den Unternehmen andererseits kennzeichnen dieses Gesetz. Bereits im Vorfeld seiner Verabschiedung hat jedoch die Bundesregierung den Unternehmen wieder Steuerentlastungen in einem nächsten Schritt zugesagt. Die dazu eingesetzte Expertenkommission zur Unternehmenssteuerreform hat mit ihren „Brühler Empfehlungen" die Einführung eines einheitlichen Unternehmenssteuersatzes von 35% auf einbehaltene Gewinne vorgeschlagen (einschließlich Gewerbesteuer). Im Juni dieses Jahres wurden diese Empfehlungen durch das Bundeskabinett im Prinzip übernommen. Angekündigt wurde eine Nettoentlastung der Unternehmen um 8 Mrd. DM, während gleichzeitig die Kürzung der Renten, des Arbeitslosengelds und der Arbeitslosenhilfe verordnet wurde. Bleibt es bei der neuerlichen steuerpolitischen Grundauffassung, dann ist auch mit der Wiedereinführung der Vermögensteuer für private Haushalte, die noch im Koalitionsvertrag angeregt wurde, nicht zu rechnen. Die Tendenz zur Wende aus der steuerpolitischen Wende ist unverkennbar. Um so wichtiger ist es, zuerst die Grundfrage zu klären, ob Deutschland – wie so oft behauptet – überhaupt für Unternehmen ein Hochsteuerland ist. Daran anschließend gilt es das „Steuerentlastungsgesetz 1999/2001/2002" aufzuschlüsseln. Schließlich wird die geplante Unternehmenssteuerreform zu bewerten sein.

2 Deutschland ein Hochsteuerland?
Werturteile und Interessen dominieren

Um die Frage zu klären, ob für die Unternehmenswirtschaft Deutschland ein Hochsteuerland ist, muß das Ausmaß der Steuerbelastung international verglichen werden. Hierbei gilt der Grundsatz: Die *effektive* Steuerbelastung ist das Produkt aus dem gesamten nominalen Grenzsteuersatz mit der Steuerbemessungsgrundlage. Darauf bezogen sind theoretisch fundierte und empirisch abgesicherte Studien erforderlich, die die unterschiedliche Erfassung in den zu vergleichenden Ländern harmonisieren. Derzeit zeigt sich jedoch, daß die vorliegenden Untersuchungen zu völlig unterschiedlichen Ergebnissen kommen. Die Ergebnisse umspannen die Pole vom unternehmerischen Niedrigsteuerland bis zum international wettbewerbsunfähigen Hochsteuerland. Der Feststellung des Bundesfinanzministeriums in der Schrift „Steuerbelastung deutscher Unternehmen – nationaler und internationaler Vergleich" ist zuzustimmen: „Zweifellos dienen viele Vergleiche von Steuersystem und Belastung selten allein wissenschaftlicher Erkenntnis, sondern sind stets zugleich manifeste Dokumentation von Werturteilen und Interessen" (Volkswirtschaftliche Analysen Nr. 4, Vorwort S. 1). Über das Ausmaß der effektiven Steuerbelastung in der Unternehmenswirtschaft im internationalen Vergleich muß Klarheit geschaffen werden, um unbegründete Steuersenkungswettläufe zu vermeiden.

Wie eine genauere Durchsicht der wichtigsten Studien zeigt, sind die teils völlig konträren Ergebnisse auf methodisch unterschiedliche Herangehensweisen, aber auch auf unzureichendes, international vergleichbares statistisches Material zurückzuführen. Dabei weisen alle Vergleiche unternehmerischer Steuerbelastung mit dem Ausland ein schwerwiegendes Defizit auf: Die *effektive* Steuerbelastung muß nicht mit der *endgültigen* identisch sein. Darüber entscheiden marktabhängige Möglichkeiten der Steuerüberwälzung (Inzidenz) – etwa auf die privaten Haushalte.

Unterschiedliche Annahmen, Vorgehensweisen und das genutzte statistische Material in folgenden Bereichen bewirken die auf den ersten Blick verwirrende Spannweite der kontroversen Ergebnisse: (a) Abgrenzung des Unternehmenssektors, (b) Umfang der in den Lastvergleichen berücksichtigten (zu versteuernden) Einkünfte (Nennerproblem), (c) effektiv geleistete Steuern (Zählerproblem) als Produkt aus Steuertarif und Steuerbemessungsgrundlage, (d) angemessene zeitliche Zuordnung von Steuern und Erträgen (time-lag-Problem), mangelnde Verallgemeinerung wegen fehlender Zeitreihen (wenige Stichjahre).

Methodisch, vor allem vom Aggregationsgrad her unterschieden, lassen sich die folgenden Untersuchungsansätze systematisieren.

• Makroökonomischer Ansatz: Hierzu gehören die Belastungsrechnungen des Deutschen Instituts für Wirtschaftsforschung (DIW) sowie der OECD. Auf die Bewertung der Berechnung der unternehmerischen Steuerbelastung anhand der Daten der Finanzstatistik sowie der Ergebnisse aus der Bundesbank-Statistik (hochgerechnete Jahresergebnisse vor und nach Steuern) wird hier wegen systematischer Erfassungsmängel und damit nicht gegebener Verallgemeinerbarkeit verzichtet.

Das *Deutsche Institut für Wirtschaftsforschung* in Berlin untersucht die Entwicklung der Gewinnsteuerquote. Sie ist nach diesen Berechnungen seit Anfang der achtziger Jahre von 38% bis 1998 auf 24% zurückgegangen. Die Daten sind der Volkswirtschaftlichen Gesamtrechnung entnommen. Die der effektiven Belastung einigermaßen angenäherte Gewinnsteuerquote wird definiert: Veranlagte Einkommensteuer vor Abzug der Arbeitnehmererstattungen + (anteiligem) Solidaritätszuschlag + nicht veranlagte Steuern auf den Ertrag + Zinsabschlag + Körperschaftsteuer + Vermögensteuer und Gewerbesteuer im Verhältnis zum Bruttoeinkommen aus Unternehmertätigkeit und Vermögen. Die statischen Grundlagen dieser Makrobetrachtung sind ebenso wie die unzureichende zeitliche Zuordnung von zu versteuernden Einkommen gegenüber der Steuerzahlung problematisch. Klar ist auch, daß von dieser Makroebene aus keine Rückschlüsse auf das unternehmerische Investitionsverhalten angestellt werden können. Zur Orientierung über die gesamte unternehmerische Steuerbelastung sind die Ergebnisse jedoch geeignet. Da die methodischen und statistischen Grundlagen über der gesamten Betrachtungszeitraum nicht geändert werden, ist die Trendaussage einer zurückgehenden Steuerbelastung der Unternehmenswirtschaft gut belegt, zumal die Unternehmenseinkommen schneller als die Bruttolohn- und -gehaltssumme gestiegen sind.

Tabelle 1: Internationaler Steuerbelastungsvergleich (in Prozent)

Land	Tarifliche Steuerbelastung[1]	Durchschnittliche Steuerbelastung OECD	European Tax Analyzer	Effektiver Grenzsteuer-satz[2]	Info-Institut 1991/1995[3]
Belgien	40,17	26	–	23,48	–
Deutschland	56,66	(8) 20	36,7	37,02	4,3/4,8
Frankreich	41,76	26	40,6	40,71	4,1/4,0
Groß-britannien	31,0	49	20,1	22,34	6,0/5,8
Italien	41,25	75	–	17,73	–
Niederlande	35,0	22	23,0	23,16	–
USA	40,75	24	31,0	–	5,3/5,3
Japan	–	–	–	–	5,9/5,7

Legende

1 Annahme Kapitalgesellschaft; vollständige Thesaurierung des Gewinns, der nur im Inland erwirtschaftet wird; durchschnittlicher Hebesatz bei GewSt 400%; Relation Einheitswert (EW) Betriebsvermögen und Gewinn vor Steuern 10:1 (z. B.: EW = 100, Gewinn vor Steuern = 100).

2 Die Methode der effektiven Grenzsteuersätze wird hier angewendet. Auf der Basis eines investitionstheoretischen Ansatzes wird gefragt, in welchem Ausmaß mit einer zusätzlichen Investition (Grenzinvestition) Steuern anfallen (vgl. OECD-Studie: Survey of the Effective Tax Burden in the European Union).

3 Im Text zitierte Ifo-Studie fragt, wie hoch muß die Vorsteuerrendite ausfallen, um unter Abzug der Steuern eine Nachsteuerrendite von 5% zu erreichen. Angenommen wird die landes-durchschnittliche Finanzierungsstruktur der Investitionen (Deutschland: einbehaltene Gewinne 42%, neue Aktien 8% und Darlehen 50%).

Auch die Berechnungen zur durchschnittlichen „Steuerbelastung der Unternehmen im internationalen Vergleich" durch die OECD, die Gegenstand einer Kontroverse waren, sind ebenfalls makroökonomisch ausgerichtet. Ins Verhältnis gesetzt werden die Gesamteinnahmen aus der Körperschaftsteuer (ohne Gewerbesteuer) zum „Betriebsüberschuß". Durch notwendige Korrekturen an einer ersten, zu grobschlächtigen Rechnung der OECD-Experten, die zu einer durchschnittlichen Belastung von 8% führte, erhöhte sich die ausgewiesene Steuerbelastung auf 20,8%. Das Problem der richtigen Erfassung des „Betriebsüberschusses" kann allerdings für Deutschland mangels separierter Angaben beim Statistischen Bundesamt zu den Kapitalgesellschaften gegenüber den Personalgesellschaften nicht zufriedenstellend gelöst worden. Auch die korrigierte Rechnung zeigt: Außer den Niederlanden (1995: 16,2%) lag nach verschiedenen Korrekturen die deutsche Steuerbelastung niedriger als in den wichtigen Wettbewerbsländern (vgl. Tabelle 1). Trotz der Korrekturen konnten nicht alle statistischen Defizite abgebaut und Abgrenzungsprobleme gelöst werden. Immerhin zeigt auch diese Studie, daß bei unveränderten methodischen Annahmen und Beibehaltung der statistischen Basis der Trend sinkender Belastung mit Unternehmenssteuern für Deutschland bestätigt wird.

• **Mikroökonomischer Ansatz:** Am Zentrum für Europäische Wirtschaftsforschung (ZEW in Mannheim) ist zur Abschätzung der effektiven Durchschnittssteuerbelastung der sog. „European Tax Analyzer" entwickelt worden. Dabei handelt es sich um Veranlagungssimulationen für einzelne „Modellunternehmen" auf der Basis empirisch gewonnener Bilanzstrukturdaten. Diese Methode hat mehrere Vorteile. So können die Vermögens-, Kapital-, Finanzierungs- und Ertragsstrukturen berücksichtigt werden und international mit anderen Modellunternehmen verglichen werden. Diese Steuerbelastungsquoten haben durchaus für unternehmerische Investitionsentscheidungen Signalfunktion. Ein großer Nachteil ist jedoch, daß die Ergebnisse nicht verallgemeinerbar sind, denn die tatsächliche Steuerlast wird nicht erfaßt. Die mit dem European Tax Analyzer errechnete, vergleichsweise hohe Steuerbelastung der deutschen Unternehmen von 36,7% (gegenüber 31% in den USA und 20,1% in Großbritannien) gibt keine Auskunft über die durchschnittliche Effektivbelastung der deutschen Unternehmenswirtschaft im internationalen Vergleich (siehe Tabelle 1). Damit ist eine generelle steuerpolitische Bewertung des Standorts Deutschland nicht möglich.

• **Aussagen nach dem KING/FULLERTON-Konzept:** Bei der derzeit (strittigen) Debatte über die Steuerbelastung der Unternehmen finden die für die deutschen Kapitalgesellschaften durch das Ifo-Institut errechneten Ergebnisse nach dem KING/FULLERTON-Konzept leider kaum Berücksichtigung (angewendet auch in der Untersuchung der OECD: „Taxing Profits in a Global Economy", Paris 1991). In der Studie des Ifo-Instituts mit dem Titel „Um-

fang und Bestimmungsgründe einfließender und ausfließender Direktinvestitionen ausgewählter Industrieländer", München 1996) wird an die
Kapitalgesellschaften des Verarbeitenden Gewerbes die Frage gestellt: Welche
(reale) Vorsteuerrendite mußte in den Jahren 1991 und 1995 erzielt werden,
um nach Steuern eine Rendite über 5% für die Investitionen zu erhalten?
Dabei handelt es sich im Bezug auf alternative Anlagemöglichkeiten um eine
Opportunitätsrendite. Je höher also die Vorsteuerrendite ausfallen muß, um
so stärker ist die Steuerbelastung dieser Unternehmen. Dabei wurden die
Länderunterschiede bei der Finanzierung der Ausrüstungs- bzw. Bauinvesti-
tionen (einbehaltene Gewinne, neue Aktien, Darlehen) berücksichtigt. In
Deutschland spielt die Fremdfinanzierung eine überragende Rolle. Wird die
für die OECD durchschnittlich geltende Struktur der Finanzierung von
Investitionen unterstellt, erreichen 1991 lediglich Frankreich mit 4,9% und
Großbritannien mit 5,1% eine niedrigere Vorsteuerrendite als Deutschland
(5,4%). Die Lage Deutschlands verbessert sich schlagartig, wenn die landes-
spezifische Finanzierungsstruktur der Investitionen berücksichtigt wird (vgl.
Angaben in der Tabelle). Herauskommt ein scheinbar paradoxes Ergebnis.
Die Rendite vor Steuern liegt 1991 mit 4,3% niedriger als 5%-Normrendite
nach Steuern. Hier zeigen sich erheblich größere Steuervorteile zugunsten
der deutschen Unternehmenswirtschaft (etwa im Bereich der Abschreibungen für Bauten und Ausrüstung). Darüber hinaus ist steuerlich gesehen die
Kreditfinanzierung lukrativer als die Eigenmittelfinanzierung.

Denn die Zinsen auf Investitionskredite sind steuerlich abzugsfähig. Durch
den derzeit noch vergleichsweise hohen Gesamtgrenzsteuersatz fällt die
entsprechende Steuerersparnis auch hoch aus. Die Studie zeigt schließlich,
daß durch Steuerrechtsänderungen (Verschlechterung der Abschreibungs-
bedingungen für Betriebsbauten und Solidaritätszuschlag) die Vorsteuer-
renditen 1995 leicht gestiegen sind, um eine Nachsteuerrendite von 5%
erreichen zu können. Zwar sind die Abstände insbesondere gegenüber den
USA gesunken, jedoch konnte Deutschland seinen Rang halten.

Als erstes läßt sich festhalten: Alle bisher zugänglichen empirischen Untersuchungen zur unternehmerischen Steuerlast im internationalen Vergleich
weisen ein folgenreiches Defizit auf. Die unterschiedlich errechneten Ergebnisse zur *effektiven* Steuerlast werden als *endgültige* Belastung interpretiert.
Das kann jedoch zu Fehldeutungen bei der unmittelbaren Last der Unternehmen mit Steuern führen, wenn diese zwar die Steuern an den Fiskus bezahlen, jedoch zur Überwälzung in der Lage sind. Je nach Marktposition, haben
insbesondere große Kapitalgesellschaften die Möglichkeit, ihre Besteuerung
zu überwälzen (Rückwälzung an Zulieferer, Vor- bzw. Fortwälzung beispiels-

weise an private Haushalte). Inwieweit die Steuerlast etwa an die privaten
Haushalts bzw. innerhalb der Wirtschaft an die kleinen und mittleren Unternehmen durch Großunternehmen überwälzt werden kann, ist Gegenstand
der Inzidenzanalyse. Bei der Untersuchung der gesamten Netto-Inzidenz der
öffentlichen Budgets müßte auch die Verteilungswirkung der Staatsausgaben
zugunsten der steuerzahlenden Unternehmen gegengerechnet werden. Es gibt
viele Hinweise darauf, daß die endgültige Belastung der Unternehmen mit
Steuern noch stärker als die effektive Last gesunken ist.

3 Bedeutung der tatsächlichen Unternehmensbesteuerung für standortbezogene Investitionsentscheidungen

Aus den Studien zur Entwicklung der relativen Belastung der deutschen
Unternehmenswirtschaft mit Steuern im internationalen Vergleich lassen sich
folgende Hinweise gewinnen:

(a) Rechnungen, die ausschließlich auf den Vergleich der *tariflichen Grenz-
steuerbelastung* (vgl. Spalte 1 in der Tabelle) abstellen, geben keine Auskunft über die *effektive* Steuerbelastung, denn der Einfluß der national
unterschiedlich gestaltbaren Steuerbemessungsgrundlage wird nicht berücksichtigt. Im Unterschied beispielsweise zu den USA und Großbritannien bietet das deutsche Steuerrecht in viel größerem Ausmaß Instrumente
zur Reduktion der Steuerbemessungsgrundlage: Abschreibungen, niedrigere Bewertung des Anlage- und Umlaufvermögens, Verlustverrechnungen
und immer noch weit über die effektiven Risiken hinausgehende Rück-
stellungsinstrumente.

(b) Die tariflichen Grenzsteuersätze selbst sind jedoch bereits in den letzten
Jahren reduziert worden. In Deutschland wurde nach „Modellrechnungen
des Instituts der deutschen Wirtschaft" die tarifliche Grenzbelastung von
70,3% 1989 auf 56,23% in 1998 zurückgeführt (beim durchschnittlichen
Hebesatz auf die Gewerbertragsteuer von 400%, einer vollständigen Thesaurierung des Gewinns sowie einer Relation Einheitswert Betriebsvermögen zu Gewinnen von 10:1). Infolge des Steuerentlastungsgesetz 1999/
2000/2002 und künftig geplanter Maßnahmen werden die tariflichen
Grenzsteuersätze weiter sinken. Schließlich ist zu beachten, daß bei
der Körperschaftsteuer die Tarifbelastung gegenüber einbehaltenen Gewinnen dadurch reduziert werden kann, daß diese ausgeschüttet werden
und dadurch niedriger besteuert werden, während die Gewinne jedoch
wieder zurückgeschleust werden („Schütt-Aus-Hol-Rein-Prinzip").

(c) Die meisten Studien zeigen, daß von unterschiedlichen Ausgangsniveaus die effektive Steuerbelastung, die sich aus dem Produkt von nominalen Steuersätzen und Bemessungsgrundlage im Verhältnis zu den Einkommen vor Steuern ergibt, in den letzten Jahren deutlich zurückgegangen ist. Das kann nur die Folge von Maßnahmen der Steuersenkung bzw. der Steuervermeidung sein, da im Trend die Gewinne vor Steuern gestiegen sind. Soweit bei diesen Studien jeweils die Methodik und Empirie für die gesamte Periode nicht verändert worden ist, deutet der Trend realistischerweise auf die effektive Reduzierung der unternehmerischen Steuerbelastung hin. Dabei ist die Möglichkeit der Überwälzung etwa auf die privaten Haushalte nicht berücksichtigt und damit die *endgültige* gegenüber der *effektiven* Last nicht identifiziert.

(d) Wie nicht nur die OECD auf Basis ihrer profunden Kenntnisse betont, für grenzüberschreitende Standortentscheidungen spielen national abweichende Steuerbelastungen nicht die strategische Rolle, die ihnen üblicherweise zugesprochen werden. Dominanten Einfluß haben die Markterschließung, die Marktsicherung und das Marktwachstum (vgl. auch die Ergebnisse in der oben zitierten Ifo-Studie), stabile soziale ökonomische und ökologische Rahmenbedingungen – dazu gehört natürlich auch eine mittelfristig kalkulierbare Steuerpolitik – sowie technologische Innovationen und das Humankapital (Qualifizierung). Unschwer ist zu erkennen, daß die Sicherung wichtiger Standortvorteile maßgeblich in der Kompetenz des Staats liegt. Führen unternehmerische Entlastungen zum Verlust an Steuereinnahmen, dann kann durch die Einschränkung staatlicher Vorsorge für öffentliche Infrastruktur, Grundlagenforschung, technologische Innovationen und Humankapital am Ende der Standort belastet werden. Dieser Bumerang-Effekt muß unbedingt berücksichtigt werden.

(e) Investitionstheoretische Ansätze sowie empirische Befragungen zeigen, daß trotz effektiv niedriger Steuerlast durch großzügige Steuervorteile die im internationalen Vergleich hohen nominalen Grenzsteuersätze in Deutschland auf Investitionen vor allem aus dem Ausland hemmend wirken können. Dieser psychologischen Signalwirkung der Spitzensteuersätze muß wohl Rechnung getragen werden. In der Begründung zum Steuerentlastungsgesetz 1999/2000/2002 wird auf dieses psychologische Problem zutreffend eingegangen: „Der Gesetzentwurf sieht eine Senkung der Körperschaftsteuer auf ein international vergleichbares Niveau vor. Eine solche Angleichung ist wünschenswert, weil hohe nominale Steuersätze auch bei niedriger tatsächlicher Steuerbelastung infolge einer großzügigen steuerlichen Bemessungsgrundlage für international tätige Unternehmen

offenkundig eine große psychologische Bedeutung haben" (S. 126). Die
Senkung der Spitzensteuersätze – allerdings bei Verbreiterung der Bemessungsgrundlage – dient also dem Abbau dieser psychologischen Barrieren.

4 „Steuerentlastungsgesetz 1999/2001/2002":
wenige Korrekturen nach dem „Aufstand des Kapitals"

Im Zentrum der bisherigen Steuerreform durch die rot-grüne Bundesregierung steht das „Steuerentlastungsgesetz 1999/2001/2002". Trotz erheblicher
Proteste aus der Wirtschaft ist dieses Gesetz Anfang März 1999 verabschiedet
worden. Dieses Reformprojekt soll nachfolgend bewertet werden.

Wenige Wochen nach dem Wechsel in Bonn wurde bereits mit Datum
vom 1.9.1998 das umfangreiche „Steuerentlastungsgesetz 1999/2000/2002"
in den Bundestag eingebracht. Mit diesem Konzept sollte ein grundlegender
Kurswechsel gegenüber der in den letzten sechzehn Jahren umgesetzten Steuerpolitik zugunsten vieler Entlastungen der Unternehmen verwirklicht werden. Im Mittelpunkt rot-grüner Steuerpolitik steht jetzt das Ziel, die Steuerlast wieder sozial gerechter zu verteilen. Zugleich soll diese Politik der Entlastung der Masseneinkommen durch Steuersenkungen zur Stärkung der
Binnenwirtschaft dienen.

4.1 Entwicklung bis zur endgültigen Verabschiedung
des „Steuerentlastungsgesetzes"

Bei der Umsetzung dieser Steuerreform in den drei Stufen 1999/2000/2002
wurde eine angesichts des Zeitdrucks wohl schwer vermeidbare, jedoch
konsequenzenreiche Schrittfolge eingeschlagen: Am 18.12. 1998 stimmte nach
der Billigung durch den Deutschen Bundestag der Bundesrat einem ersten
Teilpaket zu. Damit wurden ab dem 1.1.1999 gleichsam über ein „Vorschalt-
gesetz", folgende Elemente der Steuerreform in Kraft gesetzt: Anhebung des
Kindergeldes um 30 DM auf 250 DM für das erste und zweite Kind; Erhöhung des (steuerfreien) Grundfreibetrags bei der Einkommensteuer von 12.365
DM / 24.730 DM (Alleinstehend/Verheiratet) auf 13.067 DM / 26.134 DM;
Senkung des Eingangsteuersatzes bei der Einkommensteuer von 25,9% auf
23,9%. Allein die Erhöhung des Kindergeldes führt 1999 zur Mehrbelastung
von Bund und Ländern mit 6,4 Mrd. DM. Die geplanten Maßnahmen der
Steuerreform – vor allem zur Finanzierung der Steuerausfälle über den Abbau
von Steuervorteilen mit dem Ziel der Verbreiterung der Bemessungsgrundlage
– wurden dagegen erst im eigentlichen Steuerentlastungsgesetz zum 1. April
1999 fixiert. Der Bundestag hat schließlich nach riesigem Zeitdruck am 4.

März dieses Jahres dieses „Steuerentlastungsgesetz 1999/2000/2002" auf der Basis der Vorschaltgesetze verabschiedet. Der Zustimmung zu dieser Steuerreform noch vor dem 1. April dieses Jahres stand nichts im Wege. Schließlich konnte die „alte" Mehrheit im Bundesrat noch genutzt werden, d.h. der Wechsel zur schwarz-gelben Landesregierung in Hessen kam nicht zur Geltung. Diese Vorgehensweise wurde mit dem Hinweis zu rechtfertigen versucht, dem ersten Schritt der Steuerreform sei noch von der rot-grünen Regierung in Hessen zugestimmt worden, die jetzt auch die Verantwortung für die Sicherstellung der Gegenfinanzierung trage.

Diese zeitliche Entkoppelung zwischen dem ersten Paket an Entlastungen und der gesetzlichen Festlegung vor allem der Gegenfinanzierung im eigentlichen „Steuerentlastungsgesetz" hat den Interessenverbänden insbesondere aus der Wirtschaft die Chance gegeben, nochmals massiv gegen wichtige Maßnahmen zum Abbau von Steuervorteilen zu agieren. Die Auswirkungen dieser Einflußnahme durch die Wirtschaft auf die endgültige Gesetzgebung wird nachfolgend kurz skizziert. Darüber hinaus ist zu berücksichtigen, daß die rot-grüne Steuerpolitik durch das am 18.1.1999 veröffentlichte Urteil des Bundesverfassungsgerichts eine ausgesprochen schwierige Aufgabe zur schnellen Lösung aufgetragen bekommen hat. Das Bundesverfassungsgericht verlangt eine steuerliche Gleichbehandlung von Familien mit Kindern gegenüber Unverheirateten, die derzeit einen Anspruch auf einen Haushaltsfreibetrag und steuermindernde Kinderbetreuungskosten haben. Eine erste grobe Schätzung beziffert ab dem Jahr 2002 die zu erwartenden Einkommensteuerausfälle auf der Basis eines effektiven Durchschnittssteuersatz von 30% durch diese Angleichung auf mehr als 22 Mrd. DM. Dabei hat das Bundesverfassungsgericht wohl bewußt Zeitdruck geschaffen. Es verpflichtet den Gesetzgeber, ab dem Jahr 2000 diese Gleichstellung für die Familien mit Kindern gegenüber Alleinerziehenden gesetzlich zu verankern. Sollte dies dem Gesetzgeber nicht gelingen, dann müssen entsprechend die Kinderfreibeträge, die steuermindernd wirken, erhöht werden (von derzeit 6.912 DM um 4.000 DM für das erste Kind und 2.000 DM für jedes weitere Kind). Die rot-grüne Bundesregierung muß also noch in diesem Jahr eine gesetzliche Regelung schaffen. Allein schon weil die Lösung über die Anhebung der Kinderfreibeträge sozial ungerecht wirkte, muß das Interesse an einer alternativen Regelung – etwa über das Kindergeld – groß sein. Konsequenterweise sind daher alle familienpolitischen Komponenten aus dem ab dem 1. April dieses Jahres im Gesetzesblatt verkündeten „Steuerentlastungsgesetz" herausgenommen worden. Dies gilt für die bereits zum 1.1.1999 wirksame Erhöhung des Kindergeldes sowie für den geplanten Abbau des Steuervorteils aus dem Ehegatten-Splitting (doppelter Steuerbetrag, der sich ergibt, wenn der Steuersatz bei der Hälfte des zu versteuernden Einkommens berücksichtigt wird). Angestrebt wird ein Gesamtkonzept zur Neuordnung des Familienleistungsausgleichs, dessen Durchsetzung die alte Bundesregierung - wie das Urteil aus Karlsruhe zeigt - nicht zustande brachte.

4.2 Das neue Tableau zur „Steuerentlastung"
Nachdem durch den Richterspruch des Bundesverfassungsgerichts die familienpolitischen Elemente gegenüber der ursprünglichen Planung aus dem „Steuerentlastungsgesetz" vom 1.4.1999 herausgenommen werden mußten, stellt sich jetzt die Frage nach dem Ausmaß der Änderungen beim Abbau der Steuervorteile unter dem massiven Druck der Wirtschaftslobby (zu den Zielen, Instrumente sowie die Wirkungen des ursprünglichen „Entwurfs eines Steuerentlastungsgesetzes" vom November 1998 vgl. den Beitrag von R. Hickel im Heft 2/1999 der „Blätter für deutsche und internationale Politik"). Wenige Tage vor der Entscheidung im Deutschen Bundestag am 4. März dieses Jahres nahmen vor allem die Unternehmen der Energie- und Versicherungswirtschaft zusammen mit ihren Verbänden offen Einfluß auf die Politik. Sie wollten den geplanten Abbau der bisher üppigen Möglichkeiten, gewinn- und damit steuermindernde Rücklagen zu nutzen, deutlich zurückdrehen. Diese Interventionen gegen einen Politikwechsel bei der Besteuerung, der maßgeblich zur Wahl der rot-grünen Regierung führte, wurden auch in wirtschaftsnahen Medien als „Aufstand des Kapitals" tituliert. Insgesamt läßt sich feststellen, daß - bis auf einige Korrekturen zugunsten der Wirtschaft - von der Grundrichtung der Gegenfinanzierung nicht abgewichen wurde. Bei der Neuordnung der steuerlichen Lastverteilung ließ sich die Bundesregierung - abgesehen von einigen Revisionen - nicht von ihrer Begründung für die Objektivierung der Gewinnermittlung abbringen: „Arbeitnehmer und Bezieher von Einkünften aus Vermögen und Verpachtung, aus Kapitalerträgen oder aus Renten werden nach den Grundsätzen von Zufluß und Abfluß besteuert. Dagegen ermitteln bilanzierende Unternehmer ihre steuerlichen Einkünfte durch Vermögensvergleich in enger Anlehnung an die handelsrechtliche Gewinnermittlung. Der Vermögensvergleich bietet vielfache Möglichkeiten, stille Reserven, zu bilden und damit den Ausweis erwirtschafteter Gewinne in die Zukunft zu verlagern. Damit wird die Besteuerung entweder ganz oder teilweise über viele Jahre hinweg - mit entsprechenden Zinsvorteilen - vermieden. Die handelsrechtliche Gewinnermittlung ist inzwischen nicht nur im Hinblick auf die enge Verknüpfung mit der steuerlichen Gewinnermittlung unbefriedigend." (Gesetzentwurf in BT-Drucksache 14/23 (9.11.1998), S. 127)

Ziel der Steuerpolitik muß es also sein, die Unternehmen entsprechend ihrer Leistungsfähigkeit wieder mehr in die für diese auch nützliche Finanzierung staatlicher Aufgaben einzubeziehen. Die Bewertung der Posten in der Handelsbilanz nach dem Vorsichtsprinzip führt bei der Besteuerung zu Privilegien, die abzubauen sind.

Tabelle 2: Maßnahmen zur Entlastung nach dem „Steuerentlastungsgesetz 1999/2000/2002" – in Millionen DM

MAßNAHMEN ZUR ENTLASTUNG	1999	2000	2001	2002

1. Senkung der Einkommensteuer
Erste Stufe ab 1.1.1999
- Erhöhung der Grundfreibetrags von
  125.365/24.730 DM auf 13.067/26.134 DM
  (Alleinst./Verheiratet)
- Senkung des Eingangssteuersatzes auf 23,9%
- Senkung des Höchststeuersatzes für gewerbliche
  Einkünfte auf 45%
	930	1.120	1.380	1.500

Zweite Stufe ab 1.1.2000
- Erhöhung des Grundfreibetrags auf rund
  13.500/27.000 DM
- Senkung des Eingangssteuersatzes auf 22,9%
- Senkung des Höchststeuersatzes auf 51%
- Senkung des Höchststeuersatzes für gewerbliche
  Einkünfte auf 43%
		13.550	13.690	14.310

Dritte Stufe ab1.1.2002 - Anhebung des Grundfreibetrags auf rd. 14.000/28.000 DM - Senkung des Eingangssteuersatzes auf 19,9% - Senkung des Höchststeuersatzes auf 48,5%				28.150

2. Senkung der Körperschaftssteuer ab 1.1.1999
– Senkung der Körperschaftssteuersätze für
  einbehaltene Gewinne von 45% auf 40%; für
  den ermäßigten Steuersatz von 42% auf 40%
	1.365	2.686	3.815	3.885

Summe der Maßnahmen zur Entlastung **1999 – 2002**	**2.295**	**17.538**	**18.885**	**47.845**
Bund	1.142	8.187	8.864	22.018
Länder	1.021	7.267	7.879	19.563
Gemeinden	132	2.084	2.142	62.644
Nachrichtlich Anhebung des Kindergeldes für das erste und zweite Kind auf 250 DM im Monat ab 1.1.1999 und weitere Anhebung ab 1.1.2002 für das erste und zweite Kind auf 260 DM-Entlastung:	6.400	5.800	5.800	7.700

Quelle: Angaben des Bundesfinanzministeriums; eigene Berechnungen

Die Auswirkungen des zum 1. April dieses Jahres in Kraft getretenen und ab
dem 1.1.1999 wirksamen „Steuerentlastungsgesetz" in den drei Stufen 1999/
2000/2002 zeigen die Tabellen 2 und 3.

Tabelle 3: Maßnahmen zur Finanzierung der Steuerentlastungen
          sowie Gesamttableau 1999/2001/2002 im Vergleich
          – in Millionen DM

	1999	*2000*	*2001*	*2002*
I) Ursprüngliche Planung				
1. Maßnahmen zur Entlastung (einschließlich Kindergeld)	-10.100	-24.700	-26.000	-59.600
2. Maßnahmen zur Finanzierung durch Verbreiterung der Bemessensgrundlage	+10.200	+22.300	+27.700	+41.600
Nettoentlastung (1. minus 2.)	+100	-2.400	-1.700	-15.300
II) Stand der Verabschiedung des „Steuerentlastungsgesetzes" am 4. März 1999 durch den Deutschen Bundestag (gültig) ab dem 1.4.1999 (rückwirkend zum 1.1.1999)				
1.1. Maßnahmen zur Entlastung (Übersicht 1) Änderung Einkommens- Körperschaftsteuer; ohne die bereits gültigen beiden Vorläufergesetze sowie der in das Familienentlastungsgesetz verschobene (bereits mit der ersten Stufe wirksamen) Kindergelderhöhung	-2.295	-17.538	-18.885	-47.845
1.2. Maßnahmen zur Finanzierung durch den Abbau von Steuervorteilen	+10.803	+24.186	+31.895	+36.393
Nettobelastung (+); -entlastung (-) (1.1 minus 1.2)	+8.508	+6.648	+13.010	-11.452
2. *Gesamtpaket:* Nettowirkung aller Maßnahmen einschließlich der zwei Vorläufergesetze und der in das Familienentlastungsgesetz verschobenen Kindergelderhöhung	+4	-2.081	-595	-20.512
3. *Nachrichtlich:* Gegenüber dem ursprünglich geplanten, jedoch im Prozeß der Auseinandersetzung um dieses „Steuerentlastungsgesetz" gestrichene Belastungen über den Abbau von Steuervorteilen/Verbreiterung der Bemessensgrundlage	638	1.934	3.163	2.898

Quelle: Angaben des Bundesfinanzministeriums; eigene Berechnungen.

Stellt man die Maßnahmen zur Entlastung von Steuern den Instrumenten der Finanzierung durch den Abbau von Steuervorteilen nach der ab dem 1.4.1999 wirksamen Gesetzeslage gegenüber, zeigt sich:. Ohne die Berücksichtigung vor allem des bisher bereits geltenden Familienentlastungsgesetzes kumuliert sich die Nettoentlastung auf 11,452 Mrd. DM. Werden die Nettowirkungen der beiden Vorläufergesetze und der Kindergelderhöhung berücksichtigt, so steigt die gesamte Nettoentlastung auf die vielfach zitierten 20,512 Mrd. DM. Das sind ca. 5 Mrd. DM mehr gegenüber der ursprünglichen Planung, die eine Nettoentlastung von 15,3 Mrd. DM vorsah. Die jetzt größere Nettoentlastung ist maßgeblich auf die Rücknahme geplanter Maßnahmen zum Abbau von Steuervorteilen sowie Neuberechnungen über die Einnahmenwirkungen steuerpolitischer Maßnahmen zurückzuführen. Auf knapp 3 Mrd. DM ursprünglich geplanter Mehrbelastung der Wirtschaft im Zuge der Gegenfinanzierung wurde am Ende verzichtet.

Die jetzt endgültig gesetzlich festgeschriebenen Maßnahmen zur Senkung der Einkommensteuer sowie der Körperschaftsteuer werden im Rechnungsjahr 2002 zu einer Entlastung von insgesamt 47,845 Mrd. DM führen.

4.3 Zum endgültigen Stand der wichtigsten Instrumente zur Gegenfinanzierung

Bei vergleichsweise wenigen, ursprünglich geplanten Maßnahmen wurden unter dem Druck der Wirtschaft Revisionen vorgenommen. Die ab diesem Jahr geltenden Regelungen der wichtigsten Instrumente der Gegenfinanzierung werden nachfolgend zusammengefaßt:

- Die *Veräußerungsgewinne* („capital gains") werden künftig – wie ursprünglich vorgesehen – ab einem Freibetrag von 60.000 DM nicht mehr zum halben Durchschnittssteuersatz, sondern voll besteuert. Dabei erfolgt zur Vermeidung von Härtefällen die Verteilung der Steuer auf fünf Jahre.

- Das *Wertaufholungsgebot* bleibt wie geplant beibehalten. Künftig ist es einem Unternehmen beispielsweise untersagt, den niedrigen Wert für Aktien nach Kursverlusten beizubehalten, wenn zu einem späteren Zeitpunkt die Kurse wieder steigen.

- Gegenüber der ursprünglich geplanten Abschaffung der *Teilwertabschreibung* wird diese unter allerdings verschärfter Kontrolle beibehalten. Sinkt beispielsweise der Verkaufspreis eines Buches mangels Absatz dauerhaft, so bewirkt diese Wertminderung einen Rückgang der Gewinne und damit der Besteuerung. Für diese Korrektur gab es durchaus plausible Gründe.

- Auch wegen der Kontroverse innerhalb der Regierungskoalition wird die *Ansparabschreibung* für kleine und mittlere Betriebe nicht gestrichen. Damit können diese Betriebe eine gewinn- und damit steuermindernde Rücklage für die Anschaffung bzw. Herstellung eines Wirtschaftsguts bis maximal zwei Jahre bilden. Auch diese Revision ist angemessen.
- Die ursprünglich geplante Abschaffung des *Verlustrücktrags*, der bisher zuließ, bis zu 10 Mio. Verluste mit den Gewinnen aus den vorangegangenen zwei Jahren zu verrechnen, wird nicht gänzlich abgeschafft. Nach einer Übergangsphase bleibt bis zu einer Million an Verlusten auf ein Jahr rückübertragbar.
- Gegen erbitterte Widerstände wird die *Mindestbesteuerung* von positiven Einkünften beibehalten. Damit können Verluste beispielsweise aus Vermietung und Verpachtung nur noch bis zu 100.000 DM / 200.000 DM (Alleinstehend/Verheiratet) und danach zur Hälfte mit positiven Einkünften etwa eines Gewerbetreibenden verrechnet werden. Darüber hinaus sollen die bisherigen Praktiken von Gesellschaften zur Verlustzuweisung beschränkt werden.
- *Abfindungen* wegen Entlassungen werden gegenüber der ursprünglichen Planung steuerlich nicht so stark belastet. Die Steuerfreibeträge werden lediglich um ein Drittel gekürzt und je nach Länge der Beschäftigungsdauer und dem Alter gestaffelt.
- Bei der Halbierung der *Freibeträge für Zinseinkünfte* aus Geldvermögen von bisher 6.000 DM/ 12.000DM (Alleinstehend/Verheiratet) ab dem 1.1.1999 bleibt es.
- Die Fristen zur Besteuerung der *Spekulationsgewinne* werden – wie ursprünglich geplant – bei Wertpapieren von derzeit sechs auf zwölf Monate und bei Immobilienverkäufen von zwei auf zehn Jahre ausgedehnt. Wichtig ist es, künftig über effektive Kontrollen die Besteuerung der Gewinne aus Wertpapierspekulationen auch sicherzustellen.
- Geplant war, den *Abzug von Betriebsausgaben* im Zusammenhang mit steuerfreien Einnahmen aus ausländischen Schachteldividenden abzuschaffen. Diese Maßnahmen wurde mit dem Hinweis, eine damit ausgelöste Belastung der Auslandsinvestitionen setze falsche Signale, zurückgenommen. Allerdings werden künftig 15% der steuerfreien Einnahmen als Betriebsausgaben berücksichtigt.
- Es bleibt beim Verbot des steuerlichen *Abzugs von Schmier- und Bestechungsgeldern* aus dem In- und Ausland.
- Die bisher übliche Praxis, beim *Tausch von Wirtschaftsgütern* aufgedeckte stille Reserven nicht zu berücksichtigen, wird unterbunden (Nichtan-

wendung des Tauschwertgutachtens des Bundesfinanzhofs von 1958).
Kommt es beispielsweise im Rahmen einer Fusion zu einem Aktientausch,
so müssen diese Aktien zum aktuellen Marktwert bewertet. Durch diese
Auflösung stiller Reserven steigt die Steuerlast (Beispiel: Erwerb von über
40% des Kapitals an der Bayerischen Hypobank durch die Bayerische
Vereinsbank im Tausch von Allianzaktien mit der Wertstellung zum An-
schaffungspreis).

- Gegen die verschiedenen Maßnahmen zur angemessenen Begrenzung der
Bildung von *Rückstellungen* haben vor allem die Unternehmen der Ver-
sicherungs- und Energiewirtschaft protestiert. Die Atomwirtschaft hat
Steuerverluste bis zu 25 Mrd. DM infolge dieser Einschränkungen rekla-
miert. Die Schätzungen der Versicherungswirtschaft schwankten zwischen
20 Mrd. DM und 14 Mrd. DM – gegenüber dem Ausweis von 8 Mrd. DM
durch das Bundesfinanzministerium. Die Riesen in der Versicherungsbran-
che drohten mit der Verlagerung ihrer Standorte in das steuergünstigere
europäische Ausland. Die Bundesregierung ist jedoch im Prinzip ihren
ursprünglich geplanten Maßnahmen treu geblieben: (1) Rückstellungen
müssen künftig mit 5,5% verzinst werden (Verzinsungsgebot). (2) Einnahmen, die mit der Ursache der Rückstellung (etwa aus der Auffüllung mit
Bauschutt im Rahmen der Rekultivierung einer Kiesgrube) entstehen,
müssen abgezogen werden. (3) Bei der Regulierung beispielsweise von
Versicherungsschäden, für die Rückstellungen gebildet wurden, sind nicht
mehr die Vollkosten, sondern nur noch die Einzelkosten plus einem
angemessenen Anteil an den Gemeinkosten zu berücksichtigen. (4) Für
künftige Schadensfälle der Versicherungswirtschaft dürfen nicht mehr pau-
schale, sondern nur noch einzelfallbezogene Rückstellungen gebildet werden. Allerdings hat der Bundeskanzler der Versicherungswirtschaft zugesagt, auf der Basis der Bilanzen für das Jahr 1999 das Ausmaß der Belastungen zu überprüfen, um gegebenenfalls Rückstellungsmöglichkeiten
wieder auszuweiten. Die Praxis der rot-grünen Steuerpolitik zeigt: Trotz
des massiven Drucks aus der Wirtschaft ist – bis auf wenige Ausnahmen –
mit dem ab dem 1.4.1999 in kraft getretenem „Steuerentlastungsgesetz"
am Abbau von Steuerprivilegien im Sinne der Objektivierung der Gewinnermittlung festgehalten worden. Allerdings mehren sich die Hinweise einer
Wende aus der steuerreformerischen Wende in Richtung stärkerer Entlastungen der Unternehmenswirtschaft.

5 Einige Hinweise zu den Perspektiven
   der Unternehmensbesteuerung

Die im Koalitionsvertrag vereinbarte Einsetzung einer Expertengruppe zur
„Unternehmenssteuerreform" erfolgte zügig. Bereits Ende April 1999 hatte
die Expertenkommission ihre „Brühler Empfehlungen" vorgelegt. Die Vorschläge zielen auf eine grundlegende Harmonisierung der Besteuerung durch
die Schaffung eines einheitlichen Steuersatzes von 35% (einschließlich der
Gewerbesteuer) für alle nicht entnommenen Gewinne. Bei der Realisierung
dieser Unternehmensteuerreform gilt es, die im ersten Abschnitt belegte
Tatsache zu berücksichtigen, daß es im gesamtwirtschaftlichen Durchschnitt
keinen Bedarf gibt, die Wirtschaft von Steuern zu entlasten. Die künftige
Gestaltung der Unternehmensbesteuerung sollte auf den Grundlagen des im
März 1999 verabschiedeten „Steuerentlastungsgesetzes 1999/2000/2002" auf-
bauen. Damit stehen einerseits die Senkung der Unternehmenssteuersätze
und andererseits die überwiegende Gegenfinanzierung durch die Verbreiterung der Bemessungsgrundlage im Zuge des Abbaus von Steuervorteilen im
Mittelpunkt. Die psychologisch die Investitionsentscheidungen belastende
Signalwirkung hoher Spitzensteuer – trotz einer erheblich niedrigen effektiven Steuerbelastung infolge vieler Instrumente, die Bemessungsgrundlage zu
reduzieren – werden berücksichtigt. Die Steuerreform muß jedoch auf-
kommensneutral wirken, d.h. in dem Ausmaß, in dem durch die Senkung der
Grenzsteuersätze Steuerausfälle zustande kämen, muß durch den Abbau von
Steuervorteilen die Gegenfinanzierung sichergestellt werden. Diese Aufkommensneutralität ist auch aus Sicht der öffentlichen Haushalte geboten.
Denn, wie bereits zur gesamten (Netto-)Inzidenz öffentlicher Budgets oben
angemerkt wurde, Unternehmen sind auch auf das Angebot qualitativ hoch-
wertiger staatlicher Infrastruktur- und Dienstleistungen angewiesen, die vorwiegend über Steuereinnahmen zu finanzieren sind.

Die „Brühler Empfehlungen zur Reform der Unternehmensbesteuerung",
die am 30.4.1999 durch eine Kommission vorgelegt wurden, lassen sich
durchaus dem Prinzip Steuersatzsenkung bei Ausweitung der Bemessungsgrundlage unterordnen. Kernpunkt dieser Empfehlungen ist die Anwendung
eines einheitlichen Steuersatzes auf die in den Unternehmen einbehaltenen
Gewinne in Höhe des international wohl angemessenen Vergleichssatzes von
35%. Unter Berücksichtigung der Gewerbesteuer müßten demnach die the-
saurierten Gewinne der Kapitalgesellschaften mit knapp 35% (bei einem
Gewerbesteuerhebesatz von 400%) besteuert werden. Die Kommission will
den einheitlichen Unternehmenssteuersatz auch auf die ausgeschütteten Ge-

winne der Kapitalgesellschaften angewendet wissen, also zu einer Objektsteuer zurück. Anstatt des bisherigen Anrechnungsverfahrens, das die ausgeschütteten Gewinne entsprechend der individuellen Steuerlage belastet, wird vorgeschlagen, die Ausschüttungen nur zur Hälfte zu besteuern (Halbeinkünfteverfahren). Zur Integration der Personenunternehmen in diesen einheitlichen Steuertarif werden zwei Optionen vorgeschlagen: Option 1 räumt den Personenunternehmen das Wahlrecht ein, sich in vollem Umfang wie eine Kapitalgesellschaft besteuern zu lassen. Nach Option 2 wird eine Sondertarifierung für die nicht entnommenen Gewinne in Höhe des neuen Körperschaftsteuersatzes den Personenunternehmen eingeräumt. Es dürfte technisch auch keine Schwierigkeiten bereiten, entnommene Gewinne, die später dem Unternehmen wieder zur Verfügung gestellt werden, auf den niedrigeren Steuersatz herunterzuschrauben.

Diese Empfehlungen durch die Steuerreform-Kommission geben durchaus eine Grundlage für die künftige Unternehmensbesteuerung ab. Dabei sind die folgenden Punkte zu berücksichtigen:
a) Die Spreizung des Steuersatzes zwischen der Besteuerung der in den Unternehmen einbehalten Gewinne mit 35% (einschließlich Gewerbesteuer) gegenüber dem künftigen Spitzensteuersatz mit 48,5% für alle anderen Arten der Einkommensteuer ist ökonomisch durchaus sinnvoll. Die Aussage der Kommission trifft zu: Die „Besserstellung der einbehalten Gewinne ist sachlich gerechtfertigt, und daher verfassungsrechtlich unbedenklich. Sie ist nämlich tendenziell geeignet, die auch im Interesse des Gemeinwohls liegende betriebliche Investitionstätigkeit anzuregen". Die Sorge, es käme zur Einmauerung des Kapitals im jeweiligen Unternehmen (lock-in-Effekt) zu Lasten künftiger unternehmerischer Innovationsdynamik trifft nicht zu.
b) Auch der Hinweis, das Urteil des Zehnten Senats des Bundesfinanzhofs (BHF) zur mangelnden Verfassungskonformität der Absenkung des Spitzensteuersatzes auf Gewerbeeinkünfte (zuerst auf 47% und seit 1999 auf 45%) lasse die hier vorgesehene Spreizung nicht zu, hat wohl keinen Bestand. Denn bei der gegenüber dem normalen Spitzensteuersatz von derzeit 53% gesenkten Besteuerung der Gewerbeeinkünfte wird durch den Bundesfinanzhofs die Zielungenauigkeit beim gesetzlich angestrebten Ausgleich für die Gewerbesteuer kritisiert.
c) Um das steuerpolitisch gewollte Ziel der Stärkung einbehalten Gewinne zu erreichen, muß allerdings darauf verzichtet werden, den Spitzensteuersatz für alle anderen Einkunftsarten der Einkommensteuer in Richtung der Marke 35% zu harmonisieren (gefordert von H. Pollack/A.J. Rädler/ P. Bareis). Damit würde die Besteuerung nach dem Prinzip der

Leistungsfähigkeit endgültig ausgehebelt und staatliches Handeln auch zu Lasten der Gesamtwirtschaft massiv eingeschränkt.

d) Die vorgeschlagene Abschaffung des Anrechnungsverfahrens bei ausgeschütteten Gewinnen ist jedoch nicht akzeptabel. Der Hinweis, diese Objektsteuer werde durch abweichende Regelungen in den Mitgliedsstaaten der EU erforderlich, ist nicht einsichtig. Selbst bei Anwendung des Halbeinkünfteverfahrens käme es gegenüber der bisherigen Regelung bei Einkommensstarken zu Steuerentlastungen.

e) Die Anregung der Kommission, die derzeitige Gewerbesteuer mittelfristig durch eine kommunale Unternehmensteuer - etwa Gewinnzuschlagsteuer von 10% - zu ersetzen, die dann auch von bisher gewerbesteuerfreien Freiberuflern und Landwirten aufzubringen wäre, ist vernünftig. Die Kommunen brauchen eine einigermaßen ergiebige und stabile Steuer, die sie im Rahmen des kommunalen Hebesatzrechts eigenständig gestalten.

f) Die Steuerausfälle durch die Senkung des (nominalen) Steuertarifs müssen weitgehendst durch den fortzusetzenden Abbau bisheriger Steuervorteile, die ökonomisch nicht zu begründen sind, gegenfinanziert werden. Dazu werden u.a. folgende Maßnahmen vorgeschlagen:

- Einschränkung der degressiven Abschreibung von Wirtschaftsgütern;
- Einschränkung betriebsbedingter Bewirtungskosten (Absenkung gegenüber derzeit 80%);
- Besteuerung der nicht für die Altersvorsorge bestimmten Lebensversicherungen;
- Weitere Einschränkung der Rückstellungen, die den ökonomischen Risiken nicht angemessen sind.

g) Diese große Unternehmenssteuerreform läßt sich gerade unter dem Ziel ihrer Finanzierbarkeit nur in Stufen durchsetzen. Sie sollte erst im Jahr 2001 gestartet werden. Durch die längere Implementierungsphase ließen sich auch handwerkliche Fehler, die beim „Steuerentlastungsgesetz 1999/ 2000/2002" begangen wurden, vermeiden.

h) Die im Koalitionsvertrag der Bundesregierung vom 20.10.1998 angekündigte Einsetzung einer Sachverständigenkommission, „die die Grundlage für eine wirtschafts- und steuerpolitisch sinnvolle Vermögensbesteuerung schaffen soll", ist endlich einzurichten, um die Vermögensteuer für private Haushalte mit hohen Freibeträgen und degressiver Tarifgestaltung wieder einzuführen.

Die künftige Steuerpolitik sollte sich an den ursprünglich im Koalitionsvertrag vom Oktober letzten Jahres festgeschriebenen Zielen orientieren:

Abbau der Gerechtigkeitslücke bei der steuerlichen Lastverteilung zugunsten der Einkommenschwachen und Familien, Stärkung der wirtschaftlichen Wachstumskräfte durch Ausweitung der kaufkraftwirksamen Nettoarbeitseinkommen, solide Finanzierung der Steuerreform durch das Prinzip der Aufkommensneutralität und Schaffung von mehr Transparenz durch ein einfacheres, von den vielen Sonderregelungen befreites Steuersystem.

Anmerkung

*   Professor an der Universität Bremen

Literatur

Bundesfinanzministerium der Finanzen, Steuerbelastung deutscher Unternehmen – Nationaler und internationaler Vergleich; in: Volks- und Finanzwirtschaftliche Berichte Nr. 4/1999.

Gesetzentwurf der Fraktionen SPD und BÜNDNIS 90/DIE GRÜNEN: Entwurf eines Steuerentlastungsgesetzes 1999/2000/2002; in: BT-Drucksache 14/23 (9.11.1998).

Finanzausschuß und Ausschuß für Wirtschaft und Technologie des Deutschen Bundestags, Öffentliches Expertengespräch zu Fragen der Unternehmensbesteuerung im internationalen Vergleich mit Vertretern der Organisation für wirtschaftliche Zusammenarbeit und Entwicklung (OECD), Wortprotokoll vom 21.4.1999 (mit Schreiben der OECD), Bonn 1999 (Manuskript).

R. Hickel, Standort-Wahn und Euro-Angst – Die sieben Irrtümer der deutschen Wirtschaftspolitik, Reinbek 1998.

R. Hickel, Ein „bescheidener" Entwurf? Der rot-grüne Einstieg in eine andere Steuerpolitik; in: Blätter für deutsche und internationale Politik, 2/1999.

R. Köddermann/M. Wilhelm, Umfang und Bestimmungsgründe einfließender und ausfließender Direktinvestitionen ausgewählter Industrieländer – Entwicklung und Perspektiven; ifo-Studien zur Strukturforschung 24/1996.

*Silke Thiele**

Chancen der Beteiligung privater Haushalte am Produktivvermögen

1 Problemstellung

In der Vergangenheit hat die Ungleichverteilung des Vermögens bundesdeutscher Haushalte kontinuierlich zugenommen. Dies verdeutlichen beispielhaft die in der Abbildung 1 dargestellten Lorenzkurven des Geldvermögens.

Abbildung 1: Verteilung des Geldvermögens privater Haushalte 1973, 1983 und 1993

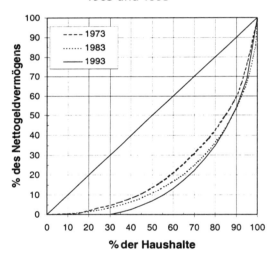

Quelle: Euler, M.: Geldvermögen privater Haushalte 1983. In Wirtschaft und Statistik, 5/1985, S. 418 und eigene Ergänzungen anhand EVS 1993.

Abgebildet ist die Verteilung des Geldvermögens privater Haushalte 1973, 1983 und 1993. Die Kurven stellen dar, wieviel Prozent der Haushalte über wieviel Prozent des Geldvermögens verfügen. Die zunehmende Entfernung der Kurven von der Gleichverteilungslinie zeigt, daß die Vermögensverteilung in der Bundesrepublik Deutschland im betrachteten 20-Jahres-Zeitraum ungleicher geworden ist.

Die staatliche Vermögenspolitik versucht, dieser steigenden Ungleichverteilung des Vermögens entgegenzuwirken. Die Bestrebungen ergeben sich vor allem daraus, daß (1) individuelles Eigentum eine wesentliche Grundlage persönlicher Freiheit und Vorsorge darstellt, (2) Privateigentum als tragende Säule der Marktwirtschaft gilt, (3) die breite Streuung des Vermögensbesitzes der Natur unserer Wirtschafts- und Sozialordnung entspricht und (4) die private (Alters-) Vorsorge zunehmend an Bedeutung gewinnt.[1]

Der Staat ergreift daher eine Reihe von Maßnahmen, um die Ungleichverteilung des Vermögens zu reduzieren. Neben der Förderung des Wohneigentums und des Sparens im allgemeinen fördert der Staat die Beteiligung der Arbeitnehmer am Produktivvermögen. Mit Letzterem sollen über die Erhöhung der Verteilungsgerechtigkeit hinaus weitere Ziele erreicht werden: (1) Verstärkung des Verständnisses der Arbeitnehmer für marktwirtschaftliche Zusammenhänge bzw. für die wirtschaftlichen Belange des arbeitgebenden Unternehmens, (2) Entlastung der Tarifpolitik und Verlangsamung des Tariflohnanstiegs, (3) Erhöhung der gesamtwirtschaftlichen Sparquote, (4) Senkung des Kostenniveaus der Unternehmen, (5) Verstärkung der Eigenkapitalbasis und Wettbewerbsfähigkeit der Unternehmen.[2]

Eine gegenwärtig durchgeführte staatliche Maßnahme, bei der u.a. die Produktivvermögensbildung gefördert wird, ist die Sparprämie im Rahmen der Arbeitnehmersparzulage. Legt ein Haushalt sein Vermögen in Form von Unternehmensbeteiligungen an, wird ihm eine Sparprämie gewährt. Vor dem Hintergrund verteilungspolitischer Ziele ist diese Maßnahme nur dann als positiv zu werten, wenn sie auch tatsächlich von den Haushalten in Anspruch genommen wird, die ein geringes Vermögen und damit verbunden zumeist auch ein geringes Produktivvermögen aufweisen. Aufgrund des engen Zusammenhangs zwischen Vermögen und Einkommen wurden Einkommensgrenzen eingeführt, d.h. wenn ein Haushalt ein bestimmtes Einkommen überschreitet, kommt er nicht mehr in den Genuß der Maßnahme.

In der wirtschaftswissenschaftlichen Literatur gibt es kontroverse Auffassungen über die Chancen der freiwilligen Beteiligung der Arbeitnehmer am Produktivvermögen. Fraglich ist, ob eine Maßnahme wie z.B. die Gewährung einer Sparprämie bei Anlage des Vermögens in Form von Produktivvermögen die Chancen zur Arbeitnehmerbeteiligung tatsächlich erhöht. Um das beurteilen zu können, sind empirische Untersuchungen erforderlich, die über die Präferenzen verschiedener Haushaltsgruppen zur Bildung von Produktivvermögen Auskunft geben. Sind sie gerade bei den Haushalten, die durch diese Maßnahme erreicht werden sollen, gering, wird auch eine Sparprämie die Haushalte nicht - oder nur in geringem Maße - zur Anlage von

Produktivvermögen bewegen können. Bisher ist jedoch über die Präferenzen verschiedener Haushaltsgruppen zur Bildung von Produktivvermögen wenig bekannt. Erste Ableitungen hierzu können Veröffentlichungen des Statistischen Bundesamtes entnommen werden, die über den Besitz von Wertpapieren (u.a. Aktien) in Haushalten verschiedener sozio-ökonomischer Gruppen Auskunft geben.[3] Diese Ergebnisse sind jedoch wenig differenziert, denn sie beschränken sich auf Mittelwertberechnungen für einzelne Haushaltsgruppen. Da aber insbesondere das Produktivvermögen innerhalb der Haushaltsgruppen sehr breit gestreut ist und viele Haushalte nicht im Besitz dieser Vermögensart sind, haben diese Mittelwerte nur eine sehr begrenzte Aussagekraft im Hinblick auf die Präferenzen aller Haushaltsgruppen zur Bildung von Produktivvermögen.

In dem vorliegenden Beitrag wird dieser Problematik Rechnung getragen, indem eine ökonometrische Analyse durchgeführt wird, in der eine Differenzierung nach mehreren Bestimmungsgründen gleichzeitig erfolgt und in der explizit die Haushalte ohne Produktivvermögen in die Analyse einbezogen werden. Es können damit Haushaltsgruppen identifiziert werden, die systematisch geringe bzw. hohe Präferenzen für die Produktivvermögensbildung aufweisen. Hieraus sollen Chancen der Beteiligung privater Haushalte am Produktivvermögen sowie Hinweise zur Ausgestaltung vermögenspolitischer Maßnahmen abgeleitet werden.

2 Methodische Vorgehensweise

Die Chancen der Beteiligung privater Haushalte am Produktivvermögen werden im folgenden auf Basis des Aktienbesitzes verschiedener Haushaltsgruppen untersucht. Hieraus sollen Schlüsse zu gegenwärtig bestehenden freiwilligen Anreizen der Beteiligung am Produktivvermögen abgeleitet werden. Darüber hinaus kann ermittelt werden, wie hoch staatliche Anreize sein müßten, um bestimmte Haushalte zur Produktivvermögensbildung zu veranlassen.

Daten

Insgesamt wurden die Daten von ca. 40.000 west- und ostdeutschen Haushalten ausgewertet. Diese Haushalte, welche im Rahmen der Einkommens- und Verbrauchsstichprobe (EVS) des Statistischen Bundesamtes im Jahr 1993 erfaßt wurden, repräsentieren rd. 98% der bundesdeutschen Haushalte. Lediglich rd. 2% der Haushalte der Bundesrepublik werden durch das Datenmaterial nicht abgebildet. Hierzu gehören u.a. Haushalte, deren monatliches

Nettoeinkommen 35.000 DM überschreitet. Obwohl es wünschenswert wäre, auch diese Haushaltsgruppe in die Analyse einzubeziehen, ist diese jedoch nicht vorrangig interessant, da bei diesen Haushalten bereits von einer relativ hohen Beteiligung am Produktivvermögensbildung auszugehen ist.

Ökonometrisches Verfahren

Das ökonometrische Verfahren, welches den im folgenden vorzustellenden Ergebnissen zugrundeliegt, ist die Tobit-Analyse. Dieses Verfahren ist notwendig, weil ein sehr großer Anteil der Haushalte, sprich 88%, nicht im Besitz von Aktien ist, also sogenannte Nullbeobachtungen aufweist. Lediglich 12% der Haushalte weisen positive Aktienvermögensbestände auf. Wird das Aktienvermögen vereinfachend lediglich in Abhängigkeit des Einkommens in einem Diagramm abgetragen, zeigt sich schematisch das in Abbildung 2 dargestellte Bild.

Abbildung 2: Aktienvermögen in Abhängigkeit des Einkommens

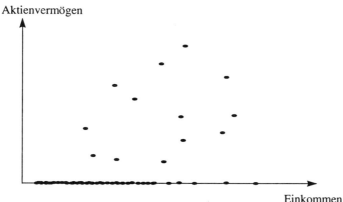

Quelle: eigene Darstellung.

Ersichtlich wird die Konzentration von Nullbeobachtungen insbesondere im unteren Einkommensbereich. In den oberen Einkommensbereichen zeigt sich eine zunehmende Akzeptanz von Aktien, welche dadurch zum Ausdruck kommt, daß weniger Nullbeobachtungen vorliegen und höhere Aktienwerte gehalten werden.

Während sich bei den positiven Aktienbeständen die Akzeptanz von Aktien direkt in der Höhe ablesen läßt, kann bei den Nullbeobachtungen, also bei 88% der Haushalte nicht unterschieden werden, ob die Akzeptanz, Aktienvermögen zu bilden, nahe Null liegt, so daß die Haushalte möglicherweise kurz davor stehen, Aktien zu erwerben oder weit unterhalb von Null, also nicht im entferntesten an einen Aktienerwerb denken.

Würde anhand dieser Daten inklusive der Nullbeobachtungen eine gewöhnliche Regressionsanalyse, also Kleinst-Quadrate-Schätzung, vorgenommen werden, würden alle Nullbeobachtungen, obwohl hinter ihnen vermutlich ganz unterschiedliche Neigungen der Aktienvermögensbildung stecken, gleich behandelt werden. Daraus würde eine Verzerrung der Regressionsgerade resultieren. Auch ein Ausschluß der Nullbeobachtungen ist keine Lösung des Problems, denn dann ließen sich nur Aussagen für die 12% der Haushalte ableiten, die Aktien halten.

Da eine übliche Regressionsschätzung sowohl unter Einbezug als auch unter Vernachlässigung der Nullbeobachtungen nur mit Einschränkungen zu gebrauchen ist, sind für die Analyse des Aktienvermögens andere Schätzverfahren anzuwenden. Im vorliegenden Fall bietet sich eine Tobit-Schätzung an. Diese erklärt simultan einerseits die Wahrscheinlichkeit für einzelne Haushaltsgruppen, Aktienvermögen zu bilden, andererseits die Höhe des Aktienvermögens.

Einflußfaktoren auf die Aktienvermögensbildung

Abgeleitet aus theoretischen Vorüberlegungen werden in die Analyse solche Haushaltsmerkmale einbezogen, die einen Einfluß auf die Neigung zur Aktienvermögensbildung erwarten lassen:

Da die Bildung von Aktien eine spezifische Form des Sparens darstellt, können die Determinanten des Sparens auch als gültig für die Aktienvermögensbildung angesehen werden. Hierzu zählen das Einkommen und der Konsum. Insbesondere der Konsum wird wesentlich durch die Kinderzahl im Haushalt beeinflußt. Auch ist zu berücksichtigen, daß das Konsumniveau und die Konsumstruktur in den Haushalten der neuen Bundesländer von denen der alten Bundesländer abweichen kann, so daß auch hier von einem Einfluß auszugehen ist. Da nicht nur das Einkommen, sondern auch das Vermögen selbst die Sparfähigkeit beeinflußt, wird es ebenfalls einbezogen. Aufgrund der Stufen der Vermögensbildung, welche besagen, daß zunächst Vermögensarten höherer Liquidität und Sicherheit gehalten werden und erst bei höherem Vermögen auch risikoreichere Arten höherer Rentabilität an Bedeutung gewinnen, wird auch die Struktur des Geldvermögens die

Aktienvermögensbildung determinieren. Diese wird durch die Anzahl der Geldvermögensarten des Haushalts ausgedrückt und stellt damit eine Proxivariable für das Portfolioverhalten dar. Nicht zuletzt wird berücksichtigt, daß das Sparen in Form von Aktien vermutlich mit einer höheren Ausbildung einhergeht, denn die Aktienhaltung verlangt vergleichsweise umfangreiche Kenntnisse und Informationen. Aus diesem Grund wird auch das Bildungsniveau in die Analyse einbezogen. Zusammengefaßt werden folgende Haushaltsmerkmale in der Analyse berücksichtigt:

1. Einkommen (verfügbares Jahreseinkommen)
2. Nettogesamtvermögen (Grund- und Geldvermögen abzüglich aller Schulden)
3. Kinderzahl (0 bis 5 Kinder)
4. Anzahl Geldvermögensarten (0 bis 14 Geldvermögensarten)
5. Soziale Stellung (Selbständige, Arbeitnehmer, Nichterwerbstätige)
6. Bildungsniveau (drei Bildungsstufen)
7. Bundesgebiet (altes und neues Bundesgebiet)

Von diesen Variablen werden die ersten vier als metrische Variablen einbezogen. Die soziale Stellung, das Bildungsniveau und das Bundesgebiet werden in Form von Dummy-Variablen in der Gleichung berücksichtigt. Jede Merkmalsausprägung (z.B. bei der sozialen Stellung Selbständige, Arbeitnehmer und Nichterwerbstätige) wird durch eine Dummy-Variable abgebildet. Zur Vermeidung vollständiger Multikollinearität wird bei jedem der drei qualitativen Merkmale jeweils eine Ausprägung aus der Schätzgleichung herausgelassen. Ein Haushalt, der diese Ausprägungen aufweist (hier: Angestellter, mittleres Bildungsniveau, alte Bundesländer), fungiert als Referenzhaushalt. Ziel der Analyse ist es nun, die Abweichung des Aktienvermögens von z.B. Haushalten mit höherem Bildungsniveau zu diesem Referenzhaushalt zu ermitteln.

3 Darstellung der Ergebnisse

In der folgenden Tabelle ist die Bedeutung des Einflusses der einbezogenen Variablen auf das Aktienvermögen aufgezeigt.

Abgebildet sind die aus der Schätzung abgeleiteten standardisierten Regressionskoeffizienten. Anhand dieser Koeffizienten läßt sich die Bedeutung der in die Schätzung einbezogenen Variablen in einer Reihenfolge ablesen. Die aufgeführten Sternchen zeigen, daß alle einbezogenen Variablen die Höhe des Aktienvermögens signifikant, also statistisch abgesichert beeinflussen.

Tabelle 1: Die Bedeutung einzelner Variablen auf das
Aktienvermögen privater Haushalte

	Standardisierte Regressionskoeff.	Bedeutung
Einkommen	0,80 **	1
Nettogesamtvermögen	0,32 **	4
Kinderzahl	-0,29 **	5
Anzahl Geldvermögensarten	0,59 **	2
Selbständigkeit	0,18 **	7
Nichterwerbstätigkeit	0,11 **	8
Geringes Bildungsniveau	-0,27 **	6
hohes Bildungsniveau	0,06 *	9
Neue Bundesländer	-0,54 **	3

Die mit Sternchen gekennzeichneten Werte sind mit einer Irrtumswahrscheinlichkeit
von höchstens 1% (**) bzw. höchstens 5% (*) von Null verschieden.
Quelle: Einkommens- und Verbrauchsstichprobe 1993, eigene Berechnungen.

Deutlich wird, daß im Vergleich der Variablen das Einkommen mit einem
Faktor von 0,8 den entscheidensten Einfluß auf das Aktienvermögen der
Haushalte hat. Den zweitwichtigsten Einfluß stellt interessanterweise nicht
die Höhe des Nettogesamtvermögens dar, sondern die Anzahl der verschie-
denen Geldvermögensarten, welche Auskunft über die Portfoliostruktur der
Haushalte gibt. Es ist also nicht unbedingt so, daß nur die vermögendsten
Haushalte im Besitz von Aktien sind, sondern insbesondere die Haushalte
verfügen über Aktien, die unter Umständen auch bei einem geringerem
Vermögen bereits mehrere Vermögensarten haben wie Sparkonten, Lebensversicherungen und Bausparverträge. An dritter Stelle steht mit -0,54 der
Einflußfaktor „Neue Bundesländer". Dieser Faktor wirkt im Vergleich zu den
beiden vorhergenannten negativ, d.h. kommt ein Haushalt aus den neuen
Bundesländern, wird er unter sonst gleichen Bedingungen im Mittel ein
geringeres Aktienvermögen aufweisen als ein Haushalt der alten Bundesländer. Der Erklärungsgrund dafür kann sein, daß Haushalte der Neuen Bundesländer 1993 eine stärkere Konsumneigung hatten als Haushalte der alten
Länder. Diese steht in engem Zusammenhang mit liquiden Vermögensarten.
An vierter Stelle folgt dann das Nettogesamtvermögen und an fünfter Stelle
die Kinderzahl, die ebenfalls einen negativen Effekt aufweist, d.h. bei steigender Kinderzahl ist im Mittel mit einem geringeren Aktienvermögen zu rechnen. Aus diesen Ergebnissen läßt sich bereits folgern, daß Beteiligungs-

modelle, welche die genannten Faktoren nicht berücksichtigen zu einer geringen Produktivvermögensbildung führen.

Neben der hier dargestellten Reihenfolge der Bedeutung einzelner Variablen lassen sich aus der Tobit-Schätzung unter Vorgabe konkreter Variablenwerte wie einer konkreten Einkommens- und Vermögenshöhe, der Anzahl der Vermögensarten etc. weitere Ergebnisse ableiten, welche in der Tabelle 2 dargestellt sind.

Abgebildet sind „Wahrscheinlichkeiten des Besitzes von Aktienvermögen" sowie „Erwartungswerte des Aktienvermögens" für einen Referenzhaushalt mit geringem, mittlerem und hohem Einkommen und Vermögen. Der Referenzhaushalt ist ein Arbeitnehmerhaushalt mit zwei Kindern, drei unterschiedlichen Geldvermögensarten[4] und mittlerem Bildungsniveau. Die Werte sind getrennt nach alten und neuen Bundesländern aufgeführt.

Tabelle 2: Wahrscheinlichkeit des Besitzes von Aktienvermögen sowie
Erwartungswert des Aktienvermögens bei Variation der
Einkommens- und Vermögenshöhe eines
Referenzhaushaltes[1]

Wahrscheinlichkeit des Besitzes von Aktienvermögen (in %)

Einkommen und Vermögen[2]	Alte Bundesländer	Neue Bundesländer
Gering	6	3
Mittel	9	4
Hoch	13	6

Erwartungswert des Aktienvermögens (in DM)

Einkommen und Vermögen[2]	Alte Bundesländer	Neue Bundesländer
Gering	2.598	938
Mittel	3.675	1.396
Hoch	5.829	2.376

1) Referenzhaushalt: Arbeitnehmer, 2 Kinder, 3 Geldvermögensarten, mittleres Bildungsniveau.
2) Als gering, mittel bzw. hoch werden die Grenzen zum unteren, mittleren und oberen Einkommens- bzw. Vermögensquartil eines Haushalts mit 2 Kindern definiert.
Quelle: Einkommens- und Verbrauchsstichprobe 1993, eigene Berechnungen.

Der Einfluß des Einkommens und Vermögens auf das Aktienvermögen wird deutlich erkennbar. Es seien zunächst nur die Haushalte der alten Bundesländer betrachtet. Weisen diese Haushalte ein geringes Einkommen und Vermögen auf, ist zu 6% mit Aktienbesitz zu rechnen. Bei hohem Einkommen und Vermögen steigt der prozentuale Anteil auf 13%. Die Erwartungswerte steigen um mehr als das Doppelte von 2.598 auf 5.829 DM.

Auch der Unterschied zwischen den alten und neuen Bundesländern wird deutlich erkennbar. Während die Haushalte der alten Länder bereits bei geringem Einkommen und Vermögen zu 6% Aktienvermögen besitzen, erreichen Haushalte der neuen Länder erst bei hohem Einkommen und Vermögen diesen prozentualen Wert. Dabei liegen die Erwartungswerte immer noch unter denjenigen der alten Länder mit geringem Einkommen und Vermögen.

Hieraus läßt sich ableiten, daß Haushalte der neuen Bundesländer unter sonst gleichen Bedingungen ein deutlich höheres Einkommen und Vermögen haben müssen, damit sie freiwillig ähnlich hohe Aktienvermögen bilden wie Haushalte der alten Länder. Behandelt man Haushalte der alten und neuen Bundesländer gleich und zwingt beide, bereits bei geringem Einkommen und Vermögen Aktien z.B. in Form eines Investivlohnmodells zu erwerben, werden die Haushalte der neuen Länder benachteiligt, denn deren Präferenz für Aktien liegt deutlich unter derjenigen der alten Länder.

Ausgehend von einem Haushalt der alten Bundesländer mit mittlerem Einkommen und Vermögen werden im folgenden noch einmal die Variablen „Kinderzahl", „Anzahl der Geldvermögensarten" sowie „Bildungsniveau" variiert, um wiederum die Wahrscheinlichkeiten für den Besitz sowie den Erwartungswert des Aktienvermögens abzuleiten.

In der mittleren Spalte dieser Tabelle sind die Werte des hier zugrundeliegenden Referenzhaushalts aufgeführt. Dieser Haushalt hat ein mittleres Einkommen und Vermögen, kommt aus den alten Bundesländern, ist Arbeitnehmer mit 2 Kindern, 3 Geldvermögensarten und mittlerem Bildungsniveau. Bei diesem Referenzhaushalt wurden die in der ersten Spalte der Tabelle aufgeführten Faktoren gesenkt (Geringer) bzw. erhöht (Höher). Das erste Feld der Tabelle kennzeichnet demnach einen Haushalt der sich vom Referenzhaushalt lediglich dadurch unterscheidet, daß er nicht zwei, sondern nur noch ein Kind hat.

Die Zahlen der Tabelle 3 weisen aus: beträgt die Kinderzahl nicht mehr, wie bei dem Referenzhaushalt zwei, sondern drei Kinder, sinkt die Wahrscheinlichkeit des Aktienbesitzes um zwei Prozentpunkte, der Erwartungswert des Aktienvermögens um ca. 600 DM. Dies ist nachvollziehbar, denn insbesondere Haushalte mit mehreren Kindern haben hohe Präferenzen, ihr Vermögen in Form von Haus- und Grundbesitz anzulegen.[5] Auch diese

Tabelle 3: Aktienvermögen: Wahrscheinlichkeit des Besitzes sowie Erwartungswert – Variation verschiedener Merkmale bei einem Referenzhaushalt[1]

Wahrscheinlichkeit des Besitzes von Aktienvermögen (in %)

	Geringer	Referenz-haushalt	Höher
Kinderzahl	10	9	7
Anzahl Geldvermögensarten	5	9	13
Bildungsniveau	6	9	9

Erwartungswert des Aktienvermögens (in DM)

	Geringer	Referenz-Haushalt	Höher
Kinderzahl	4.401	3.675	3.053
Anzahl Geldvermögensarten	2.126	3.675	6.077
Bildungsniveau	2.497	3.675	4.014

1 Referenzhaushalt: mittleres Einkommen und Vermögen, alte Bundesländer, Arbeitnehmer, 2 Kinder, 3 Geldvermögensarten, mittleres Bildungsniveau.
Quelle: Einkommens- und Verbrauchsstichprobe 1993, eigene Berechnungen.

Haushalte würden z.B. bei Investivlohnmodellen, welche Haushalte zwingen, einen Teil ihres Lohnes in Form von Aktien anzulegen, zu den benachteiligten gehören.

Ähnliche Ableitungen lassen sich für Haushalte mit geringerer Anzahl an Vermögensarten sowie für Haushalte mit geringerem Bildungsniveau machen. Sinken diese Faktoren, sinkt die Präferenz für Aktien, d.h. auch diese Haushaltsgruppen wären, würde man Zwang in Form von Investivlohnmodellen ausüben, benachteiligt.

4 Schlußfolgerungen

Unter den jetzigen Rahmenbedingungen halten im Durchschnitt lediglich 12% der Haushalte der alten bzw. 3% der Haushalte der neuen Bundesländer Aktien, d.h. dieser Anteil an Haushalten beteiligt sich bereits freiwillig am Produktivvermögen. Um Beteiligungen in größerem Umfang zu realisieren, müßten folglich hohe Anreize geschaffen werden.

Die geringsten Präferenzen Aktien zu bilden, haben Haushalte mit geringem Einkommen, geringer Vermögensstreuung und geringem Vermögen. Die

Präferenzen dieser Haushalte sind noch geringer, wenn sich der Wohnsitz in den neuen Bundesländern befindet. Gleichgültig in welcher Form eine höhere Beteiligung der Haushalte am Produktivvermögen erreicht werden soll, ob über eine Schaffung höherer Anreize zur Erhöhung einer freiwilligen Beteiligung oder ob über eine Ausübung von Zwang: wenn nicht entsprechende Differenzierungen eingeschlossen sind, besteht bei politischen Eingriffen die Gefahr, diese Haushaltsgruppen zu benachteiligen.

Aufgrund der Gefahr von Benachteiligungen vieler Haushaltsgruppen sollte jede Form der staatlichen Förderung der Beteiligung von Arbeitnehmerhaushalten am Produktivvermögen einer kritischen Kosten-Nutzen-Analyse für die Gesellschaft unterzogen werden.

Abschließend läßt sich festhalten, daß die Chancen zur Verringerung der Ungleichverteilung des Vermögens mittels Beteiligungen privater Haushalte am Produktivvermögen als gering einzustufen sind. So weisen gerade die Haushalte mit geringem Vermögen, sprich Haushalte mit geringem Einkommen und Vermögen sowie mit Wohnsitz in den neuen Bundesländern, die geringsten Präferenzen für die Aktienvermögensbildung auf. Es bedarf schon sehr hoher Anreize, um diese Haushalte zum Aktienerwerb zu ermuntern. Dies bedeutet, daß der Staat hohe Aufwendungen zur Förderung der Beteiligung tätigen müßte. Wenn dies angesichts der staatlichen Budgetbeschränkungen nur mit geringem Mittelaufwand betrieben wird, dann ist von derartigen Maßnahmen abzuraten, da sich letztlich diejenigen Haushaltsgruppen dann am Produktivvermögen beteiligen, die ohnehin bereits höhere Anreize dazu haben.

Anmerkungen

* Wiss. Mitarbeiter an der Universität Kiel

1 Barthel, A.: Beteiligung am Produktivvermögen und Investivlohn – Vernachlässigte Konzepte? In: Politische Studien, Heft 352, 48. Jgg., 3/4 1997, S. 58.

2 Barthel, A.: Beteiligung am Produktivvermögen und Investivlohn – Vernachlässigte Konzepte? In: Politische Studien, Heft 352, 48. Jgg., 3/4 1997, S. 59.

3 Euler, M.: Das Wertpapiervermögen privater Haushalte in Ost- und Westdeutschland. In: Sparkasse 12/1995, 112. Jgg., S. 545-553; Euler, M: Wertpapiervermögen privater Haushalte am Jahresende 1988. In: Wirtschaft und Statistik 6/1991, S. 410-415; Euler, M.: Wertpapiervermögen privater Haushalte am Jahresende 1983. In: Wirtschaft und Statistik 8/1985, S. 672-680.

4 Das ist die am häufigsten vorkommende Anzahl (EVS, 1993, eigene Berechnungen).

5 vgl. dazu Thiele, S.: Das Vermögen privater Haushalte und dessen Einfluß auf die soziale Lage. Frankfurt am Main, 1998, S. 152-154.

Sylvia Lorek und Joachim H. Spangenberg*
Reichtum und Ökologie

Einleitung

Nahezu alles, was Menschen in ihrem Alltagsablauf an Gütern oder Dienstleistungen kaufen, hat Auswirkungen auf die Umwelt. Diese Auswirkungen beginnen bei der Herstellung von Produkten (z.b. Abraumanfall und Schwermetallbelastung beim Abbau von Metallen), fallen während des Gebrauchs an (z.b. Energieverbrauch für elektrische Geräte) und wirken mitunter noch lange Zeit, nachdem ein Produkt seinen Nutzen verloren hat (FCKW aus ausgedienten Kühlschränken ist vielleicht das bekannteste Beispiel).[1] Wenn aber jeder Kaufakt mit Umweltfolgen verbunden ist, dann erscheint es ceteris paribus plausibel, daß je mehr Geld ein Individuum bzw auf der Makroebene die Bewohner/innen eines Landes insgesamt zur Verfügung haben und für ihren Konsum ausgeben können, desto mehr die Umwelt belastet wird (von den Einflüssen der Einkommensverteilung auf das Konsumverhalten wird hier abgesehen). Diese plausible Annahme gilt jedoch nicht absolut, wie die bekannte „IPAT-Formel" nach Ehrlich illustriert:

$$I = P \times A \times T^2,$$

wobei I die Umweltbelastung (Impact), P die Bevölkerungsgröße (Population), A das Konsumniveau pro Kopf (Affluence) und T relative Umweltwirksamkeit je Konsumeinheit (Technology) ist. In den Ländern West- und Mitteleuropas, wo die Bevölkerung nahezu konstant ist, ergibt sich die Umweltbelastung daher im wesentlichen als das Produkt von Konsumniveau und technisch beeinflußter Öko-Effizienz des Konsums.

Es kann daher auch der dem obigen entgegengesetzte Standpunkt eingenommen werden: Je mehr Reichtum vorhanden ist, sei es in einem Land oder für eine/n Einzelne/n, desto eher kann in umweltschonende Technologien investiert werden bzw. desto eher besteht finanziell die Möglichkeit, sich ökologisch verträgliche Produkte zu leisten, die heute in der Regel teurer sind. Nimmt man zudem an, daß sich erst ab einem bestimmten Wohlstandsniveau die Präferenz der Konsumenten/innen von materiellen Werten (Einkommenszuwachs) zu immateriellen Werten (u.a. saubere Umwelt) verschiebt, so hat man die Basis der unter Wirtschaftswissenschaftlern/innen vieldiskutierten Environmental Kuznets Curve (EKC) Hypothese, die in letzter Konsequenz besagt, daß individuell Wohlstandsmehrung und gesamtwirtschaftlich maximales Wachstum der sicherste Weg zur Erhaltung der Umwelt sind. In Worten der Ehrlich-Formel gesprochen wird damit angenommen, daß sich bei steigendem Wohlstand A die Nachfrage nach „sauberen Technologien" so entwickelt, daß die Reduktion von T das Anwachsen von A überkompensiert, so daß in der Konsequenz die Umweltbelastung I sinkt. Das Verhältnis von A und T bestimmt also das Wechselspiel von Reichtum und Ökologie. Welche Präferenzen haben aber die Reichen konkret, für welche Art von Konsum entscheiden sie sich (T), wieviel davon verbrauchen sie (A), mit welchen Wirkungen auf die Umwelt (I)? Ist ihr Lebensstil schon deshalb in seinem Wesen nachhaltig, weil die Besitzstruktur der Reichen auf Dauerhaftigkeit, auf Erhalten und Vererben angelegt ist?

Will man sich bei der Beantwortung dieser Fragen nicht auf Plausibilitätsüberlegungen mit durchaus unterschiedlichem Ergebnis beschränken, sondern den Sachverhalt verläßlicher überprüfen als durch spekulative Aussagen, so müssen auf der Makroebene die als Analysegrundlage genutzten Umwelteffekte spezifiziert werden. Die Literatur zur EKC-Hypothese ist hier sehr uneinheitlich und bezieht sich wesentlich auf die Emissionen von Einzelstoffen, so daß hier zunächst ein integratives Maßsystem der Umweltbelastung als Diskussionsgrundlage eingeführt wird.[3] Um von der gesellschaftlichen Ebene zu den Haushalten vorzudringen, muß die integrierte Umweltbelastung auf zu identifizierende Konsummuster bezogen werden, deren einkommensspezifische Ausprägung dann wiederum Aussagen darüber erlaubt, ob die Reichen als Protagonisten ökologischer Destruktion betrachtet werden müssen, in und zwischen den Gesellschaften, oder ob sie als Vorhut nachhaltigen Konsums gelten können.

Reichtum der Gesellschaften

Bekanntlich sind als Folge des Wohlstands in den Industrieländern hier materielle Ausstattung, Ressourcenkonsum und Umweltbelastung besonders hoch. Die folgenden Zahlen sollen diese internationale Verteilung illustrieren[4]:
- Das reichste Fünftel der Menschheit besitzt 87% der Autos, das ärmste Fünftel weniger als 1%
- Das reichste Fünftel verbraucht 58% der Energie, das ärmste Fünftel 4 %
- Das reichste Fünftel verursacht 53% der CO_2 Emissionen, das ärmste Fünftel 3%.[5]
- Die 20% der Weltbevölkerung, die in den reichsten Ländern leben, konsumieren 45% des Fisch- und Fleischangebotes, das ärmste Fünftel 5%. So betrug der Fleischkonsum als die am stärksten umweltbelastende Ernährungsform in den USA und Neuseeland 119 kg pro Kopf und Jahr, in Zypern 108 kg, in Australien 107 kg, in Österreich 107 kg. In Guinea,

Malawi, Indien und Burundi dagegen lag der Verbrauch bei 4 kg, in Bangladesch bei 3 kg pro Kopf und Jahr.

Betrachtet man den Ressourcenverbrauch verschiedener Staaten so ergibt sich ein ähnliches Bild: der Ressourceneinsatz pro Kopf der Bevölkerung (A x T) liegt in den Industriestaaten weit höher als im Süden. So werden für jede/n Deutsche/n im Jahr 20 Tonnen an Material geerntet, gefördert oder importiert, für die polnische Bevölkerung liegt dieser Wert bei 12,3 t, für Ägypten bei 7 t[6].

Die Ressourceneffizienz (T) bildet die andere Seite der Medaille, denn die Ressourcen werden in reichen Ländern deutlich effizienter eingesetzt (was den Lebensstandard erneut erhöht). So beträgt der direkte Materialeinsatz pro DM des Bruttosozialprodukts in Ägypten 6,8 kg, in Polen 2,3 kg und in Deutschland 0,5 kg.

Alles in allem verursacht ein Mensch, der in einem der industrialisierten Länder geboren wird, im Laufe seines Lebens so viel an Umweltbelastungen und Ressourcenverbrauch wie 30 - 40 Menschen in einem Entwicklungsland[7]. Offensichtlich geht die ungleiche Einkommensverteilung mit einer entsprechenden Verteilung der Umweltbelastung einher: die Umweltschulden des Nordens (ecological debt) sind nicht nur historisch manifest, sondern akkumulieren weiter.

Reichtum in der Gesellschaft

Auch innerhalb der Industriestaaten wird nicht *der* durchschnittliche Lebensstil der Ressourcenverschwendung gepflegt. Es gibt Arme und Reiche, die sich nicht nur im Einkommen, sondern auch im Umweltverbrauch erheblich unterscheiden können. Welche Rolle spielen also die Reichen *innerhalb* eines Industrielandes, z.B. in Deutschland, für die Ökologie: Ressourcenverschwender oder Garanten für bleibende Werte?

Betrachtungsgrenzen

Dieser Beitrag behandelt Reiche lediglich in ihrer Rolle als Konsumenten, nicht als Besitzer von Produktionsvermögen und damit angebotsseitige Beeinflusser von Produktionsmustern. Da an dieser Stelle lediglich die ökologische Relevanz der Konsumnachfrage differenziert nach Einkommensgruppen interessiert, spielt die Größe der Vermögen hier nur insofern eine Rolle, als sie verfügbares Einkommen generiert. Nicht am Markt erworbene Beiträge können zwar einen signifikanten Teil des Lebensstandards ausmachen[8], sind aber – da nicht gehandelt – weniger vom materiellen Wohlstand als von der Verfügbarkeit erwerbsarbeitsfreier Zeit abhängig und in ihrer Umweltintensität umstritten. Sie werden – auch mangels verfügbarer Daten – im folgenden nicht weiter behandelt. Über den Einfluß von Besitz und Vermögen auf das Konsumverhalten liegen uns keine Daten vor, zu vermuten ist, daß beide Faktoren so eng korrelliert sind, daß eine sichtbare Differenz nicht besteht.

Reichtum wird im hier beschriebenen Zusammenhang demgemäß durch eine untere Einkommensgrenze definiert; nach Datenverfügbarkeit ist diese bei einem Nettomonatseinkommen aus Erwerbsarbeit und Vermögen von knapp 4.000,- EURO (7.500,- DM) gesetzt worden. Dies entsprach im Jahre 2000 brutto ca. monatlichen Bezügen von 6.000,- EURO oder 12.000,- DM.

Bezüglich der Wechselwirkungen zwischen Mensch und Umwelt (genauer: zwischen Anthroposphäre/Soziosphäre und Ökosphäre) fokussiert diese Untersuchung auf die Belastung der Umwelt durch den Menschen. Mit anderen Worten: die rückwirkende Belastung *der Menschen durch die Umwelt* sind nicht Gegenstand der Untersuchung. Es handelt sich dabei in der Regel um Substanzen, die als unintendiertes Nebenprodukt bei der Herstellung nachgefragter Güter entstehen, und bei denen auch kleinste Mengen an Wirksubstanz signifikante Schäden auslösen können. Bekannt sind radioaktive Substanzen, bestimmte Gifte, Stoffe, die Krebs, Erbschäden oder Fruchtschäden auslösen, oder Substanzen, die hormonähnliche oder allergieauslösende Wirkungen haben. Hier geht es jedoch längst nicht mehr um den *Schutz der Umwelt*, sondern um den Schutz *vor der (menschengemachten) Umwelt*. Armut und Reichtum haben damit nur insofern zu tun, als entweder der relative Wohlstand über die Verfügbarkeit von Schutzmaßnahmen bestimmt (das zu vermeiden, ist eine Aufgabe des Wohlfahrtsstaates), oder wenn es einkommensspezifische Präferenzen für oder gegen Produkte gibt, die mit einem höheren Ausstoß solcher Schadsubstanzen verbunden sind. Letzteres wird minimiert, indem durch Grenzwerte und Produktstandards dafür Sorge getragen wird, daß auch Produkte in den unteren Preisgruppen einem gesundheitlich vertretbaren Standard entsprechen; allerdings bieten hier Informationsinstrumente wie Produktkennzeichnungen oder Umweltbetriebsprüfungen (Öko-Audits) die Möglichkeit der freiwilligen Differenzierung nach oben. Eine erweiterete Produzentenverantwortung nach US-Vorbild hätte ähnliche Effekte bei weniger Freiwilligkeit. Insgesamt sind die Handlungsmöglichkeiten von Konsumenten/innen in diesem Bereich beschränkt: die Kompetenz liegt eher bei staatlichen Akteuren, die im Rahmen ihrer sozialstaatlichen Vorsorgepflicht auch zum Handeln gehalten sind. Ohne seine Relevanz bestreiten zu wollen, kann deshalb dieser Aspekt bei der Diskussion der Umweltfolgen des Konsums weitgehend ausgeklammert werden.

Um die aus menschlichen Aktivitäten (und damit wohlstandsabhängig) entstehenden Schäden an der Umwelt quantitativ erfassen zu können, muß zunächst eine integrative Meßmethode definiert werden, die es erlaubt, Gesamteinflüsse abzuschätzen und nicht nur den Verlauf einzelner Leitsubstanzen zu verfolgen, die im Verlauf der wirtschaftlichen Evolution durch andere substituiert oder komplementiert werden können – eine typische Folge des Strukturwandels.

Die Umweltbelastung durch Haushaltskonsum – Ein Integratives Umweltbelastungsmaß: Inputerfassung

Bis in die 80er Jahre hat sich der (überwiegend nachsorgende) Umweltschutz auf eine Messung und Regulierung des Outputs konzentriert. Inzwischen rücken in der wissenschaftlichen wie politischen Diskussion Input-Betrachtungen ins Blickfeld. Um potentielle Schäden der Umwelt – und damit auch Belastungen des Menschen – möglichst gering zu halten, bietet es sich an, bereits durch die Verringerung des Umweltverbrauchs auf der Input-Seite die Gesamtbelastungen und so auch die Gefährdungen auf der Output-Seite zu verringern. Dementsprechend wird zur Bewertung und Messung von Umweltverbrauch zunehmend der Ressourcenverbrauch herangezogen[9].

Wie wir kürzlich gezeigt haben[10], sind viele der großen Themen der Umweltpolitik durch wenige Inputparameter abbildbar. So lassen sich mit Hilfe der inputseitigen Schlüsselgrößen *Energie, Materialverbrauch und Flächennutzung* die Problemfelder zwar nicht vollständig erfassen, wohl aber in ihrer Dynamik charakterisieren. Diese drei Kategorien zusammen werden auch als Umweltraum (Environmental Space[11]) bezeichnet. In ihrer Gesamtheit bilden sie ein Maß für die Inanspruchnahme der Umwelt, das richtungssicher, wenngleich nicht proportional zu den spezifischen Schäden ist und es erlaubt, die Relevanz von Konsummustern zumindest in erster Näherung integrativ zu erfassen.

Umweltrelevante Bedarfsfelder des Haushaltskonsums

Für die Identifikation von Einflüssen des Vermögens und der sich daraus ergebenden Lebensweise auf die Umweltwirkung des Konsums ist zunächst zu klären, wo relevante Diskrepanzen zwischen unterschiedlichen Einkommensgruppen liegen *können*. Dazu sind zwei Hauptfragen zu klären:

1. Welche Lebensbereiche haben in der gesamtgesellschaftlichen Betrachtung einen signifikanten Anteil am Umweltverbrauch?
und
2. Welche von diesen sind die Lebensbereiche (Bedarfsfelder), in denen die Haushalte nennenswerten Einfluß auf den Umweltverbrauch haben?

Erst wenn diese beiden Aspekte – die Relevanz und die Beeinflußbarkeit – zusammen betrachtet werden, lassen sich die umweltrelevanten Konsummuster identifizieren, die den Umweltverbrauch der Haushalte prägen, und damit auch die Umweltrelevanz des Haushaltskonsums unterschiedlicher Einkommensgruppen.

Die Möglichkeiten der Haushalte durch ihr Alltagsverhalten oder durch langfristige Entscheidungen den Umweltverbrauch zu beeinflussen, sind für verschiedene Lebensbereiche in höchst unterschiedlicher Ausprägung gegeben. Für einige Konsumgüter wie Lebensmittel aus ökologischem Anbau, Papier oder Tropenholz liegen Kriterien für eine umweltschonende Primärproduktion vor, die als individuelle Entscheidungshilfen dienen können. An ihnen können sich Haushalte mit dem Ziel der Reduzierung von Umweltverbrauch orientieren. Solche Bewertungen müssen die vor- und nachgelagerten Belastungen einschließen, also solche Umweltfolgen, deren unmittelbare Verursachung außerhalb der eigenen vier (oder mehr) Wände und somit der klassischen Grenzen der Umweltbetrachtungen von Haushalten liegen (gemäß dem Vorgehen der Produktlinienanalyse[12]). Dagegen existiert für die Mehrzahl der Konsumgüter entweder keine Information über den Umweltverbrauch in irgendeiner Vorstufe der Produktion, oder diese Informationen sind den Konsumenten/innen nicht zugänglich. Beispiele sind hier der Bereich der Hausgeräte und der sonstigen Haushaltsausstattung.

Der mögliche Einfluß der Haushalte auf den lebenszyklusweiten Umweltverbrauch ist in unterschiedlichen Konsumbereichen offenkundig verschieden groß, so daß es für eine Analyse des Umweltverbrauchs privater Haushalte notwendig ist, sie getrennt zu betrachten. Die unterschiedlichen Konsumbereiche wurden deshalb anhand von Bedarfsfeldern erfaßt. Insgesamt konnte bei der Aufschlüsselung in 10 Bedarfsfelder der direkte und indirekte Ressourcenkonsum der Haushalte zu über 90% abgedeckt werden[13]. Diese Bedarfsfelder sind[14]:
- Bauen und Wohnen
- Ernährung
- Freizeit
- Gesundheit
- Bekleidung
- Waschen und Reinigen
- Hygiene
- Bildung
- Mobilität
- Gesellschaftliches Zusammenleben

Überprüft man diese Felder darauf hin, in welchem dieser Bereiche die Haushalte keinen signifikanten Einfluß auf den Umweltverbrauch nehmen können, so sind dies die Bereiche Gesundheit, Bildung und Zusammenleben. Es handelt sich bei ihnen zwar sehr wohl um umweltrelevante *Bedarfsfelder*, nicht aber um *Handlungsfelder*, in denen die privaten Haushalte die Umweltverträglichkeit der Dienstleistungserstellung wesentlich beeinflussen können. Das gilt vor allem für das Bereitstellen und Betreiben staatlicher Infrastruktur, wie Schulen und Universitäten, Krankenhaus- und Rehabilitationseinrichtungen sowie Polizei, Militär und andere öffentliche Aufgabenbereiche.

Für die verbliebenen sieben Bedarfsfelder ist nun in einem weiteren Schritt ihre ökologische Relevanz zu prüfen. Untersucht man die Bedarfsfelder auf ihren Anteil am gesamtgesellschaftlichen Verbrauch der Schlüsselressourcen, zeigen sich sehr klare Schwerpunkte. *Bauen und Wohnen, Ernährung und Mobilität sind die Alltagsbereiche mit dem größten Umweltverbrauch.* Die Summe des Umweltverbrauchs dieser Bedarfsfelder macht für jede der drei Schlüsselressourcen Energie, Material und Flächen nahezu 70% aus. Jedes einzelne dieser Bedarfsfelder nimmt über 15% der Schlüsselressourcen Energie und Material in Anspruch. Sie liegen damit in weitem Abstand vor den vier verbleibenden vom Haushalt zu beeinflussenden Bedarfsfeldern Hygiene, Bekleidung, Waschen und Freizeit (ohne Freizeitverkehr, da dieser unter Mobilität erfaßt ist). Diese liegen im Gesamtverbrauch von Energie und Material – soweit überhaupt detailliert erfaßt – jeweils in einer Größenordnung von unter 5%[15]. Die weiteren Ausführungen fokussieren deshalb auf die Bedarfsfelder Bauen und Wohnen, Ernährung und Mobilität als ökologisch dominante Bereiche.

Bauen und Wohnen

Das *Bedarfsfeld Bauen und Wohnen* trägt volkswirtschaftlich mit 32% zum Gesamtenergieverbrauch bei. Betrachtet man den Energieverbrauch in den Haushalten, so dominiert das Heizen mit einem Anteil von 49% vor dem Pkw-Verkehr mit 36%.[16]

Eine Reduktion in diesem Bereich stellt daher einen ganz wesentlichen Beitrag zur Ressourcenschonung dar. *Die Gesellschaft für Rationelle Energieverwendung* berechnet, daß durch konsequenten Einsatz bau- und haustechnischer Energiesparmaßnahmen bei der Renovierung eines durchschnittlichen Einfamilienhauses der Energieverbrauch um 90% reduziert werden könnte, mit einer Minderung des CO_2-Ausstoßes um 10.000 kg/a. Dieser Wert ist doppelt so hoch wie die CO_2-Emissionen eines Diesel-PKW mit einem Verbrauch von 6 Litern/100 km und einer Fahrleistung von 25.000 km im Jahr[17].

Diese Zahlen illustrieren die Ökologisierungspotentiale gerade der einkommensstarken Gruppen, aber auch ihre bisher mangelhafte Ausschöpfung.
Mit dem *Bedarfsfeld Bauen und Wohnen* ist die weitaus größte Material-
entnahme aus der Umwelt verbunden; sie beträgt 29% der Gesamtstoff-
ströme. D.h., der durch einen Bundesbürger aktivierte Materialverbrauch
resultiert zu mehr als einem Viertel aus seiner Art des Wohnens. Darunter
fallen alle als Baurohstoffe eingesetzten Ressourcen für Bau und Instandhal-
tung ebenso wie Energieträger und die Materialaufwendungen, die am Ende
des Lebenszyklus entstehen, um das Gebäude rückzubauen.
    Der private Wohnungsbau trägt in erheblichem Maße zur Neuversiegelung
von Flächen bei. Von den 1994 genehmigten Bauvorhaben im Hochbau
entfielen 85% auf Wohngebäude. Nach der Raumordnungsprognose der
Bundesforschungsanstalt für Landeskunde und Raumordnung wird das
Bruttowohnbauland bis zum Jahr 2010 um 370 km^2 zunehmen. Davon werden 84% die Einfamilienhäuser ausmachen, wenn nicht politisch gegenge-
steuert wird (Stichworte: Baulandpreise, Besteuerung, Subventionen)[18]. Das
heißt, der Altbestand muß wesentlich besser genutzt werden, wenn der
Flächenverbrauch reduziert werden soll.

Ernährung

Die Ernährungskette belegt 56% der Fläche in Deutschland und trägt mit
jeweils 20% zum Energieverbrauch, zum Materialverbrauch und zu den
Klimabelastungen bei[19]. Dazu kommt ein wesentlicher Anteil bei der
Gewässerbelastung mit 38% der gesamten Stickstoffeinleitung und etwa 40%
des Eintrags an Phosphor[20].
    Relativ gut erforscht ist im *Bedarfsfeld Ernährung* der Ausstoß von klima-
relevanten Gasen, gemessen als CO_2-Äquivalente. Dies geht nicht zuletzt auf
eine grundlegende Untersuchung zum Umweltverbrauch der Ernährungskette im Rahmen des Studienprogramms Landwirtschaft der Enquete Kommission zurück[21]. Danach verursacht die Ernährung der 80 Mio. Bundesbürger Klimabelastungen in Höhe von mindestens 260 Mio. t CO_2-Äquivalent
im Jahr, das sind 3,2 t pro Person.

Mobilität

Seit den 70er Jahren ist in Deutschland eine zumindest zeitweise Entkoppelung von Wirtschaftsentwicklung und Energieverbrauch zu beobachten. Solche Tendenzen sind im Bedarfsfeld Mobilität jedoch nicht festzustellen. Die
Verkehrsentwicklung wächst schneller als das BIP und stößt inzwischen an
Kapazitätsgrenzen, während gleichzeitig die Nutzungseffizienz der Verkehrs-

infrastruktur deutlich unter 10% der theoretischen Kapazität liegt[22]. Ähnlich stark wächst der Flächenverbrauch und die Freiflächenzerschneidung, die beide mit dem Verkehrszuwachs ursächlich verbunden sind. Noch stellt der Verkehr in der Bundesrepublik – im Gegensatz zu anderen Industrieländern wie z.b. Neuseeland – nicht den größten Anteil am anthropogenen Treibhauseffekt, doch ist er der Bereich mit den größten jährlichen Zuwachsraten. Global werden 50% der Verbrennung von Mineralöl dem Verkehr zugerechnet. Dies entspricht einem Anteil am Treibhauseffekt von rund einem Viertel. Für die Bundesrepublik wird die Größenordnung auf 30% geschätzt.[23] Dazu kommen die CO_2-Mengen, die bei der Produktion und Wartung von Fahrzeugen anfallen und die zum so genannten *Ökologischen Rucksack* des Verkehrs gehören.

Hauptkomponente des Verkehrsaufkommens ist der Personenverkehr und hier der motorisierte Individualverkehr. Das Mobilitätsverhalten der privaten Haushalte spielt eine bedeutende Rolle für die Entwicklung des Verkehrsaufkommens. 41,4 Mio. PKW sind auf deutschen Straßen zugelassen[24]. 58% der Haushalte besitzen ein Auto; weitere 23% der Haushalte verfügen sogar über zwei oder mehr Autos. Dagegen haben 56% der Westdeutschen und 66% der Ostdeutschen 1997 die Bundesbahn nicht benutzt[25]. Insgesamt verzeichnet der Flugverkehr mit mehr als 7,5% die höchsten jährlichen Zuwachsraten aller Verkehrsmittel. Regional unterschiedlich verfügen jedoch ein Viertel bis ein Fünftel der Haushalte über keinen eigenen PkW, weitere Personen (meist Frauen) haben keinen Zugang zum „Familienauto". Die Betroffenen werden so ausgegrenzt und stigmatisiert, ein Thema, das bei Behandlung der soziale Komponente nachhaltiger Mobilität intensiver zu diskutieren wäre.

In Deutschland kommt der Verkehrsproblematik ein besonderer Stellenwert in der öffentlichen Diskussion zu: Mit 3.000 bis 4.000 Bürgerinitiativen, die sich zu diesem Thema gebildet haben[26] – mehr als in jedem anderen Bereich – ist der Verkehr aus der Sicht der Bürgerinnen und Bürger das mit Abstand wichtigste Problemfeld auf kommunaler Ebene[27]. Die Entwicklung verkehrsrelevanter Eckdaten wie die Anzahl der Neuzulassungen, der Verkehrsaufwand in Personen- und Tonnenkilometern, Energieverbrauch im Verkehrssektor etc. zeigen, daß sich die bisherigen Konzepte zur Verkehrsbegrenzung als unwirksam erwiesen haben[28].

Die ökologische Verkehrsproblematik besitzt eine quantitative und eine qualitative Komponente. Wir legen zu viele zu lange Wege mit den falschen Verkehrsmitteln zurück. Die prioritären Handlungsoptionen zu einem ressourcenschonenden Mobilitätsverhalten müssen daher sowohl bei der Vermeidung von Verkehr durch die Vermeidung unnötiger und die Verkür-

zung notwendiger Wege (Abbau von Mobilitätszwängen, Stadt der kurzen
Wege) als auch bei der Verlagerung auf umweltverträglichere Transportmittel
ansetzen.

Entscheidend für die Verkehrsmittelwahl ist die Abwägung von subjektiven Bedürfnissen (individuelle Präferenzen und Werthaltungen) und den
monetären, zeitlichen, sozialen und ökologischen Kosten der gegebenen
Optionen in einer ebenfalls subjektiven Gewichtung. Während bei vorhande-
nem Umweltbewußtsein umweltgerechtes Handeln vorrangig in Bereichen
mit geringem persönlichen Aufwand zu erwarten ist, deuten eine Reihe von
Studien darauf hin, daß es sich bei Änderungen im Mobilitätsverhalten aus
Sicht der Individuen oft um einen Bereich hohen persönlichen Aufwands
handelt.

Reichtum und Ökologie: Die Fakten

Wie sieht nun das Konsumprofil reicher Haushalte in den ökologisch relevanten Bereichen aus? Betrachtet man neben der Ressourcenverbrauchs-
struktur der Bedarfsfelder die Ausgabenstruktur der Haushalte für die unterschiedlichen Lebensbereiche, so ist festzustellen, daß die umweltintensiven
Bedarfsfelder auch in monetärer Hinsicht im Vordergrund stehen[29]. Mit
anderen Worten: trotz des Vordringens der Dienstleistungs-, Informations-
und Wissensgesellschaft dominiert nach wie vor der ressourcenintensive Konsum die Ausgaben der Haushalte. Dies soll anhand einiger Indikatoren
dargestelllt werden, die zur Beurteilung des Umweltverbrauchs in den relevanten Bedarfsfeldern formuliert wurden[30].

Bauen und Wohnen

Je höher das Einkommen, desto größer ist die *Wohnfläche*, die einem Haushalt zur Verfügung steht. In Mietwohnungen beträgt die durchschnittliche
Wohnfläche von Haushalten mit einem Monatsnettoeinkommen über 7.500
DM 102 m², die durchschnittliche Wohnungsgröße über alle Einkommensschichten beträgt 67 m². Bei Eigentümerwohnungen liegen die Wohnflächen
bei 144 m² für Einkommen über 7.500 DM und 110 m² beim Gesamtdurchschnitt[31].

Insgesamt ist der Zusammenhang zwischen Einkommenshöhe und Immo-
bilienbesitz augenfällig. Von den Haushalten mit einem Nettomonatseinkommen zwischen 7.500 und 35.000 DM waren 81% Haus- und Grundeigen-
tümer. Im Durchschnitt über alle Einkommensklassen liegt der Anteil an
Eigentümerwohnungen bei 45%[32]. Der Bericht der *Enquete-Kommission*

1998[33] weist darauf hin, daß mit einer Sanierung des Altbaubestandes zu Lasten von Neubaumaßnahmen in erheblichem Maße der Flächenverbrauch reduziert werden kann. Die einkommensstarken Haushalte beeinflussen aufgrund der hohen Eigentümerquote maßgeblich die Entwicklung der *Privaten Wohnungsbauinvestitionen*, d.h. das Verhältnis der privaten Investitionen in den Wohnungsneubau geht zu Lasten der privaten Investitionen in den Wohnungsbestand und damit auch die ökologisch kritische Entwicklung der *Siedlungsfläche*.

Ernährung

Im Bedarfsfeld Ernährung liegen keine Untersuchungen vor, die einen Zusammenhang von Einkommen und Umweltverbrauch eindeutig belegen. Bodenstein, Spiller und Elbers gehen davon aus, daß hier kein Zusammenhang herzustellen ist und führen dies darauf zurück, daß der Menge des Nahrungsmittelkonsums natürliche Grenzen gesetzt sind. Der Anteil der Haushaltsausgaben für Ernährung geht mit steigendem Einkommen zurück. Mehrausgaben werden im wesentlichen durch eine bessere (aber nicht überwiegend ökologische) Qualität der Waren verursacht.

Eine Untersuchung von Schultz, Empacher, Götz läßt dagegen bei einkommensstarken Haushaltstypen eine leicht erhöhte Tendenz des *Fleischkonsums* und eine geringere Häufigkeit beim Kauf von *Produkten aus ökologischem Anbau* erkennen als bei den anderen Haushaltstypen[34]. Diese beiden Indikatoren spielen bei der Beurteilung von Umweltverbrauch im Bedarfsfeld Ernährung eine wichtige Rolle. Allerdings kann es sich hier auch um ein altersklassenbedingtes Phänomen handeln; höheren Fleischkonsum und geringere Berücksichtigung von Lebensmitteln aus ökologischem Anbau fand eine Studie der NGG[35] in den älteren Bevölkerungsgruppen, die auch die Mehrheit der Reichen stellen. Andere Studien verweisen auf ein Charakteristikum des Luxuskonsums, das allerdings bereits auf die Durchschnittskonsumenten übergreift: ein erhöhter Anteil exotischer und/oder asaisonaler Lebensmittel, die mit hohem Ressourcenaufwand hergestellt bzw. herbeigeschafft werden. Quantitative Daten und eine Relevanzanalyse für dieses Phänomen liegen den Autoren jedoch nicht vor.

Mobilität

Wie oben dargestellt wurde, legen wir ökologisch gesehen zu viele zu lange Wege mit den falschen Verkehrsmitteln zurück. Dabei sind Wegelängen und Verkehrsmittelwahl in Haushalten mit höherem Einkommen umweltschädlicher als bei Beziehern niedriger Einkommen[36]. Das Einkommen ist damit

eine zentrale Größe für den Umweltverbrauch im Verkehrssektor. Das ist
jedoch keinesfalls nur Ausdruck für ein ökologisch bewußteres Verhalten
mittlerer und unterer Einkommensschichten (Reichere haben selten ökologisch dominierte Konsumstile[37], sondern zum Teil eine „Zwangsökologisie-
rung" durch Kaufkraftmangel.

Verkehrsaufwand: Wege und Länge
- PKW

Die Strecken, die jährlich mit dem Auto zurückgelegt werden, werden mit
steigendem Einkommen zunehmend länger. Das belegen folgende Zahlen
einer empirischen Studie von Bodenstein, Spiller, Elbers.

Tabelle 1: Gesamtfahrleistung PKW/Jahr

Einkommen (netto monatlich)	Gesamtfahrleistung PKW/Jahr
unter 4.000 DM	11.140 km
über 4.000 DM	17.950 km

Quelle: Bodenstein, Spiller, Elbers[38]

- Urlaubsflüge

Im Bereich des Freizeitverkehrs weist der Flugverkehr die dynamischsten
Steigerungsraten auf. Bedeutsam sind dabei sowohl die Häufigkeit der
Urlaubsflüge als auch ihre Länge. Es läßt sich feststellen, daß bei Haushalten
mit einem Einkommen unter 7.500 DM pro Monat die jährliche Flug-
leistung unter 10.000 km liegt, während sie bei höheren Einkommen auf
über 20.000 km ansteigt. Wer es sich leisten kann, macht häufiger im Jahr
und in entfernteren Regionen Urlaub.

- Verkehrsmittelwahl

Zur Beurteilung des Umweltverbrauchs durch die Verkehrsmittelwahl werden
die verschiedenen Verkehrsmittel nach dem Grad ihres Ressourcenverbrauchs
pro Transportleistung in die Gruppen eingeteilt: Motorisierter Individualverkehr, Öffentlicher Straßenpersonenverkehr und Eisenbahnverkehr sowie
Fußwege und Fahrradverkehr. Ressourcensparend ist eine Verlagerung der
Transportmittelwahl vom motorisierten Individualverkehr zum sogenannten
Umweltverbund aus Öffentlichem Schienenpersonenverkehr bzw. Eisenbahnverkehr und Fahrrad- bzw. Fußgängerverkehr.

Es zeigt sich jedoch, daß Bezieher höherer Einkommen in der Regel kein Abonnement für den öffentlichen Nahverkehr besitzen. [39]

• Pkw-Bestand
Der PKW Bestand in den Haushalten ist eine entscheidende Determinante der Verkehrserzeugung. Wer ein Auto besitzt (z.b. im Gegensatz zu car-sharing-Mitgliedern), der/die benutzt es auch weitgehend unabhängig von seinen/ihren sonstigen Präferenzen[40]. Nach der Einkommens- und Verbrauchsstichprobe 1993 des Statistischen Bundesamtes besitzen 95,8 % der Haushalte mit einem monatlichen Nettoeinkommen von 10.000 bis 35.000 DM mindestens ein Auto. Im Bundesdurchschnitt sind es „lediglich" 72%. Darüber hinaus steigen mit den Einkommen die Leistung der Fahrzeuge[41] und damit Ressourcenaufwand und Gewicht, Geschwindigkeit und Energieverbrauch.

Tabelle2: Befragte Haushalte in % nach Anzahl der PKW

Einkommen	Anzahl der PKW/Haushalt				
	0	1	2	3	4
unter 4 000 DM	14.9 %	30,5	8,2	0,4	0,4
über 4 000 DM	1,1 %	17,7	20,2	5,0	1,8

Quelle : Bodenstein, Spiller, Elbers[42]

Bewertung

In mindestens zwei der drei für den Umweltverbrauch entscheidenden Bedarfsfeldern ist ein eindeutiger Zusammenhang von Umweltverbrauch und dem Grad des materiellen Wohlstandes festzustellen. In den Bereichen Bauen und Wohnen und Mobilität geht ein steigendes Einkommen gesichert mit steigenden Umweltbelastungen einher, im Bereich Ernährung gibt es erste Hinweise. Die Möglichkeiten, die Reichtum bietet, werden also nicht für einen im Sinne der Nachhaltigkeit besseren, sondern überwiegend für einen quantitativ höheren Konsum genutzt. Mehr statt besser, genauer: mehr ist besser, scheint die entscheidungsleitende Maxime zu sein. *Es geht also eher ein Reicher durch ein Nadelöhr, als daß er sich einen Umweltengel verdient.*
Dies ist insbesondere deshalb bedenklich, weil die reichen Bevölkerungsgruppen nach wie vor eine Orientierungsfunktion für die Bevölkerungsmehr-

heit haben und so einem qualitativen Wandel der Konsummuster hin zu mehr Zukunftsfähigkeit diametral entgegenstehen. Wenn Einkommen und Eigentum verpflichten, dann wird diese Pflicht auch im Hinblick auf umweltverträglichen Konsum nicht wahrgenommen.

Anmerkungen

*   Wiss. Mitarbeiter am Wuppertaler Institut für Klima Umwelt Energie

1   nach UNDP (1998) Human Development Report, New York, 1998, S. 54, ergänzt

2   nach Ehrlich, P.R., Ehrlich, A.H. 1991, Healing the Planet. Strategies for Resolving the Environmental Crisis, Reading, Mass, zitiert nach Spangenberg, J.H. (Hg), 1995, Towards Sustainable Europe, Luton et al., dort auch weitere Quellen und differenziertere Auflösungen

3   Spangenberg, J.H. 2001, The Environmental Kuznets Curve – A Methodological Artefact ?, in Population and Environment 2001, im Druck. Dort auch eine ausführliche Diskussion der Belastungsmaße und weitere Quellen zur EKC-Hypothese

4   UNDP (1998) Human Development Report 1998, New York, S. 2

5   UNDP (1998) Human Development Report 1998, New York, S. 4

6   Wuppertal Institut, Jahrbuch 1998/99; Wuppertal, 1999, S. 44

7   UNDP (1998) Human Development Report 1998, New York, S. 4

8   Spangenberg, J.H., Lorek, S. (2001) Lebensstandardmessungen einschließlich nicht-marktlicher Dienstleistungen, in Bosch, G. et al (Hg), Zukunft der Arbeit II: Ökoeffizienz und Dienstleistungsorientierung, Abschlußbericht eines Forschungsprojekts des Wissenschaftszenztrums NRW, Gelsenkirchen/Wuppertal

9   Schmidt-Bleek, F. (1994). Wieviel Umwelt braucht der Mensch ? Berlin/Basel, Birkhäuser

10   Hans-Böckler-Stiftung (Hg) (2000) Arbeit und Ökologie, Endbericht des Forschungsprojekts, Hans Böckler Stiftung, Düsseldorf

11   Spangenberg, J.H. (Hg) (1995) Towards Sustainable Europe. A Study from the Wuppertal Institute for Friends of the Earth Europe, FoE Publ., Luton

12   Projektgruppe Ökolog. Wirtschaft (Hg.) 1987, Produktlinienanalyse. Ein Diskussionsbeitrag aus dem Öko-Institut, Volksblatt Verlag Köln

13   Lorek, S.; Spangenberg, J.H. 1999; Prioritäten, Tendenzen und Indikatoren umweltreleveanten Konsumverhaltens, Forschungsbericht, Wuppertal Institut, Wuppertal.

14   BUND, Misereor (Hg) 1996, Zukunftsfähiges Deutschland, Birkhäuser, Basel/Berlin

15   Lorek, S.; Spangenberg, J.H. 1999; Prioritäten, Tendenzen und Indikatoren umweltreleveanten Konsumverhaltens, Forschungsbericht, Wuppertal Institut, Wuppertal. Untersuchungen in anderen europäischen Staaten haben ähliche Ergebnisse hervorgebracht. siehe: HOMES Project (Hg.); Second International

Symposium on Sustainable Household Consumption (Proceedings), Groningen, 1999

16 Ges. für Rationelle Energieverwendung (Hg.) (1997), Energieeinsparung im Gebäudebestand, Berlin, 1997, S. 10

17 Ges. für Rationelle Energieverwendung (Hg.)(1997), op. cit., S. 93f

18 Bundesforschungsanstalt für Landeskunde und Raumordnung, Raumordnungsprognose 2010, Bonn, 1996

19 Burdick, B.; Die Landwirtschaft produziert zu viel ... Treibhausgase; in: Umwelt kommunale ökologische Briefe 13-14/1997

20 BUND/AGÖL; Wasserschutz durch ökologischen Landbau, 1997

21 Enquete Kommission „Schutz der Erdatmosphäre" des 12. Deutschen Bundestags, Studienprogramm Landwirtschaft, Materialienbände, Deutscher Bundestag, Bonn

22 Kommission der Europäischen Gemeinschaften (2001) Konsultationspapier zur Ausarbeitung einer Strategie der Europäischen Union für die nachhaltige Entwicklung, Arbeitsunterlage der Kommissionsdienststellen, Brüssel

23 Petersen R. und K. Schallaböck, Mobilität für morgen, (1995):S. 112.

24 Statistisches Bundesamt: Stand 1.7.1997

25 BMU, Das Umweltbewußtsein in Deutschland, Bonn, 1998, S. 54.

26 AK Verkehr und Umwelt (UMKEHR e.V.).

27 Akademie für Natur- und Umweltschutz Baden-Württemberg (Hrsg.): Umweltgerecht mobil in Europa: Menschen und Güter auf neuen Wegen, (1997). S- 197.

28 vgl. DIW (1997): Verkehr in Zahlen.

29 Bodenstein, G., Spiller, A. Elbers, E. (1997) Strategische Konsumentscheidungen: Langfristige Weichenstellungen für das Umwelthandeln, Gernard-Merkator-Universität Duisburg, S. 19

30 Lorek, S., Spangenberg, J.H. (2002) Indicators for Environmentally Sustainable Household Consumption, International Journal for Sustainable Development, Vol. 4, No. 2. Dort wurden für drei Bedarfsfelder insgesamt 13 Schlüsselindikatoren formuliert, von denen diejenigen in dieser Studie genutzt werden, für die die Untersuchungen zur Einkommensabhängigkeit vorliegen.

31 Statistisches Bundesamt; Gebäude- und Wohnungsstichprobe 1993; Heft 3 Haushalte, Wiesbaden 1996

32 Statistisches Bundesamt; Einkommens- und Verbrauchsstichprobe 1993; Heft 1 Langlebige Gebrauchsgüter, S. 247, 253

33 Enquetekommission „Schutz des Menschen und der Umwelt", Konzept Nachhaltigkeit, Bonn 1998

34 Schultz, I., Empacher, C., Götz, K. (1999) Konsumtypen und Konsumstile deutscher Haushalte; 2. Arbeitsbericht des Teilprojekts 2 zum Demonstrationsvorhaben zur Fundierung und Evaluierung nachhaltiger Konsummuster und Verhaltensstile des UBA; Frankfurt, 1999

35 NGG (Hg.) 1990, Biotechnik in der Nahrungsmittelproduktion, Heft 2, Fleisch und Wurstwaren, Hamburg

36 siehe ausführlich: Bodenstein, G., Spiller, A. Elbers, E.; op. cit., S. 65 ff

37 Schultz, I., Empacher, C., Götz, K. (1999); op. cit.
38 Bodenstein, G., Spiller, A. Elbers, E. (1997); op. cit., S. 66
39 Schultz, I., Empacher, C., Götz, K. (1999); op. cit.
40 BUND (Hg)(1999) Umweltverhalten der BUND-Mitglieder, Studie, Bonn
41 Schultz, I., Empacher, C., Götz, K. (1999); op. cit.
42 Bodenstein, G., Spiller, A. Elbers, E. (1997); op. cit., S. 67

*Claudius Gellert**

Realität und gesellschaftliche Bedeutung sozialer Ungleichheit. Überlegungen zur „upper class", Elitenreproduktion und Individualisierung

> „Class is a Communist concept ... The more you talk about class – or even about 'classlessness' – the more you fix the idea in people's minds."
>
> Margaret Thatcher

Umbrüche in der Ungleichheitsforschung

Als Folge der rapiden Expansion des Hochschulwesens in westlichen Industriegesellschaften seit den sechziger Jahren setzte sich gemeinhin die Vorstellung durch, hierdurch sei auch die traditionelle Eliteorientierung der Universitäten durch differenzierte Institutionen der Massenausbildung ersetzt worden (Trow 1979). Zumindest implizit war dies von der Vorstellung begleitet, daß diese Entwicklung trotz gewisser negativer Konsequenzen für die Qualität von Forschung und Lehre insgesamt einen Angleichungseffekt der Lebenschancen großer Teile der Bevölkerung bewirkte und somit die höheren Bildungsanstalten nicht mehr der Reproduktion gegebener sozialer Eliten diente. Diese Betrachtungsweise wurde auf gesamtgesellschaftlicher Ebene von der Annahme des Aufstiegs meritokratischer, funktionaler Eliten ergänzt, also von der Vorstellung, daß zwar die Ausbildung von Eliten immer noch fortbestehe, letztere sich aber innerhalb eines Systems mit offenen Zugangsmöglichkeiten und erworbenen statt zugewiesenen Statuspositionen herausbilden (Saunders 1995). Im folgenden werden beide obige Konzepte hinterfragt, indem u.a. auf einige, vielleicht unbeabsichtigte Konsequenzen jenes Prozesses der institutionellen Differenzierung und Massifizierung eingegangen wird. Wir werden uns jedoch dem Thema primär von der anderen Seite der Medaille nähern, indem wir die zugrundeliegenden gesellschaftlichen Strukturen und deren Wandel in Richtung auf mehr Öffnung und Erhöhung der Lebenschancen betrachten.

Denn in den letzten Jahren haben, wie von verschiedenen Seiten hervorgehoben wurde, vielfältige Überlappungen und Angleichungstendenzen in Lebensstandards und Lebensstilen, in sozialen Milieus und im Konsumverhalten divergenter sozialer Gruppen zum Zusammenbruch des „traditionellen Konsens" unter Ungleichheitsforschern beigetragen (Berger 1987, Berger/

Hradil 1990). Dieser Konsens betraf das grundlegende Theorem, demzufolge alle Gesellschaften in nach ökonomischem und politischem Potential ähnlich zusammengesetzte soziale Gruppen, Klassen oder Schichten unterteilt sind, die zueinander hierarchisch geordnet sind, was wiederum in differenziertem Zugang zu sozialen Positionen, Status und Konsumption resultiert (Crompton 1993, Eder 1993). Schließlich wurde, in marxistischen und weberianischen Traditionen mehr als in den (häufig funktionalistisch geprägten) Schichtungstheorien der Nachkriegszeit, davon ausgegangen, daß diese hierarchische Sozialordnung auch unterschiedliche sozio-politische Einfluß- und Machtdimensionen beinhaltete (Marx/Engels 1969, Weber 1972, Kreckel 1983, 1992).

Individualisierung

Einer der einflußreichsten Ansätze, die zu diesem Konsenszusammenbruch geführt haben, war sicherlich die Individualisierungsthese, die vor allem von Ulrich Beck propagiert wurde (Beck 1983, 1986; Beck-Gernsheim 1994). Ihr zufolge, und sehr verkürzt, haben sich Lebensbedingungen, Lebensstile, soziale Milieus, aber auch soziale und politische Risiken in so hohem Maße individualisiert, daß sich nicht nur gesellschaftliche Probleme in vielen Bereichen in private Anliegen und Beschwernisse verwandelt haben, sondern vor allem auch subkulturelle Klassenidentitäten zusehends „weggeschmolzen" sind. Im Zuge dieser Entwicklung unterminieren solche Prozesse der lebensweltlichen und biographischen Diversifizierung und Individualisierung das hierarchische Modell sozialer Klassen und Schichten, indem sie deren empirische Gehalte nachhaltig in Frage stellen. Auch wenn dies von Beck selbst immer wieder relativiert worden ist, legt seine Argumentation die Schlußfolgerung nahe, daß aufgrund der starken Verwobenheit von Klassenstrukturen mit spezifischen lebensweltlichen Attributen die Identifizierung nicht nur mit, sondern auch von Klassenstrukturen in dem Maße verschwindet, in dem solche Attribute sich auflösen. Dies geschehe, weil die Verankerung in Klassenverbänden ihre soziale Evidenz und Signifikanz verliere (z.B. Beck 1983, S. 40).

Nichtsdestoweniger sind Fragen über strukturierte soziale Ungleichheit, die Bedingtheit von Lebenschancen durch Klassenpositionen, den Einfluß politischer und sozialer Eliten auf den gesellschaftlichen Wandel und ähnliche sozialstrukturelle Aspekte auch in fortgeschrittenen, „postmodernen" Industriegesellschaften keineswegs einem neuen, etwa von der Individualisierungsthese geleiteten Konsens gewichen, sondern bleiben von fundamentalem sozialwissenschaftlichem Interesse (Morris 1994, Pakulski und Waters

1996). Ohne hier auf den Problembereich im einzelnen eingehen zu können (vgl. Gellert 1996, Ritsert 1987), lassen sich zumindest folgende Fragen stellen: Auf welche soziale Schichten trifft eigentlich die Vorstellung von „wegschmelzenden Klassenidentitäten" zu? Wenn wir von der problematischen Vorstellung der Selbstzuweisung absehen, die häufig und notwendigerweise unreflektiert bleiben muß, so treffen die Beobachtungen von Beck gewiß auf Teile der Unterschicht, der unteren Mittelschicht und auch noch der „middle class" zu. Aber bei der oberen Mittelschicht und gar der „upper class" sind jene Individualisierungs- und Diversifizierungstendenzen der Lebensstile und kulturellen Attribute keineswegs so auffällig. Könnte es sein, daß wir es in Wirklichkeit mit einer Homogenisierung als Teil einer „Vergröberung" sozialer Blöcke, also ganz im Gegensatz zur Individualisierungsthese mit einer erhöhten Integration und Gleichförmigkeit, jedenfalls in den mittleren und unteren Gesellschaftsschichten, zu tun haben? Und könnte es nicht gerade im Interesse der Oberschicht sein, sofern sie denn weiterbesteht, dem Eindruck zumindest nicht entgegenzuwirken, daß sich Klassenverbände auflösen, wenn hierdurch ggf. fortbestehende eigene soziale und politische Einflußmöglichkeiten überdeckt und somit perpetuiert werden? Und schließlich, um nur noch einen Aspekt anzusprechen, wie verhält es sich eigentlich mit der Relevanz der Individualisierungsthese im internationalen, zumindest europäischen Vergleich? Lösen sich die Klassenstrukturen in England, Frankreich und Italien im Sinne der Individualisierungsthese ebenfalls auf? Auch wenn wir diese Fragen sicherlich nur in Ansätzen beantworten können, soll im folgenden ein Schritt in diese Richtung versucht werden.

Ende der Klassengesellschaft?

Zentral ist sicher die Frage nach der Kontinuität einer „herrschenden Klasse" und ihres Einflusses auf die Elitenrekrutierung (Teschner 1989). Schon John Rex hat in diesem Zusammenhang darauf hingewiesen, daß in der Ungleichheitsforschung häufig zu einseitig die Rolle der Arbeiterklasse untersucht worden sei. Dabei seien notwendige Fragen über gesamtgesellschaftliche Machtstrukturen oft übersehen worden (Rex 1974, 208). Auch in einer Cambridger Studie aus den 70er Jahren wurde Kritik an der sog. „decomposition hypothesis" geübt, derzufolge es in Großbritannien keine „distinctive upper-class" mehr gibt und noch weniger eine „ruling class" (Stanworth/ Giddens 1974, Giddens 1974).

Rex geht dagegen von der beinahe ungebrochenen Vormachtstellung der alten, zum Teil aristokratischen „ruling class" aus, die teilweise mit der

Industriebourgeoisie verschmolzen ist und einige vorkapitalistische Institutionen am Leben erhält (wie z.b. das Rechtssystem, Militär oder auch Oxford
und Cambridge). Nicht mehr nur der Landadel ist dabei von entscheidender
Bedeutung; vielmehr haben wir es jetzt mehr mit einem größeren Kollektiv
bzw. einer größeren Statusgruppe zu tun. Deren wichtigste Anliegen sind
Bildung und Erziehung. Sowohl „Renegaten" aus der alten Klasse (die in den
Handel gehen), als auch „new entrants" müssen zum „wahren Glauben"
erzogen werden. Das britische Establishment benutzt nach Rex Bildung, um
unter denen, die Machtpositionen einnehmen, eine gemeinsame Einstellung
zur Legitimität der Sozialordnung herzustellen. Das Establishment wird dabei definiert als „set of professionalised roles, whose dynamic and ethics are
dictated by the moral and political education imparted by elite educational
institutions." (A.a.O., 211)

Noch immer gilt das Modell der „ruling class", deren Macht und Ein-
flußwurzel in Reichtum und Titeln liegen, und die sich den Notwendigkeiten
einer industriellen Gesellschaft anpassen muß. Hieraus ergibt sich eine umfangreiche Teilnahme an unternehmerischen Aktivitäten (in Aufsichtsräten
z.B.) und die Unterstützung der anderen Unternehmer für den „ruling class
way of life".

Ähnlich argumentiert auch John Scott, demzufolge nach wie vor die
grundlegende Frage gestellt werden muß, ob eine Gesellschaft von einer
geschlossenen, sich selbst reproduzierenden sozialen Gruppe beherrscht wird
oder aber von einer zeitlich begrenzten Koalition von Trägern öffentlicher
Ämter nach dem pluralistischen Modell (Scott 1991, 2). In den anciens
régimes, wie in der „Old Society" Englands, waren die Machtverhältnisse
eindeutig zugunsten der Landaristokratie geregelt: „The capitalist landed
class was a ruling class because it dominated the membership of the power
elite and was able to ensure that the British state was operated in the interests
of landed property." (Scott 1991, 57)

Diese „kapitalistische Klasse" wurde bekanntlich im neunzehnten und
zwanzigsten Jahrhundert in ihrer Zusammensetzung erweitert und verändert.
In England vereinigte sich in einem langen Integrationsprozeß die alte Gruppe der Landbesitzer mit provinziellen Industriellen sowie mit Händlern und
Finanziers aus der City zu einer neuen „capitalist business class". Gegen die
pluralistische Vorstellung von zirkulierenden Eliten kommt Scott aber in
seinen Untersuchungen zu dem Ergebnis, daß auch die „Exekutivkapitalisten"
vor allem aus dem Bereich des Finanzkapitals in der Regel aus einem unternehmerischen oder Bankenhintergrund stammen. Entscheidend ist daher die
Sicherstellung spezifischer Rekrutierungsmechanismen. Diese werden in tra-

dierten, elitären Kulturmustern gesehen, deren Erwerb in teuren Privatschulen, Clubs etc. gewährleistet ist (Boyd 1973, Paxman 1995, Scott 1996). Schon Max Weber hatte erkannt, daß Statusgruppen zu hegemonistischen Kollektiven werden können, die durch das Bildungssystem ihre Lebensart der ganzen Gemeinschaft aufzuzwingen in der Lage sind (z.B. die konfuzianischen „Literati"). (Vgl. Bourdieu 1977, Bourdieu/Passeron 1982)

Im Ergebnis stellt somit Scott fest: „Britain does still have a capitalist business class, rooted in industrial, commercial and landed property and occupying a position of high status. The privileges of this class are legitimated through a framework of 'traditional' norms and values, and the practices and processes of this status system are central to the mechanisms of class reproduction." (Scott 1991, 118) Scott glaubt sogar zeigen zu können, daß diese kapitalistische Klasse zugleich und nach wie vor eine „herrschende Klasse" ist, da sie im „power block", aus dem die staatlichen Funktionsträger stammen, überproportional repräsentiert ist. (Scott 1996, vgl. Lee und Turner 1996; zur politischen Klasse in Deutschland vgl. Rebensdorf 1995)

Adonis und Pollard haben in einer jüngst vorgelegten Studie (1997) diese Analyse mit Nachdruck bestätigt. Sie sehen in der Vorstellung einer klassenlosen Gesellschaft einen mächtigen, aber fehlgeleiteten Mythos. Die Spaltung der Gesellschaft habe sich auf allen Gebieten vergrößert:

„... segregation has become more, not less, marked in the last generation as a large and distinct lower class has separated from the old working class, while a smaller but equally distinct and immenseley powerful Super Class has taken off at the top."

Und sie erklären diese anwachsenden Klassenunterschiede mit zahlreichen Hinweisen auf „powerful elites and institutions, the most class-segregated education system in the western world, and hereditary privilege extending from the old aristocracy to the new Super Class and beyond." (Adonis/Pollard, 33; vgl. auch Adonis 1996, Townsend 1993) Daß diese sich verstärkenden Klassendivergenzen auch zu gravierenden Armutsphänomenen „neuer", weil im Wohlfahrtsstaat unerwarteter Art führen, bedarf kaum noch eines Nachweises (Scott 1994, Murray 1994, George and Howards 1991, vgl. auch Berger 1994).

Offener Elitenzugang und strukturelle Kontinuität

Die Frage nach der Offenheit der Rekrutierung zu Elitepositionen ist dabei nach Rex ein unbedeutendes Problem. Auch bei angenommener völliger Chancengleichheit ändere sich das System von Rekrutierung und Integration und das Rollenverhalten der beteiligten Akteure nicht. Wesentlich interessanter ist für ihn die Fragestellung: Wie sehen die institutionellen und ideologischen Mechanismen aus, durch die die Eliten sich aufeinander und auf die Klassen, über die sie Hegemonie ausüben, beziehen? Entscheidend sind in dieser Beziehung in Großbritannien die folgenden drei institutionellen Bereiche:

Zum einen spielt die Vereinnahmung des Gewerkschaftsarms der Arbeiterbewegung eine besondere Rolle, wobei denjenigen Mitgliedern Elitestatus verliehen wird, die ursprünglich nicht in die Elitekultur eingebettet waren, z.B. Bürgermeistern in Großstädten. Hiermit im Zusammenhang steht die Kooption der Parlamentarier, wie schon Michels sie sah. Vor allem ist die Übernahme des politischen Flügels der Arbeiterbewegung ausschlaggebend, indem Absolventen von elitären Bildungseinrichtungen politische Karriere in der Labour Party machen. Denn im Ergebnis treffen sie sich mit den Konservativen auf einer gemeinsamen ideologischen Basis, die insbesondere in der Definition des Politikprozesses als begrenzter Planung und kollektivem Verhandeln innerhalb der sozialstrukturellen Gegebenheiten besteht. Wenn diese Analyse angesichts der Sparmaßnahmen der Regierung Blair und New Labour bezüglich der ärmsten Randgruppen wie alleinerziehende Mütter und Behinderte nach wie vor aktuell erscheint, so wird sie von Giddens geradezu als systemspezifisch für den Wohlfahrtsstaat generalisiert:

„Welfare systems proved not only incapable of bringing about much redistribution of wealth and income; the welfare state actually became in some part a vehicle helping to promote the interests of an expanding middle class." (Giddens 1994, 149; vgl. auch Esping-Anderson 1990, 1993)

Blossfeld und Shavit haben diesen Befund für den Bildungsbereich von 13 industrialisierten Gesellschaften empirisch nachgewiesen, indem sie zeigten, daß individuelle Biographien in hohem Ausmaß von den gegebenen „opportunity structures" abhängen und daß von der Bildungsexpansion der vergangenen 30 Jahre in erster Linie die Mittelschichten profitiert haben (Blossfeld/Shavit 1993). Individualisierung und Strukturwandel, um auf die Eingangsproblematik zurückzukommen, finden demgemäß nur in transitorischen Phasen statt, wenn zum Beispiel größere Beschäftigungssektoren neue Qualifikationen und Zertifikate verlangen. Auch im individuellen Heiratsverhalten haben sich nach Neckel die alten Strukturen fast unverändert in Form stabiler Homogamien erhalten. (Neckel 1993, 77)

Die Rolle der Universitäten sowie nicht-universitärer Hochschuleinrichtungen, zweitens, ist in diesem Zusammenhang schwieriger einzuschätzen. Nach Rex tragen die Provinzuniversitäten und ähnliche Hochschulen jedoch dazu bei, daß unter dem Deckmantel der Chancengleichheit (die scheinbar durch ausgeweitete Bildungschancen für früher benachteiligte Sozialgruppen

herbeigeführt wird) letztlich ungleiche Lebenschancen und Einflußmöglichkeiten in sozialer und politischer Hinsicht perpetuiert werden. Die Vice-
Chancellors, also Rektoren der Universitäten führen hierbei einen besonderen „Ideologiespagat" aus, weil sie die Diskrepanz zwischen Anspruch und
Wirklichkeit nach außen und innen vertreten müssen. (Rex, a.a.O.; vgl. Gellert
1995, 1997)

Die Rolle der Medien für die Bewahrung der Klassenverhältnisse in Großbritannien läßt sich drittens an dem unterschiedlichen Niveau und der differenzierten Klientel etwa von BBC und „quality press" einerseits, die eindeutig
auf Oberschicht und gehobene Mittelschicht ausgerichtet sind und ITV und
„tabloid press" andererseits demonstrieren, deren Funktion in der systemati-
schen Trivialisierung und Massenunterhaltung der unteren Sozialschichten
besteht. Auch hier ist der Aspekt der Eliteerziehung zentral, denn die Chef-
redakteure und leitenden Journalisten auch dieses Medienbereichs müssen,
wenngleich sie häufig nicht den oberen Sozialschichten entstammen, doch
durch die eliteorientierten Bildungskanäle möglichst der Public Schools, aber
zumindest von Oxford and Cambridge geschleust werden. Letztere sind
spätestens seit dem 2. Weltkrieg nicht mehr sozial selektiv, sondern bestehen
auf rein akademischer Auslese. Dennoch findet soziale Selektion im Bildungsbereich statt, nämlich im sekundären Bereich (Boyd 1973, vgl. für Österreich
Leitner 1996).

Funktionseliten

Im Zusammenhang mit der Rolle der statusdistributiven Rolle der Universitäten stellt sich die Frage nach den professionellen „Funktionseliten" und
ihrem sozio-politischen Einfluß. Nach Rex, Scott und anderen Beobachtern
sind sie für die grundlegenden Entwicklungen in der Gesellschaft nicht von
entscheidender Bedeutung. Sie sind nicht einmal eine „herrschende Statusgruppe" im Sinne von Max Webers konfuzianischen Literati. Die alte
aristrokratische Klasse, die sich in Großbritannien den wirtschaftlichen Erfordernissen des Kapitalismus adaptiert hat, hat dagegen genau die Eigenschaften einer „herrschenden Statusgruppe". Die Eliteforschung müßte somit zeigen, wie die Einfluß- und Machtzentren in der Klassengesellschaft miteinander integriert sind und wie sie sich auf deren Reproduktion auswirken.

Christopher Lasch hat die modernen, international operierenden Eliten
des globalisierten Wirtschaftsgeschehens kritisch analysiert. Er sieht im Amerika der letzten 30 Jahre eine „Revolte der Eliten" gegen die Mehrheit, in der
alte bürgerliche Gleichheitsgrundsätze negiert werden und es nicht mehr

darum geht, die Mehrheit der Bevölkerung im Sinne der eigenen Grundsätze
zu indoktrinieren: „The culture wars that have convulsed America since the
60's are best understood as a form of class welfare, in which an enlightened
elite seeks not so much to impose its values on the majority, as to create
parallel or 'alternative' institutions in which it will no longer be necessary to
confront the unenlightened at all." (Lasch 1995, 21)

Dabei handelt es sich natürlich nicht um die alte Aristokratie wie in
Großbritannien, sondern um die Kategorie der professionellen Macher, die
Robert Reich „symbolic analysts" genannt hat, die sich auf die Interpretation
und Entwicklung symbolischer Informationen spezialisieren. Der Arbeitsmarkt dieser Funktionseliten ist international; nationale Loyalitäten zählen
kaum noch. In Laschs Worten: „A more salient fact is that the market in
which new elites operate is now international in scope. They are more
concerned with the smooth functioning of the system as a whole than with
any of its parts. Their loyalties – if the term is not itself anachronistic in this
context – are international rather than regional, national or local." (A.a.O., 35)

Lasch sieht daher diese neuen Eliten, die in ein Netzwerk globaler Kommunikation eingebunden sind, als Bedrohung des Gemeinwesens. Die privilegierten Klassen (nach seiner Einschätzung ca. 20 Prozent) machen sich
nicht nur von den verfallenden Industriezentren, sondern auch von den
öffentlichen Diensten unabhängig. Sie schicken ihre Kinder auf Privatschulen und nehmen private Krankenversicherungen und privates Wachpersonal
für die Häuser in Anspruch. „In effect, they have removed themselves from
the common life." (a.a.O., 45)

Die Vorstellung von Chancengleichheit durch soziale Mobilität ist für ihn
wie schon für John Rex ein grundlegendes Mißverständnis. Hohe soziale
Mobilität ist keineswegs unvereinbar mit hierarchischer sozialer Schichtung.
Durch zirkulierende Funktionseliten werden im Gegenteil hierarchische Strukturen zementiert. Er gibt Forschungsergebnisse wieder, wonach die Mobilitäts-
rate in den USA seit dem Bürgerkrieg nahezu konstant geblieben ist. (A.a.O.,
77, vgl. Erikson und Goldthorpe 1992)

In diesem Zusammenhang weist er auf eine Entwicklung hin, die im
Zusammenhang mit der Elitenrekrutierung und -reproduktion in Großbritannien von Bedeutung ist, nämlich die Instrumentalisierung von sozialer Mobilität. Die wichtigste Entscheidung, die eine demokratische Gesellschaft zu
treffen hat, bestehe nämlich darin, „whether to raise the general level of
competence, energy and devotion – 'virtue', as it was called in an older
political tradition – or merely to promote a broader recruitment of elites."
(A.a.O., 79)

Seines Erachtens hat Amerika eindeutig die zweite Richtung gewählt. Und wir können hinzufügen, daß innerhalb Europas vor allem in Großbritannien der Einfluß dieser Denkposition nach fast zwei Jahrzehnten Thatcherismus ebenfalls dominant ist. Karrierewege zu eröffnen für talentierte Mitglieder der Gesellschaft wird zum allumfassenden Ziel von Sozialpolitik und definiert sozusagen Demokratie selbst, wohingegen in Wirklichkeit totales Karrierestreben Demokratie unterminiert, indem Wissen von praktischer Erfahrung getrennt wird und jenes Wissen, das aus Erfahrung ableitbar ist, entwertet wird. In der Folge werden soziale Bedingungen geschaffen, in denen von der durchschnittlichen Bevölkerung nicht erwartet wird, daß sie überhaupt noch etwas weiß.

Hier aber begegnen sich die sozialstrukturellen Voraussetzungen der Elitenreproduktion in Großbritannien mit denen Amerikas, insofern als die Ausbreitung egomaner, karriereverhafteter Funktionseliten, denen das allgemeine gesellschaftliche Anliegen fehlt, als eine in funktionaler Perspektive durchaus adäquate Ergänzung der Interessen der herrschenden Klassen und ihrer Elitendefinition gesehen werden kann. Wenn nämlich das Engagement für öffentliche Belange sozusagen für die traditionellen Eliten, die weitgehend identisch mit der alten „ruling class" sind, „reserviert" sind, lassen sich tradierte Privilegien und symbolische Machtausübung (etwa im Oberhaus oder durch die Leitung von öffentlichen Organisationen und Komitees) umso leichter rechtfertigen. Die Funktionseliten werden somit gewissermaßen Opfer ihrer begrenzten Interessen, indem sie durch eine enge Definition von Karrierestreben und sozialer Mobilität nicht auf das politische und gesellschaftliche Ganze gehen und die tiefergreifenden Einflußmechanismen in Wirtschaft und Politik der traditionellen „upper class" überlassen.

Elitebildung

Wie wir gesehen haben, ist das eingangs angesprochene Konzept meritokratischer Funktionseliten insbesondere unter der Annahme demokratisierter und individualisierter, d.h. tendenziell „weggeschmolzener" Klassenstrukturen, entweder wenig tragfähig (wenn ihm die sozio-politischen Machtpotentiale der traditionellen Oberschicht gegenübergestellt werden) oder es erweist sich aufgrund seiner utilitaristischen Werteorientierung für ein Leitmodell gesellschaftlicher Entwicklung als wenig geeignet. Die Anzeichen, die für nach wie vor mächtige Determinationspotentiale vorgegebener Sozialstrukturen (einschließlich der Rückkopplungseffekte der „Dualität von Strukturen" – Giddens 1984) sprechen, sind umfangreich und vielseitig belegt. Insbesondere die Interessen-

lagen und ihre Durchsetzungsmöglichkeiten auf Seiten der Oberschicht oder
herrschenden Klasse, welche Terminologie man auch immer bemüht, sind
robust wie eh und je. Sofern sich sozialer Wandel bemerkbar macht, reflektiert
er Tendenzen zur Zementierung einseitiger Privilegien auf Kosten weiterhin
benachteiligter Bevölkerungsteile. Angesichts solcher Entwicklungen muß die
Denkfigur der Individualisierungsthese zumindest in ihrem Anspruch auf Erklärung grundlegender sozialer Transformationen als obsolet erscheinen.

Aber auch die Expansion des internationalen Hochschulwesens in den
vergangenen Jahrzehnten kann kaum als eine Ablösung vom Modell der
Elitebildung interpretiert werden. Zwar hat diese Entwicklung zweifelsfrei
große Teile früher ausgeschlossener Schichten erstmalig einer höheren Bildung zugeführt. Dennoch muß die häufig hieran geknüpfte Schlußfolgerung
von grundlegend erweiterten Lebenschancen als fragwürdig erscheinen (Köhler 1992). Denn insbesondere im tertiären Bereich der nicht-universitären
Sektoren (NUS), in denen ein beachtlicher Anteil der neuen Bildungsgruppen
erfolgreich war, entsprechen die Erträge wie Einkommen, berufliche Eingrup-
pierung, Prestige der Zertifikate und vor allem der gesellschaftliche Stellenwert und Einfluß im späteren Karriereverlauf keineswegs den Erwartungen,
welche die Absolventen traditioneller Universitäten in der Vergangenheit mit
einem akademischen Abschluß verbinden konnten. Die OECD hat diesen
Sachverhalt wie folgt zusammengefaßt:

„Most of the qualifications to be gained in NUS institutions are on a lower level than
university degrees (in terms of prestige as well as with regard to their market value). If
the original measure of educational opportunity, twenty or thirty years ago when these
policies were proclaimed, was a university education, with all its implications for upward
social mobility, then the real increase in educational opportunity must be called rather
limited. Policy makers in Member countries therefore have to be careful to avoid a
situation in which differentiated systems of higher education possibly contribute, although
on a higher level, to the perpetuation of class differentials in society." (OECD 1991)

Ausblick

So gesehen findet Elitebildung immer noch auf verschiedenen Ebenen statt.
Zum einen dient sie der Qualifizierung von technokratischen Funktionseliten, die gleichermaßen durch globalisierte Orientierung und utilitaristische
Beschränktheit charakterisiert sind. Zum anderen ist sie nach wie vor Teil der
tertiären Gesamtstruktur, realisiert sich also (von Oxford, über die ENA, bis
hin zu Princeton) innerhalb von Systemen der Massenausbildung, ohne
hierdurch sichtbar in ihrer entscheidenden Funktion, nämlich der Reproduktion sozialer Eliten und Oberschichten, beeinträchtigt zu sein.

Anmerkung

*   Professor an der University of Reading

Literatur

Adonis, A., (1996), 'Big idea in a class of its own', in: Financial Times, 7.2.1996, 18.

Adonis, A. und S. Pollard, (1997), A Class Act. The Myth of Britain's Classless Society, London: Hamish Hamilton.

Beck, U., (1983), 'Jenseits von Stand und Klasse? Soziale Ungleichheit, gesellschaftliche Individualisierungsprozesse und die Entstehung neuer sozialer Formationen und Identitäten' in: R. Kreckel (Hg.), Soziale Ungleichheiten, Göttingen: Schwartz, (Soziale Welt, Sonderband 2), 35-74.

- (1986,) Risikogesellschaft. Auf dem Weg in eine andere Moderne, Frankfurt: Suhrkamp.

Beck, U./Beck-Gernsheim, E., (1994), Riskante Freiheiten. Individualisierung in modernen Gesellschaften, Frankfurt: Suhrkamp.

Berger, P.A., (1987), 'Klassen und Klassifikationen. Zur 'neuen Unübersichtlichkeit' in der soziologischen Ungleichheitsdiskussion', in: Kölner Zeitschrift für Soziologie und Sozialpsychologie, 39/1987, 59-85.

- (1994), 'Individualisierung und Armut', in: M.M. Zwick (Hg.), Einmal arm, immer arm? Neue Befunde zur Armut in Deutschland, Frankfurt: Campus, 21-46.

Berger, P.A./Hradil, S. (Hg.), (1990), Lebenslagen, Lebensläufe, Lebensstile, Göttingen: Schwartz, (Soziale Welt, Sonderband 7).

Blossfeld, P./Shavit, Y., (1993), 'Persisting barriers: changes in educational opportunities in 13 countries', in: Blossfeld/Shavit, Persistent Inequality, Boulder (CO): Westview Press, 1-23.

Bourdieu, P. und J.-C. Passeron, (1977), Reproduction in Education, Society and Culture, London (zuerst 1970).

Bourdieu, P., (1982), Die feinen Unterschiede. Kritik der gesellschaftlichen Urteilskraft, Frankfurt: Suhrkamp.

Boyd, D., (1973), Elites and their Education. The Educational and Social Background of Eight Elite Groups, Windsor: NFER.

Crompton, P., (1993), Class and Stratification: A Guide to Current Debates, Cambridge: Polity.

Eder, K., (1993), The New Politics of Class: Social Movements and Cultural Dynamics in Advanced Societies, London: Sage.

Erikson, R. und Goldthorpe J., (1992), The Constant Flux: A Study of Class Mobility in Industrial Societies, Oxford: Clarendon.

Esping-Andersen, G., (1990), The Three Worlds of Welfare Capitalism, Cambridge: Polity Press.

- (Hg.), (1993), Changing Classes, London: Sage.

Gellert, C. (Hg.) (1995), Diversification of European Systems of Higher Education, Frankfurt: Lang.

- (1996), 'Das Ende der Klassengesellschaft? Überlegungen zur Individualisierung sozialer Strukturen', in: Leviathan, vol. 24, nr. 4, pp. 573-586.

- (1997), 'Elite Versus Mass Higher Education - A Misconceived Dichotomy?', in: Higher Education in Europe, Bd. XXII, No. 2, 193-199.

George, V. und Howards, I., (1991), Poverty Amidst Affluence, London: Edward Elgar.

Giddens, A., (1974), 'Elites in the British class structure', in: P. Stanworth und A. Giddens (Hg.), Elites and Power in British Society, Cambridge University Press, 1-21.

- (1984), The Constitution of Society, Cambridge: Polity.

- (1994), Beyond Left and Right, Cambridge: Polity.

Köhler, H., (1992), Bildungsbeteiligung und Sozialstruktur in der Bundesrepublik, Berlin: Edition Sigma.

Kreckel, R., (1983), 'Theorie sozialer Ungleichheiten im Übergang' in: ders. (Hg.) Soziale Ungleichheiten, Soziale Welt, Sonderband 2, Göttingen: Schwartz.

- (1992), Politische Soziologie der sozialen Ungleichheit, Frankfurt am Main/New York: Campus.

Lasch, C., (1995), The Revolt of the Elites and the Betrayal of Democracy, New York: Norton.

Lee, D. und Turner, B., (1996), 'Editorial introduction: myths of classlessness and the death of class', in: D.J. Lee und B.S. Turner (eds), Conflicts about Class: Debating Inequality in Late Industrialism, London: Longman.

Leitner, E., (1996), 'Unequal Competition: access to universities and Fachhochschulen in Austria between open policy and selectivity', in: European Journal of Education, 31, 3, 259-271.

Marx, K. u. F. Engels, (1969), Die deutsche Ideologie, MEW, Bd. 3, Berlin.

Morris, L., (1994), Dangerous Classes: The Underclass and Social Citizenship, London: Routledge.

Murray, C., (1994), Underclass: The Crisis Deepens, London: Institue of Economic Affairs.

Neckel, S., (1993), Die Macht der Unterscheidung. Beutezüge durch den modernen Alltag, Frankfurt: Fischer.

OECD: Alternatives to Universities, Paris: OECD, 1991.

Pakulski, J. und Waters, M., (1996), The Death of Class, London: Sage.

Paxman, J., (1995), Friends in Higher Places. Who Runs Britain?, London: Penguin.

Rebenstorf, H., (1995), Die politische Klasse. Zur Entwicklung und Reproduktion einer Funktionselite, Frankfurt: Campus.

Rex, J., (1974), 'Capitalism, elites and the ruling class', in: P. Stanworth und A. Giddens (Hg.), Elites and Power in British Society, Cambridge University Press.

Ritsert, J., (1987), 'Braucht die Soziologie noch den Begriff der Klasse? - Über Max Webers Klassentheorie und neuere Versuche, sie loszuwerden', in: Leviathan, Jg. 15, Heft 1/1987, 4-38.

Saunders, P., (1995), 'Might Britain be a meritocracy', Sociology, 29, (1), 23-41.

Scott, J., (1991), Who Rules Britain?, Cambridge: Polity.

- (1994), Poverty and Wealth: Citizenship, deprivation and privilege, Harlow: Longman.
- (1996), Stratification and Power: Structures of Class, Status and Command, Cambridge: Polity.

Stanworth, P. und A. Giddens, (1974), 'An economic elite: a demographic profile of company chairmen', in: dies. (Hg.), Elites and Power in British Society, Cambridge University Press, 81-101.

Teschner, M., (1989), 'Was ist Klassenanalyse? Über Klassenverhältnisse, Ausbeutung und Macht', in: Leviathan, Jg. 17, Heft 1/1989, 1-14.

Townsend, P. (1993) 'Underclass and Overclass: the widening Gulf between social classes in the 1980s', in: Payne, G. und Cross, M. (eds), Sociology in Action, Basingstoke: Macmillan.

Trow, M., (1979), 'Elite and Mass Higher Education: American Models and European Realities', in: Research into Higher Education: Processes and Structures, Stockholm: National Board of Universities and Colleges, pp. 183-219.

Weber, M. (1972) Wirtschaft und Gesellschaft, Tübingen: Mohr.

Petra Frerichs* und Ralf K. Himmelreicher**
Sozialer Raum und Geschlechterverhältnis

Wir gehen auf der Grundlage eines empirischen Forschungsprojekts zu „Klasse und Geschlecht"[1] davon aus, daß *soziale Ungleichheit* in modernen kapitalistischen Gesellschaften mindestens *doppelt konstituiert und strukturiert* ist: zum einen über das Verhältnis der sozialen Klassen zueinander, zum anderen über das Geschlechterverhältnis. Es gibt unseres Erachtens trotz realer Tendenzen der Individualisierung gute Gründe, weiterhin von der Existenz von Klassen auszugehen, nicht zuletzt deshalb, weil die individuellen Freiheiten bei weitem nicht so entfaltet sind, wie es die Individualisierungsthese unterstellt; und von einer Realisierung einer „klassenlosen Gesellschaft", wie sie Marx vorschwebte, sind wir angesichts wieder wachsender sozialer Ungleichheit weit entfernt.

Die *Geschlechterperspektive,* die hier im Mittelpunkt stehen soll, kann nie gänzlich von der *Klassenperspektive* abstrahieren – und umgekehrt die Klassenperspektive nicht von der Geschlechterperspektive. Auch Frauen partizipieren über ihre Klassenzugehörigkeit am Reichtum dieser Gesellschaft, ebenso wie Armut nicht nur Frauen, sondern beide Geschlechter betrifft (Belege finden sich im Straßenbild insbesondere von Großstädten ebenso wie in der Statistik). So scheint die gesellschaftliche Verteilung von Armut und Reichtum zunächst einmal geschlechtsneutral und primär der *sozialen* Ungleichheit geschuldet. Daß dem nicht ganz so ist, zeigen zahlreiche Untersuchungen (vgl. z.B. Becker 1999: 212f.): Danach tragen Frauen zum einen ein *höheres Armutsrisiko* als Männer (vorwiegend infolge von Scheidung und im Alter), zum anderen sind sie *in Elite-Positionen,* wo Reichtum angehäuft wird, weitgehend *unterrepräsentiert.* „Geschlecht" ist ähnlich wie „Klasse" eine soziale Strukturkategorie, die Plätze in der Gesellschaft anweist, so daß es theoretisch wie empirisch sinnvoll erscheint, die je konkrete Verschränkung beider Kategorien zu untersuchen.

Der mehrdimensionale soziale Raum bei Bourdieu

Welche Anforderungen an ein theoretisches Analyseinstrumentarium für soziale Ungleichheit sich daraus ergeben, möchten wir *am Beispiel des sozialen Raums von Pierre Bourdieu* erläutern. Zunächst einmal verspricht dieses Modell, wie auch der von Bourdieu (1982, 1985) entwickelte Klassenbegriff, die differenzierten sozialen Klassen und auch die subtiler gewordenen Klassenunterschiede in modernen kapitalistischen Gesellschaften analytisch zu erfassen. Der Bourdieusche *Klassenbegriff* integriert Gedanken von Marx und Weber und geht von einem erweiterten Kapitalbegriff aus: Das *ökonomische Kapital* – zu dem neben dem Besitz an Produktionsmitteln auch Einkommen, staatliche und private Transfers sowie Immobilien-, Geld- und Gebrauchsvermögen zählen[2] – wird erweitert um das *kulturelle Kapital* (hierunter sind sowohl Bildungstitel, Besitz an Kulturgütern als auch inkorporiertes kulturelles Kapital in Form von Wissen, Geschmack, Manieren zu verstehen); die dritte Erweiterung bezieht sich auf das *soziale Kapital,* womit im wesentlichen das Verfügen über ein Netz von Beziehungen gemeint ist. Bourdieu erweitert also den *Marxschen Begriff der ökonomischen Produktionsmittel* um den *der geistig-kulturellen Produktionsmittel* (hier Webers Begriff der Leistungsqualifikation als klassenbildender Ressource aufgreifend), womit er insbesondere der gewachsenen Bedeutung von Bildung und Kultur für die heutige Sozialstruktur Rechnung trägt.

Der Raum der sozialen Positionen ist dreidimensional konzipiert. Die erste Dimension markiert eine vertikale oder *Herrschaftsachse,* die zweite eine horizontale oder *Modernisierungsachse,* die dritte Dimension markiert eine *zeitliche Struktur* der individuellen und kollektiven Laufbahnen (Aufstieg, Abstieg, Positionshaltung). Soziale Klassen und Klassenfraktionen nun sind gemäß ihrem Verfügen über ökonomisches und kulturelles Kapital im sozialen Raum situiert, wobei es sowohl auf die jeweilige Zusammensetzung des Kapitals (Kapitalstruktur) als auch auf die Menge an Kapital (Kapitalvolumen) ankommt. Bourdieu kommt auf diese Weise vertikal zu einer *Klassen-Dreiteilung in Arbeiter-, Mittel- und Oberklasse,* die sich horizontal in (in sich) homogene Klassenfraktionen ausdifferenzieren. Die Oberklasse zum Beispiel differenziert sich in die *herrschende Fraktion* der Unternehmer (mit relativ viel ökonomischem, aber nicht unbedingt viel kulturellem Kapital) und die *beherrschte Fraktion* der Gymnasial- und Hochschullehrer, etablierten Künstler u.ä. (mit den höchsten Bildungsabschlüssen, aber nicht unbedingt viel ökonomischem Kapital); die dritte *Fraktion* wird gebildet von den Freiberuflern und Führungskräften, die gleichermaßen über relativ viel kulturelles und ökonomisches Kapital verfügen (Ärzte, Rechtsanwälte, Architekten, etc.); hier wäre auch noch die sog. *politische Klasse* derjenigen zu situieren, die aufgrund des Verfügens über politisches Kapital Macht ausübt (Bourdieu 1991).

Der springende Punkt beim erweiterten Kapitalbegriff ist, daß die verschiedenen Kapitalsorten im Prinzip *wechselseitig konvertierbar* sind. D.h. aus kulturellem oder Bildungskapital kann mit der Einnahme bestimmter sozialer Positionen ökonomisches Kapital geschlagen werden, und umgekehrt können mit entsprechend hohem Einkommen Kulturgüter erworben werden. Am meisten begünstigt oder bevorteilt sind also diejenigen Gruppen oder Klassen(fraktionen), die eine soziale Position innehaben, aufgrund derer sie die Chancen auf Konvertierung zwischen den verschiedenen Kapitalsorten nutzen und optimieren können. Hier nun spätestens zeichnet sich eine zentrale Ungleichheit zwischen den Geschlechtern ab. Der Nachweis bzw. das Visualisieren von Ungleichheit zwischen den Geschlechtern ist Gegenstand des folgenden Abschnitts.

Zur Modellierung der sozialen Räume der Erwerbsarbeit

Hier werden zwei unterschiedliche Varianten „vergeschlechtlichter Räume" der Erwerbsarbeit vorgestellt: Zum einen der vergeschlechtlichte Gesamtraum ausgewählter beruflicher Stellungen und zum anderen ein Einzelraum einer Oberklassenfraktion, und zwar der von Selbständigen ohne oder mit bis zu neun Beschäftigten, welche nicht in der Landwirtschaft tätig sind und auch nicht zu den Freiberuflern (Rechtsanwälte, Steuerberater etc.) gehören; diese Selbständigengruppe nennen wir im folgenden die Kleinunternehmer. Von vergeschlechtlichten Räumen ist hier deshalb die Rede, weil wir davon ausgehen, daß die soziale Positionierung der Berufsgruppen im sozialen Raum einen Geschlechterbias hat bzw. *gendered* ist.

Beide Varianten der Räume haben Gemeinsamkeiten, z.B. bezüglich der Bestimmung des kulturellen und ökonomischen Kapitals, aber auch feine Unterschiede. Auf die Modellierung der Räume, deren Gemeinsamkeiten und Unterschiede, wird im folgenden am Beispiel der oben genannten sozialen Räume genauer eingegangen. Dabei wird der Einfachheit halber zunächst der vergeschlechtlichte Einzelraum der Kleinunternehmer vorgestellt, um daran schließlich exemplarisch den Aggregationsprozeß der jeweiligen Einzelräume zum Gesamtraum der Erwerbsarbeit transparent machen zu können.

Nach unseren Untersuchungen auf Datenbasis des Sozio-ökonomischen Panels (SOEP)[3] bestehen klassenübergreifende Gemeinsamkeiten von Frauen gegenüber Männern und umgekehrt darin, daß sie jeweils eine spezifische Klassenstellung einnehmen. Diese Klassenstellung oder soziale Position wird hier anhand der nach Geschlecht differenzierten Hilfskonstruktion ,berufliche Stellung' operationalisiert. Die Stellung im Beruf wird im SOEP in Form einer Selbsteinschätzung der Befragten erhoben. Der Text der Originalfrage im Personenfragebogen des SOEP lautet: „In welcher beruflichen Stellung sind Sie derzeit beschäftigt?" Gefolgt von der Spezifikation: „Wenn sie mehr als *eine* berufliche Tätigkeit ausüben, beantworten Sie die folgenden Fragen bitte nur für Ihre derzeitige berufliche *Haupt*tätigkeit." (SOEP Personenfragebogen, DIW 1993 T.1.2 - 10, Hervorhebungen i.O.) Im Anschluß an diese Frage sind einundzwanzig Antwortmöglichkeiten plaziert, wovon zwei Auszubildenden vorbehalten sind. Da die berufliche Stellung, „in Ausbildung" zu sein, kurzfristig und transitorisch ist, wurden Auszubildende nicht berücksichtigt. Von den verbleibenden Antwortkategorien wurden von uns vierzehn berufliche Stellungen ausgewählt.[4] Die berufliche Stellung der ausgewählten Individuen hat zwar im Lebens- und Familienzyklus sowie aufgrund weiterer Mikro- und Makroeinflüsse eine transitorische Komponente, doch gehen wir davon aus, daß diese Einflüsse in der beruflichen Stellungsspezifik zum Ausdruck kommen, sozusagen inkorporiert sind. Insgesamt gesehen bleiben bei dieser Betrachtung junge wie alte Menschen außen vor, sie fokussiert die Erwerbsphase und ist erwerbszentriert, da Nicht-Erwerbstätige (Hausfrauen, Arbeitslose, SozialhilfeempfängerInnen, Anstaltsinsassen, RentnerInnen etc., aber auch Privatiers) nicht eingehen. Da jedoch Wohlstandspositionen von Kindern wie von alten Menschen überwiegend von der (ehemaligen) eigenen bzw. der beruflichen Stellung von Partnern oder Eltern abhängen, können wir auf indirektem Wege dem Vorwurf der Erwerbszentriertheit wenigstens teilweise begegnen.

Eine weitere Besonderheit unserer Herangehensweise ist – abweichend von der aktuellen Verteilungsforschung, in welcher der Haushalt (bzw. in Haushalten zusammenlebende Personen - Stichwort: Haushaltsnettoäquivalenzeinkommen) die Untersuchungseinheit bildet - unser eher individualistischer Ansatz; er rückt die vergeschlechtlichten Konvertierungschancen qua individuellem ökonomischem und Bildungskapital in das Zentrum der Analyse und berücksichtigt den Haushaltskontext lediglich indirekt. Indirekt insofern, als z.B. das nachgefragte Arbeitsangebot von in Haushalten zusammenlebenden Erwerbstätigen von der jeweiligen Haushaltssituation mitbeeinflußt wird. Gemeint sind damit u.a. Anzahl und Alter der Kinder, ihre Betreuungssituation sowie je individuelle, jedoch im Haushaltskontext eingebettete, Präferenzen im Spannungsverhältnis zwischen Arbeitszeit (Einkommen) und Freizeit (Konsum).

Trotz dieser Einschränkungen sind wir der Überzeugung, daß die hier verfolgte Geschlechterperspektive anhand von beruflichen Stellungen geeignet ist, die Verschränkung zwischen Geschlechtsspezifik und beruflicher Stellung zu verdeutlichen. Die Verteilung der beruflichen Stellungen, die hier hilfsweise als Klassenposition fungiert, hat folgende Struktur.

Tabelle 1: Verteilung und Männeranteil der ausgewählten
            beruflichen Stellungen in Westdeutschland (1990)

Stellung im Beruf		relativer Anteil	Männeranteil
Grob	fein	in vH	in vH
Arbeiterinnen und Arbeiter		35,3	69,4
(n = 2.304)	ungelernte	5,4	29,9
Davon	angelernte	13,4	58,1
	Facharbeiter	16,5	91,3
Angestellte		45,3	46,3
(n = 1.887)	einfach (z.B. Verkäuferin)	9,2	20,2
Davon	qualifiziert (z.B. Sachbearbeiterin)	24,9	40,3
	hochqualifiziert (z.B. Abteilungsleiter)	9,4	79,0
	mit Führungsaufgaben (z.B. Direktor)	1,8	89,5
Beamte	(einschl. Richter und Berufssoldaten)	8,9	73,8
(n = 343)	Mittlerer Dienst	3,6	76,3
Davon	Gehobener Dienst	3,1	65,4
	Höherer Dienst	2,2	81,5
Selbständige		10,5	74,7
(n = 377)	Landwirte	1,7	77,8
Davon	Freie Berufe / selbständige Akademiker	2,3	71,3
	Sonstige, ohne oder bis 10 Mitarbeiter	5,8	72,6
	Sonstige, mit 10 und mehr Mitarbeitern	[0,7]	[100]
(n = 4.911)	Insgesamt	100 100	

[...]: Stichprobenumfang >= 10 und < 30 befragte Personen.
Quelle: SOEP-West, Welle 7 (1990), hochgerechnete Ergebnisse, eigene Berechnungen.

Die „berufliche Stellung grob" differenziert die ausgewählten Erwerbstätigen
in sozio-ökonomische Gruppen, und die „berufliche Stellung fein" trennt bei
abhängig Beschäftigten nach Tätigkeits- und/oder Ausbildungsmerkmalen
bzw. bei Selbständigen nach Anzahl der Beschäftigten, in Landwirte und freie
Berufe.

    Der Männeranteil an ungelernten Arbeitern liegt bei lediglich 30%, d.h.
daß die verbleibenden 70% ungelernte Arbeiterinnen sind. Insbesondere in
der Gruppe der Angestellten, in welcher das Gros der Frauen beschäftigt ist,
zeigt sich mit zunehmenden Delegationsbefugnissen im Betrieb ein stark
zunehmender Männeranteil – respektive abnehmender Frauenanteil. Bei den

oberen drei Beamtengruppen wird deutlich, daß insgesamt nur ca. jeder vierte Arbeitsplatz von einer Frau besetzt wird und der Anteil der Männer im höheren Dienst bei über 80% liegt. Somit kopiert der Beamtenapparat weitgehend vergeschlechtlichte Beschäftigungsmuster – also letztlich vergeschlechtlichte Personalpolitik – der Privatwirtschaft sowie des öffentlichen Dienstes insgesamt. Drei von vier Selbständigen sind Männer, sofern die Betriebe weniger als zehn Beschäftigte haben. In nichtlandwirtschaftlichen Betrieben mit zehn und mehr Beschäftigten gibt es im SOEP nur eine Unternehmerin, aber immerhin achtzehn Unternehmer. Insgesamt hat das SOEP in der vorliegenden Aufbereitung einen Stichprobenumfang von knapp 5.000 erwerbstätigen Frauen und Männern, in welchem sich nur eine Unternehmerin mit zehn und mehr Beschäftigten befindet; dies ist ein Ergebnis für sich, auch wenn es in der folgenden Analyse nicht berücksichtigt werden kann.

Bereits in dieser Darstellung wird deutlich, daß in all denjenigen beruflichen Positionen, in denen ein höheres Arbeitsentgelt erwartet werden kann, der Anteil der männlichen im Vergleich zu weiblichen Erwerbstätigen überproportional hoch ausfällt.

Im nächsten Schritt zur Modellierung der sozialen Räume erfolgt eine Differenzierung der 14 ausgewählten beruflichen Stellungen nach dem Geschlecht der Erwerbstätigen, so daß achtundzwanzig Berufsgruppen entstehen bzw. siebenundzwanzig, da Unternehmerinnen mit zehn und mehr Beschäftigten keine empirisch-statistisch relevante Größenordnung erreichen. Wie bereits ausgeführt, wird zunächst der vergeschlechtlichte (Einzel-)Raum der Kleinunternehmerinnen und -unternehmer gemäß ihrem Verfügen über ökonomisches und kulturelles Kapital gebildet.

Möchte man zwei so unterschiedliche Merkmale wie ökonomisches und Bildungskapital, die über „Konvertierungschancen" in einem je unterschiedlichen inneren Zusammenhang stehen, in einem sozialen Raum (Koordinatensystem) abbilden, dann sollte dies auf Basis eines theoretisch angeleiteten und empirisch operationalisierbaren Analyseinstrumentariums geschehen: In Rekurs auf Bourdieu haben wir ökonomisches und Bildungskapital in einem Verhältnis von eins zu eins konvertiert und dementsprechend maßstabsgerecht in den Räumen abgebildet.

Das Bildungskapital haben wir in Anlehnung an Blossfeld (1985:65) anhand der jeweils höchsten formalen schulischen und beruflichen Abschlüsse, ergänzt um die Kategorie „kein Abschluß", hierarchisch klassifiziert. Die oben genannten Berufsgruppen erhalten gemäß ihrer höchsten formalen Qualifikation Bildungskapitalpunkte bzw. graphisch ausgedrückt Längeneinheiten nach folgender Skala: (1) kein Abschluß, (2) Hauptschulabschluß ohne Berufsausbildung, (3) Hauptschulabschluß mit Berufsausbildung, (4) Mittlere Reife ohne Berufsausbildung, (5) Mittlere Reife mit Berufsausbildung, (6) Abitur, (7) Fachhochschulabschluß, (8) Hochschulabschluß.[5]

Das ökonomische Kapital der Beschäftigtengruppen haben wir hilfsweise über das monatliche Nettoarbeitsentgelt ermittelt.[6] D.h. der hier gewählte Einkommensbegriff orientiert sich an monatlichen Arbeitseinkommen nach wohlfahrtsstaatlicher Umverteilung. Analog zum Bildungskapital wurde auch das ökonomische Kapital in acht Einkommensklassen gruppiert: (1) < 1.000 DM, (2) 1.000-<1.500 DM, (3) 1.500-<2.000 DM, (4) 2.000-<2.500 DM, (5) 2.500-<3.000 DM, (6) 3.000-<4.000 DM, (7) 4.000 DM-<5.000 DM, (8) 5.000->20.000 DM.[7] Die Beschäftigtengruppen erhalten wiederum je nach der Höhe ihres Erwerbseinkommens Kapitalpunkte bzw. Längeneinheiten in der Graphik.[8]

Plastisch veranschaulichen läßt sich die Verteilung von Kapitalsorten der Berufsgruppen anhand des Bourdieuschen *Modell des sozialen Raums*, welches folgende Spezifika hinsichtlich der Achsenskalierung aufweist.

Abbildung 1: Skalierung des sozialen Raums nach Bourdieu

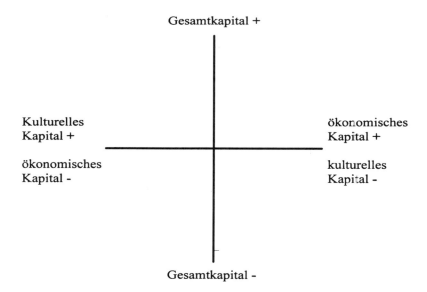

Quelle: Eigene Abbildung, in Anlehnung an Frerichs/Steinrücke (1997:15).

Im sozialen Raum repräsentiert die Ordinate das Kapitalvolumen aus ökonomischem Kapital (C) plus kulturellem Kapital (K). Der Tiefpunkt liegt bei einem Wert von 2, da die kleinste mögliche Kombination von C = 1 (weniger als DM 1.000 pro Monat) plus K = 1 (kein Abschluß) in der Summe gerade 2 ergibt. Der Hochpunkt 16 wird erreicht, wenn der höchste formale Abschluß ein Hochschulabschluß ist und gleichzeitig das monatliche Nettoarbeitsentgelt bei DM 5.000 und darüber liegt. Die Abszisse bildet die Kapitalstruktur ab und hat auf der linken Seite einen kulturellen Pol und auf der rechten Seite einen ökonomischen Pol. Die Gruppen, welche über relativ mehr ökonomisches als kulturelles Kapital verfügen, werden weiter rechts positioniert, und die Gruppen, welche über relativ mehr kulturelles als ökonomisches Kapital verfügen, sind weiter links angesiedelt. Die Kapitalstruktur berechnet sich aus ökonomisches dividiert durch kulturelles Kapital (C / K), und die Pole haben die Extremwerte ein Achtel (weniger als DM 1.000 und Hochschulabschluß) bzw. Acht (mehr als DM 5.000 und kein Abschluß).

Die Berechnungsbasis für die Modellierung der Einzelräume sind die Maße der zentralen Tendenz (arithmetisches Mittel, Modalwert und Median) sowie weitere empirisch häufig zu beobachtende Kombinationen aus kulturellem und ökonomischem Kapital, die mittels Kreuztabellierung[9] berechnet und anhand der Außenlinie der Ellipsen charakterisiert werden. Die Außenlinien der Ellipsen skizzieren dabei den Möglichkeitsraum empirisch relevanter Kombination der Kapitalstruktur (C / K) und des Kapitalvolumens (C + K). D.h. insbesondere bei solchen Gruppen mit restriktiven Zugangsbedingungen hinsichtlich der formalen Qualifikation und einer geringen Entgeltspreizung kann man einen kleinen Möglichkeitsraum (Ellipse mit kleiner Fläche) erwarten, und umgekehrt lassen niedrigere formale Zugangsbarrieren und eine hohe Varianz des Entgelts große Ellipsen vermuten. Welchen zusätzlichen Einfluß die soziale Strukturkategorie „Geschlecht" auf die Lage und die Größe der Ellipsenflächen der Berufsgruppen hat, wird nun anhand eines vergeschlechtlichen Einzelraumes für Kleinunternehmerinnen und Kleinunternehmer dargestellt.

Vergeschlechtlichte Räume der Erwerbsarbeit

a) Der Einzelraum von Kleinunternehmerinnen und
    Kleinunternehmern

Abbildung 2: Der vergeschlechtlichte Raum der Erwerbsarbeit für
            Kleinunternehmerinnen (F) und Kleinunternehmer (M)
            ohne oder mit bis zu 9 Mitarbeitern[10]

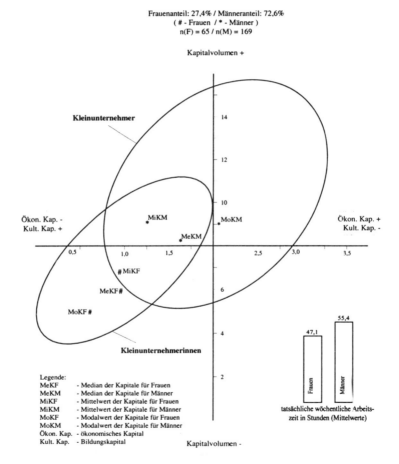

Quelle: SOEP-West, Welle 7 (1990), hochgerechnete Ergebnisse, eigene Berechnungen

Kleinunternehmerinnen und Kleinunternehmer haben auf den ersten Blick nicht allzuviele Gemeinsamkeiten, dies zeigt sich an der Größe der gemeinsamen Schnittmenge. Der Möglichkeitsraum der sozialen Positionen der männlichen Kleinunternehmer ist nicht nur wesentlich größer, sondern auch deutlich höher angesiedelt. Auch die Maße der zentralen Tendenz liegen weit auseinander; d.h. sowohl die Kapitalstruktur als auch das Kapitalvolumen sind sehr unterschiedlich. Hinsichtlich des Bildungskapitals unterscheiden sich männliche nur geringfügig von weiblichen Unternehmern. Bei beiden Geschlechtern wurde der Hauptschulabschluß mit Berufsausbildung am häufigsten genannt, 40% der weiblichen und 50% der männlichen Kleinunternehmer verfügen über diesen Abschluß, und lediglich rund ein Drittel beider Gruppen hat höhere Bildungstitel. Etwas mehr Frauen als Männer haben die mittlere Reife mit Berufsausbildung, und knapp 3% der Frauen, jedoch 10% der männlichen Kleinunternehmer geben an, ein Fachhochschul- bzw. Universitätsstudium abgeschlossen zu haben.

Die im Durchschnitt tatsächlich geleistete wöchentliche Arbeitszeit der Kleinunternehmerinnen liegt bei 47 Stunden – Kleinunternehmer männlichen Geschlecht arbeiten ca. 17% länger und kommen auf ungefähr 55 Stunden pro Woche.

Der Hauptunterschied zwischen beiden Beschäftigtengruppen liegt jedoch weder in der formalen Qualifikation, noch in der Länge der Arbeitszeit, sondern begründet sich durch die Höhe des Entgelts: Keine einzige Kleinunternehmerin bezieht monatlich über DM 4.000, bei den männlichen Kleinunternehmern hingegen verfügen rund 13% von ihnen zwischen DM 4.000 und DM 5.000 netto pro Monat und weitere 15% beziehen monatlich zwischen DM 5.000 und DM 20.000.

Bemerkenswert ist dabei, daß eine hohe formale Qualifikation bei männlichen Kleinunternehmern keine notwendige Bedingung für ein hohes Einkommen ist, dies zeigt ihre Plazierung hin zum ökonomischen Pol.[11] Und bei Kleinunternehmerinnen ist eine höhere formale Qualifikation keine hinreichende Bedingung für ein höheres Einkommen, deshalb sind sie stärker zum kulturellen Pol hin situiert.[12]

Hätte man in der obigen Abbildung auf eine Differenzierung nach dem Geschlecht der Kleinunternehmerinnen und -unternehmer verzichtet, hätte sich aus statistischer Perspektive für den männlichen Teil von ihnen kaum etwas verändert. Ihre Qualifikation wäre ungefähr auf einem Niveau geblieben, lediglich ihre Einkommenssituation hätte sich geringfügig verschlechtert. Geringfügig deshalb, weil der quantitative Anteil der Unternehmerinnen vergleichsweise gering ist; ihr Anteil beträgt lediglich 27%. Die durchschnittliche Unternehmerin hingegen hätte sich ökonomisch deutlich besser gestellt. Ob Kleinunternehmerinnen der Oberklassefraktion der Unternehmer zuzurechnen sind, ist an dieser Stelle noch ungewiß. Sicher ist jedoch, daß Kleinunternehmer männlichen Geschlechts deutlich bessere Konvertierungschancen ihres Bildungskapitals als Frauen dieser beruflichen Stellung haben.[13]

b) Der Gesamtraum der Erwerbsarbeit

Im nächsten Schritt wird nun dieser vergeschlechtlichte Einzelraum in den Gesamtraum der Erwerbsarbeit eingebettet. Da im Gesamtraum insgesamt vierzehn berufliche Stellungen differenziert nach Geschlecht angeordnet sind, wurden der Übersichtlichkeit wegen ausschließlich die Mittelwerte des ökonomischen und des Bildungskapitals hinsichtlich ihrer geometrischen Verortung im sozialen Raum eingetragen. Wie groß die Abweichungen vom Mittelwert sein können, wurde exemplarisch anhand der besonders heterogenen Gruppe der Kleinunternehmer dargestellt. Im Unterschied zum obigen Einzelraum mußte im Gesamtraum die Abszissenskalierung variiert werden, um die verschiedenartigen Kapitalkompositionen der beruflichen Stellungen in einer Graphik abbilden zu können. Diese Vorgehensweise hat auf die Koordinaten der abgetragenen Mittelwerte keinerlei Einfluß, es verschiebt sich lediglich die optische Positionierung nach rechts. D.h. für den Mittelwert z.b. der männlichen Kleinunternehmer, daß dieser exakt die Verortung 1,24 auf der Kapitalstrukturachse und 9,11 auf der Volumenachse hat, jedoch im Gesamtraum rechts der Volumenachse (Ordinate) liegt.

Zunächst zeigt sich eine deutliche geschlechtsspezifische Verteilungsstruktur im vergeschlechtlichten Raum der Erwerbsarbeit: Die Frauen sämtlicher Berufsgruppen befinden sich in den beiden linken Quadranten, also zum kulturellen Pol hin situiert, während die Männer fast aller beruflichen Positionen in den beiden rechten Quadranten zu finden sind, also zum ökonomischen Pol hin situiert. Ausnahmen bilden höhere Beamte und Freiberufler, wo auch die Männer beider Gruppen in der Regel über einen Hochschulabschluß verfügen, weshalb ihre Position zum kulturellen Pol hin tendiert.

Als zweite Struktur fällt die Stellungsspezifik bei der Situierung der Frauen auf. Bei den feindifferenzierten beruflichen Positionen zeigt sich, daß die Frauen nahezu durchgängig über weniger Gesamt-Kapital-Volumen, aber über gleich viel oder mehr kulturelles Kapital als die männlichen Vergleichsgruppen verfügen, was ihre Positionen etwas nach links (zum kulturellen Pol) und in eins nach unten (weniger Kapitalvolumen) verschiebt. Ausnahmen von dieser Regel bilden die mittleren und gehobenen Beamtinnen, die sogar über ge-

Abbildung 3: Vergeschlechtlichter Raum der Erwerbsarbeit ausgewählter Berufsgruppen

Bezugsgröße der geometrischen Verortung der Berufsgruppen ist deren jeweiliger Einkommens-
bzw. Bildungsmittelwert.
(# - Frauen / * - Männer)

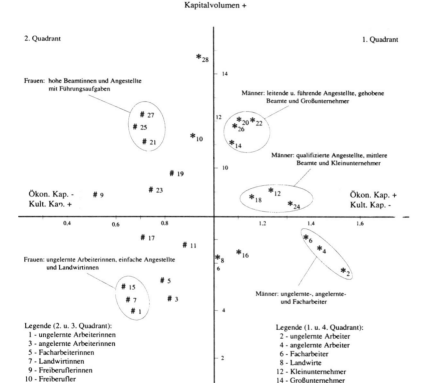

Kapitalvolumen +

2. Quadrant

1. Quadrant

*28

14

Frauen: hohe Beamtinnen und Angestellte
mit Führungsaufgaben

Männer: leitende u. führende Angestellte, gehobene
Beamte und Großunternehmer

27
25
21   *10

12   *20 *22
       *26
      *14

Männer: qualifizierte Angestellte, mittlere
Beamte und Kleinunternehmer

19   10

Ökon. Kap. -   # 9   # 23
Kult. Kap. +

*18 *12
        *24

Ökon. Kap. +
Kult. Kap. -

0.4   0.6   0.8   1.2   1.4   1.6

17
11

*6
*4

Frauen: ungelernte Arbeiterinnen, einfache Angestellte
und Landwirtinnen

*8 *16
6

*2

15   # 5

7   # 3

1

Männer: ungelernte-, angelernte-
und Facharbeiter

4

Legende (2. u. 3. Quadrant):
1 - ungelernte Arbeiterinnen
3 - angelernte Arbeiterinnen
5 - Facharbeiterinnen
7 - Landwirtinnen
9 - Freiberuflerinnen
10 - Freiberufler
11 - Kleinunternehmerinnen
15 - weibl. Angest. (einfach)
17 - weibl. Angest. (qualifiziert)
19 - weibl. Angest. (hochqualifiziert)
21 - weibl. Angest. (Führungsaufg.)
23 - Beamtinnen (mittlerer Dienst)
25 - Beamtinnen (gehobener Dienst)
27 - Beamtinnen (höherer Dienst)
28 - Beamte (höherer Dienst)

Legende (1. u. 4. Quadrant):
2 - ungelernte Arbeiter
4 - angelernte Arbeiter
6 - Facharbeiter
8 - Landwirte
12 - Kleinunternehmer
14 - Großunternehmer
16 - männl. Angest. (einfach)
18 - männl. Angest. (qualifiziert)
20 - männl. Angest. (hochqualifiziert)
22 - männl. Angest. (Führungsaufg.)
24 - Beamte (mittlerer Dienst)
26 - Beamte (gehobener Dienst)

2

Kapitalvolumen -

[13 - Großunternehmerinnen]*

Quelle: SOEP-West, Welle 7 (1990), hochgerechnete Ergebnisse, eigene Berechnungen. Da sich im ungewichteten Sample nur eine Großunternehmerin mit 10 und mehr Mitarbeiterinnen befindet, wird auf die Darstellung dieser Berufsgruppe verzichtet.

ringfügig mehr Gesamtkapital (höher positioniert), aber wiederum über relativ mehr kulturelles als ökonomisches Kapital verfügen (links von den männlichen Vergleichsgruppen situiert), während es sich bei den höheren Beamtinnen und Beamten wieder ähnlich verhält wie bei den anderen Gruppen; die
geringeren Verdienste der höheren Beamtinnen gehen (bei vergleichbaren
Besoldungsgruppen) u.a. auf reduzierte Arbeitszeiten der Frauen zurück.[14]

Zur Geschlechterdifferenz der Positionen im sozialen Raum

Wie erklärt sich diese geschlechtsspezifische Struktur in der Klassenstellung?
Allem Anschein nach gründet sie in einer *Differenz der Verwertungs-
bedingungen und Amortisierungschancen von Bildungs- und Ausbildungsressourcen* (kulturellem Kapital). Frauen haben zwar maßgeblich von der
Bildungsexpansion profitiert (wenn auch nicht die Frauen aller Klassen gleichermaßen), sie erzielen inzwischen gleichwertige oder höhere Bildungsabschlüsse als Männer ihrer Jahrgänge; aber es gelingt ihnen offensichtlich
nicht, daraus eine entsprechende berufliche Chancenstruktur aufzubauen
und die gleichen Karrierewege wie die Männer ihrer Bildungsstufe, Berufsgruppe oder Klasse zu verfolgen. Dies deutet darauf hin, daß auch das
Laufbahn-Konzept von Bourdieu (und zwar das individuell-biographische
wie das kollektive) unter dem Blickwinkel der Geschlechterdifferenz betrachtet werden muß. Für Frauen existiert demnach eine *Konvertierungsblockade*
bei der Transformation von Ausbildungsressourcen in entsprechende berufliche (oder auch politische) Positionen, die auf soziale Schließung und Herrschaft im Geschlechterverhältnis verweist.[15]

Mehrere Faktoren, die die Laufbahnen von Frauen beeinflussen bzw. struktu-
rieren, bieten sich als Erklärung hierfür an: Zum einen sind es die *diskontinu-
ierlichen Erwerbsverläufe* aufgrund von Kindererziehung und -betreuung;
allermeist ist die Berufsrückkehr mit einer Positionsverschlechterung verbunden. Zum zweiten – darauf machen Claudia Born und Helga Krüger (1993)
aufmerksam – sind die Amortisierungschancen der Ausbildung bei Frauen
stärker an *berufsstrukturelle Besonderheiten* gebunden, und zwar sowohl in
der Hinsicht, daß „Frauenberufe" häufig Sackgassen darstellen, als auch in
der von Differenzierungsprozessen zwischen Frauen nach erlerntem Beruf:
Die „*Ressourcenrisikoverlust-Rate*" (Krüger 1998) ist beispielsweise in Pflege-
und Büroberufen deutlich geringer als im Hotel- und Gaststättengewerbe,
d.h. die Chancenstruktur für Krankenschwestern und Sachbearbeiterinnen,
als Berufsrückkehrerinnen ohne gravierenden Statusverlust wieder Fuß zu
fassen, ist bedeutend größer als beispielsweise für Hotelfachkräfte. Zum drit-

ten ist die Laufbahn von Frauen an die *familiale Struktur und den Familienzyklus* gebunden, was häufig die Teilzeitoption vorstrukturiert und allein von daher mit Positionsverschlechterung einhergeht. Und viertens schließlich – zutreffend für Frauen, die voll auf berufliche Karriere setzen und aus diesen Gründen sich dem männlichen Modell anpassen (z.B. in Form des Verzichts auf Kinder) – *mangelt* es den sog. Karrierefrauen häufig an *sozialem Kapital* als Katalysator für beruflichen Erfolg, welches sie mit Zusatzqualifikationen und/oder häufigem Stellenwechsel kompensieren müssen. (Frerichs 1997: 112ff.)

Zusammenfassend zeigt sich am Beispiel des *Modells „Sozialer Raum und Klassen",* daß dieses zwar offen ist für Modernisierung und Differenzierung, gleichwohl aber der Ergänzung und Erweiterung bedarf, sobald die Geschlechterdifferenz in die Sozialstrukturanalyse einbezogen wird. Nahezu alle Kategorien sind „gendered": von der Klasse über die verschiedenen Kapitalsorten und ihre Konvertierungschancen bis zu den individuellen und kollektiven Laufbahnen. Die Klassen und Klassenfraktionen, die im Raum der Lebensstile auch in der Privatsphäre der Haushalte (in Form des Wohnens, Sich-Kleidens, Essens und Trinkens, Reisens etc.) sichtbar werden (Frerichs/Steinrücke 1997a u. b, Steinrücke 1996), sind geschlechtsgeteilt oder vergeschlechtlicht, ebenso wie umgekehrt die Geschlechter klassengeteilt sind – so das von Michael Mann (1986) gezogene Resümee aus der *gender-and-class*-Debatte in England. Das Aufholen in Bildung und Ausbildung hat den Frauen zwar eine beträchtliche Ausstattung mit kulturellen Ressourcen eingebracht, gleichwohl noch nicht die adäquaten Amortisierungschancen für ihr kulturelles Kapital; es schlägt nicht in entsprechendes ökonomisches und politisches Kapital durch. Daran hindern Mechanismen der sozialen Schließung (Cyba 1993) ebenso wie die (nach wie vor bestehende) Ungleichverteilung der Haus- und Sorgearbeit; daran hindern berufsstrukturelle Besonderheiten ebenso wie ein vergeschlechtlichter Habitus, der Frauen nicht ganz so einseitig auf berufliche Karriere und Erfolg orientiert sein läßt wie vergleichbare Männer. Allerdings sind solche Resultate wiederum klassenspezifisch zu differenzieren. In bezug auf die Oberklassenfraktionen gibt es Untersuchungsergebnisse, wonach mit sinkender Geburtenrate auch Töchter „Träger und Garanten der Familientradition" (Metz-Göckel 1992: 49) werden. Die Zahl der Unternehmerinnen steigt (auch abzüglich der Existenzgründerinnen, deren Kampf um die eigene Existenz noch offen ist), so daß sie wahrscheinlich bald auch eine statistisch relevante Größenordnung erreichen.[16]

Alles in allem wollten wir auf die Notwendigkeit einer Geschlechterperspektive für die Ungleichheitsforschung aufmerksam machen, will sie

Verzerrungen ihrer Ergebnisse vermeiden. Dies gilt vor allem für die Entwicklung der Analysekategorien und -instrumente, die so beschaffen sein müssen, daß sie der sozialen Praxis und den Laufbahnen beider Geschlechter angemessen sind. Gerade im Hinblick auf Laufbahnen wäre es notwendig, die zeitliche Dimension der vergeschlechtlichten sozialen Räume auf individueller wie auf Ebene der privaten Haushalte stärker zu fokussieren. Wir stellen uns dabei eine Art von Daumenkino – eine mit dem Daumen zu bewegende Abfolge von Bildern – vor, anhand dessen die Dynamik der Positionierung der Geschlechter in den sozialen Räumen im Zeitverlauf visualisierbar wird.

Anmerkungen

* Wissenschaftliche Mitarbeiterin am Institut zur Erforschung sozialer Chancen (ISO), Köln.

* Wissenschaftlicher Mitarbeiter am Institut für Konjunktur- und Strukturforschung (IKSF), Universität Bremen.

1 Das Forschungsprojekt „Klasse und Geschlecht" wurde im Zeitraum von 1991 bis 1996 von Petra Frerichs (ISO) und Margareta Steinrücke (Angestelltenkammer Bremen) durchgeführt; die Ergebnisse, die mit qualitativen und quantitativen Methoden erzielt wurden, basieren im quantitativen Teil auf Berechnungen von Daten des Sozio-ökonomischen Panels (SOEP), die in allen hier referierten Aspekten von Ralf K. Himmelreicher durchgeführt wurden. Wir danken Margareta Steinrücke für wertvolle Hinweise, dem DIW Berlin für die Bereitstellung der Daten des SOEP und der SOEP-Projektgruppe für das geduldige Beantworten unserer Fragen.

2 Vermögenskomponenten können im empirischen Teil dieses Beitrags aus erhebungsbedingten Gründen nicht trennscharf analysiert werden, da diese im SOEP im Haushaltsfragebogen als „Haushaltsvermögen" erhoben werden, während hier die Personenperspektive im Vordergrund steht. Was bezüglich des Individualvermögens als gesichert angesehen werden kann, ist der triviale Hinweis darauf, daß Selbständige über Produktivvermögen verfügen dürften (vgl. Himmelreicher 1999: 12ff.).

3 Alle hier referierten Ergebnisse basieren auf hochgerechneten Werten der befragten Personen aus den Stichproben A (sogenannte „Hauptstichprobe") und B (sogenannte „Ausländerstichprobe") der 7. Welle des SOEP, also insgesamt dem SOEP-West 1990. Befragte sind im SOEP Personen, die 16 Jahre und älter sind.

4 Nicht ausgewählt wurden Vorarbeiter und Meister sowohl im Arbeiter- als auch im Angestelltenstatus, da die Fallzahlen der jeweiligen Meisterinnen und Vorarbeiterinnen zu gering sind; ebenfalls nicht ausgewählt werden konnten mithelfende Familienangehörige, da in dieser Gruppe nur wenige Männer vorkommen. 1997 waren in Westdeutschland lediglich 1% aller erwerbstätigen Männer mithelfende Familienangehörige, während 3% der erwerbstätigen Frauen in dieser beruflichen Stellung beschäftigt waren (vgl. von der Vring 1999: 103). Des weiteren

konnten einfache Beamtinnen und Beamte nicht in die Analyse integriert werden, da lediglich 27 Befragte angaben, in dieser Besoldungsgruppe beschäftigt zu sein. Sieht man von Auszubildenden ab, dann repräsentieren unsere Beschäftigtengruppen ca. 95% aller Erwerbstätigen hinsichtlich ihrer beruflichen Haupttätigkeit.

5   Zur Verteilung der höchsten Bildungsabschlüsse auf die Beschäftigtengruppen siehe Tabelle 4 in Frerichs (1997: 215).

6   Der Text der Orginalfrage im SOEP lautet: „Wie hoch war Ihr Arbeitsverdienst im letzten Monat?" Daran anschließend wurden die Befragten darauf hingewiesen, daß einmalige Sonderzahlungen nicht zu berücksichtigen seien, jedoch Entgelte für Überstunden. Nach der Frage nach dem Bruttoverdienst folgt: „und den Nettoverdienst, das heißt den Betrag n a c h Abzug von Steuern und Beiträgen zur Renten-, Arbeitslosen- und Krankenversicherung." (SOEP Personenfragebogen, DIW 1993 T.1.2 – 11, Hervorhebungen i.O.)

7   Problematisch an dieser Einkommensklassifizierung ist sicherlich, daß z.B. Erwerbstätige, die ein monatliches Arbeitsentgelt in Höhe von DM 11.000 beziehen 8 Kapital-Punkte erhalten und wer DM 1.100 bezieht, erhält 2 Punkte. D.h. aus dem Einkommenszehnfachen resultiert lediglich das Vierfache an Kapitalpunkten. Die Verteilung der Kapitalpunkte ist also nicht äquidistant und Differenzen im ökonomischen Kapital der Berufsgruppen werden vor allem im oberen Bereich tendenziell unterzeichnet. Dieser Sachverhalt ist den z.T. niedrigen Fallzahlen geschuldet, denn die Einkommensklassen mußten so gewählt werden, daß die Einkommensstreuung aller Berufsgruppen auf die einzelnen Klassen von einer jeweils hinreichend großen Fallzahl repräsentiert wird.

8   Zur Verteilung der Nettoarbeitseinkommen siehe Tabelle 5 in Frerichs (1997: 214).

9   Bei jeweils acht Ausprägungen von ökonomischem und kulturellem Kapital resultiert maximal eine 64-Felder-Tafel; aus dieser wurden vergleichsweise häufig genannte Kombinationen ausgewählt, jedoch ohne „Ausreißer" zu berücksichtigen.

10 Kleinunternehmerinnen und Kleinunternehmer sind hier solche Selbständige, die weder in der Landwirtschaft noch in sogenannten freien Berufen tätig sind in deren Betrieben weniger als zehn Mitarbeiter beschäftigt sind.

11 Rechenbeispiel: Einige männliche Kleinunternehmer sind in der höchsten Einkommensklasse (8 Kapitalpunkte) und haben Hauptschulabschluß mit Berufsausbildung (3 Bildungspunkte), ergibt 11 Punkte für das Kapitalvolumen und 2,7 Kapitalstrukturpunkte.

12 Rechenbeispiel: Einige Kleinunternehmerinnen mit mittlerer Reife und abgeschlossener Berufsausbildung (5 Bildungspunkte) beziehen unter DM 2.000 netto pro Monat (3 Kapitalpunkte), ergibt 8 Punkte für das Kapitalvolumen und 0,6 Punkte bezüglich ihrer Kapitalstruktur.

13 Das mittlere monatliche Nettoarbeitsentgelt der Kleinunternehmerinnen liegt bei ca. DM 1.800 und das der Kleinunternehmer bei DM 3.200.

14 Die durchschnittliche wöchentliche Arbeitszeit beträgt bei Beamtinnen des höheren Dienstes knapp 34 Stunden und bei vergleichbaren Beamten 45 Sunden (vgl. Frerichs 1997: 239).

15 Zu vergleichbaren Ergebnissen kommt Himmelreicher in seiner Studie, in der er auf Basis einer logistischen Regression die Wahrscheinlichkeit, ein hohes Ein-

kommen zu beziehen für sozialversicherungspflichtig Beschäftigte in Bremen schätzte. Aus einer Vielzahl von kontrollierten Variablen haben folgende - der Höhe ihres Einflusses nach geordnete - Merkmale den stärksten Effekt auf die Wahrscheinlichkeit ein hohes Arbeitsentgelt zu beziehen: (1) Bildungskapital [hoch], (2) Geschlecht [männlich], (3) Stellung im Beruf [Angestellte] und (4) kontinuierliche Beschäftigung [permanent] (vgl. Himmelreicher 1995: 81).

16 Im Jahre 1970 hatten selbständige Frauen einen Anteil von ca. 21% an allen Selbständigen in Westdeutschland. Bis 1995 stieg der Frauenanteil bei Selbständigen trendartig bis auf knapp 27% an (vgl. IAB-Zahlen-Fibel 1997: 34 ff., eigene Berechnungen).

Literatur

BECKER, Irene, 1999: Zur Verteilungsentwicklung in den 80er und 90er Jahren - Teil 1: Veränderung der personellen Einkommensverteilung, in: WSI Mitteilungen 3/1999, S. 205-214.

BLOSSFELD, Hans-Peter, 1985: Bildungsexpansion und Berufschancen. Empirische Analyse zur Lage der Berufsanfänger in der Bundesrepublik; Frankfurt a.M.

BORN, Claudia, und Helga KRÜGER (Hrsg.), 1993: Erwerbsverläufe von Ehepartnern und die Modernisierung weiblicher Lebensläufe, Weinheim

BOURDIEU, Pierre, 1982: Die feinen Unterschiede. Kritik der gesellschaftlichen Urteilskraft; Frankfurt a.M.

- 1985: Sozialer Raum und „Klassen". Leçon sur la leçon. Zwei Vorlesungen; Frankfurt a.M.

- 1991: Politisches Kapital als Differenzierungsprinzip im Staatssozialismus, in: ders.: Die Intellektuellen und die Macht, hrsg. v. Irene DÖLLING, Hamburg, S. 33-40.

CYBA, Eva, 1993: Überlegungen zu einer Theorie geschlechtsspezifischer Ungleichheiten, in: Petra FRERICHS und Margareta STEINRÜCKE (Hrsg.): Soziale Ungleichheit und Geschlechterverhältnisse, Opladen, S. 33-50.

DEUTSCHES INSTITUT FÜR WIRTSCHAFTSFORSCHUNG (Hrsg.), 1993: Das Sozio-ökonomische Panel (SOEP); Benutzerhandbuch Version 7 - November/ 93; Berlin.

FRERICHS, Petra, 1997: Klasse und Geschlecht 1: Arbeit. Macht. Anerkennung. Interessen, Opladen.

FRERICHS, Petra, und Margareta STEINRÜCKE, 1997a: Kochen - ein männliches Spiel? Die Küche als geschlechts- und klassenstrukturierter Raum, in: Irene DÖLLING und Beate KRAIS (Hrsg.): Ein alltägliches Spiel. Zur Konstruktion von Geschlecht in der sozialen Praxis, Frankfurt a.M., S. 231-255.

- 1997b: Klasse und Geschlecht; in: dies. (Hrsg.): Klasse Geschlecht Kultur; Dokumentation eines Workshops anläßlich des 25-jährigen Bestehens des Instituts zur Erforschung sozialer Chancen ISO; S. 12-45, Köln.

HIMMELREICHER, Ralf K., 1995: Die Einkommenssituation von abhängig Beschäftigten im Lande Bremen zu Beginn der 90er Jahre, Forschungsbericht der Angestelltenkammer Bremen.

HIMMELREICHER, Ralf K., 1999: Westdeutsche Haushalte und ihr Vermögen. Eine Längsschnitt-Kohortenanalyse auf Datenbasis des SOEP (1985-1996), IKSF-Discussion Paper No. 18, Institut für Konjunktur- und Strukturforschung; Universität Bremen.

INSTITUT FÜR ARBEITSMARKT UND BERUFSFORSCHUNG DER BUNDES-ANSTALT FÜR ARBEIT, 1997 (Hrsg.): Zahlen-Fibel, BeitrAB 101, Ausgabe 97, Nürnberg.

KRÜGER, Helga, 1998: „Das Ungleichheitsdilemma der Geschlechter im Lebenslauf – eins der Normen, eins der Institutionen, eins der soziologischen Forschung?", Vortrag auf der Internationalen Fachkonferenz „Geschlechterdifferenz und soziale Ungleichheit", 8.-10. Oktober 1998, Universität Mainz (unveröff. Man.).

MANN, Michael, 1998: A Crisis in Stratification Theory?, in: CROMPTON, Rosemary and Michael MANN (Ed.): Gender and Stratification, Oxford, S. 40-56.

MARX, Karl, 1967: Grundrisse der Kritik der politischen Ökonomie (Rohentwurf) 1857/58, Berlin.

– 1968: Der 18. Brumaire des Louis Bounaparte, MEW 8, Berlin.

– 1972: Theorien über den Mehrwert, MEW 26.3, Berlin.

METZ-GÖCKEL, Sigrid, 1992: Bildung, Lebensverlauf und Selbstkonzepte von „Arbeitertöchtern". Ein Beitrag zur sozialen Mobilität und Individualisierung von Frauen aus bildungsfernen Schichten, in: SCHLÜTER, Anne (Hrsg.): Arbeitertöchter und ihr sozialer Aufstieg. Zum Verhältnis von Klasse, Geschlecht und sozialer Mobilität, Weinheim, S. 36-65.

STEINRÜCKE, Margareta, 1996: Klassenspezifische Lebensstile und Geschlechterverhältnis, in: Otto G. SCHWENK (Hrsg.): Lebensstil zwischen Sozialstrukturanalyse und Kulturwissenschaft, Opladen, S. 203-219.

VRING, Thomas von der, 1999: Arbeitsangebot und Arbeitsnachfrage – Statistische Analyse der Erwerbstätigkeit in Westdeutschland 1970-96, Hamburg.

WEBER, Max, 1956: Wirtschaft und Gesellschaft, Tübingen (erstmals 1922).

Tatjana Fuchs
Die sozialen Folgen von öffentlicher Armut und privatem Reichtum

1. Einleitung

Im öffentlichen Diskurs wird häufig isoliert über das Phänomen *Armut* oder über das Phänomen *Reichtum* gesprochen. Es geht jedoch sowohl bei der Auseinandersetzung mit Armut, als auch mit Reichtum stets um den *Verteilungs*zusammenhang und letztlich auch darum, in welchem Maße die verschiedenen Akteure mit *Macht* ausgestattet sind. In kapitalistischen Gesellschaften ist der zentrale Ort für Verteilungsfragen der Arbeitsmarkt, welcher jedoch per se durch eine deutlich ungleiche Kräfteverteilung im Verhältnis von Arbeitgeber und Arbeitnehmer geprägt ist:

„Der Arbeitnehmer ist für seinen Lebensunterhalt auf laufende Arbeitseinkommen angewiesen, kann jedoch nicht frei zwischen verschiedenen Arbeitsangeboten wählen bzw. seine Arbeitskraft so lange zurückhalten, bis ihm eine passende Arbeit angeboten wird. Er ist zudem räumlich und persönlich gebunden. Außerdem bringt es die Eigenart des Arbeitsverhältnisses mit sich, daß er sich unter dem Weisungsrecht des Arbeitgebers einer Arbeitsorganisation aussetzen muß, von der Gefährdungen seiner physischen und psychischen Integrität ausgehen." (Kittner, 1997: 13)

Das Betriebsverfassungsgericht erkennt diese ungleiche Machtausstattung an und spricht im diesem Zusammenhang auch von *der strukturellen Unterlegenheit des einzelnen Arbeitnehmers* (ebenda). Es erübrigt sich, weitergehend darauf hinzuweisen, daß diese unterschiedliche Ausstattung mit Macht spiegelbildlich zu einer äußerst ungleichen materiellen Entwicklung und damit zu ungleichen Lebensbedingungen führen kann – im Extremfall zu Armut unter dem physischen Existenzminimum und zu extremem Reichtum, der über eine gehobenen Bedürfnisbefriedigung hinaus wiederum zum Ausbau von Macht dient.[1]

Als gesetzliches Gegengewicht zur wirtschaftlichen Freiheit, zum Schutz des privaten Eigentums und des freien Arbeitsmarktes können das Sozialstaatsprinzip sowie insbesondere die Garantie der Koalitionsfreiheit verstanden werden. Beide haben – mit den Worten des Bundesverfassungsgerichts – den *Ausgleich gestörter Vertragsparität* zum Ziel, um den fundamentalen Schwächen der abhängig Beschäftigten im Verhältnis zum Arbeitgeber Rechnung zu tragen. (vgl. a. Kittner, 1997: 13ff.)

Und dennoch, auch trotz der Möglichkeiten, Gewerkschaften zu bilden, organisierte Arbeitskämpfe um die Verteilung des Volkseinkommens zu führen, trotz des zeitweisen Ausbaus von Arbeitnehmerschutzrechten, trotz alledem hat das ungleiche Kräfteverhältnis auf dem Arbeitsmarkt immer zu erheblicher materieller Ungleichheit geführt. Diesen Schieflagen, die in der primären Verteilung entstehen, kann – besser gesagt: *muß* der Staat laut Sozialstaatsgebot – entgegenwirken: durch eine teilweise progressive Steuer- und Abgabenpolitik, durch direkte staatliche Transferleistungen sowie durch die Bereitstellung einer sozialen Infrastruktur, die es auch Menschen mit geringen Einkommen erlaubt, am gesellschaftlichen Leben teilzunehmen. Jedoch auch diese Art der Verteilung, die nachgelagerte, sekundäre Verteilung, ist im wesentlichen Ausdruck des gesellschaftlichen Kräfte- oder Machtverhältnisses, also dem Verhältnis, wie divergierende Interessen hinsichtlich staatlicher Verteilungspolitik durchgesetzt werden können. Das heißt, wenn heute aller Orten die öffentliche Armut bedauert oder betont wird, ist dies nicht das Ergebnis einer gleichsam schicksalhaften Entwicklung, sondern das Ergebnis einer sekundären Verteilung, in der sich bestimmte Interessen durchsetzen konnten und andere eben nicht, bzw. weit weniger deutlich.

Im Rahmen dieses Beitrages möchte ich zunächst auf die Ursachen der sogenannten „öffentlichen Armut" in den Sozialkassen und im Staatshaushalt eingehen. Hierfür werden die jeweiligen Einnahme- und Ausgabestrukturen betrachtet, wobei auf der Seite der Einnahmen vor allem nach dem Einfluß der funktionalen Verteilung (Entwicklung der Arbeitnehmer- & Unternehmereinkommen) und der Polarisierung der Einkommen aus abhängiger Beschäftigung gefragt wird (Abschnitt 1). In Abschnitt 2 wird auf die wachsende Dominanz von Vermögenseinkommen eingegangen, und es werden die daraus resultierenden ökonomischen Folgen skizziert. Der 3. Abschnitt dieses Beitrages lenkt die Aufmerksamkeit auf die Ausgaben im Sozialstaat: Dabei stehen nicht die häufig beklagten Kosten für Sozialhilfe, Arbeitslosigkeit oder Alter im Vordergrund, sondern beispielsweise jene Kosten, die der Anbieterdominanz im Gesundheitswesen geschuldet sind. In jedem dieser drei möchte ich der Frage nachgehen, welche Rolle der Staat sowohl bei der Produktion von individueller und öffentlicher Armut sowie bei der Produktion von individuellem Reichtum spielt. In Abschnitt 4 steht der Zusammenhang von sozialer Gerechtigkeit und Demokratie im Vordergrund: Welche Folgen hat es für eine zivilisierte Gesellschaft und deren demokratische und rechtsstaatliche Errungenschaften, wenn wenige reich Gewordene immer offensichtlicher, aggressiver und mit politischer Hilfe oder Duldung der Finanzierung von Gemeinschaftsaufgaben den Rücken kehren?

2. Zur Entwicklung der Einkommen und Vermögen im Hinblick auf die Staatseinnahmen

Zur Entwicklung der funktionalen Verteilung

Aus sozialpolitischer Sicht kommt der Entwicklung der Bruttolohnquote eine wesentliche Bedeutung zu, da hier neben der primären strukturellen Einkommensungleichheit auch das Wohl der Sozialkassen festgelegt wird: Bruttolöhne und -gehälter bilden die Bemessungsgrundlage für Lohnsteuern und Sozialabgaben. Somit hängt die Finanzierung der Sozialkassen von der Zahl der Beitragszahler und von der Entwicklung der Bruttolöhne ab: Verzeichnen die sozialversicherungspflichtigen Beschäftigten Einkommenseinbußen, fließt automatisch weniger Geld in die Sozialkassen.

Tabelle 1 dokumentiert zunächst, daß der Anteil der Bruttolöhne und -gehälter am Volkseinkommen seit 1991 rückläufig ist. Das heißt, das Wachstum der Lohnsumme hat nicht das Wachstum des Volkseinkommens erreicht, die Einkommen aus abhängiger Beschäftigung haben über die Zeit verloren, während Gewinne und Einkommen aus Vermögen gestiegen sind. Auch unter Berücksichtigung der veränderten Erwerbstätigenstruktur, also dem Rückgang der Arbeitnehmerquote, dokumentiert Tabelle 1 ein deutliches Absinken der Löhne und Gehälter im Verhältnis zu den Einkommen aus Unternehmertätigkeit und Vermögen. Letztere werden jedoch von den Sozialkassen nicht in die Finanzierungsverantwortung genommen, d.h. an ihren Zuwächsen geht das sogenannte Solidarprinzip der Kranken- und Rentenkasse bzw. der Arbeitslosenversicherung „spurlos" vorüber.

Tabelle 1: Bruttolohnquote und Arbeitnehmerquote

	Tatsächliche Bruttolohnquote	Arbeitnehmer- quote	Strukturbereinigte Bruttolohnquote
	%	%	%
1991	72,4	90,6	72,4
1992	73,4	90,3	73,6
1993	74,1	90,0	74,6
1994	72,6	89,7	73,3
1995	72,5	89,6	73,3
1996	71,6	89,5	72,5
1997	69,7	89,3	70,7
1998	66,6	89,1	67,8

Quelle: Stat. BuA - Berechnungen des WSI; aus: WSI 10/98

Die Finanzierung der Sozialkassen basiert auf dem Äquivalenzprinzip, der Einzahlungsbeitrag richtet sich also nach der Einkommenshöhe der Beitragszahler und bestimmt auch den Auszahlungsbetrag. Daneben gilt das Solidarprinzip, ein Teil der Ausgaben dient also der Umverteilung. Äquivalenz- und Solidarprinzip werden durch die sogenannte Beitragsbemessungsgrenze aufgebrochen, da Löhne und Gehälter nur bis zu einer bestimmten Einkommenshöhe beitragspflichtig sind. Für den Einkommensanteil der oberhalb dieser Grenze liegt, müssen von Arbeitgebern und Arbeitnehmern keine Beiträge bezahlt werden. In Konsequenz bedeutet dies, daß hohe Einkommen aus abhängiger Beschäftigung bei der Finanzierung der Sozialkassen nicht oder nur unzureichend herangezogen werden. Dieses Strukturmerkmal ist bei einer Polarisierung von Einkommen überaus folgenreich. Eine Zunahme von Einkommen überhalb der Bemessungsgrenze und eine Zunahme der Niedrigeinkommen, die kaum mehr belastungsfähig sind, führt zwangsläufig zu Finanzierungsschwierigkeiten, die in der Vergangenheit mit steigenden Beitragssätzen und Leistungskürzungen kompensiert wurden.

Zur Entwicklung der Einkommen aus abhängiger Beschäftigung
In Abbildung 1 wurde vom Wirtschafts- und Sozialwissenschaftlichen Instituts der Hans-Böckler-Stiftung (WSI) die Verteilung von Vollzeiteinkommen abhängig Beschäftigter in drei Segmenten gegenübergestellt. Einmal 1975 und 1995.[2]

Abbildung 1: Prozentuale Verteilung von Volzeit-Becshäftigten auf drei Einkommensgruppen in den Jahren 1975 und 1995

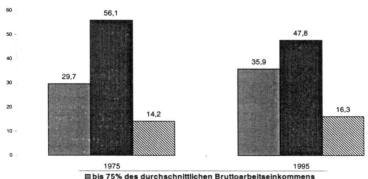

Quelle: IAB-Beschäftigtenstichprobe

Aus diesem Diagramm wird in der Tat eine Einkommenspolarisierung deutlich: das untere Segment der Vollzeiteinkommen – also der Anteil der Niedrigverdiener, die bis zu 75% des durchschnittlichen Bruttoeinkommens beziehen – stieg im Vergleichszeitraum um 6,2 Prozentpunkte an. An dieser Stelle ist die Europäische Sozialcharta erwähnenswert. Diese legt in Art. 4 fest, daß die Mindesthöhe für ein „gerechtes" oder „angemessenes Arbeitsentgelt" 68% des nationalen Durchschnittslohns beträgt. Eine Ausweitung – zumindest im Bereich unter 68% der durchschnittlichen Vollzeiteinkommen verstößt also gegen die geltende Sozialcharta. Hauptbetroffene von dieser Entwicklung sind Frauen: Der Anteil von weiblichen Einkommensbezieherinnen mit Entgelten, die unter 66% des Durchschnitts liegen, ist mit 82% ein trauriger Spitzenwert in der EU.[3]

Dem gegenüber steht der Rückgang des Anteils der Normalverdiener, d.h. jene vollzeitbeschäftigten Arbeitnehmerinnen und Arbeitnehmer, die zwischen 75% und 125% des durchschnittlichen Einkommens erzielen, um 8,3 Prozentpunkte. 1975 konnten noch gut 56% aller Personen dieser Gruppe zugeordnet werden, 1995 waren es mit 47,8% schon weniger als die Hälfte. Der Anteil von Gutverdienenden, d.h. die Bezieher von Vollzeiteinkommen die über 125% des Durchschnitts liegen, ist nur um 2,1% gestiegen und macht mit 16,3% auch den kleinsten Teil aus.

Obgleich die eben skizzierte Entwicklung bereits als besorgniserregend insbesondere für die Finanzierung von Alter, Krankheit und Arbeitslosigkeit bewertet werden muß, kann die in Abbildung 1 dargestellte Entwicklung auf Grund der verwendeten Daten eher als konservative Schätzung bezeichnet werden: Grundlage der verwendeten Daten ist eine 1%-Stichprobe aller sozialversicherungspflichtigen Beschäftigten. Diese wurde mit Hilfe der Einkommensdaten aus der Einkommens- und Verbrauchsstichprobe (EVS) auf den gesamten Einkommensbereich von Vollzeitbeschäftigten hochgerechnet. Problematisch ist dabei, daß die EVS gerade die hohen Einkommen (Haushalte mit einem monatlich verfügbaren Einkommen über DM 35.000) nicht erfaßt, d.h. Zunahmen im oberen Einkommensbereich werden nicht ausreichend repräsentiert. Darüber hinaus muß natürlich bei der faktischen Einkommenspolarisierung der Anstieg der Teilzeiteinkommen berücksichtigt werden, die überwiegend niedrig entlohnt werden. Auch hiervon sind wieder hauptsächlich Frauen betroffen. Vor dem Hintergrund dieser Überlegungen repräsentiert die in Abbildung 1 dargestellte Grafik allenfalls einen Teil der realen Lohnspreizung.

Aufschlußreich ist meiner Meinung nach der Zusammenhang von Frauendiskriminierung und Einkommenspolarisierung: In Schweden und Australien

wurden Frauenlohnquoten von über 90% erreicht. In den letzten Jahren
vergrößern sich in den genannten Ländern die Einkommensunterschiede
zwischen den Geschlechtern wieder, und dies parallel zu der wieder zunehmenden allgemeinen Lohn- und Gehaltsdifferenzierung und parallel zu Verlagerung der Verhandlungsinstanzen von den zentralen Tarifparteien zurück in
den Betrieb.[4]

Zur Entwicklung am oberen Einkommensrand

Wenn wir uns insgesamt genauer den hohen Einkommen aller Einkommensarten zuwenden, zeigt sich eine interessante Entwicklung:

**Tabelle 2: Westdeutsche Haushalte mit einem monatlichen
Nettoeinkommen zwischen 10.000 und 35.000 DM 1993**

Haushaltsnettoeinkommen von – bis	Anzahl
10.000 – 12.500	1.030.000
12.500 – 15.000	373.000
15.000 – 25.000	322.000
25.000 – 35.000	33.000
Insgesamt	1.759.000

Nach Huster, E.U (Hg.), Reichtum in Deutschland, Frankfurt/New York 1997, S. 42.

Auf Basis der EVS kann man die Anzahl der Haushalte bestimmen mit einem
verfügbaren Monatseinkommen von über 10.000 DM. Die EVS erfaßt allerdings nur Haushaltseinkommen bis 35.000 DM monatlich. Dennoch geht
aus den Einkommensdaten der EVS hervor, daß 1993 fast 1,8 Mio. Haushalte
zu dieser Gruppe gehören. (Tabelle 2) Man könnte fast sagen, daß Reichtum
in Form hoher Einkommen ein Massenphänomen geworden ist. Vor allem
aber hat sich die Zahl der einkommensreichsten HH seit der letzten EVS von
1986 verdoppelt.

Mit Hilfe der Einkommensteuerstatistik läßt sich die Gruppe der Ein-
kommensreichen nochmals differenzieren: Danach hat sich die Zahl der
Einkommensteuerpflichtigen mit einem zu versteuernden (!) Jahreseinkommen über 100.000 DM zwischen 1983 und 1992 mehr als vervierfacht und
die Anzahl der Einkommensmillionäre, die 1983 noch ziemlich genau jene

oft zitierten „oberen 10.000" umfaßten, hat sich im gleichen Zeitraum um das zweieinhalbfache auf rund 25.000 erhöht. [5]

Konsequenzen für die Finanzierung der Sozialkassen

Das Einnahmevolumen der Sozialkassen konnte von diesen, zum Teil beachtlichen Zuwächsen, nicht profitieren. Entweder liegen die Zuwächse oberhalb der Beitragsbemessungsgrenzen oder es handelt sich um Zuwächse bei den Selbständigeneinkommen, die ohnehin nicht beitragspflichtig sind. Andererseits mußte der Anstieg der sozialversicherungspflichtigen Niedrigeinkommen kompensiert werden. Die aus dieser Entwicklung resultierenden Finanzierungsprobleme der Sozialkassen liegen auf der Hand. Die Kompensation dieses Einnahmenstrukturdefizits (und weniger der „explodierenden" Kosten!) erfolgte in der Vergangenheit mit steigenden Beitragssätzen (siehe hierzu auch Tabelle 3) und Leistungskürzungen.

Tabelle 3: Beitragssätze zur Sozialversicherung

	1970	1982	1985	1990	1998	Beitragsbemessungsgrenze 1998 (DM)
Krankenversicherung	8,2%	12,5%	12,5%	12,5%	13,4%	6.300
Pflegeversicherung	-	-	-	-	1,7%	6.300
Rentenversicherung	17,0%	18,0%	18,7%	18,7%	20,3%	8.400
Arbeitslosenversicherung	1,3%	4,0%	4,4%	4,3%	6,5%	8.600
Gesamt	26,5%	34,5%	35,6%	35,5%	41,9%	-

Zur Entwicklung von Steuerbelastung und Steueraufkommen

Vom Grundsatz her zielt das progressive Steuersystem der Bundesrepublik darauf ab, Erwerbspersonen entsprechend ihrer finanziellen Leistungsfähigkeit an der Finanzierung des Gemeinwesens zu beteiligen. Höhere Steuersätze der einkommensstärkeren Schichten sollten damit zu einer Umverteilung zugunsten der Einkommensschwächeren führen. Auf diese Weise wäre es auch möglich, die Defizite bei der solidarischen Finanzierung von Alter, Krankheit und Arbeitslosigkeit auszugleichen. Die Gegenüberstellung der durchschnittlichen Steuerbelastung von Gewinn- und Vermögenseinkommen und der Steuerbelastung abhängig Beschäftigter, dargestellt in Abbildung 2, zeigt jedoch fast eine Umkehrung des Prinzips der Besteuerung nach finanzieller Leistungsfähigkeit: Die Steuerbelastung von Gewinneinkommen lag 1997 bei 8,3%, jene der Arbeitseinkommen bei 19,3%. Diese Umkehrung des

Prinzips der Besteuerung nach Leistungsfähigkeit wird insbesondere in den Jahren nach 1993 deutlich. Auf diese Weise wird durch die Steuerpolitik nicht nur die vorhandene Ungleichheit zwischen Arbeitseinkommen und Selbständigeneinkommen verschärft, sondern auch auf einen erheblichen finanziellen Spielraum verzichtet: Wäre der Steueranteil aus Gewinn und Vermögen am gesamten Steueraufkommen heute so groß wie 1980, wäre der Gestaltungsspielraum des Staates jährlich um gut 100 Milliarden DM größer. Da Arbeitnehmer nach Schätzungen des Deutschen Instituts für Wirtschaftsforschung (DIW) 95% ihres Einkommens deklarieren, während der Anteil bei den Selbständigen aufgrund des großzügigen Gestaltungsspielraums nur bei etwa 55% liegt, ist der Rückzug der Besserverdienenden noch gravierender, als es die Statistiken dokumentieren (vgl. Eißel 1997: 137).

Abbildung 2

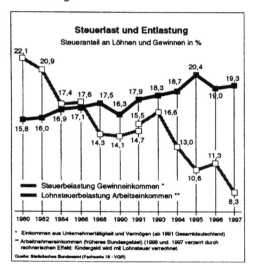

Zur Vermögenskonzentration

Neben der Entwicklung der Arbeitseinkommen ist die Entwicklung und die Konzentration von Vermögen von hoher gesellschaftspolitischer Relevanz: mit Vermögen ist im Regelfall die Frage verbunden, wo, wie lange und unter welchen Bedingungen dieses Kapital angelegt wird. Mit steigender Vermögenskonzentration wächst der politische Druck, diese Anlagebedingungen weiter zu optimieren. (vgl. auch Abschnitt 3) Darüber hinaus gewinnt mit steigen-

dem Vermögen das *Einkommen aus Vermögen* an Bedeutung. Diese Einkommensart ist jedoch weitgehend von Steuern befreit und wird auch nicht
zur solidarischen Finanzierung der Lebensrisiken Alter, Krankheit und Arbeitslosigkeit herangezogen. Auf diese Weise sind all jene, die von ihrem
Vermögen leben können, doppelt privilegiert.

Die Verteilung des von der Bundesbank für 1997 ermittelten Geldvermögens der deutschen Privathaushalte von rund 5,3 Billionen DM (1997)
läßt sich nur schwer beschreiben: die hochgerechneten Ergebnisse von Befragungen, wie etwa der Einkommens- und Verbrauchsstichprobe (EVS), erfassen gerade 40% des durch die Bundesbank ermittelten Vermögens. Mit dem
Wegfall der Vermögenssteuer ist eine weitere – wenn auch nicht sonderlich
valide – Datenquelle weggefallen. Man muß sich daher mit Schätzungen
abfinden. Eine solche Schätzung wurde auf der Grundlage der EVS, der
Bundesbankberichte und der Steuerstatistik für das Jahr 1993 vom DIW
durchgeführt und bezieht sich auf ein von der Bundesbank ermitteltes
*Netto*geldvermögen von 3.160 Mrd. DM. In Abbildung 4 ist die Konzentration der Vermögensverteilung dargestellt. Die 1,3% reichsten Haushalte (das
sind etwa 450.000 Haushalte) verfügen über 23,7% des gesamten Geldvermögens, die „oberen" 8% der Haushalte besitzen über die Hälfte (52%)
des Vermögens. Dagegen teilen sich die „unteren" 80% der Haushalte (28
Millionen) gerade ein Viertel des Geldvermögens. Dabei muß berücksichtigt
werden, daß die ärmsten 10% der Haushalte hoch verschuldet sind, auf sie
fiel der größte Teil der Konsumentenkredite in einer Gesamthöhe von
350 Mrd. DM (1993).

Abbildung 3: Vermögenskonzentration

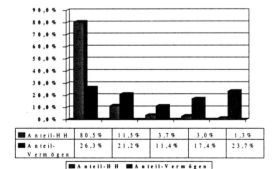

Quelle: nach DIW 30/96

Einkommen aus Vermögen

Steigendes Geldvermögen führt zu steigenden Einkommen aus Vermögen (Tabelle 4). Vergleicht man die Entwicklung der Vermögenseinkommen mit der Entwicklung der Nettolohn- und Gehaltssumme, so ergibt sich für die achtziger Jahre ein Anteil von 15%, 1996 entsprachen die Vermögenseinkommen bereits 22,3% aller Nettoeinkommen der abhängig Beschäftigten. Einkommen aus Vermögen ist die Einkommensart mit dem höchsten Zuwachs seit 1980. Allein im Jahre 1996 wurden über 222 Mrd. DM als Einkommen aus Vermögen deklariert.

Tabelle 4: Vermögenseinkommen und -entwicklung der Nettolohn- und Gehaltssumme

Jahr	Vermögenseinkommen Mrd. DM	Nettolohn- u. Gehaltssumme Mrd. DM	Verhältnis der Vermögenseinkommen zur Nettolohn- und Gehaltssumme
1980	73,0	506,2	14,4
1985	109,4	571,0	19,1
1990	152,4	743,6	20,5
1991	181,2	899,7	20,1
1992	205,8	953,6	21,5
1993	212,0	977,8	21,6
1994	220,3	972,6	22,6
1995	214,9	973,4	22,0
1996	222,7	995,0	22,3

Nach Angaben Sta BuA - VGR, Fachserie 18

Einkommenspositionen der Haushalte nach beruflichen Status

Betrachtet man nun abschließend die Einkommens- und Vermögensentwicklung von Haushalten nach beruflichem Status, so sind die Haushalte von Selbständigen eindeutige Gewinner. In Tabelle 5 wird für die Jahre 1980, 1993 und 1997 die relative Wohlstandsposition brutto (also vor der Umverteilung) und netto (nach der staatlichen Umverteilung) angegeben. Die Haushalte von Selbständigen konnten ihren Vorsprung gegenüber allen anderen Haushalten über die Zeit ausbauen, das gilt für ihr Bruttoeinkommen, insbesondere aber für ihre Einkommenssituation nach der staatlichen Umverteilung: Selbständige verfügten 1980 über gut das Doppelte des durchschnittlichen Nettoeinkommens (227%), im Jahre 1997 lag ihr Anteil bei dem 3,7-fachen des Durchschnittseinkommens. Lag das Nettoeinkommen dieser Gruppe im Jahr 1980 noch über 30% unter dem Bruttoeinkommen, so sank der Umverteilungsgrad bis zum Jahr 1987 auf nur noch 16,5%.

Die Haushalte von Arbeitnehmern haben insgesamt verloren, ihr Anteil ist von rund 108% des durchschnittlichen Nettoeinkommens im Jahre 1980 auf rund 97% im Jahre 1997 gesunken, wobei die Gruppe der Arbeiter mit 86% des Durchschnittseinkommen besonders weit abgeschlagen ist. Die Ursachen für diese Entwicklung liegen in dem rückläufigen Bruttoeinkommen bei gleichzeitiger Mehrbelastung durch den Staat. Damit erfolgt die Finanzierung des Sozialsystems relativ und absolut zu immer größeren Teilen über die Arbeitnehmereinkommen.

Tabelle 5: Relative Wohlstandspositionen der privaten Haushalte

VERFÜGBARE EINKOMMEN IN PROZENT DES DURCHSCHNITTSEINKOMMENS ALLER HAUSHALTE (NICHT GEWICHTET MIT DER PERSONENZAHL)								
	1980			1993			1997		
Haushaltsgruppe	*Brutto*	**Netto**	*Umv.*	*Brutto*	**Netto**	*Umv.*	*Brutto*	**Netto**	*Umv.*
Selbständige o. Landwirte	312,4	**227,6**	-30,8	347,2	**283,4**	-23,2	411,8	**372,4**	-16,5
Arbeitnehmer Darunter:	132,8	**107,7**	-23,0	135,3	**105,9**	-26,3	127,2	**96,7**	-29,8
Beamte	143,3	**132,1**	-12,5	143,4	**130,7**	-14,2	134,9	**119,2**	-18,3
Angestellte	146,6	**113,3**	-26,6	148,3	**110,3**	-30,0	139,5	**100,7**	-33,3
Arbeiter	118,7	**97,6**	-21,9	118,5	**94,7**	-24,8	111,5	**86,4**	-28,3
Alle HH, inkl. Nichterwerbstätige (DM/mtl.)	3.308 =100	**3.142 =100**		5.225 =100	**4.917 =100**		6.013 =100	**5.555 =100**	

Nach: Schäfer C.: WSI-Mitteilungen 10/1998, S. 684

3. Zu den ökonomischen Folgen der Vermögensentwicklung

Gravierender als die mit der Vermögensverteilung verbundene Verteilungs- und Belastungsungerechtigkeit sind deren ökonomischen Folgen. Der größte Teil dieser Einkommenszuwächse dient nicht einer Verbesserung der Lebensqualität in Form von gehobenen Konsum oder dergleichen. Auch der Sicherheitsaspekt, der bei kleinen Sparguthaben im Vordergrund steht, kann angesichts der beschriebenen Konzentration von Vermögen vernachlässigt werden. Der größte Teil der Vermögenszuwächse wird in Form von Geldvermögen mit hohen Renditen auf den Geldmärkten angelegt. Dies führt zu einer Gewinnspirale, die letztlich für das schnellere Wachstum des privaten

Geldvermögens im Vergleich zum Wachstum der gesamten Wirtschaftsleistung in der Bundesrepublik verantwortlich ist. Abbildung 4 zeigt, daß das
private Geldvermögen zwischen 1980 und 1996 um 245% gewachsen ist,
während das Bruttoinlandsprodukt lediglich um 140% stieg. In jedem Jahr,
in dem der Zuwachs der Geldvermögen den Zuwachs der Wirtschaftsleistung
übersteigt, wird der Bestand zugunsten derer mit Geldvermögen umverteilt.

**Abbildung 4: Entwicklung des deutschen Bruttoinlandsprodukts (BIP)
und der privaten Geldvermögen zwischen 1980 und 1996
in Mrd. DM**

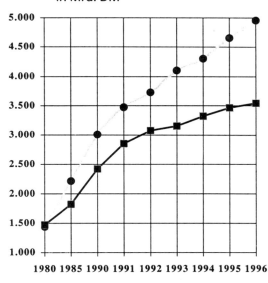

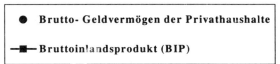

● **Brutto- Geldvermögen der Privathaushalte**

—■— **Bruttoinlandsprodukt (BIP)**

Hinter der überproportionalen Steigerung der Vermögenseinkommen ver-
birgt sich neben der zunehmenden Umverteilung von unten nach oben auch
ein zunehmender Druck auf die Realwirtschaft, was ich an drei Punkten
erörtern möchte:[6]
 Erstens finden die gewachsenen Geldmengen auf den deregulierten Kapi-
talmärkten Anlagemöglichkeiten mit Renditen, die teilweise gewinnbringen-

der sind als Investitionen in Realkapital. So wurden etwa über die 30 im
Deutschen Aktienindex zusammengefaßten Spitzenwerte der Deutschen Wirtschaft im Jahr 1997 Wertsteigerungen von 47,1% realisiert, erfolgreiche
Aktienfonds erreichten sogar weit höhere Renditen. Die Zuwächse dieser
Finanzgeschäfte werden aus den Wertzuwächsen des realen Produktivitäts-
fortschritts gespeist, vorbei an Investitionen, vorbei an Löhnen oder Gehäl-
tern und vorbei an der Finanzierung des Sozialstaats. Dies zeigt sich in
sinkenden Einnahmen der Sozial- und Staatskassen sowie in einer enormen
Belastung der verbleibenden Beitragszahler
    Weiterhin ist, wie aus Tabelle 6 zu ersehen ist, auch bei Produktionsunter-
nehmen eine deutliche Tendenz erkennbar, nicht mehr in die Produktion zu
reinvestieren, sondern Gewinne zu akkumulieren. Die Nettoinvestitionen der
deutschen Produktionsunternehmen sind 1996 gegenüber 1980 nur um 20,8%
gestiegen, während die Bildung von Geldvermögen, in Form von flüssigen
Mitteln und nicht entnommenen Gewinnen, in den Unternehmen um insgesamt 325% stieg. Auch bei den privaten Selbständigeneinkommen stammt
inzwischen jede dritte Mark aus Vermögensanlagen. Während klein- und
mittelständische Unternehmer über rückläufige Umsätze klagen, tragen sie
mit ihrer Beteiligung an Aktien- und Währungsfonds selbst zu ihrer schlechten Situation bei.
    Letztlich äußert sich der zunehmende Druck auf die Realwirtschaft aber auch
ganz unmittelbar: Wer mit Aktienwerten spekuliert, hat wenig Interesse an
einer langfristigen Entwicklung des Unternehmens. Man kauft, um bald mit
höheren Wert zu verkaufen. Unternehmen die auf eine langfristige Unterneh-
menspolitik setzen, wie sie beispielsweise in der Forschung unumgänglich ist,
werden an der Börse durch Kursverfall sanktioniert. Auf der anderen Seite
wird beispielsweise die Ankündigung des Pharmakonzerns Höchst, 600 Stellen in der Forschung zu streichen und seine Forschungsanstrengungen insgesamt erheblich zu reduzieren, mit einem Kurssprung belohnt.
    Die Folgen für die Volkswirtschaft, vor allem aber für den Sozialstaat
liegen auf der Hand: Weniger Beitragszahler und hohe Belastungen auf der
Ausgabenseite durch Arbeitslosigkeit, Frühverrentung und dergleichen mehr.
Eine Art der Kompensation erfolgt im Regelfall nicht nach dem Verursacherprinzip, sondern durch Kürzungen bei den Sozialleistungen.

Tabelle 6: Vermögensbildung der deutschen
Produktionsunternehmen im Vergleich mit deren
Nettoinvestitionen zwischen 1980 und 1996

Jahr	Flüssiges Geldvermögen	Nicht-entnommene Gewinne	Nettoinvestition
1980	277,4	7,7	60,8
1985	418,2	39,1	47,2
1990	703,2	64,4	104,4
1991	645,3	36,0	125,2
1992	709,8	5,3	80,7
1993	818,0	16,7	59,1
1994	678,4	15,7	83,9
1995	826,7	54,8	98,6
1996	965,7	43,8	73,5
	+ 248%	+ 515%	+ 20,8%

Nach Angaben der Deutschen Bundesbank / Berechnungen des WSI

4. Zur Verwendung der Staatseinnahmen – Die Rolle des Staates bei der aktiven Reichtumsproduktion

Angesichts des skizzierten Rückzugs von vielen Unternehmen sowie der Einkommens- bzw. Vermögensreichen aus der Finanzierung des Sozialstaates könnte man folgenden Schluß ziehen: Wer über ausreichend Einkommen verfügt, benötigt keine staatlichen Leistungen, zeichnet für sich selbst verantwortlich und muß sich folglich auch nicht an der Finanzierung von Gemeinschaftsaufgaben beteiligen. Diese Schlußfolgerung scheint mittlerweile weit verbreitet zu sein.

Zutreffend an dieser Überlegung ist, daß sich reiche Menschen in *Teil*bereichen einen armen Sozialstaat leisten können, da sie beispielsweise nicht auf öffentliche Schwimmbäder, Bibliotheken oder Beihilfen etc. angewiesen sind. Und dennoch profitiert auch oder gerade diese Gruppe erheblich vom Sozialstaat, was ich aus Platzgründen lediglich an einem Fallbeispiel, dem Gesundheitswesen, verdeutlichen möchte:

Die gesetzlichen Krankenkassen sollen gegen das Risiko Krankheit und Pflegebedürftigkeit absichern. Die Finanzierung dieser Absicherung kann als

„Sozialabgabe im eigentlichen Sinn" bezeichnet werden. Im Interesse der Beitragszahler ist ein möglichst günstiges Verhältnis von deren Beiträgen zu den Leistungen die sie im Bedarfsfall erhalten. Darüber hinaus existieren jedoch hinsichtlich der Beitragsverwendung weitere Interessen, vor allem der Industrie und der Ärzteverbände. Auf Grund der Anbieterdominanz dieser beiden Interessengruppen im Gesundheitswesen und deren eher mäßigen Kontrolle waren sowohl die Ärzteverbände, die pharmazeutische und die medizinisch-technische Industrie bei der Durchsetzung ihrer Interessen äußerst erfolgreich. Zum Beispiel geben die Mitglieder der gesetzlichen Krankenkassen jährlich rund 40 Mrd. für Arzneimittel aus. Dabei bietet ihnen der deutsche Arzneimittelmarkt eine 'Auswahl' von rund 55.000 Präparaten. Nach Meinung der Weltgesundheitsorganisation sind jedoch höchstens 1.000 Präparate notwendig. In welcher Relation die Preise dieser Arzneimittel zu deren Kosten stehen ist bei dieser Fülle von „fast gleichen" kaum mehr zu überblikken. Es wurde jedoch für 1993 nachgewiesen, daß der Gesamtumsatz von Arzneimitteln mit offiziell umstrittener Wirksamkeit für diesen Jahreszeitraum bei etwa 6,6 Mrd. lag.[7]

Jedoch lebt nicht nur die Pharma- bzw. die medizinisch-technische Industrie sehr gut vom Gesundheitswesen, auch ein guter Teil der 400.000 Akademiker, die im Gesundheitsbereich arbeiten: 1993 erzielten die Ärzte und Ärztinnen im Durchschnitt ein Jahreseinkommen von rund 202.000 Mark. Das Einkommen der rund 12.000 Chefärzte lag bei rund 450.000 DM im Jahr. Hier findet sich ein Teil der Selbständigen, die ihre relative Einkommensposition gegenüber den anderen Einkommensbeziehern gut ausbauen konnte.

Während jedoch über die Sinnhaftigkeit solcher Arzneimittelmengen oder deren Preise wenig diskutiert wird, erfahren die Versicherten hohe Aufmerksamkeit in der öffentlichen Diskussion – insbesondere die Kosten, die sie „verursachen". Auf diese Weise wurden Zuzahlungen und Leistungskürzungen gerechtfertigt. Das Gesundheitswesen ist ein vielschichtiger Beleg dafür, wie in ein und demselben Bereich des Sozialsystems gleichzeitig der Abbau von Sozialleistungen für die abhängig Beschäftigten betrieben werden kann – hin zu einer Zweiklassenmedizin – und sich dennoch die finanziellen Interessen weniger einflußreicher Gruppen durchsetzen können.

5. Die sozialen Folgen[8]

Mit der Funktionsfähigkeit des Sozialstaats stellt sich auch die Frage, wieviel soziale Ungleichheit eine zivilisierte Gesellschaft vertragen kann, ohne ihre

Produktivität, ihren sozialen Zusammenhang und ihre demokratische Legitimation zu verlieren. Der Sozialstaat ist kein Almosen, keine karitative Einrichtung, sondern der Preis der Unternehmer für ein geregeltes Arbeitsleben in Betrieben und die Kooperationsbereitschaft der Arbeitnehmer und Arbeitnehmerinnen. Das Versprechen des Wohlfahrtsstaates, jedem eine würdige Lebensführung und eine akzeptable Beteiligung am gesellschaftlichen Reichtum zu garantieren, war nicht nur ein sozialer Fortschritt. Dieses Versprechen zog auch eine ungeheure Steigerung der Arbeitsproduktivität nach sich, motivierte zu Bildung und zur Entwicklung der eigenen Anlagen und schuf letztlich eine Aufbruchsstimmung, weil sich reale Chancen für den sozialen Aufstieg ergaben. Gesellschaftliche Gleichgültigkeit, wie sie durch den Rückzug der Einkommensstarken aus der Finanzierung des Gemeinwesens dokumentiert wird, zerstört diese Grundlagen.

Wenn sich Einkommensmillionäre und Konzerne in den Medien öffentlich brüsten, auch in den folgenden Jahren keine Steuern mehr zu zahlen, hat dies auch Implikationen für den Rechtsstaat: Das geschriebene Recht eines Staates verdankt seine Autorität weniger der Staatsgewalt als dem Einsehen seiner Bürger und Bürgerinnen, daß es einen engen Zusammenhang zwischen ihrer Bereitschaft zur Rechtstreue und der staatlich garantierten Gerechtigkeit gibt. Das gilt auch für die soziale Gerechtigkeit. Wenn weiterhin die Verantwortungslosigkeit des Reichtums gegenüber der Allgemeinheit zur Tugend erhoben wird, stellt dies langfristig die gesellschaftliche Verantwortung des Einzelnen in Frage. Es ist unmöglich, den Abbau von sozialen Bürgerrechten als Reform und den Abbau von öffentlicher Verantwortung als Modernisierung zu verkaufen, ohne diese Verhaltensweise zur allgemeinen Praxis zu machen. Eine solche Verallgemeinerung bedeutet aber, daß es den Jüngeren nicht mehr einsichtig sein wird, für die Renten der Älteren zu arbeiten, ebensowenig wird es den noch Arbeitenden einsichtig sein, für ihre arbeitslosen Kollegen zu zahlen oder Flüchtlinge aufzunehmen. Wenn der soziale Ausgleich zwischen arm und reich nicht mehr als sozialpolitisch handlungsleitend gesehen wird, verändert dies langfristig weite Bereiche der politischen Ebene: es gibt dann weder eine Rechtfertigung für den Länderfinanzausgleich noch für den Risikostrukturausgleich unterschiedlich belasteter Sozialkassen.

Wenn dieser Entwicklung nicht verteilungspolitisch Einhalt geboten wird und sich Geldvermögen ungehindert seiner Sozialpflichtigkeit entziehen kann, erodiert dies langfristig auch den sozialen Zusammenhalt einer Gesellschaft. Wenn uns tatsächlich an dem Bestand bzw. an der Fortentwicklung einer demokratischen Gesellschaft liegt, dann müssen wir uns intensiv mit dem Zusammenhang von wachsendem Reichtum und wachsender Macht bzw.

Einfluß auf den Staat beschäftigen – denn Reichtum bedroht nicht nur den staatlichen Gestaltungsspielraum, sondern die Staatsform selbst, die Demokratie. Sozialpolitik darf sich nicht von dem Hinweis auf die „öffentliche Armut" irritieren oder abspeisen lassen. Öffentliche Armut, ebenso wie die private Armut, ebenso wie sinkende Löhne bei gleichzeitig steigender Produktivität sind die Ursache für den steigenden Reichtum weniger. Mehr denn je ist Sozialpolitik eng verknüpft mit volkswirtschaftlichen Verteilungsfragen. Konzepte zur Bekämpfung der Armut und Arbeitslosigkeit, Konzepte zur Rentensicherung und zur Modifizierung des Gesundheitswesens müssen sich auch mit dem existierenden Reichtum in unserem Land beschäftigen. Letztlich muß die Verteilung dieses Reichtums als wesentliche Basis für Sozialpolitik verstanden werden.

Anmerkungen

1 Eine nach wie vor nichts von ihrer Aktualität eingebüßte, anschauliche Darstellung des Zusammenhangs von Geld und Macht hat Bernt Engelmann geleistet; vgl. Engelmann, B. 1985: Das ABC des großen Geldes; Kiepenheuer & Witsch, Köln.

2 Vgl. v.a. Schäfer, C. in: WSI-Mitteilung 10/98.

3 Vgl. Weiler, A. in Pohl, Schäfer : Niedriglöhne. Die unbekannte Realität: Armut trotz Arbeit. VSA 1996.

4 Ebenda.

5 vgl. Eißel, D. in: Huster, E.-U.: Reichtum in Deutschland; Campus 1997.

6 Zu diesem Zusammenhang vgl. a. Werner H. 1998: 23ff.

7 vgl.: Gerlinger, Stegmüller in: Schmitthenner H.: Der „schlanke" Staat; VSA 1995.

8 Zu dem Zusammenhang von Reichtum und Gesellschaft vgl. auch Werner, H. 1998: 33ff.

Literatur

Bäcker, G. & J.Steffen (1995): Marktradikaler Umbau mittels Sozialpolitik. „Arbeitsanreizstärkung" über Negativsteuer und Pflichtarbeit. In: H. Schmitthenner (Hrsg.), Der schlanke Staat. Zukunft des Sozialstaates – Sozialstaat der Zukunft. Hamburg: VSA.

Beck, D. & Meine, H. (1997): Wassertrinker und Weinprediger. Wie Reichtum vertuscht und Armut verdrängt wird. Göttingen: Steidl.

Eißel, D. (1997): Reichtum unter der Steuerschraube? Staatlicher Umgang mit hohen Einkommen und Vermögen. In: E.-U. Huster (Hrsg.), Reichtum in Deutschland. Die Gewinner der sozialen Polarisierung (S. 127-161). (2. Aufl.) Frankfurt/New York: Campus.

Huster, E.-U. (1997): Reichtum in Deutschland. Die Gewinner der sozialen Polarisierung (2. Aufl.). Frankfurt/New York: Campus.

Kittner, M. (1997): Bausteine des Arbeits- und Sozialrechts. Köln: Bund.

Kohli, M. & Szydlik, M. (1999): Familienbande. Kursbuch: Die Erbengesellschaft, 3/ 99, S. 33-41.

Kosmann, M. (1999): Wohin der Nachlaß fließt. Kursbuch: Die Erbengesellschaft, 3/ 99, S. 72-83.

Schäfer, C. (1998): Das Ende der Bescheidenheit wäre der Anfang der Vernunft. Zur Verteilungsentwicklung in 1997/98 und den Vorjahren. WSI-Mitteilungen 10/98, S. 675-690.

Roth, R. (1998): Das Kartenhaus. Staatsverschuldung in Deutschland. Frankfurt: DVS.

Barbara Erbslöh* und Michael Krummacher**
„Wohnungsreichtum – Wohnen im Überfluß"[1]

1. Vorbemerkung

Die Anregung zur Beschäftigung mit dem Thema „Wohnungsreichtum – Wohnen im Überfluß" stammt von Ernst Ulrich Huster, dem Herausgeber des Buches „Reichtum in Deutschland"[2]. Anläßlich der erweiterten Neuauflage des Buches wurden wir gebeten, einen Beitrag zu verfassen.

Bei der Annäherung an das Thema „Wohnen im Überfluß" und vor allem der Frage, der empirischen Operationalisierung dieses Phänomens, mußten wir feststellen, daß dies ein empirisch und analytisch kaum bearbeitetes Themenfeld ist. Mit dem Thema „Wohnungsüberfluß" haben wir somit thematisches Neuland betreten.

Als erstes stellte sich natürlich die Frage: Was ist überhaupt Wohnungsreichtum bzw. Wohnungsüberfluß? Und bei entsprechenden Untersuchungen dazu: Wie läßt sich Wohnungsüberfluß empirisch operationalisieren?

Die meisten von uns haben Bilder über Wohnungsreichtum im Kopf – die eigenen Wohnstandards fallen natürlich nicht darunter – oft sind es jedoch reine Medienbilder aus Filmen und Fernsehserien, die wir aus eigener Anschauung selten oder gar nicht kennen: Die Villa mit großem Grundstück, mit Swimmingpool und Sauna; die innenstadtnahe Penthouse-Luxus-Wohnung mit riesigen Wohnräumen, modern, teuer und spärlich möbliert, mit sehr viel Glas für das Stadtpanorama im Hintergrund. Zweifelsohne gibt es Wohnluxus dieser oder ähnlicher Art auch in Deutschland, in fast jeder großen Stadt und ihrem Umland, allerdings ist er nur schwierig aufzuspüren, noch schwieriger dürfte es sein, solchen Wohnluxus empirisch abzubilden.

Als *Indikator unserer Datenauswertungen zum Thema Wohnungsüberfluß* haben wir uns auf das Merkmal „*Wohnflächenverbrauch*" konzentriert. Nach unserer Überzeugung wird damit der entscheidende quantitativ abzubildende Indikator für Wohnungsüberfluß berücksichtigt. Er ermöglicht vergleichende Analysen des Wohnstandards verschiedener Haushaltstypen und ist geeignet, soziale Ungleichheiten auszuweisen. Andere denkbare Operationalisierungen für Wohnungsüberfluß, z.B. über „Ausstattungsmerkmale" der Wohnung oder „Haustypen", sind empirisch nur schwer zugänglich und überdies nur unter Berücksichtigung von qualitativen Unterschieden zu analysieren.

2. Wohnraumversorgung in Deutschland

Die durchschnittlichen Wohnungsstandards in Westdeutschland gehören insgesamt zu den höchsten in Europa und haben sich in den vergangenen Jahrzehnten enorm verbessert. Die Mehrheit der westdeutschen Wohnbevölkerung lebt in guten oder zumindest angemessenen Wohnverhältnissen. Die Zahlen der durchschnittlichen Wohnungsstandards in den 15 Mitgliedsländern der Europäischen Union am Anfang der 90er Jahre belegen dies. Nach dem Kriterium Wohnfläche je Person zeigt sich, daß die durchschnittlichen Wohnstandards in Westdeutschland die Mittelwerte in der Europäischen Union deutlich überschreiten (1993). Die Wohnverhältnisse in Westdeutschland gehören zur Spitzengruppe in Europa. Die durchschnittliche Wohnfläche je Person liegt bei etwa 38 Quadratmeter.

Abbildung 1: Wohnfläche je Person in den Ländern der Europäischen Union 1990/1993

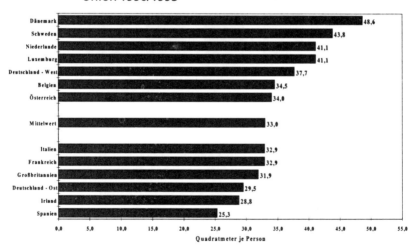

Quellen: Kommission der Europäischen Gemeinschaft. Generaldirektion V., 1993: Statistische Daten über das Wohnen in der Europäischen Gemeinschaft 1993. Brüssel: 20, 39, 42, 46, 77; Statistisches Bundesamt, 1%-Gebäude- und Wohnungsstichprobe 1993; eigene Berechnungen

Die Wohnraumversorgung hat sich in den letzten Jahrzehnten enorm verbessert. Graphik 2 belegt, daß die durchschnittliche Wohnfläche je Person in Westdeutschland von 1950 bis 1993 von 15 auf 38 Quadratmeter je Person, d.h. auf mehr als das 2 1/2-fache und seit 1960 (20 qm/Person) – dem Zeitpunkt der Überwindung der nachkriegsbedingten Wohnungsnot – auf etwa das zweifache gestiegen ist.

Abbildung 2: Entwicklung des Wohnflächenverbrauchs in Westdeutschland 1950 bis 1993

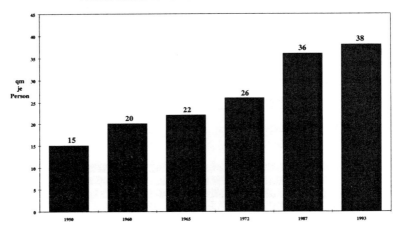

Quelle: BMBau, Hg., 1993: Zukunft Stadt 2000, Bonn-Bad Godesberg, 73; Ergebnisse der 1%-Gebäude- und Wohnungsstichprobe 1993; WIB 11/1996: 28

Andererseits verwischen derartige statistische Durchschnittswerte die Unterschiede in der Wohnraumversorgung und die Spaltungen des Wohnungsmarktes. Die Standards der Wohnraumversorgung und der Wohnflächenverbrauch je Person sind in Deutschland räumlich und sozial zutiefst gespalten. Es ergeben sich gravierende Unterschiede

- zwischen *Ost- und Westdeutschland*: Westdeutsche Haushalte 1993 verfügen – in Abhängigkeit von der Haushaltsgröße – über 20% bis 30% mehr an Wohnfläche je Person. Im Westen lag 1993 die Wohnungseigentümerquote bei 41%, im Osten nur bei 26%.
- zwischen *Wohnungseigentümern und Mietern*: Eigentümerhaushalte verfügten 1993 – in Abhängigkeit von der Haushaltsgröße – über 33% bis 55% mehr an Wohnfläche je Person als Mieterhaushalte.
- zwischen *unterschiedlichen Haushaltsgrößen und -strukturen*: Kleinere Haushalte haben durchgängig einen höheren Pro-Kopf-Wohnflächenverbrauch als große Haushalte. Der säkulare Trend zu kleineren Haushal-

Tabelle 1: Haushalte nach der Haushaltsgröße sowie der Wohnfläche
je Person in West- und in Ostdeutschland 1993

Haushalt mit ...Personen	BR-West Wohnfläche qm/Person	BR-Ost Wohnfläche qm/Person	Differenz West-Ost- in %	BRD-Gesamt Wohnfläche qm/Person
alle Haushalte	37,8	29,5	+ 28	36,2
davon mit ... Personen	62,5	51,5	+ 21	60,6
1 Person				
2 Personen	43,4	34,2	+ 27	41,7
3 Personen	33,5	25,7	+ 30	31,8
4 Personen	28,2	21,6	+ 31	26,8
5 und mehrPers.	23,5	19,4	+ 21	22,9

Quelle: 1%-Gebäude- und Wohnungsstichprobe 1993; Wirtschaft und Statistik, H. 10/
1995, 746ff; z.T. eigene Berechnung.

Tabelle 2: Eigentümer- und Mieterhaushalte nach der Haushaltsgröße
sowie der Wohnfläche je Person in Gesamtdeutschland 1993

Haushalte mit...Personen	Alle Haushalte Wohnfläche qm/Person	Eigentümer Wohnfläche qm/Person	Hauptmieter Wohnfläche qm/Person
alle Haushalte	36,2	41,1	32,2
davon mit ... Personen			
1 - 3 Personen	41,6	49,8	37,2
4 Personen.	26,8	31,7	21,2
5 und mehr Personen	23,2	27,2	17,6

Quellen: 1%-Gebäude- und Wohnungsstichprobe 1993; Stat. BA 1995c: Im Blick-
punkt:Ausländische Bevölkerung in Deutschland, Wiesbaden, 57 f; z.T. eigene Berechnungen.

ten einerseits, die gestiegenen Wohnansprüche als Wohlstandseffekt andererseits sind daher die Hauptgründe für den steigenden Pro-Kopf-
Wohnflächenverbrauch.
- *zwischen verschiedenen Einkommens- und Vermögensgruppen:*

Abbildung 3: Wohn- und Grundbesitz privater Haushalte in Westdeutschland 1993

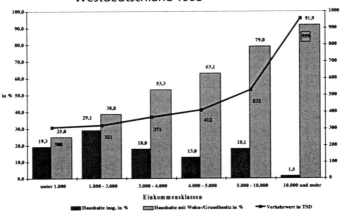

Quelle: Laue, E. 1995: Grundvermögen privater Haushalte Ende 1993

Die Daten in Graphik 3 weisen die Verfügung über Wohn- und Grundbesitz im Ergebnis der Einkommens- und Verbrauchsstichprobe 1993 für Westdeutschland aus. Insgesamt verfügen 14,5 Millionen Haushalte bzw. 50,5% aller westdeutschen Haushalte 1993 über eigenen Wohn- und Grundbesitz. Die Eigentümerquote steigt kontinuierlich mit dem Haushaltseinkommen. Sie liegt bei den Haushalten mit weniger als 1.800 DM Monatseinkommen bei 25% und steigt bei den Haushalten mit 10.000 DM und mehr pro Monat auf 92%. Die Einkommensabhängigkeit zeigt sich ebenfalls eindeutig beim Verkehrswert des Grundvermögens. Er beträgt bei den Haushalten mit weniger als 1.800 DM Monatseinkommen 308.000 DM und steigt bei den Haushalten mit 10.000 DM und mehr pro Monat auf 960.000 DM.

Zu konstatieren ist aber, daß es *weder zur Wohnungsnot noch zum Wohnungsluxus kontinuierliche aktuelle und verläßliche Zahlen gibt.*

3. Empirische Befunde zum Wohnungsüberfluß in Nordrhein-Westfalen

Für Aussagen über die Wohnraumversorgung unter dem speziellen Aspekt des Wohnens im Überfluß haben wir als neueste verfügbare *Datenquellen auf die Gebäude- und Wohnungsstichprobe 1993 (GWS'93)*, hier aufbereitet für das Land Nordrhein-Westfalen, zurückgegriffen. Als Operationalisierung des

Phänomens Wohnen im Überfluß haben wir uns auf den Indikator *Wohnflä-che in Quadratmetern je Person* gestützt.

In NRW verfügt jede Person nach den Ergebnissen der GWS '93 über 36,3 Quadratmeter.[3] Dabei ist der 'Flächenverbrauch' je nach Größe des Haushaltes sehr unterschiedlich. Einpersonenhaushalte haben im Durchschnitt in NRW rund 61 Quadratmeter zur Verfügung. Dieser Wert sinkt kontinuierlich mit zunehmender Haushaltsgröße. Da Gemeinschaftsbereiche wie Küche, Bad und Flur gemeinsam genutzt werden, liegt die Wohnfläche je Person bei Zweipersonenhaushalten nur noch bei rund 41 Quadratmeter; bei großen Haushalten mit 5 und mehr Personen verfügt jeder nur noch über rd. 22 Quadratmeter.

Soll über Wohnluxus, gemessen an der je Person verfügbaren Wohnfläche, Aussagen gemacht werden, so ist dieser Tatbestand sicherlich mit zu berücksichtigen.

Für die folgenden Analysen haben wir uns an dem jeweiligen Durchschnittswert der Quadratmeterversorgung je Person für die vier Haushaltsgrößen (1-, 2-, 3-, 4- und mehr Personenhaushalte) orientiert. Als Schwellenwerte für eine Über- bzw. Unterversorgung wurde eine Abweichung von 50% und mehr von diesem Mittelwert festgelegt. Im einzelnen ergeben sich nach dieser Definition die ausgewiesenen Schwellenwerte.

Abbildung 4: Grad der Wohnraumversorgung von Haushalten in NRW 1993

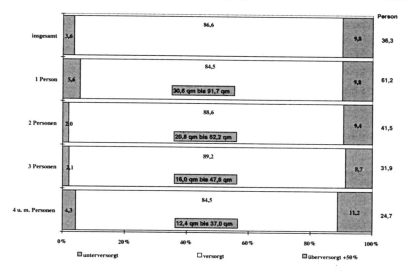

- *Insgesamt wohnen nach den empirischen Ergebnissen in Nordrhein-West-falen ein Zehntel der Haushalte im Überfluß (50% und mehr).* Diesen Gruppen der eher Wohnraumreichen stehen rund 4% der Haushalte gegenüber, die mit Wohnraum unterversorgt (- 50% und mehr) sind.
Betrachtet man diejenigen, die sich Wohnraum im Überfluß leisten, so lassen sich diese Gruppen anhand von Graphik 4 wie folgt beschreiben:

- *„Wohnraumreich" sind vor allem kleinere Haushalte.* Fast zwei Drittel aller Haushalte, die sich in diesem Sinne „Wohnluxus" leisten, sind in Nordrhein-Westfalen (64%) Ein- oder Zweipersonenhaushalte. Der Anteil dieser kleineren Haushalte, die im „Wohnüberfluß" leben, entspricht im Land exakt dem entsprechenden Anteil an allen Haushalten. Dagegen sind im Land größere Haushalte mit vier und mehr Personen mit 20% bei den mit Wohnraum überversorgten Haushalten leicht überrepräsentiert (Haushalte insgesamt = 18%).

- *Mehr als 60% der Haushalte, die im „Wohnflächenluxus" leben, sind Haushalte ohne Kinder.*

- *Mehr als drei Viertel der mit Wohnraum Überversorgten sind Eigentümer-haushalte.* Rund 80% aller Haushalte, in denen jede Person 50% oder mehr Wohnfläche zur Verfügung hat, als dies durchschnittlich bei der gegebenen Haushaltsgröße der Fall ist, sind in Nordrhein-Westfalen Eigentümer ihrer Wohnung oder ihres Hauses. Von allen Haushalten wohnen in NRW aber nur 35% in einer Wohnung oder einem Haus, das ihnen selbst gehört. Eigentümer leisten sich damit weit überdurchschnittlich häufig „Wohnraumluxus".

- *Ein „Wohnen im Überfluß" ist überdurchschnittlich häufig in kleineren Gemeinden mit weniger als 50 000 Einwohnerinnen und Einwohnern zu beobachten.* In Nordrhein-Westfalen leben 48% aller Haushalte, die mit Wohnraum überversorgt sind, in Gemeinden mit weniger als 50.000 Einwohnerinnen und Einwohnern. Insgesamt lebt nur etwa ein Drittel aller Haushalte in Gemeinden dieser Größe. In Großstädten leben dagegen nur 11% derjenigen, die als „wohnraumreich" definiert wurden. Ein im Vergleich zur Haushaltsverteilung insgesamt (22%) weit unterdurchschnittlicher Wert.

- *Im „Wohnraumluxus" leben insbesondere Haushalte mit höherem Einkommen.* In Nordrhein-Westfalen haben 39% aller überversorgten Haushalte ein monatliches Haushaltsnettoeinkommen von 5.000 DM und mehr. Insgesamt zählt aber nur rund jeder fünfte Haushalt zu dieser Einkommensklasse, die sich damit überproportional häufig ein „Wohnen im Wohnflächenüberfluß" leistet.

Abbildung 5: Mit Wohnraum überversorgte Haushalte in NRW 1993

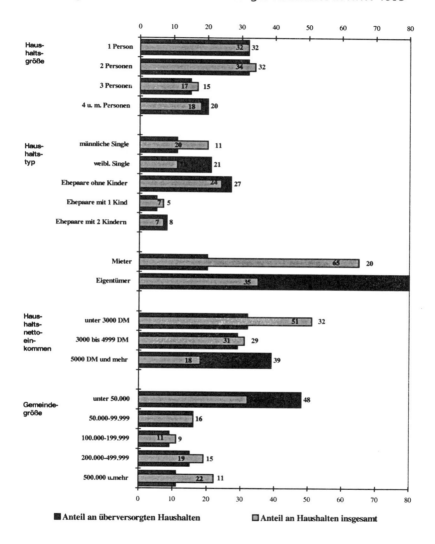

■ Anteil an überversorgten Haushalten   ▢ Anteil an Haushalten insgesamt

4. Wohnungsüberfluß: gesamtgesellschaftliche Zusammenhänge und Folgen

Die empirischen Befunde legen den Zusammenhang von Wohnflächenverbrauch und allgemeinen gesellschaftlichen Wandlungsprozessen nahe.

- *Die steigende Zahl von Haushalten bei gleichzeitig zurückgehender
  Haushaltsgröße führt zu vermehrtem Wohnflächenverbrauch:* Die Zahl
  der Haushalte steigt durch veränderte Alters- und Familienstrukuren sowie
  die zunehmende Tendenz zur Individualisierung. Jeder Haushalt braucht
  aber eine Wohnung. Zudem ist Wohnen ist in unserer Gesellschaft ein
  Statussymbol: 'Sage mir wie du wohnst und ich sage Dir wer du bist'.

- *Offensichtlich besteht ein enger Zusammenhang zwischen materiellem
  Wohlstand einerseits und der Möglichkeit zur Individualisierung und
  Singularisierung andererseits.* Abgesehen von den individuellen Wohn-
  wünschen und Lebensweisen, bestimmen immer die Einkommens- und
  Vermögensspielräume über die Möglichkeit, sich ggf. eine große Komfort-
  wohnung zu leisten, über die Möglichkeiten von Geschiedenen, zwei
  Wohnungen mit einer gegenüber der Familienwohnung erheblich größeren Wohnfläche zu bezahlen, oder von Stadt-Umland-Pendlern, sich städ-
  tische Zweitwohnungen zu leisten, und von Verwitweten, ihre Familienwohnung beizubehalten.

- *Zwischen Wohnungsüberfluß und Wohnungsmangel besteht ein wechsel-
  seitiger Zusammenhang.* Kleine Haushalte mit hohem Wohnkonsum blok-
  kieren Wohnungen, auf die größere Haushalte angewiesen sind. Umwand-
  lungen und Luxusmodernisierungen sind immer mit steigendem Wohnflächenverbrauch verbunden. Sie verknappen das Angebot an preiswerten
  Wohnungen und verdrängen die darauf angewiesenen Haushalte in Stadt-
  teile und Wohngebiete mit schlechter Wohnqualität und Überverdichtung.
  Es entsteht eine „Wohnungsmarktfalle"[4]: Aufgrund des hohen Nachfrage-
  drucks steigen gerade in den benachteiligten Stadtgebieten die Mieten
  eher überdurchschnittlich.

- *In den Kernstädten verstärken sich über den Wohnungsmarkt die sozialräumlichen Segregationen.* Es entwickelt sich eine zunehmende „Vier-
  teilung" der Städte mit:

  - vornehmen auf Abgrenzung und Distanz bedachten „Reiche-Leute-
    Wohnarealen" am Stadtrand mit großen Wohnflächen, geringer Wohn-
    dichte und hohem Anteil privater oder quasi-privater Freiflächen (Gärten,
    Golfplätze, Reitplätze u.ä.);

- monostrukturierten mehr oder weniger attraktiven Citys mit teilweisen Einsprengseln teurer innenstadtnaher Mittelstandswohnungen;
- „Normale-Leute-Wohnvierteln", die sich oft durch kleine Haushalte, geringe Mieterfluktuation und Überalterung der Bewohner auszeichnen;
- „Arme-Leute-Vierteln" mit hohen Anteilen sozial benachteiligter Minderheiten, Überverdichtung, infrastrukturellen Benachteiligungen, hoher Mieterfluktuation und gravierenden sozialen Konflikten.

Aufgrund der Schwierigkeiten in den Kernstädten, familiengerechte Wohnungen zu finden, aufgrund des *Flächenmangels in den Städten und aufgrund des enormen Bodenpreisgefälles* zwischen Kernstadt und Umland zieht es Familien, die es sich leisten können, in die *flächenfressenden Einfamilienhausgebiete im Umland* der Kernstädte. Allenfalls dort sind die Boden- und Baupreise eines Eigenheims noch bezahlbar. Die sozialräumlichen Folgen und die Umweltfolgen der Wohnungsmarktspaltung und Suburbanisierung sind für die Stadt- und Regionalentwicklung hoch problematisch.

Es entstehen immer ausgedehntere und immer weiter entfernte suburbanisierte Zonen im Umland der Städte. Dies impliziert eine zunehmende Zersiedlung, zunehmenden Freiflächenverbrauch, zusätzlichen Energieverbrauch und zusätzliches Verkehrsaufkommen.

Die Suburbanisierung führt nicht nur zu zusätzlichem Wohnflächenverbrauch, sondern zieht immer auch den Aus- und Neubau von Straßen nach sich. Umgekehrt führt der Straßenbau für den einzelnen eben nicht nur zu der erwarteten Zeitersparnis für den Weg in die Stadt, sondern auch zur Inkaufnahme immer größerer Entfernungen, zur weiteren Zersiedlung und zur Verfestigung des Zwangs zur Auto-Mobilität.

Die Entmischung der Städte und die Nahwanderungen in den „Speckgürtel" der Umlandgemeinden haben aber nicht nur die angesprochenen sozialen und ökologischen Folgen. *Es ergeben sich auch fatale Konsequenzen für die Kommunalfinanzen der Kernstädte.* Einerseits beanspruchen und nutzen die mobilen, einkommensstarken Nahwanderer und Arbeitsmarktpendler der Umlandgemeinden die öffentliche und private Infrastruktur der Kernstädte. Ihr kommunales Steueraufkommen fließt aber an die Wohnortgemeinden, die ihrerseits sehr viel geringere Ausgaben für sozialinfrastrukturelle und kulturelle Angebote haben. Andererseits bleiben die immobilen, einkommensschwachen „A-Gruppen" – Arme, Arbeitslose, Alte, Ausländer – in den Kernstädten. Diese belasten die Etats der Kernstädte mit weitaus überdurchschnittlichen Sozialausgaben und können auch nur sehr beschränkt zum Realsteueraufkommen der Städte beitragen. Die heutige Finanznot der Gemeinden ist daher vor allem ein Kernstadtproblem.

5. Wirkungen wohnungspolitischer Instrumente

Zentrale Instrumente der staatlichen Wohnungspolitik in der Bundesrepublik waren bzw. sind:
- der öffentlich geförderte Wohnungsbau,
- das Wohngeld,
- die Wohneigentumsförderung,
- die Steuervergünstigungen im Mietwohnungsbau und
- das Miet- und Umwandlungsrecht,
- die Modernisierungsförderung.

Ergänzenden und flankierenden Einfluß haben das Bodenrecht, die Bauleitplanung, die Städtebauförderung und das Raumordnungsrecht.

Das für den Wohnungssektor insgesamt aufgewendete Subventionsvolumen läßt sich in seiner Größenordnung nur grob schätzen. Das liegt daran, daß die tatsächlichen Subventionen, soweit sie überhaupt als solche erfaßt sind, in unterschiedlichen Quellen und in subventionssystematisch widersprüchlicher Form ausgewiesen sind. Das hat zur Folge, daß das Gesamtvolumen der wohnungspolitischen Subventionen häufig unterschätzt wird. Unter dem Vorbehalt fehlender genauer Angaben kann gleichwohl die Größenordnung wohnungspolitischer Subventionen von Bund, Ländern und Gemeinden (inkl. Steuervergünstigungen für privaten Miethausbesitz) für Anfang der 90er Jahre auf etwa 45 bis 50 Mrd. DM pro Jahr veranschlagt werden[5]. Seither ist das Subventionsvolumen aus direkten Ausgaben und Steuerverzichten mit Sicherheit weiter gewachsen. *Etwa 12% dieser Fördermittel flossen in die Wohngeldförderung, etwa eben so viel in die Förderung des Sozialen Mietwohnungsbaus.* Zusammen genommen fließen also etwa ein Viertel in die Förderung solcher Instrumente, die am ehesten die unteren und mittleren Einkommensgruppen erreichen und am ehesten einen sparsamen Wohnflächenverbrauch bewirken.

Etwa 30% der Subventionen fließen in die Wohneigentumsförderung bzw. Vermögensbildung selbst genutzten Wohneigentums. In der ökonomischen und legitimatorischen Begründung des Wohnungseigentums nimmt regierungsunabhängig seit den 70er Jahren die *„Filtering- bzw. Sickertheorie"* eine zentrale Rolle ein. Die Wohnungsversorgung der einkommensschwachen Haushalte wird danach dadurch gebessert, daß man die Eigentumsbildung der einkommensstarken Haushalte fördert. Diese ziehen dann aus Mietwohnungen in ihr neues Eigentum um.[6] Im Verlauf der ausgelösten Umzugsketten „sickern" also die jeweils besseren Wohnungen allmählich zu den

unteren Einkommensgruppen durch. Eine vorrangig auf höhere Einkommensgruppen ausgerichtete Bauförderung verstärkt danach deren Bereitschaft –
angereizt durch Steuervergünstigungen – erhebliche Eigenmittel im Wohnungsbau anzulegen („Multiplikatoreffekt"). Da untere Einkommensgruppen
nur in geringem Umfang oder gar keine Eigenmittel mobilisieren können, ist
der Multiplikatoreffekt bei ihrer Förderung gering.

Bis Ende 1995 erfolgte die Grundförderung im achtjährigen Förder-
zeitraum progressionsabhängig über erhöhte Abschreibungen vom steuerpflichtigen Einkommen; hinzu kamen das Baukindergeld, sowie z.t. erhöhte
Absetzungen für energiesparende Investitionen. Die Förderung kam also
vorrangig höheren Einkommensgruppen zugute. Seit 1996 erfolgt die Grundförderung progressionsunabhängig durch Abzüge von der Steuerschuld (Qua-
si-Bauzulage); hinzu kommen ein erhöhtes Baukindergeld, der weiterhin
progressionsabhängige „Vorkostenabzug" für Finanzierungs- und Erhaltungs-
kosten beim Kauf sowie ggf. eine „Ökozulage" für energiesparende Technologien. Die neue Förderung ist – im Rahmen der Gruppen, die sich
Wohnungseigentum leisten können – eher einkommens- und statusneutral
angelegt.

Der Wohn- und Siedlungsflächenverbrauch wird durch die Wohneigentumsförderung alter wie neuer Art eher gefördert, und zwar besonders
bei hohen Einkommensgruppen. Die Eigentümer mit geringen und mittleren
Einkommen müssen mit jedem Pfennig rechnen. Daher müssen sie sich beim
Bau oder Kauf einer Wohnung auch flächenmäßig bescheiden.

Fast die Hälfte der Subventionen fließt in privaten Mietwohnungsbesitz
und erreicht vorrangig hohe Einkommen und Spitzenverdiener. Wohnungs-
politisch besonders problematisch ist dabei *Abschreibungsspekulation von
Spitzenverdienern.* Nach dem Steuerrecht 1997 können Privatpersonen bei
Neubau, Kauf oder Beteiligungskauf und Besitz von Mietwohnungen folgende Abschreibungen von ihrem steuerpflichtigen Einkommen aus allen Quellen geltend machen: In den ersten 8 Jahren jährlich eine 5-prozentige Sonder-
abschreibung des Gebäudewertes; weiterhin im Rahmen der Gewinn-/Verlust-
rechnung die Absetzung aller Kosten von den Mieteinnahmen sowie die
Abschreibung eventueller Verluste. Alle Abschreibungen sind progressionsabhängig und rechnen sich vor allem bei hohen Einkommen aus anderen
Quellen. Bei einem Verkauf der Mietobjekte nach 2 Jahren, abschreibungs-
technisch günstiger nach 10 bis 12 Jahren, sind die erzielten Verkaufsgewinne
– im Unterschied zu anderen Einkommensarten – völlig steuerfrei.

Dieser Mechanismus aus Gebäudeabschreibung, Verlustabschreibung und
steuerfreiem Wiederverkauf – „lohnt" sich steuersystematisch vor allem für

hohe Einkommen, hochwertigen Neubau oder Luxussanierung, insbesondere bei hohen Verlusten in den ersten Jahren und hohen Wertsteigerungen bei Wiederverkauf. Steuersystematisch sehr viel schlechter rechnet sich dagegen die Dauervermietung von Wohnungen mit normalen Wohnstandards, normalen Mieten und mittlerem Einkommen des Vermieters.

6. Zum Umgang mit Wohnungsüberfluß: Notwendigkeit einer neuen Balance zwischen Privat- und Gemeinschaftsinteresse

Wohnungs-, Stadtentwicklungs-, Raumordnungs- und Umweltpolitik haben die Aufgaben, eine möglichst gute Wohnungsversorgung aller Bevölkerungsgruppen, möglichst gleichwertige Lebensverhältnisse in allen Regionen und den Schutz der natürlichen Lebensgrundlagen für künftige Generationen sicherzustellen. In diesem Kontext lauten die heutigen 'neuen' Wohnungsfragen: Wie kann gleichzeitig
- mit dem privaten Anspruch nach guter Wohnversorgung entsprechend den Wohnbedürfnissen und Möglichkeiten der Einzelnen,
- mit der sozialpolitischen Aufgabe der Beseitigung des Wohnungsmangels der unterversorgten Gruppen,
- mit der Aufgabe eines sparsameren Umgangs mit knappen natürlichen Ressourcen und knappen öffentlichen Finanzen umgegangen werden?

Diese Mehrdimensionalität der 'neuen' Wohnungsfragen beinhaltet Zielkonflikte, die nur zu lösen sein werden, wenn eine neue Balance zwischen dem privaten Anspruch nach guter Wohnungsversorgung und dem Gemeinschaftsanspruch nach einem sparsamen Umgang mit knappen Ressourcen geschaffen wird. Das heißt: Im Gemeinschaftsinteresse muß der extensiv steigende Wohn- und Siedlungsflächenkonsum begrenzt werden. Es geht dabei weder um eine Dämonisierung ungleicher Einkommens- und Vermögensverteilung und auch nicht um die Dämonisierung von Wohn- und Grundbesitz, sei er nun selbstgenutzt oder sozialverantwortlich vermietet. Die Überwindung des Wohnungsmangels unterversorgter Gruppen wird aber weder heute noch morgen über den 'freien' Wohnungsmarkt erreichbar sein; diese Gruppen bedürfen staatlicher Unterstützung. Andererseits gibt es für diejenigen, die es sich leisten können, kaum persönliche Grenzen für die Ausdehnung ihres individuellen Wohn- und Siedlungsflächenkonsums. Dies sollte nicht noch staatlich gefördert werden.

Daher bedarf es veränderter Prioritäten bzw. grundlegender Reformen der Wohn- und Städtebaupolitik von Bund, Ländern und Gemeinden über Recht, Geld, Planung und Meinungsbildung. Zu diskutieren sind

- der Umbau des wohnungspolitischen Fördersystems (Hauptakteur Bund);
- Reformen im Boden- und Planungsrecht (Hauptakteur Bund);
- eine flächensparende und umweltschonende Neubaupolitik (Hauptakteure Länder/Kommunen);
- eine bessere Verteilung des vorhandenen Wohnbestandes (Hauptakteure Kommunen/ Wohnungswirtschaft).

Umbau des wohnungspolitischen Fördersystems

Ein kostenneutraler und zielgerichteter Umbau der vorhandenen Mittel könnte angegangen werden durch
- eine deutlich stärkere Konzentration auf die unterversorgten Gruppen im Mietwohnbereich,
- eine Begrenzung der Förderung auf solche „Schwellenhaushalte", die sich ohne staatliche Förderung kein Wohneigentum leisten können, im Eigentumsbereich,
- gleichzeitige Umstellung des Fördersystems auf flächensparendes und umweltgerechtes Bauen und Wohnen.

Ansatzpunkte für einen Umbau des Fördersystems bieten vor allem die Steuervergünstigungen im Bereich der Wohneigentums- und Miethausförderung. Wohnungspolitische Subventionen in Form von Steuervergünstigungen sind grundsätzlich kritisch zu betrachten, weil sie vorwiegend die einkommensstarken Haushalte begünstigen sowie zielgruppen- und objektbezogen kaum steuerbar sind. Direkte Subventionen ermöglichen dagegen eine zielgruppengerechtere Förderung und lassen sich auch politisch besser kontrollieren.

Höhere Einspar- bzw. Umbaupotentiale bestehen bei den Steuervergünstigungen im Miethausbau. Auch hier gilt: Direkte Objektförderung, wie im sozialen Mietwohnungsbau, erlaubt – ergänzend zum Wohngeld – eine gezielte Förderung der unter- oder mäßig versorgten Gruppen. Unterbunden werden muß aber die „Abschreibungsarchitektur". Eine Umstellung der Förderung, analog zur einkommensunabhängigen Grundförderung beim Wohneigentum, vor allem aber die Aufhebung der Nichtbesteuerung von Veräußerungsgewinnen.

Reformen im Boden- und Planungsrecht

Reformen im Boden- und Planungsrecht und eine entsprechende Planungspolitik der Kommunen bilden eine wichtige Bedingung für flächensparendes und umweltgerechtes Bauen und Wohnen. Die Unvermehrbarkeit von Grund

und Boden sowie die Bewertung und Besteuerung von Grundvermögen privilegieren Grundbesitz gegenüber allen anderen Anlagegütern und machen außerdem Boden zu einem bevorzugten Spekulationsobjekt.

Im Interesse einer ressourcenschonenden Bebauungsplanung, der Eindämmung der Bodenspekulation, der Stärkung der Planungshoheit der Kommunen und eines kommunalen 'Bodenmanagements' sind zu diskutieren:
- erweiterte Steuerungs- und Zugriffsmöglichkeiten der Kommunen auf Grundstücke;
- eine zeitnahe Besteuerung von Grund und Boden, die das Horten von Bauland bremst;
- der Ausbau von Erbbaurechten;
- die Abschöpfung von planungsbedingten Wertsteigerungen.

Flächensparende und umweltgerechte Neubaupolitik

Beim Neubau sind Kostensenkungen und ein sparsamer Flächenverbrauch nötig und möglich. Diese dürfen sich aber nicht auf Standardsenkungen im Wohnungsbau für „Arme" reduzieren. Der Wohnungsbau in den Niederlanden und neuere Fördermodelle z.B. in Nordrhein-Westfalen machen vor, daß die Reduzierung überzogener Technik-, Ausbau- und Wohnflächenstandards bei Neubauten und Modernisierungen zu hohen Kostensenkungen führen können, ohne gutes Wohnen, hohe Ökologie- und Sicherheitsstandards zu beeinträchtigen. Höhere ökologische Standards sind in der Erstinvestition zwar teurer, bewirken aber Ressourcenschonung und refinanzieren sich mittelfristig über Kostensenkungen selbst.

Bessere Bestandsverteilung und kommunales „Umzugsmanagement"

Eine ausgewogene Umorientierung der vor allem auf Neubaupolitik ausgerichteten Förderpolitik auf eine versorgungspolitisch gerechtere und flächensparende Nutzung des vorhandenen Wohnbestandes bietet zweifellos das weitaus größte Potential zur Begrenzung von Wohnungsüberfluß und Wohnungsmangel. Ansatzpunkte dafür sind
- im Wohnbestand eine gezielte Mobilitätsförderung und
- ein Umzugsmanagement auf freiwilliger Basis,
- flankiert von der Umorientierung der Neubaupolitik.
  - auf die Nachholbedarfe der aktuell unterversorgten Haushalte;
  - auf die Nachholbedarfe, die aus den veränderten Haushaltsgrößen, -formen und Wohnstilen resultieren (kleinere, altengerechte Wohnungen) sowie
  - auf reale Alternativen für solche kleinen Haushalte, die große Wohnungen im Bestand deshalb „fehlbelegen", weil keine Ersatzwohnung da sind.

Zwischen dem Ziel einer besseren Verteilung von Bestandswohnungen und dem unverzichtbaren Mieterrecht auf Wohnsicherheit auch der Bewohner „fehlbelegter" Wohnungen können sehr konkrete Zielkonflikte auftreten („Recht auf Immobilität" z.b. bei älteren Menschen). Daher sind die wohnungspolitischen Akteure der Kommunalpolitik, Wohnungswirtschaft und Mietervereine gefordert, gemeinsam sozialverträgliche Lösungen für die Mobilitätsförderung und das Umzugsmanagement zu entwickeln. Allerdings müssen hierfür geeignete Rahmenbedingungen und Förderungen geschaffen werden. Zum Beispiel wirkt das Mietrecht mobilitätshemmend, weil es hohe Mietsteigerungen vor allem bei Mieterwechsel, also auch bei Wohnungstausch provoziert. Die mietrechtliche Konsequenz bestünde in der Anwendung der „ortsüblichen Vergleichsmieten" auch auf Neuvermietungen.

Abschließender Exkurs: Wohnflächensteuer ein Instrument zur Begrenzung von Wohnungsüberfluß?

Bei der Finanzierung z.b. des kommunalen Umzugsmanagements, stellt sich allerdings auch die Frage, ob nicht nach dem Verursacherprinzip solche Haushalte, die ausgewiesen im Wohnungsüberfluß leben und daran festhalten wollen, eine Art Luxussteuer in Form einer „Wohnflächensteuer" bezahlen sollen. Der Vorschlag einer Wohnflächensteuer sieht vor, daß Haushalte mit einem weit überdurchschnittlichen Wohnflächenverbrauch eine zweckgebundene kommunale Wohnflächensteuer bezahlen sollen. Durch die Zweckbindung der Wohnflächensteuer sollen zusätzliche Ressourcen für eine sozial- und umweltverträgliche Wohnungspolitik zur Verfügung stehen; die Mehreinnahmen bilden jedoch kein primäres Ziel. Im Zusammenwirken mit anderen wohnungspolitischen Instrumenten und dem Planungsrecht, könnte eine Wohnflächensteuer
- Anreize für einen sparsameren Flächenkonsum schaffen:
- Umzugsketten auslösen, die zum Abbau des Wohnungsmangels der unterversorgten Gruppen bei weniger Neubau beitragen,
- eine bessere Verteilung vorhandener Wohnungen bewirken,
- flächensparende Neubaulösungen provozieren.

Der am weitesten verbreitete Einwand gegen die Wohnflächensteuer richtet sich gegen ihren Charakter als „Strafsteuer" für individuelles Konsumverhalten bzw. persönliche Wohnwünsche und Konsumprioritäten. Dieses Contra-Argument ist deshalb besonders ernst zu nehmen, weil es die Akzeptanz einer solchen Sondersteuer in der Bevölkerung erschwert. In der Tat „bestraft" eine Wohnflächensteuer überhöhten Wohnflächenkonsum. Sie träfe auch solche Gruppen, die – ggf. unter Konsumverzicht bei anderen Ausgabengruppen – einen höheren Teil ihres Einkommens für größere Wohnungen ausgeben wollen. Dies bedeutet einen erheblichen staatlichen Eingriff in die Konsumfreiheit des Einzelnen. Dem ist allerdings entgegenzuhalten: In allen demokratischen Systemen endet die Handlungsfreiheit des Einzelnen dort, wo Gemeinwohlinteressen gravierend verletzt werden.

Ein weiteres Contra-Argument bezieht sich auf die Tatsache, daß der gestiegene Wohnflächenverbrauch wesentlich auf den Gesellschaftswandel und die Verkleinerung der Haushalte zurückzuführen ist. Diese Veränderungen, die teilweise auch Ausdruck emanzipativer Bestrebungen sind, dürfen nicht (indirekt) zum Gegenstand von Sondersteuern gemacht werden. Außerdem wird vermutet: Wohnflächensteuern treffen – wenn sie nicht einkommensabhängig gestaffelt und mit Ausnahmen versehen werden – auch Gruppen mit niedrigem Einkommen, und diese besonders hart. Aber: das Recht auf selbstgewählte Lebens- und Wohnstile muß doch nicht heißen, eine weit überdurchschnittliche Wohnfläche zu Lasten anderer zu beanspruchen.

Die Wohnflächensteuer wird darüber hinaus als bürokratisch aufwendig angesehen, wobei der Kosten-Nutzeneffekt gering sei. Die Datenerfassung, -verwertung und -pflege, um ein solches Instrument einzurichten und auf dem Laufenden zu halten, sind in der Tat problematisch. Aber die Wohnflächensteuer soll auch nicht primär auf Mehreinnahmen abzielen, sondern Verhaltensänderungen provozieren.

Anmerkungen

*   Wiss. Mitarbeiterin im Amt für Entwicklungsplanung, Statistik und Stadtforschung der Stadt Essen

**   Professor an der Evangelischen Fachhochschule RWL in Bochum

1   Der Vortrag enthält Auszüge aus der Studie: Barbara Erbslöh, Michael Krummacher: Wohnen im Überfluss – Fakten – gesellschaftliche Folgen – Zielkonflikte – Handlungsebene, FESA – Transfer, Beiträge zur Entwicklung der sozialen Arbeit, Band 4, Bochum 1997.

2   1. Auflage 1993.

3   Vgl. LDS, Beiträge zur Statistik des Landes Nordrhein-Westfalen: Gebäude, Wohnungen und Haushalte in Nordrhein-Westfalen 1993: S. 38

4   vgl. BMBAU 1993: S. 71 ff.

5   vgl. z.B. Conradi/ Zöpel 1994: 190ff, Mündemann 1992: S. 117f.

6   Häußermann/ Siebel 1996: 148f.

Literatur

Bundesministerium für Raumordnung, Bauwesen und Städtebau, (Hg.) 1993: Zukunft Stadt 2000. Abschlußbericht der Kommission Zukunft Stadt 2000, Bonn-Bad Godesberg.

Barbara Erbslöh, Michael Krummacher 1997: Wohnen im Überfluß – Fakten – gesellschaftliche Folgen – Zielkonflikte – Handlungsebene, FESA – Transfer, Beiträge zur Entwicklung der sozialen Arbeit, Band 4, Bochum.

Conradi, Peter, Zöpel, Christoph 1994: Wohnen in Deutschland. Not im Luxus, Hamburg.

Häußermann, Hartmut, Siebel, Walter 1996: Soziologie des Wohnens. Eine Einführung in Wandel und Ausdifferenzierung des Wohnens, Weinheim/ München.

Huster, Ernst-Ulrich, (Hg.) 1993: Reichtum in Deutschland. Der diskrete Charme der sozialen Distanz, Frankfurt/M.

Kommission der Europäischen Gemeinschaft, Generaldirektion V 1993: Statistische Daten über das Wohnen in der Europäischen Gemeinschaft 1993, Brüssel.

Laue, Evelyn 1995: Grundvermögen privater Haushalte Ende 1993. Ergebnis der Einkommens- und Verbrauchsstichprobe, in: Wirtschaft und Statistik, H. 6/ 1995: 488ff.

Landesamt für Datenverarbeitung und Statistik, (Hg.) 1995: Gebäude, Wohnungen und Haushalte in Nordrhein-Westfalen 1993. Ergebnisse der 1%-Gebäude- und Wohnungsstichprobe, Düsseldorf (= Beiträge zur Statistik des Landes Nordrhein-Westfalen, H. 744).

Mündemann, Tobias 1992: Kein Dach über dem Kopf – keinen Boden unter den Füßen, Hamburg.

Statistisches Bundesamt, (Hg.) 1995: Wohnsituation der Haushalte. Ergebnis der 1% Gebäude- und Wohnungsstichprobe am 30. September 1993, in: Wirtschaft und Statistik, Heft 10/1995: 746ff.

Statistisches Bundesamt, (Hg.) 1995c: Im Blickpunkt: Ausländische Bevölkerung in Deutschland, Wiesbaden.

Philip Wotschack
Zeitreichtum und Zeitarmut
Aspekte sozialer Ungleichheit in der modernen Gesellschaft

Die Frage nach dem Verhältnis von Zeit und Reichtum in unserer Gesellschaft ist nur auf den ersten Blick einfach zu beantworten. „Zeit ist die einzige Ressource, die den Menschen am unteren Rand der Gesellschaft frei zur Verfügung steht" schreibt Richard Sennett (1998: 16) in seinem Essay über das Zeitregime im „neuen Kapitalismus" und verweist anschließend auf die Schwierigkeiten, dieser Ressource unter Bedingungen allgemeiner Flexibilität Struktur zu geben und sie „nutzbringend anzulegen". Menschen auf den unteren Rängen der Sozialstruktur scheinen demnach wenigstens mit der Ressource Zeit gut ausgestattet zu sein. Anders als etwa beim materiellen Reichtum existierten für sie keine Zugangsbeschränkungen, wenn es um die eigene Lebenszeit geht. Das klingt zunächst einleuchtend, schließlich beträgt das tägliche Zeitbudget bei jedem Menschen 24 Stunden, während das Geldbudget bekanntlich große Unterschiede aufweist. Die Lebenszeit könnte aus dieser Sicht eine Art „Gleichmacher" darstellen und vielleicht sogar ein Ausgleich für materielle Benachteiligungen sein, mit der Formel: „Zeitwohlstand" statt „Geldwohlstand". Hinweise dafür liefern verschiedene aktuelle Studien: So konnten „keine Unterschiede im Umfang der Freizeit durch den Rang in der beruflichen Schichtung gefunden werden. Dies kann als Hinweis auf eine relative Unabhängigkeit der Dimensionen der Klassenstruktur und der Ausstattung mit Freizeit interpretiert werden." (Garhammer 1994: 116). Eine andere Untersuchung kommt zu dem Schluß, daß die alltäglichen Zeitstrukturen der Menschen heute zwar große Unterschiede aufweisen, diese allerdings „quer zu den üblichen Merkmalsdimensionen vertikaler Ungleichheiten" verlaufen und vorrangig auf horizontale Merkmale zurückzuführen sind, wie die „Phasen im Lebenszyklus und die damit verbundenen Wohn- und Lebenskontexte, besonders auch in ihrer Geschlechtsspezifik" (Benthaus-Apel 1995: 350). Die Arbeitszeitforschung schließlich hat mehrfach darauf hingewiesen, daß ein hoher beruflicher Status in der Regel dazu führt, daß besonders viel Zeit durch den Erwerbsbereich gebunden wird. So sind die meisten „Vielarbeiter" in leitenden Positionen zu finden (vgl. Hradil 1999: 300). Vor dem Hintergrund dieser Ergebnisse ist man geneigt, Zeitwohlstand als ein Phänomen zu interpretieren, das entweder unabhängig von der sozialen Klassen- oder Schichtungsstruktur existiert – oder sogar als ein Privileg der sozial Benachteiligten begriffen werden muß.

Allerdings fällt auf, daß zwei bedeutende Bevölkerungsgruppen in diesem Kontext selten Erwähnung finden: die aufgrund ihrer hohen Zahl bedeutende Gruppe der mittlerweile mehr als vier Millionen offiziell registrierten Erwerbslosen und die aufgrund ihrer Ressourcen bedeutende kleine Gruppe der wirklich „Reichen" (vgl. Huster 1997: 11ff.) mit den entsprechenden Mitteln für eine unbeschwerte Lebensführung und Vermögensbildung. Es stellt sich mithin die Frage, wie diese großzügige Ausstattung mit freier Zeit an den beiden „Polen" unserer Sozialstruktur zu interpretieren ist. Doch auch dazwischen ist das Terrain keineswegs eindeutig. So gibt es in der Zeitforschung auch eine gänzlich andere Auffassung über das Verhältnis von Zeit und Reichtum in unserer Gesellschaft:

„Der unterschiedliche Zugriff auf Zeit unterliegt (...) den Gesetzmäßigkeiten sonstiger struktureller Ungleichheiten. Er resultiert in Ungleichheiten in der Zeitausstattung, genauer: im gänzlich unterschiedlichen Zugriff auf Umfang und Qualität der bloß scheinbar neutral und an alle gleich verteilten Ressource Zeit" (Müller-Wichmann 1984: 186).

Das Bild einer unabhängigen bzw. vorrangig durch horizontale Disparitäten geprägten Zeitverteilung wird mit der These kumulierender sozialer und zeitlicher Benachteiligungen konfrontiert. Die unteren Schichten, und dabei besonders Frauen, seien besonders häufig von Einschränkungen beim Freizeitvolumen und der zeitlichen Autonomie betroffen (vgl. Müller-Wichmann 1984 und 1988). Diese gegensätzlichen Positionen, die übrigens an eine klassische Kontroverse der soziologischen Ungleichheitsforschung erinnern – vertikal versus horizontal –, lassen erkennen, daß das Verhältnis von Reichtum und Zeit nach einer differenzierten Betrachtung verlangt. Hier stellt sich zunächst die schwierige Frage, was unter „Zeitwohlstand" und „Zeitreichtum" überhaupt zu verstehen ist.

Zeit als Gegenstand der Ungleichheitsforschung

Für die Themen Reichtumsverteilung, Lebensqualität und Lebenschancen fühlt sich traditionell die soziologische Ungleichheitsforschung zuständig. Ausgehend von Max Weber werden unter dem Begriff der sozialen Ungleichheit die „positiv oder negativ privilegierten Lebensbedingungen eines Menschen" gefaßt, die „in ihrer Gesamtheit (kumulativ oder nivellierend) die Lebenschancen des einzelnen in der Gesellschaft bestimmen" (Klocke 1993: 111). Wesentlich ist dabei, daß diese Ungleichheiten gesellschaftlich verursacht sind, sich strukturell verfestigt haben und sich auf die Lebenschancen der Menschen auswirken, verstanden als „Chancen auf Verwirklichung von Lebenszielen, die in einer Gesellschaft im allgemeinen als erstrebenswert angesehen werden." (Geißler 1994: 4). Soziale Ungleichheiten begrenzen oder eröffnen Möglichkeiten der Lebensgestaltung bzw. verlangen von den Einzelnen in einem höheren oder geringeren Maß „Anstrengungen", um attraktive Ziele zu erreichen. Die Ziele selbst sind sozial bestimmt und damit historisch variabel. Vor diesem Hintergrund scheint nichts dagegen zu sprechen, Zeit als ergänzende Dimension in die Ungleichheitsanalyse aufzunehmen: Zeit ist heute mehr denn je zu einem eigenständigen Faktor der Lebensqualität geworden und bildet damit eine potentielle Grundlage für soziale Ungleichheiten (vgl. Benthaus-Apel 1995: 27). Um so mehr überrascht es, daß die Zunft der Ungleichheitsforscher sich kaum mit den sozialen Zeitstrukturen beschäftigt. Zeit taucht hier vorrangig als Verlaufsdimension auf, wenn es etwa um die Auf- oder Abwärtsbewegungen sozialer Klassen geht, um Lebensläufe, die Dauer von Arbeitslosigkeit oder Armut, um Veränderungen in der Reichtumsverteilung oder um gesellschaftlichen Strukturwandel. Aber Querschnittanalysen der gesellschaftlichen Zeitverteilung und Längsschnittanalysen ihrer Veränderung sucht man derzeit vergeblich in den einschlägigen Werken der Ungleichheitsforschung. Fündig wird man erst bei einer anderen soziologischen Disziplin, nämlich der Zeitsoziologie und Zeitforschung.

Zeitbudgets als Indikatoren für das Wohlstandsniveau einer Gesellschaft haben eine lange Tradition in der Zeitforschung. Schon die erste Zeitbudgetstudie in der Bundesrepublik Deutschland sah „Lebensstandard" nicht nur als eine „Frage der materiellen Ausstattung einer Gesellschaft" an, sondern „auch als eine Frage der zeitlichen Möglichkeiten für die Bevölkerung, die materiellen Möglichkeiten zu nutzen" (v. Rosenbladt 1969: 73). Ebenso wird in der neueren bundesdeutschen Sozialstatistik und Arbeitszeitforschung die Verteilung zeitlicher Ressourcen, insbesondere der freien Zeit, als wichtiger Faktor der „menschlichen Wohlfahrt" (Statist. Bundesamt 1995: 2) und des „Zeitwohlstandes" (Bauer/Groß/Schilling 1994: 11) begriffen. Für verschiedene soziale Gruppen werden die zeitlichen Belastungen durch Erwerbsarbeit, Haushalt und Regeneration von den zeitlichen Freiräumen abgegrenzt, die formal der Gestaltung der Subjekte unterliegen. Dieses Verfahren vermag eine wesentliche Dimension sozialer Ungleichheit aufzudecken, die ansonsten im Alltag unsichtbar bleibt. So konnte der enorme Umfang unbezahlter Arbeit in unserer Gesellschaft sichtbar gemacht werden: 1992 wurden in den alten Bundesländern 77 Milliarden Stunden für hauswirtschaftliche und handwerkliche Tätigkeiten, Ehrenamt, soziale Hilfeleistungen sowie Pflege und Betreuung von Personen aufgewendet; im Erwerbsbereich waren es 48 Milliarden Stunden (vgl. Schäfer/Schwarz 1994: 592). Gleichzeitig ließ sich deren Ungleichverteilung zwischen Männern und Frauen präzise bestimmen:

Erwerbstätige Frauen wenden mit etwa fünf Stunden täglich im Durchschnitt doppelt soviel Zeit für Reproduktionstätigkeiten auf wie Männer. Trotz deutlich niedrigerer Erwerbszeiten verfügen sie daher in der Regel über weniger Freizeit (vgl. Ehling/Schwarz 1996: 10). Große Unterschiede konnten auch bezüglich der Familiensituation und Lebensphase (vgl. Benthaus-Apel 1995: 341ff.) sowie zwischen Ost und West nachgewiesen werden (vgl. Fiebiger 1995). Die Zeitforschung liefert also wichtige Informationen über soziale Ungleichheiten in den Zeitstrukturen.

Allerdings wirft die Interpretation solcher Daten Probleme auf, die sich vor allem aus der reinen Quantifizierung ergeben. Bereits das Beispiel der Arbeitslosigkeit zeigt, daß ein großes Volumen an freier Zeit noch kein Garant für eine Verbesserung von Lebensqualität und Lebenschancen darstellt. Mit einem differenzierten Freizeitbegriff wurde schon in den 60er Jahren versucht, die unterschiedliche soziale Bedeutung freier Zeit hervorzuheben. Muße und Distinktion als Freizeitmerkmale der ökonomisch mächtigen Klassen wurden von der unfreiwilligen Freizeit der Arbeitslosen, der regelmäßig zugeteilten Freizeit der Berufstätigen sowie der Freizeit durch Arbeitsunfähigkeit und Ruhestand unterschieden (vgl. Kaplan 1960). Umgekehrt sind lange Arbeitszeiten nicht nur Ausdruck von Belastung und Fremdkontrolle, da der Erwerbsbereich – insbesondere bei qualifizierten Berufen – auch als Grundlage für Identifikation und Anerkennung zu begreifen ist. Ähnliches gilt für attraktive Bestandteile der Haus- und Familienarbeit. Weitere Schwierigkeiten kommen hinzu. So werden bei der Betrachtung von Zeitbudgets inhaltliche Unterschiede vernachlässigt, von den Arbeitsbedingungen, Tätigkeiten und Lebensstilen bis hin zu den finanziellen und kulturellen Ressourcen. Obwohl sich beispielsweise die Arbeitssituation, das Einkommen, die Bildung und die Freizeitgestaltung eines leitenden Angestellten deutlich von denen eines ungelernten Arbeiters unterscheiden dürften, werden beide oftmals in der Gruppe „Männer" zusammengefaßt. Die zum Teil sehr unterschiedlichen Tätigkeiten werden auf gemeinsame Kategorien wie bezahlte Arbeit, unbezahlte Arbeit oder Freizeit reduziert und den Zeitbudgets der ebenso heterogenen Gruppe der „Frauen" gegenübergestellt. Damit läuft man Gefahr, Menschen bzw. Tätigkeiten zu gruppieren, die nur wenig gemeinsam haben. Auch hier gilt: „Wenn wir soziale Unterschiede zwischen den Geschlechtern nachweisen wollen, müssen wir Frauen Männer gegenüberstellen, die in vergleichbaren sozialen Verhältnissen leben." (Becker-Schmidt 1996: 11)

Darüber hinaus können sich hinter ähnlichen Zeiträumen große Unterschiede in der sozialen „Wertigkeit" der Zeit verbergen. Ein identisches

Volumen an Zeit muß nicht unbedingt das gleiche Maß an „Handlungsmöglichkeiten" eröffnen (vgl. Müller-Wichmann 1984: 155). Neben der Quantität sind Lage und Struktur der Zeiten im Verhältnis zu den sozialen,
familialen und biologischen Zeitrhythmen angemessen zu berücksichtigen.
Freie Zeit zum falschen Zeitpunkt ist wertlos, sie kann weder für die Kinderbetreuung noch für kulturelle Aktivitäten oder soziale Kontakte verwendet
werden. Für die Lebensqualität und Handlungschancen der Menschen spielt
folglich die Synchronität von individueller und sozialer Zeitstruktur eine
entscheidende Rolle. Diese Synchronität kann durch eine Standardisierung
sozialer Zeitrhythmen erreicht werden, etwa durch eine gesellschaftliche
Normalarbeitszeit, oder durch individuelle Koordinationsleistungen und
Arbeitszeitoptionen. Beide Varianten werden derzeit in der gewerkschaftlichen Arbeitszeitpolitik kontrovers diskutiert. Unter Bedingungen einer zunehmenden Ausdifferenzierung und Flexibilisierung der Arbeitszeiten erhält
der persönliche Einfluß auf die eigene Zeitstruktur eine herausragende Bedeutung für die „Verfügbarkeit der Lebenszeit" (Garhammer 1994: 91). Mit
dem Begriff der „relativen Zeitautonomie" (Müller-Wichmann 1984: 177)
und dem Konzept der „selbstkontrollierten Zeitbindung" (Rinderspacher
1988: 64) wurde auf diese wichtige Voraussetzung für Zeitwohlstand aufmerksam gemacht. Entsprechend zeigt auch das aktuelle Beispiel der 28,8-Stun-
den-Woche bei VW, daß radikale Arbeitszeitverkürzungen für die Beschäftigten nicht unbedingt zu mehr Zeitwohlstand führen müssen. Die „Entspan-
nung des Alltagslebens" wird nicht nur durch eine Intensivierung der Arbeit
und Ausweitung von Mehrarbeit gefährdet. Durch die betriebliche Flexibilisierung der Arbeitszeiten entstehen zeitliche Abstimmungsprobleme für die
Beschäftigten, und es kommt zu einer „Entwertung" der freien Zeit: „Die
Flexibilisierung droht zu einer Falle für den Zeitwohlstand der Beschäftigten
zu werden." (Hielscher/Hildebrandt 1999: 32)

Die skizzierten Schwierigkeiten bei der Interpretation der gesellschaftlichen Zeitverteilung haben zu verschiedenen Erweiterungen in der Zeitforschung geführt, wobei besonders auf die Bedeutung qualitativer Momente
der Zeitverwendung und Zeitgestaltung hingewiesen wird (vgl. Hörning/
Gerhardt/Michailow 1990: 28). In der neueren gewerkschaftlichen Arbeitszeit-
debatte wird in diesem Sinne der Begriff einer (neuen) „Kontextualisierung"
der Arbeitszeitpolitik verwendet: „Arbeitszeit, Einkommen, Beschäftigung,
Arbeitsanforderungen und Lebensführung lassen sich kaum noch isoliert
betrachten, geschweige denn unabhängig voneinander politisch gestalten. Sie
verknüpfen sich zu Wirkungsketten, in denen die Veränderung eines Elemen-
tes Folgewirkungen in anderen Bereichen nach sich zieht." (Hielscher 1998:

18). Löst man diesen Gedanken aus dem Rahmen der Arbeitszeitpolitik, kann das gegenüber einer isolierten Betrachtung von Zeitstrukturen nur bedeuten, daß die Nutzung, Erfahrung und Gestaltung von Zeit im Kontext der konkreten Arbeits- und Lebenssituationen zu verstehen ist. Unterschiedliche Lebensbedingungen, divergierende Tätigkeitsinhalte, soziale Werte und Wertigkeiten und ausdifferenzierte Lebensformen bilden dabei den Kontext, in dem sich zeitliche Strukturen formen und – im Zusammenspiel mit den sozialen Zeitrhythmen – ihren positiven oder negativen Charakter entfalten. Ein Forschungsprojekt, welches die Auswirkungen flexibler Arbeitszeiten auf das Alltagsarrangement verschiedener Beschäftigtengruppen untersucht hat, kam zu dem ganz ähnlichen Ergebnis, daß Lebenslagen und Zeitstrukturen einen wechselseitigen Wirkungszusammenhang bilden, in dem die „Bedeutung der Arbeitszeit (...) nur im Kontext des Gesamtgefüges der Lebensbedingungen, des Milieus, der Ressourcenausstattung, der Biographie, der Normen usw. angemessen einzuschätzen" ist; „eine große Rolle spielt dabei die jeweilige Konstellation der geschlechtsspezifischen Arbeitsteilung." (Jurczyk 1993: 248)

Auch die Frage nach dem Zeitwohlstand und Zeitreichtum ist nur im Rückgriff auf solche sozialen Kontexte zu beantworten. Zeit an sich – auch disponible Zeit – kann nur ein sehr abstraktes Maß des gesellschaftlichen und individuellen Reichtums darstellen, etwas, das Möglichkeiten eröffnen kann, aber keineswegs muß. Ob Zeit tatsächlich zum Raum individueller Entfaltung und sozialer Entwicklung wird, hängt konkret davon ab, wie die Einzelnen ihre Lebenszeit gestalten und interpretieren und auf welche Ressourcen sie dabei zurückgreifen können. Das sieht nur auf den ersten Blick nach individueller Beliebigkeit aus, denn die Bedingungen bzw. Chancen dafür sind ungleich verteilt und zu einem wesentlichen Teil vertikal strukturiert. Auf dem Arbeitsmarkt, im Erwerbsleben, in Haushalt und Familie und in der Freizeit verfügen die oberen Klassen und dabei besonders Männer in der Regel über bessere Lebensbedingungen, mehr Ressourcen und größere Handlungsspielräume. Für die unteren Ränge der Sozialstruktur sind hingegen nicht nur restriktive und belastende Arbeitsbedingungen, unqualifizierte Tätigkeiten und eingeschränkte Entscheidungsspielräume charakteristisch, auch außerhalb der Arbeit sind die Gestaltungsmöglichkeiten durch eine geringe Ausstattung mit ökonomischen und kulturellen Ressourcen begrenzt – von den Einkommensbedingungen bis hin zu Kultur, Freizeitkonsum und Wohnqualität (vgl. Koch 1994: 193; Geißler 1996). Vor diesem Hintergrund erhalten die Vor- und Nachteile, die sich aus der sozialen Zeitordnung ergeben, erst ihre Dynamik und Brisanz.

Sozialstruktur und Zeitstruktur

Wie eng Fragen des Zeitreichtums mit der Organisation und dem Wertekanon einer Gesellschaft verknüpft sind, verdeutlicht der Vergleich unserer kapitalistischen Arbeitsgesellschaft mit der griechischen Antike. So müßten die heutigen Debatten über die Krise der Arbeitsgesellschaft und Auswege aus der Massenarbeitslosigkeit einen Bürger des alten Athens aufs Äußerste verwundern. Schließlich machten die „Arbeitslosen", welche bei uns die marginalisierten und ausgegrenzten Bevölkerungsschichten bilden, in der griechischen Polis den Kern der herrschenden Klasse aus, die das Privileg besaß, sich ausschließlich der Muße und dem politischen Leben zu widmen. Dagegen war das, woran heute möglichst viele Menschen teilhaben wollen und was heute die Grundlage für Einkommen, Identität und soziales Ansehen bildet, nämlich Arbeit, ein Stigma der deklassierten Bevölkerungsteile, der Frauen und Sklaven. Die soziale Bedeutung, die der Arbeitszeit und der freien Zeit zugemessen wird, ist offensichtlich durch die jeweiligen sozioökonomischen Verhältnisse geprägt und kann daher je nach Zeit, Region oder Bevölkerungsgruppe erheblich variieren (vgl. Stengel 1998: 22). Auch im heutigen Freizeitdiskurs finden sich diese zwei „Denkschablonen" oder „symbolischen Felder" (Stengel) wieder. Arbeit bildet dabei das „Gravitationszentrum" der modernen Gesellschaften, das der Freizeit nicht nur den Charakter einer „Restkategorie" zuweist, sondern auch bestimmte Vorstellungen über deren legitime Ausgestaltung transportiert. Aus dieser Sicht besitzt das „Feld des Hedonismus" und der „Trivialkultur" immer etwas „Subversiv-Anarchistisches, von dem man fürchtet, es nicht in den Griff zu bekommen. Also versucht man es auszugrenzen, als sozial unerwünscht zu klassifizieren." (Stengel 1998: 27). Das moderne „Arbeitsethos" sowie die Internalisierung von Leistungsmotivation und Arbeitsdisziplin sind dabei als Ergebnis eines langen historischen Prozesses zu begreifen, bei dem die Entstehung einer kapitalistischen Wirtschaftsweise und Arbeitsorganisation eine entscheidende Rolle gespielt hat, begleitet vom – oft unrühmlichen – Einsatz sozialer Institutionen, wie staatlicher „Arbeitshäuser" und kirchlicher Heilslehren.

Daß uns Zeit heute wie selbstverständlich als eine wichtige Ressource erscheint, die den Gegenstand sozialer Auseinandersetzungen und politischer Gestaltung bildet, hängt eng mit der Durchsetzung der kapitalistischen Industriegesellschaft zusammen (vgl. Smentek 1991). Alle Ökonomie spitzte sich in ungeahntem Ausmaß auf eine Ökonomie der Zeit zu. Zeitersparnis wurde zum Leitprinzip einer optimierten Produktion und entschied über Sieg und Niederlage auf den Märkten. Damit in immer weniger Zeit immer mehr produziert werden konnte, wurde eine Rationalisierung der Arbeitsverrichtungen und Stoffkreisläufe eingeführt, bei der die abstrakte Zeitmessung eine Schlüsselfunktion erhielt. Gleichzeitig fand eine möglichst weitgehende Abkoppelung der Wirtschaftsabläufe von den traditionellen und natürlichen Zeitgebern statt. Nicht kulturelle Zeitrhythmen, Feiertage oder der Tag-Nacht-Wechsel sollten die zeitlichen Orientierungspunkte der Wirtschaft sein, sondern allein die optimale Kapitalverwertung. Mit der abstrakten Zeitmessung, dem Bewußtsein vom „Wert der Zeit" und einer neuen, „kapitalistischen Zeitlogik" (Smentek 1991) entbrannten neue soziale Konflikte. Die Beschäftigten mußten sich nicht nur gegen eine maßlose Verlängerung, Flexibilisierung und Intensivierung ihrer Arbeitszeit wehren, sondern auch für eine angemessene Bezahlung dieser Zeit streiten. Folglich verallgemeinerten sich auch auf Seiten der Beschäftigten strategische Kalküle bei der Ausbalancierung von Lebenszeit, Arbeitszeit und Geld. Der anfängliche „Kampf gegen die Zeit", verstanden als Flucht und Ablehnung der kapitalistischen Zeitorganisation, mündete in einen „Kampf um die Zeit", um deren Verfügung und Gestaltung (vgl. Thompson 1967).

Aus diesen Kämpfen ging ein historisches Arrangement über die Gestaltung der Arbeitszeitstrukturen hervor, das als Ausdruck und Grundlage gesellschaftlicher Strukturen und Machtverhältnisse interpretiert werden kann. „Dem industriellen Zeitarrangement ist ein komplexes Set sozialer Beziehungen eingeschrieben. Es reflektiert nicht nur die zeitökonomischen Ansprüche des industriellen Kapitals in einer bestimmten Phase der kapitalistischen Entwicklung; es fixiert auch ein bestimmtes Maß an Individualisierung der Lebensweisen der Bevölkerung und ein Verhältnis zwischen den Geschlechtern, dem eine bestimmte Form der Arbeitsteilung entspricht" (Herkommer/ Mühlhaus 1994: 30). In dieser Perspektive präsentieren sich auch die aktuellen Auseinandersetzungen um die Flexibilisierung und Deregulierung der betrieblichen Zeitstrukturen als Macht- und Verteilungskonflikte mit gravierenden Folgen für die Gestalt der zukünftigen Zeitarrangements, inklusive der zeitlichen Freiräume für die Beschäftigten (vgl. Wotschack 1998). Von diesem Arrangement hängt auch das Ausmaß der aus Sicht des kapitalistischen Produktionsprozesses „überflüssigen" Erwerbsbevölkerung ab, die im Kern als Kehrseite einer fortschreitenden Kapitalakkumulation und Rationalisierung der Produktionsprozesse zu verstehen ist (vgl. Koch 1999: 43ff.). Dabei geht das Phänomen, daß zuviel freie Zeit nun mit Qual, Elend und Handlungsunfähigkeit verbunden ist, wie es am Beispiel der Arbeitslosen von Marienthal eindrucksvoll geschildert wurde (vgl. Jahoda/Lazarsfeld/Zeisel 1975), aus der inneren Widersprüchlichkeit der kapitalistischen Arbeitsgesellschaft hervor, die einerseits ständig auf den Wert der Zeit verweist und sich exzessiv deren ökonomischer Verwendung verschrieben hat, indem sie Belohnungen und Ziele rund um die Erwerbsarbeit gruppiert, und in der es andererseits zur Normalität gehört, daß einem Teil der Bevölkerung gerade dafür die Möglichkeiten entzogen werden. Sowohl aus der Perspektive der Arbeitsgesellschaft, als auch vom Standpunkt einer positiven Konnotation disponibler Zeit findet derzeit eine enorme Zeitverschwendung statt, da die Lebenszeit von Millionen Menschen durch Arbeits- und Erwerbslosigkeit schnell ihres Sinns beraubt wird und kaum in einen Raum für Muße und Entfaltung jenseits der Erwerbsarbeit verwandelt werden kann. Zusätzlich beeinträchtigt durch eine geringe Ressourcenausstattung und soziale Stigmatisierung wird sie überwiegend zu „entwerteter" und „verlorener" Zeit.

Den sozialen Charakter der Zeit herauszustellen und dabei von Durkheim, Elias, Sorokin und Merton auszugehen, hat in der Zeitsoziologie mittlerweile den Charakter einer Pflichtübung gewonnen. Weitgehende Einigkeit besteht auch darüber, daß die soziale Zeitordnung eng mit der Organisation und den Strukturen einer Gesellschaft verknüpft ist. Nur in Teilen der Literatur wird dabei auch auf die Macht- und Ungleichheitsdimension dieses Zusammenhanges hingewiesen: „Wenn es richtig ist, daß sich in der Zeitordnung die Struktur einer Gesellschaft widerspiegelt, Zeit also nicht nur ein neutraler gesellschaftlicher Mechanismus zur Koordination und Organisation der Gesellschaft ist, dann spiegeln sich darin auch gesellschaftliche Herrschaftsverhältnisse." (Henning 1998: 20). So wäre es in der Tat eher erstaunlich, wenn sich die gegebenen Machtverhältnisse und vielerorts sichtbaren Ungleichheiten in den materiellen und kulturellen Ressourcen nicht auf die Nutzung, Struktur und Sinngebung der Zeit auswirken würden. Welchen sozialen Verhältnissen, Ungleichheitsdimensionen und sozialstrukturellen Merkmalen dabei die entscheidende Bedeutung und Erklärungskraft zugemessen wird, unterscheidet sich je nach gesellschaftstheoretischem Ansatz. Im folgenden möchte ich die vertikale Dimension sozialer Strukturierung in den Vordergrund stellen, wie sie sich vor allem aus der sozialen Klassenlage und dem Geschlecht ergibt (vgl. Frerichs 1997), und ihre Auswirkungen auf die alltäglichen Zeitstrukturen untersuchen (vgl. Wotschack 1997). Damit soll der mehrfach belegte Einfluß sogenannter „neuer" oder „horizontaler" Ungleichheiten, wie sie sich etwa aus der Lebensphase oder Familiensituation ergeben (vgl. Benthaus-Apel 1995), keineswegs bestritten werden. Nur wirken sich diese Bedingungen in der Regel sehr unterschiedlich aus, je nach beruflicher Position, Ressourcenausstattung und familialer Arbeitsteilung.

„Kontextualisierung" der Zeit – Klasse und Geschlecht

Fragen nach dem Zeitreichtum und der Zeitarmut in unserer Gesellschaft sind überaus kompliziert und verlangen eine besondere Sorgfalt bei der Wahl des theoretischen Ausgangspunktes, der Begriffsbestimmung und dem methodischen Vorgehen. Aus den bisherigen Ausführungen ergeben sich zwei Argumente, die für eine Einbettung von „Zeitfragen" in die soziologische Klassen- und Geschlechterforschung sprechen. Zum einen weist der Kontext alltäglicher Zeitstrukturen große Unterschiede nach der beruflichen Schichtung und dem Geschlecht auf. Klasse und Geschlecht erweisen sich dabei nicht einfach als additive Dimensionen sozialer Ungleichheit, sondern in den „gesellschaftlichen Arbeitsteilungen und Herrschaftsverhältnissen wirken sie vielmehr in ihren Konfigurationen zusammen." (Lenz 1995: 35). Die daraus resultierenden Unterschiede in den Arbeits- und Lebensbedingungen beziehen sich auf die folgenden Merkmale:

- Ressourcenausstattung (Macht, Vermögen, Einkommen, Bildung, Netzwerke)
- Arbeitsmarktchancen (Wahlmöglichkeiten, Mobilität, Arbeitsplatzrisiko)
- Arbeitssituation (Inhalte, Belastungen, Autonomie)
- Lebensstil (Konsum, Güter, Wohnkomfort, Haushaltsausstattung)
- Gesundheit (Unfallrisiko, Berufsunfähigkeit, Lebenserwartung)
- Aufgabenzuweisung (Erwerb, Haushalt, Familie)

In all diesen Ungleichheitsdimensionen ist die Wahrscheinlichkeit, benachteiligt zu sein, für die unteren Klassen bzw. Schichten erheblich höher (vgl. Koch 1994: 193; Geißler 1996; Vester 1996: 89). Das gilt besonders für Frauen, die durch eine patriarchale Arbeitsteilung in und außerhalb des Erwerbssystems mit erheblichen Nachteilen konfrontiert sind. Die Lebenschancen, also die Möglichkeiten, die eigene Lebenszeit in der Arbeit, im Haushalt und in der Freizeit als persönlichen Entfaltungsraum zu nutzen, sind also von vornherein ungleich verteilt – vom Risiko der Arbeitslosigkeit über mehr oder weniger attraktive Berufsfelder bis hin zu den außerberuflichen Gestaltungsmöglichkeiten. Im Gefüge dieser vertikalen Ungleichheit sind Frauen besonders benachteiligt. Sie sehen sich häufiger gezwungen, in unattraktiven Tätigkeitsfeldern zu arbeiten (Reinigungsdienste, Pflege, Einzelhandel etc.), leisten den Großteil der Familienarbeit, verfügen im Durchschnitt über niedrigere Einkommen und sind häufiger von Dequalifizierung und Arbeitslosigkeit betroffen (vgl. Kreckel 1993). Sie befinden sich sozusagen jeweils in den „Pufferzonen zwischen den Männern ihrer eigenen Klasse und den Männern der nächstunteren Klasse" (Frerichs 1997: 325).

Das zweite Argument, das für eine Kontextualisierung der Zeit im Rahmen der Soziologie sozialer Ungleichheit spricht, ergibt sich aus den *zeitlichen Effekten*, die aus Machtbeziehungen und Arbeitsteilungen sowie den damit verbundenen materiellen und kulturellen Ungleichheiten hervorgehen. Die soziale Lage wirkt sich in spezifischer Weise auf die alltäglichen Zeitstrukturen aus. Von wesentlicher Bedeutung sind dabei folgende Faktoren:

- Geschlechtsspezifische Arbeitsteilungen
- Vermögen und Einkommen
- Berufliche Stellung und Qualifikation
- Arbeitsinhalte und Arbeitsbelastungen

Das Risiko, aus dem Erwerbssystem dauerhaft ausgeschlossen zu werden und dadurch mit einer Art sozialen „Entwertung" der eigenen Lebenszeit konfrontiert zu sein, sinkt mit zunehmender Qualifikation und ist bei Männern geringer als bei Frauen (vgl. Geißler 1996: 194). Ähnlich sieht es mit der Verbreitung von Teilzeitbeschäftigung aus. Abgesehen von prominenten Ausnahmen (vgl. Hörning/Gerhardt/Michailow 1990) ist eine Teilzeitbeschäftigung nicht automatisch mit größeren Freizeitgewinnen verbunden und kann derzeit kaum als Zeichen eines erweiterten „Zeitbewußtseins" aufgefaßt werden: Als Ausdruck und Grundlage einer patriarchalen Arbeitsteilung wird Teilzeitarbeit in der Bundesrepublik Deutschland zu 90% von Frauen ausgeübt und findet sich überwiegend am unteren Ende der Berufshierarchie, also vorwiegend in gering qualifizierten Tätigkeitsbereichen (vgl. Bauer/Groß/Schilling 1996: 130f.). Sie ist bei diesen Beschäftigtengruppen meist die Folge externer Anforderungen, wie familialer Verpflichtungen oder betrieblicher Zwänge und führt in der Regel zu großen Einschränkungen durch ein sehr niedriges Einkommen, unqualifizierte Tätigkeiten und geringe soziale Absicherung. Hier dürfte ein wesentlicher Unterschied zu den höheren beruflichen Statusgruppen liegen. Auch bei Akademikern, Freiberuflern, Kleinunternehmern oder höheren Beamten ist das Teilzeitpotential der Frauen relativ groß (vgl. Frerichs 1997: 236). Aufgrund der besseren Ressourcenausstattung und Vorteile der Arbeitssituation fallen die Nachteile einer Teilzeitbeschäftigung dabei vermutlich geringer aus, und es eröffnen sich unter Umständen sogar Chancen für ein ausgewogenes Arrangement von Erwerbsarbeit, Haushalt, Geld und freier Zeit. Dies gilt insbesondere dann, wenn sich die Teilzeitbeschäftigung im oberen Stundenbereich bewegt und eine geregelte Form aufweist, wie es beispielsweise bei den Beamtinnen im höheren und gehobenen Dienst häufiger der Fall ist.

In Folge einer ungleichen Arbeitsteilung leisten Frauen in allen Berufsgruppen das Gros der Haus- und Familienarbeit und bilden im Erwerbsbereich das „Teilzeitpotential", während Männer im Durchschnitt längere Erwerbsarbeitszeiten aufweisen und verstärkt Mehrarbeit leisten. Darüber hinaus sind lange Arbeitszeiten für Beschäftigte charakteristisch, die hohe Qualifikationen aufweisen, Leitungsfunktionen haben oder besonders schwierigen Existenzbedingungen ausgesetzt sind. Hier gilt: „Zum einen: Je mehr kulturelles Kapital, desto länger die Erwerbsarbeitszeiten. Zum anderen: Je härter der Existenzkampf, desto länger die Erwerbsarbeitszeiten." (Frerichs 1997: 236).

Überdurchschnittlich lange Arbeitszeiten finden sich besonders häufig bei männlichen leitenden Angestellten und Selbständigen. Mit einer hohen beruflichen Stellung wachsen nicht nur die Arbeitsanforderungen. Auch Karrieremuster und Konkurrenz gründen sich stärker auf überdurchschnittliche „Opfer" für den Betrieb. In der Folge leisten leitende Angestellte ihre Überstunden häufig ohne finanzielle oder zeitliche Entschädigung. Zusammen mit den Meistern und Vorarbeitern verbuchen sie derzeit ein Viertel aller insgesamt anfallenden Überstunden (vgl. Bauer/Groß/Schilling 1994: 40). Allerdings sind diese Trends keineswegs so eindeutig und durchgängig, wie es oft scheint: Nicht nur in Leitungspositionen finden sich hohe Arbeitszeitvolumen, sondern auch auf der Facharbeiterebene. So wird abgesehen von den Selbständigen derzeit bei Arbeiter/innen am meisten Zeit durch den Erwerbsbereich gebunden. (vgl. Statist. Bundesamt 1995 (IV): 77ff.) Auch bei niedrigen beruflichen Positionen zeigt sich eine ausgeprägte Bereitschaft zur Mehrarbeit, die vorwiegend finanzielle Gründe hat. (vgl. Groß 1998: 39ff.) Und bei bestimmten Berufsgruppen, wie zum Beispiel einfachen Angestellten im Einzelhandel erreichen die täglichen Arbeitszeitbelastungen Spitzenwerte, die das Arbeitszeitvolumen eines Managers durchaus übertreffen können. (vgl. Meissner/Wotschack 1999: 15ff.)

Offensichtlich kann sich nicht jeder Haushalt eine Teilzeitbeschäftigung oder den Verzicht auf Überstunden wirklich leisten. Daß dem Einkommen hier eine Schlüsselfunktion zukommt, zeigt sich nicht zuletzt daran, daß erwerbstätige Frauen in den unteren Schichten im Durchschnitt mehr Zeit für Haushaltstätigkeiten aufwenden müssen und einen Großteil der Zeit für Kinderbetreuung durch Einschränkungen ihrer Freizeit erzielen. „Frauen der mittleren und höheren Schichten hingegen verringern dafür eher ihre Erwerbsarbeitszeit." (Müller-Wichmann 1987: 42) Finanzielle Spielräume eröffnen offensichtlich zeitliche Spielräume. So gehen mit einem hohen Haushaltseinkommen die mit Abstand niedrigsten Reproduktionszeiten einher. (vgl. Schwarz 1996: 86)

Durch den Kauf von Dienstleistungen und zeitsparenden Gütern lassen sich Haushaltstätigkeiten und Kinderbetreuung substituieren und das Zeitarrangement kann entlastet werden. Nur so erklärt sich das Paradox eines relativ stabilen Freizeitniveaus trotz längerer Arbeitszeiten, das für Haushalte mit einem hohen Einkommen charakteristisch ist. (vgl. Statist. Bundesamt 1995 (II): 148ff.)

Maximale Spielräume entstehen schließlich, wenn Vermögen vorhanden ist, das selbst zur „Quelle" für ein ausreichendes Einkommen wird – was im Kern nichts anderes heißt, als daß ein Teil der gesellschaftlich erwirtschafteten Überschüsse angeeignet wird, ohne daß selbst dafür gearbeitet werden muß. Mit den finanziellen und kulturellen Ressourcen wachsen dabei die Möglichkeiten einer autonomen Zeitgestaltung zwischen luxuriösem Konsum und prestigeträchtigen Tätigkeiten in Wirtschaft, Politik, Kultur oder wohltätigen Organisationen.

Von entscheidender Bedeutung für die Nutzung zeitlicher Freiräume ist schließlich der Einfluß auf die eigene Zeitstruktur, also die zeitliche Autonomie im Alltag. Beim Großteil der Beschäftigten fällt diese Autonomie sehr gering aus und beschränkt sich weitgehend auf Mitbestimmungsmöglichkeiten über Beginn und Ende der Arbeitszeiten, freie Tage oder verlängerte Wochenenden. Kaum eine Dimension sozialer Ungleichheit ist so klar schichtspezifisch verteilt, wie diese „relative Zeitautonomie" (Müller-Wichmann). Leitende Angestellte verfügen doppelt so häufig über Gleitzeitregelungen (42%) wie einfache Angestellte (20%) und sechsmal so häufig wie un- und angelernte Arbeiter (7%) (vgl. Bauer/Groß/Schilling 1996: 150). Ähnliche Unterschiede zeigen sich auch bezüglich der Bildungsabschlüsse. Eine niedrige Stellung im Beruf schränkt die betriebliche Verhandlungsmacht erheblich ein. Bei der Durchsetzung ihrer zeitlichen Interessen oder der Wahl einer Branche mit günstigen Arbeitszeiten verfügen untere Schichten über einen deutlich geringeren Spielraum. Auf der anderen Seite besteht eine „hohe Kovarianz von höheren Ausbildungsabschlüssen, gehobenem beruflichen Status und größerer Dispositionsmacht über die eigene Zeit." (Bauer/Groß/Schilling 1994: 118) Auch der Blick auf Arbeitsbelastungen, krankheitsbedingte Fehlzeiten und vorzeitige Berufs- oder Erwerbsunfähigkeit zeigt besondere Benachteiligungen der unteren Schichten. (vgl. Hradil 1994: 54ff.). Mit restriktiven Arbeitsbedingungen, hohen Arbeitsbelastungen und einem hohen Grad der Arbeitsintensität wächst der Erholungsbedarf, er schränkt die arbeitsfreie Zeit zusätzlich ein und kann sich sogar negativ auf die Gesamtdauer der Lebenszeit auswirken. Entgegen der weit verbreiteten Meinung von der „Managerkrankheit" treten beispielsweise Herz-Kreislauferkrankungen, Herzinfarkte, Magen- und Darmerkrankungen gehäuft bei Arbeitern und Arbeiterinnen mit geringen Qualifikationen auf. (vgl. Hradil 1999: 305 u. 313)

Die rasante „Fahrstuhlfahrt" durch die Arbeitssituationen, Lebensbedingungen und Zeitstrukturen unserer Gesellschaft konnte sicherlich nur einen groben Eindruck der ungleichen Verteilung von Lebenschancen vermitteln. Neben der Klassenstruktur und dem Geschlechterverhältnis ist es gerade bei „Zeitfragen" geboten, nach weiteren Merkmalen zu differenzieren, wie Branchen, Berufsgruppen oder bestimmten Arbeitszeitsystemen, Abschnitten im Lebenslauf, Haushaltskonstellationen, unterschiedlichen Lebensformen oder ethnischer Zugehörigkeit. In diesem Rahmen wären auch die Handlungsstrategien und Lebensstile zu thematisieren, mit denen die Menschen sich – auf unterschiedliche Weise – in einer bestimmten sozialen Lage „einrichten". Zweifellos spielen „horizontale Lagemerkmale" und die „Verlaufsperspektive" des Wechsels von Lebensphasen dabei eine wesentliche Rolle für die alltäglichen Zeitstrukturen und sind für den Wechsel von „Phasen zeitlicher Überlastung" und „Phasen des Zeitwohlstandes" (Benthaus-Apel 1995: 351) verantwortlich. Daß beispielsweise Rentner, Pensionäre, Studenten, Schüler oder Arbeitslose in der Regel über mehr freie Zeit verfügen als Erwerbstätige, insbesondere, wenn diese Kinder zu betreuen haben, ist evident. Doch auch das Ausmaß und die Auswirkungen von Phasen zeitlicher Überlastung, ebenso wie die Ressourcen und Strategien, mit denen auf solche Engpässe reagiert werden kann bzw. mit denen Freiräume ausgestaltet werden können, sind entscheidend von den Arbeits- und Lebensbedingungen geprägt, die wiederum eng mit der Geschlechtszugehörigkeit und der jeweiligen Position in der beruflichen Schichtung verbunden sind. Vor dem Hintergrund der skizzierten Ergebnisse erscheint es daher nicht sinnvoll, die Analyse sozialer Zeitstrukturen auf die horizontale Dimension sozialer Ungleichheit zu verengen.

Resümee – „Zeitreichtum" ohne „Zeitreiche"?

Daß Zeitwohlstand unabhängig von der sozialen Klassenstruktur existiert oder lediglich nach „horizontalen" Merkmalen der Lebensphase und des Geschlechts variiert, ist mehr als zweifelhaft. Dieses Ergebnis deckt sich auch mit der Forschung in anderen europäischen Ländern. (vgl. Elchardus/ Glorieux 1994: 7; LeFeuvre 1994: 175) Das empirische Material[1] deutet vielmehr darauf hin, daß Vorteile, die sich aus der sozialen Zeitstruktur ergeben, in vieler Hinsicht parallel zu denen der sozialen Schichtung verlaufen und dabei gehäuft bei Männern auftreten. Zeitwohlstand hat dort gute Entwicklungsmöglichkeiten, wo attraktive Arbeits- und Lebensbedingungen auf eine gute Ressourcenausstattung treffen und mit großen zeitlichen Spielräumen und Dispositionsmöglichkeiten einhergehen. Zum Teil kann es dabei zur Kumulation von Vorteilen kommen, etwa bei den vermögenden Bevölkerungsschichten oder bestimmten privilegierten Berufsgruppen, ebenso wie zur Kumulation von Nachteilen, wie es etwa bei gering qualifizierten Arbeiterinnen und Verkäuferinnen im Einzelhandel oder bei den marginalisierten und ausgegrenzten Bevölkerungsteilen der Fall ist. Doch diese Muster sind nicht durchgehend und eindeutig und werden zudem von branchen- und betriebsspezifischen Arbeitszeitbedingungen überlagert. So erzeugen etwa die mit hohen Qualifikationen und Leitungsfunktionen verbundenen Tendenzen zur Viel- und Mehrarbeit differenzierte und zum Teil widersprüchliche Formen zeitlicher Vor- und Nachteile: Diese Berufsgruppen verfügen in der Regel über Macht, hohe Einkommen, kulturelles Kapital, vorteilhafte Arbeitsbedingungen und einen höheren Grad der relativen Zeitautonomie, gleichzeitig werden zeitliche Freiräume oft durch sehr lange Erwerbsarbeitszeiten eingeschränkt. In diesem Zusammenhang wäre die These zu diskutieren, inwieweit günstige Voraussetzungen für Zeitwohlstand eher in bestimmten Bereichen der sozialen „Mitte" zu finden sind, da in den unteren Klassen finanzielle Restriktionen eine erwerbszentrierte Lebensweise verlangen, während bei einem Teil der oberen Klassen Zeitzwänge durch berufliche Anforderungen und Konkurrenz entstehen. (vgl. Frerichs/Steinrücke 1993: 241f.)

„Eine Nation ist wirklich reich, wenn 6 statt 12 Stunden gearbeitet wird. *Wealth is disposable time and nothing more*", schrieb 1821 ein britischer Ökonom. (vgl. Marx 1968: 234ff.)

Aus dieser Perspektive müßte die Bundesrepublik Deutschland zu den reichen Nationen zählen. Die täglichen Erwerbsarbeitszeiten haben sich in den letzten hundert Jahren halbiert, es ist ein Zuwachs an Wochenendfreizeit und Urlaubstagen zu verzeichnen und die „Lebensfreizeit" der Menschen hat sich vergrößert. Allerdings kam es auch zu gegenläufigen Entwicklungen, die diese Gewinne wieder einschränken. Insbesondere das Ausmaß der Reproduktionstätigkeiten, beispielsweise im Bereich der Kinderbetreuung, hat sich enorm vergrößert, die Erwerbsarbeit wurde immer stärker verdichtet, Aus- und Weiterbildungszeiten haben zugenommen, die Organisation des Alltags stellt höhere Ansprüche und es nehmen heute mehr Menschen, vor allem Frauen, am Erwerbsleben teil. (vgl. Benthaus-Apel 1995: 94ff.) Trotz dieser gegenläufigen Trends gibt es Hinweise[2], daß heute unter dem Strich Zuwächse an freier Zeit zu verzeichnen sind. Beispielsweise hat sich seit den 60er Jahren die tägliche freie Zeit im Bevölkerungsdurchschnitt erhöht und beträgt heute mehr als fünf Stunden (vgl. Ehling 1996: 222). Bezogen auf die erwachsene Bevölkerung (ohne Rentner) fällt dieser Zuwachs allerdings eher bescheiden aus: 1991/92 betrug die tägliche freie Zeit hier im Durchschnitt

4,7 Stunden (Statist. Bundesamt 1995 (IV): 60); 1965 waren es ca. 4,3 Stunden (vgl. Szalai 1972: 580). Gemessen an dem enormen Anstieg der Arbeitsproduktivität kann der gesellschaftliche Zuwachs an Zeitwohlstand zurecht als gering eingeschätzt werden: „Die für moderne Gesellschaften charakteristische Schere zwischen der Steigerung des materiellen Reichtums und des Zeitwohlstandes hat sich also geöffnet" (Garhammer 1999: 441). Trotzdem stellt sich die Frage nach der Verteilung dieser historischen „Zeitgewinne" ebenso wie nach deren Auswirkungen auf den Alltag der Menschen.

Generell ist auch heute von einer hohen zeitlichen Auslastung der Erwerbstätigen auszugehen. Im Wochendurchschnitt werden bei dieser Gruppe mehr als neun Stunden des Tages durch Erwerbsarbeit, Haushalt und Familienverpflichtungen gebunden. Von Montag bis Freitag beläuft sich die durchschnittliche Tagesfreizeit auf ca. dreieinhalb Stunden und wird überwiegend für Medienkonsum verwendet (vgl. Statist. Bundesamt 1995 (IV): 64 u. 154). Sind Kinder zu betreuen oder arbeiten beide Partner Vollzeit, schmilzt die Freizeit, insbesondere bei weiblichen Beschäftigten, noch weiter zusammen. Vor dem Hintergrund dieser eher geringen Freizeitreste im Lebensalltag der Beschäftigten verwundert es kaum, daß Zeitnot eine allgegenwärtige Erfahrung bleibt (vgl. Garhammer 1994: 248). Aus verschiedenen Gründen werden die, wenn auch geringen, realen Zuwächse an freier Zeit offensichtlich kaum als Entlastung erfahren. Zum Teil spielen dabei natürlich die gewachsenen Ansprüche und neuen Wertorientierungen der Menschen eine Rolle, in denen sich gewachsene gesellschaftliche Möglichkeiten spiegeln. Entscheidend dürften jedoch die tatsächlichen zeitlichen Einschränkungen im Alltag der Menschen sein. So haben sich die Zuwächse an freier Zeit vorwiegend auf die Urlaubs-, Wochenendfreizeit und Lebensarbeitszeit bezogen, während die freie Zeit an Arbeitstagen nur in geringem Maße gewachsen ist (vgl. Benthaus-Apel 1995: 102). Auch die gestiegenen *inhaltlichen* Anforderungen und Belastungen in Beruf, Familie und Haushalt führen zu Einschränkungen. Und es entstehen im Zuge der zunehmenden Flexibilisierung und Deregulierung vermehrt *qualitative Zeitverluste* durch ungünstig liegende Arbeitszeiten. Von übergreifender Bedeutung für das Fehlen von „Zeitwohlstand" im Leben der meisten Erwerbspersonen, verstanden als eine ausgewogene Balance der verschiedenen Lebensbereiche, dürften schließlich die gravierenden Mißverhältnisse in der sozialen Arbeitsteilung und Zeitverteilung sein, die sich zwischen den sozialen Klassen, zwischen Männern und Frauen, zwischen Arbeitenden und Arbeitslosen oder zwischen „Vielarbeitern" und „Wenigarbeitern" zeigen. Auch aufgrund dieser „Schieflagen" in der Sozial- und Zeitstruktur profitieren derzeit nur wenige vom zeitlichen Reichtum unserer Gesellschaft.

Anmerkungen

1   Hier besteht allerdings noch immer ein großer Forschungsbedarf, insbesondere
    bezüglich der Zeitverwendung der vermögenden Bevölkerungsschichten. So en-
    det beispielsweise die Skala der Zeitbudgetstudien des Statistischen Bundesamtes
    bei einem Haushaltseinkommen von 10.000 DM, und es wird auf eine Differen-
    zierung nach der Stellung im Beruf verzichtet. Das Sozioökonomische Panel
    bildet sozialstrukturelle Differenzen zwar gut ab, allerdings genügen die Metho-
    den zur Zeiterfassung nicht den hohen Ansprüchen der Zeitbudgetforschung.
    (vgl. Ehling/Schwarz 1996: 6)

2   Dieses Ergebnis geht aus zwei repräsentativen Zeitbudgetstudien hervor, die
    1965/66 und 1991/92 die durchschnittliche Zeitverwendung der erwachsenen
    Bevölkerung in der Bundesrepublik Deutschland untersucht haben. (vgl. Szalai
    1972: 580; Statist. Bundesamt 1995 (IV): 60) Andere Studien dokumentieren
    einen noch geringeren Zuwachs an freier Zeit. So kommt Garhammer zu dem
    Ergebnis, daß die *durchschnittliche* Freizeit sich seit den 60er Jahren kaum
    verändert habe und bei etwa 5,2 Stunden pro Tag stabil geblieben sei, wobei
    geringe Zuwächse vor allem bei den (männlichen) Erwerbstätigen zu beobachten
    seien. (vgl. Garhammer 1999: 440f.) Die Datenlage ist also keineswegs eindeutig
    und variiert nach Stichprobe, Erhebungsmethode und Freizeitbegriff.

Literatur

BAUER, Frank / Groß, Hermann / Schilling, Gabi (1994): Arbeitszeit '93. Arbeitszei-
    ten und Arbeitszeitwünsche, Zeitbewirtschaftung und Arbeitszeitgestaltungs-
    chancen von abhängig Beschäftigten, hrsg. vom Ministerium für Arbeit, Gesund-
    heit und Soziales des Landes Nordrhein-Westfalen, Düsseldorf.
- (1996): Arbeitszeit '95. Arbeitszeitstrukturen, Arbeitszeitwünsche und Zeit-
    verwendung der abhängig Beschäftigten in West- und Ostdeutschland, hrsg. vom
    Ministerium für Arbeit, Gesundheit und Soziales des Landes Nordrhein-Westfa-
    len, Düsseldorf.
BECKER-SCHMIDT, Regina (1996): Einheit – Zweiheit – Vielheit. Identitätslogische
    Implikationen in feministischen Emanzipationskonzepten, in: Zeitschrift für
    Frauenforschung 1/1996.
BENTHAUS-APEL, Friederike (1995): Zwischen Zeitbindung und Zeitautonomie,
    Wiesbaden.
BLANKE, Karen / Ehling, Manfred / Schwarz, Norbert (1996): Zeit im Blickfeld –
    Ergebnisse einer repräsentativen Zeitbudgeterhebung. Schriftenreihe der Bundes-
    ministeriums für Familie, Senioren, Frauen und Jugend, Band 121, Stuttgart/
    Berlin/ Köln.
BOURDIEU, Pierre (1987): Die feinen Unterschiede. Kritik der gesellschaftlichen
    Urteilskraft, Frankfurt a.M.
EHLING, Manfred / Schwarz, Norbert (1996): Zeit im Blickfeld – „Highlights" der
    Studie, in: Blanke, K. / Ehling, M. / Schwarz, N.: Zeit im Blickfeld – Ergebnisse
    einer repräsentativen Zeitbudgeterhebung. Schriftenreihe des Bundesministeri-

ums für Familie, Senioren, Frauen und Jugend, Band 121, Stuttgart/ Berlin/ Köln.

ELCHARDUS, Mark / Glorieux, Ignac (1994): The Search of the Invisible 8 Hours. The gendered use of time in a society with high labour force participation of women, in: Time & Society (Vol. 3) 1/1994, S. 5-29.

FIEBIGER, Hilde (1995): Zeitverwendung erwerbstätiger Ehepartner. Unterschiede zwischen den neuen Ländern und Berlin-Ost sowie dem früheren Bundesgebiet, in: Wirtschaft und Statistik 10/1995.

FRERICHS, Petra / Steinrücke, Margarete (1993): Klasse und Geschlecht als Strukturkategorien moderner Gesellschaften, in: Aulenbacher, Brigitte / Goldmann, Monika: Transformation im Geschlechterverhältnis, Frankfurt/ New York.

FRERICHS, Petra (1997): Klasse und Geschlecht 1. Arbeit. Macht. Anerkennung. Interessen, Opladen.

GEIßLER, Rainer (1996): Die Sozialstruktur Deutschlands. Zur gesellschaftlichen Entwicklung mit einer Zwischenbilanz zur Vereinigung, Opladen.

GARHAMMER, Manfred (1994): Balanceakt Zeit. Auswirkungen flexibler Arbeitszeiten auf Alltag, Freizeit und Familie, Berlin.

- (1999): Wie Europäer ihre Zeit nutzen. Zeitstrukturen und Zeitkulturen im Zeichen der Globalisierung, Berlin.

GROß, Hermann (1998): Überstundenabbau: Möglichkeiten von Schaffung und Sicherung von Beschäftigung, in: Loccumer Initiative (Hrsg.): Weniger Arbeit – weniger Demokratie? Kritische Interventionen Bd. 2, Hannover.

HENNING, Doris (1998): Jede Gesellschaft hat ihre Zeit. Gesellschaftlicher Wandel und Zeitenwandel, in: Henning, Doris / Raasch, Sibylle / Wuttke, Christine (Hrsg.): Zeitbrüche. Neue Zeitmuster für Frauen und Männer, Hamburg.

HERKOMMER, Sebastian / Mühlhaus, Michael (1994): Jenseits der 'Normalarbeitszeit'? Soziale Zeitstrukturen und neue Zeitarrangements, in: Sozialismus, Heft 3/1994.

HIELSCHER, Volker / Hildebrandt, Eckart (1999): Zeitwohlstand in der Flexibilisierungsfalle, in: Die Mitbestimmung, 3/1999.

HIELSCHER, Volker (1998): Protokoll des Arbeitszeitpolitischen Workshops der Hans-Böckler-Stiftung am 2. September in Düsseldorf. Unveröffentlichtes Arbeitspapier am Wissenschaftszentrum Berlin für Sozialforschung.

HÖRNING, Karl H. / Gerhardt, Anette / Michailow, Matthias (1990): Zeitpioniere. Flexible Arbeitszeiten - neuer Lebensstil, Frankfurt a.M.

HRADIL, Stefan (1994): Soziale Schichtung und Arbeitssituation, in: Geißler, Rainer (Hrsg.): Soziale Schichtung und Lebenschancen in Deutschland, Stuttgart.

- (1999): Soziale Ungleichheit in Deutschland (7. Auflage), Opladen.

HUSTER, Ernst-Ulrich (Hg.) (1997): Reichtum in Deutschland. Die Gewinner der sozialen Polarisierung, Frankfurt/ New York.

JAHODA, Marie / Lazarsfeld, Paul F. / Zeisel Hans (1975): Die Arbeitslosen von Marienthal. Ein soziographischer Versuch, Franfurt a.M.

JURCZYK, Karin (1993): Bewegliche Balancen - Lebensführungsmuster bei „flexiblen" Arbeitszeiten, in: Jurczyk, Karin / Rerrich, Maria S. (Hrsg.): Die Arbeit des

Alltags. Beiträge zu einer Soziologie der alltäglichen Lebensführung, Freiburg i.
Breisgau.

KLOCKE, Andreas (1993): Sozialer Wandel, Sozialstruktur und Lebensstile in der
Bundesrepublik Deutschland, Frankfurt a.M.

KOCH, Max (1994): Vom Strukturwandel einer Klassengesellschaft. Theoretische
Diskussion und empirische Analyse, Münster.

KOCH, Max (1999): Ausbeutung und Ausgrenzung. Das Konzept der „Underclass",
in: Herkommer, Sebastian (Hrsg.): Soziale Ausgrenzungen. Gesichter des neuen
Kapitalismus, Hamburg.

KRECKEL, Reinhard (1993): Doppelte Vergesellschaftung und geschlechtsspezifische
Arbeitsteilung, in: Frerichs, P. / Steinrücke, M. (Hrsg.): Soziale Ungleichheit und
Geschlechterverhältnisse, Opladen.

KURZ-SCHERF, Ingrid (1995): Weniger arbeiten? – oder: Die Phantasie vom besseren Leben, in: Büssing, André / Seifert, Hartmut (Hrsg.): Sozialverträgliche
Arbeitszeitgestaltung, München.

LEFEUVRE, Nicky (1994): Leisure, Work and Gender. A sociological study of
women's time in France, in: Time & Society (Vol 3), 2/1994.

LENZ, Ilse (1995): Geschlecht, Herrschaft und internationale Ungleichheit, in: Becker-
Schmidt, Regina / Knapp, Gudrun Axeli: Das Geschlechterverhältnis als Gegenstand der Sozialwissenschaften, Frankfurt/ New York.

MARX, Karl (1968): Theorien über den Mehrwert, MEW Bd. 26.3, Berlin.

MEISSNER, Frank / Wotschack, Philip (1999): Neue Zeiten, alte Zwänge? Die Folgen der verlängerten Ladenöffnung. Kurzfassung einer Studie. Herausgegeben
von der Gewerkschaft HBV, Düsseldorf.

MÜLLER-WICHMANN, Christiane (1984): Zeitnot. Untersuchungen zum „Freizeit-
problem" und seine pädagogische Zugänglichkeit, Weinheim.

– (1987): Von wegen Freizeit. Argumente pro und contra 7-Stunden-Tag. Ein Gutachten für die IG Metall, Frankfurt a.M.

– (1988): Freizeitgesellschaft? Zur Demontage einer Legende, in: Przybylski, H. /
Rinderspacher Jürgen P.: Das Ende der gemeinsamen Zeit? Risiken neuer
Arbeitszeitgestaltung und Öffnungszeiten, Bochum.

RINDERSPACHER, Jürgen (1988): Wege der Verzeitlichung, in: Henckel, D. (Hrsg.):
Arbeitszeit, Betriebszeit, Freizeit, Berlin/ Köln/ Mainz.

VON ROSENBLADT, Bernhard (1969): Tagesabläufe und Tätigkeitssysteme. Zur
Analyse der Daten des internationalen Zeitbudget-Projekts, in: Soziale Welt 20/
1969.

SCHÄFER, Dieter / Schwarz, Norbert (1994): Wert der Haushaltsproduktion 1992,
in: Wirtschaft und Statistik 8/1994.

SCHWARZ, Norbert (1996): Zeit für unbezahlte Arbeit, in: Blanke, K. / Ehling, M./
Schwarz, N.: Zeit im Blickfeld – Ergebnisse einer repräsentativen Zeitbudgeterhebung. Schriftenreihe des Bundesministeriums für Familie, Senioren, Frauen
und Jugend, Band 121, Stuttgart/ Berlin/ Köln.

SENNETT, Richard (1998): Der flexible Mensch. Die Kultur des neuen Kapitalismus,
Berlin.

SMENTEK, Martin (1991): Arbeitszeit-Flexibilisierung. Zwischen „kapitalistischer Zeitökonomie" und „sozialer Zeitstruktur", Hamburg.

STENGEL, Martin (1998): Freizeit als Restkategorie, in: Hartmann, Hans A. / Haubl, Rolf (Hrsg.): Freizeit in der Erlebnisgesellschaft, Opladen/ Wiesbaden.

STATISTISCHES BUNDESAMT (1995): Die Zeitverwendung der Bevölkerung. Methoden und erste Ergebnisse der Zeitbudgeterhebung 1991/92. Tabellenbände I-IV, Wiesbaden.

STÜCK, Heiner (1999): Im Wandel der Zeit. Arbeitszeiten und Arbeitszeitwünsche von Angestellten, Hamburg.

SZALAI, Alexander (Hrsg.) (1972): The use of time. Daily activities of urban and suburban populations in twelve countries, The Hague/ Paris.

THOMPSON, Edward P. (1967): Time, work-discipline and Industrial Capitalism, in: Past and Present, 36/1967.

VESTER, Michael (1996): Das „historische Paradigma" und die „Landkarte der Klassenmilieus", in: Z - Nr. 27/1996.

WOTSCHACK, Philip (1997): Zeit und Klasse. Soziale Ungleichheit im Licht moderner Zeitstrukturen, Hamburg.

- (1998): „Den Zeitdieben auf der Spur", in: Stötzel, Regina (Hrsg.): Ungleichheit als Projekt, Globalisierung - Standort - Neoliberalismus, Forum Wissenschaft Studien Band 43, Marburg.

Dieter Kramer

Zur Kultur des Reichtums

Ein Essay zu sozialkulturellen Dimensionen von Reichtum

> *Ein im Sinai und im Negev verbreitetes Lied zählt die zehn wichtigsten Dinge auf, die ein Beduine von Gott erbittet: Als Gastgeber möchte er ein Zelt, das seine Gäste beherbergt, und eine Frau, die sich auf ihre Pflichten als Gastgeberin versteht. Er bittet um schwarze Ziegen, die er zu Ehren des Gastes schlachten kann, und um Kamele, die diesem eine Schale frischer Milch liefern. Als Krieger bittet er um eine Stute und ein Gewehr sowie um tapfere Söhne, die sich bald einmal im Kampf bewähren können. Die vier weiteren begehrten Güter sind schnellfüßige Füllen zur Entschädigung begangenen Unrechts, Gottes Schutz für den guten Ruf der Töchter, eine Pilgerfahrt nach Mekka und schließlich die Errettung vor der Hölle.[1]*

Reichtum

Nur eine Problemskizze ist hier möglich. Aus kulturwissenschaftlicher Perspektive ist so viel zu dem Thema Reichtum zu sagen, daß lediglich einige Stichworte genannt werden können. Sie mögen aber begreifen helfen, daß ohne Rücksicht auf die Kulturspezifik einschlägiger Standards und Werte nicht befriedigend über das Thema Reichtum und Armut gesprochen werden kann. Vor allem ist über innerstaatliche oder zwischenstaatliche Gerechtigkeit oder über die Vereinbarkeit von Nachhaltigkeit und Wohlfahrt nicht zu diskutieren ohne Rückbindung an die Kulturspezifik von Bedürfnissen und einschlägigen Wertvorstellungen sowie die sozialkulturell geprägte Dynamik ihres Wandels.

Was in der politökonomischen Theorie üblicherweise „gesellschaftliches Niveau der Bedürfnisse" heißt oder als formationsspezifische Lebensweise angesprochen wird, ist für Kulturwissenschaftler das Produkt der Kultur – der in einer Gesellschaft vorherrschenden, historisch entstandenen und änderungsfähigen Werte, Symbole, Standards und Normen, die von den Angehörigen der eigenen Gruppe geteilt werden, diese aber gleichzeitig von anderen Gruppen unterscheiden.

Auch bei der Definition von Reichtum und Armut spielt Kultur eine zentrale Rolle. Lebensqualität wird mit den Standards des guten und richtigen Lebens kulturell definiert. Zunächst geht es dabei um eine individuelle Ebene: Wenn Individuen entschieden haben, was für sie wichtige Ressourcen sind, dann können sie sich als reich (oder arm) empfinden. Reichtum, sagt uns das Lexikon,[2] ist die „wirtschaftliche Situation einer Person oder Gruppe ..., in der die Summe verfügbarer Güter und Werte den zur Befriedigung ihrer Bedürfnisse als notwendig erachteten Bedarf wesentlich übersteigt."

Verfügbarkeit über Zeit und Raum, Beziehungen zu Menschen und Umwelt, materielle Ressourcen sind Bestandteile des Reichtums. *Luxus* ist die Steigerung des Reichtums: Luxus bezeichnet „die über das jeweils als notwendig erachtete sinnvolle Maß hinausgehenden Verhaltensweisen und Aufwendungen (W. Sombart) beim Gebrauch von Gütern."

Wenn in beiden Definitionen die Formel „als notwendig erachtet" erscheint, dann deutet dies auf die kulturspezifische relativierende Dimension (daran ändert sich auch nichts, wenn *Reichtum* nicht den *Überfluß*, sondern die Fähigkeit der souveränen Verfügung über Ressourcen bezeichnet: auch sie wird kulturell definiert). Der eingangs zitierte Katalog beduinischer Werte ist ein Beispiel dafür.

Reichtum und Selbstbegrenzung

Mit Symbolwelten des *Genug* führen alle Kulturen ihren Diskurs über die Definition von Reichtum, über die Dynamik der Bedürfnisse und über Selbstbegrenzung. Die meisten von ihnen gehen dabei wie die kommunitaristische Philosophie von Amitai Etzioni davon aus, daß die Menschen nicht nur *habgierige Mängelwesen* sind. Dem ungehemmten Streben nach Reichtum und Genuß stehen in allen Kulturen in Sprache, Kunst und Literatur (populäre Formen eingeschlossen) die Bilder und Vorstellungen des *Genug* gegenüber; immer auch sind sie der Mahnung eingedenk: *Das letzte Hemd hat keine Taschen.*

Sprichwörter unterschiedlicher sozialer Herkunft, in allen Kulturen kursierende Kleinmünze für die kulturspezifisch geregelte Kommunikation, halten diese Selbstbegrenzung ebenso in Erinnerung wie einschlägige Mythen: „Wer nie genug hat, ist immer arm."[3] Gesagt wird auch: „Besser genug, als zu viel" oder „Genug haben ist steter Festtag."

Das Sprichwort weiß um die soziale Dimension der Begrenzungsfähigkeit: „Das Wörtlein 'genug' steht nicht im Wörterbuch eines Reichen". Das kann in sozialen Spott umschlagen: „Was man genug hat, dess ist man satt, sagte der Bauer, da war er drei Tage verheirathet."

Ebenso weiß das Sprichwort um die Relativität von Reichtum: „Genug haben ist mehr als viel haben." „Nous sommes riches en peu de besoins" ist die stolze Devise freier Subsistenzbauern in den Schweizer Alpen.[4] Beliebig viele Beispiele für Topoi der freiwilligen Selbstbegrenzung liefert die europäische ebenso wie die internationale Geistesgeschichte, von Diogenes über Franz von Assisi bis zu Mahatma Gandhi.

Die individuelle Definition von Reichtum ist auch heute immer wieder Gegenstand moralischer und ethischer Reflexion – bis hin zur Predigt des IG Metall-Vorsitzenden Klaus Zwickel in der Hamburger St. Katharinenkirche über das Thema „Kann denn Mammon christlich sein?"[5] In ihr wurde vor allem der ungleich verteilte und bei einigen überbordende monetäre Reichtum in Deutschland zum Thema.

Die fehlende Fähigkeit zur Selbstbegrenzung verbindet sich in den Symbolisierungen der Kulturen mit der *Hybris*, etwa im Mythos vom *Herren der Tiere*, der dem Jäger die Zahl der zu erlegenden Tiere begrenzt, oder im *Faust*, der gleichzeitig eine Parabel für den Fluch der Unersättlichkeit und der Unfähigkeit zur Selbstbegrenzung ist – ähnlich wie der antike Mythos vom König Midas, der schließlich verhungert, weil ihm alles, was er anrührt, zu Gold wird.

Strategien der Selbstbegrenzung

Wo auf diese Weise Grenzen gesetzt werden, da ist Reichtum definierbar und gestaltbar. Erst mit der Abgrenzung zu Armut und Mangel nach unten, zur Grenzenlosigkeit des Zuganges nach oben wird Reichtum Teil von möglicher Lebensqualität (oder bezeichnet sich jemand als reich, weil er beliebig viel Luft zum Atmen hat?).

Den Symbolen der Selbstbegrenzung treten konkretisierende Praktiken und Strategien zur Seite. Menschen sind prinzipiell in der Lage, Selbstbegrenzung zu üben, und diese steht auch nicht in Widerspruch zur Demokratie, ja prinzipiell nicht einmal in Widerspruch zur Marktwirtschaft, sobald Ökologie als Langzeitökonomie begriffen und zugestanden wird, daß auch eine Marktgesellschaft nicht ohne rudimentäre Regelungen des Marktes auskommt.

Für die vorindustriellen Bauern war Selbstbegrenzung eine Selbstverständlichkeit.[6] Als bei einem Umtrunk die Feldforscher dem ungarischen Bauern Ferenc Orbán eine Ernte von 100 Hektolitern Wein in den Keller wünschen, antwortet dieser: „Das wäre zuviel ... soviel wünschen Sie mir lieber nicht. Zwanzig Eimer genügen." Zuviel fügt sich nicht in das kulturelle System, damit läßt sich nichts anfangen. Die Forscher kommentieren:

„Das Glück ist kein Ausblick ins unendliche. Ferenc Orbán wünscht sich im Grunde seines Herzens keinen unmäßigen, sich fortgesetzt vermehrenden Ertrag seiner Wirtschaft."[7]

Alle Menschen auch bei uns praktizieren notwendigerweise Selbstbegrenzung – im Widerspruch zur von Markt und Werbung anempfohlenen Entgrenzung der Bedürfnisse. Im Alltagsleben sind die Individuen immer wieder bereit, sich Grenzen zu setzen. Wem dies nicht gelingt, der scheitert im Kaufrausch, im Spielrausch oder in den verschiedenen Arten der -holics (Workaholic, Alcoholic z.B.).

Der Blick in die Tiefe des historischen Raumes ermöglicht provozierend wirkende Definitionen von Reichtum und Wohlstandsgesellschaften: Der Konstanzer Historiker Dieter Groh hat aus der Tradition der ökonomischen Anthropologie heraus beschrieben, wie Wildbeuter („Jäger und Sammler") mit wenigen Stunden Arbeit das erlangen, was sie zum Lebensunterhalt brauchen; die übrige Zeit können sie als Wohlstandsgesellschaft für Kunst, Spiel, Rituale und Kulte verwenden.

Statt Arbeits- und Wachstumszwang praktizieren sie „Mußepräferenz", interpretiert Dieter Groh.[8] Es ließe sich ihre Kultur auch interpretieren als eine, die unter Ritualzwang steht: Ihre Nichtausgelastetheit durch Arbeit müssen die Menschen durch Rituale so auspolstern, daß ein Zeitgerüst und ein Zeitsystem entsteht, mit dem diese Lebensweise bewältigbar wird.[9] Aber ob man von Mußepräferenz oder von Ritualzwang spricht, das ist eine Frage der Interpretation, und sie wird vielleicht auch von den Angehörigen dieser Gruppen unterschiedlich beantwortet. Zwischen beiden Polen liegen fließende Übergänge. Auch vieles von dem, was in zeitgenössischen Wohlstandsgesellschaften dazu dient, Lebensqualität zu generieren, die „feinen Unterschiede" zu kultivieren, kulturelles Kapital aufzuhäufen, Distinktionsbedürfnisse zu befriedigen und positionelle Güter zu gewinnen, das läßt sich ganz gut interpretieren als zwanghaftes Ritual; oft genug handelt es sich um hierarchische Pathologien[10] mit zerstörerischen Folgen für die Lebenswelt.

Verbunden mit der Lebensweise der australischen Aborigines war eine bewußte oder unbewußte Risikominimierung durch Unterproduktivität: Diese Gesellschaften sicherten ihre Elastizität durch die begrenzte Nutzung ihrer Ressourcen. Nicht alles, was sie können, realisieren sie auch (ein Prinzip, das auch in der Gegenwart gelegentlich diskutiert wird). Die spezifischen Vorstellungen vom „guten und richtigen Leben" beinhalten das „Kalkül bestimmter Nutzungsarten der Umwelt im Sinne der Ausschaltung existenzbedrohender Risiken für Gruppe, Stamm oder Dorf in einer Lebensform, in der es keine übergreifende Daseinsfürsorge ... gibt."[11] Gesellschaften wie die unsrige, die nicht mehr ohne permanentes Wachstum existieren können, sind nach dieser Interpretation Opfer von „hierarchischen Pathologien". Allen Erfahrungen zufolge muß man bei ihnen von begrenzter Lebenserwartung ausgehen.

Zeitgenössisches Denken übersieht solche Dimensionen gern. Dieter
Senghaas z.b. erklärt uns, wie durch die Modernisierung „aus Gesellschaften
von Analphabeten sowie in kümmerlicher Subsistenzökonomie lebenden
Menschen ... Gesellschaften mit kompetenten, selbstbewußten Menschen
(wurden)".[12] Genauer hinschauend finden wir außerhalb der schlimmsten
feudalbürokratischen Ausbeutung in vorindustriellen Zeiten und Gesellschaften eine Fülle von selbstbewußten Lebensformen mit eigenen Chancen des
„guten und richtigen Lebens", denken wir an oberdeutsche Ackerbürger und
Zunftgenossen der freien Reichsstädte der frühen Neuzeit[13] oder an die
Bürger der freien Schweizer Alpentäler. Auch Jürgen Kuczynski, als Marxist
wahrlich nicht an der Verteidigung der Klassengesellschaft interessiert, kennt
und benennt in seiner „Geschichte des Alltags" die eigene Würde des vorindustriellen Lebens. Das Ethos der Subsistenz, von Kulturanthropologen
immer wieder mit Sympathie dargestellt (Arnold Niederer), verrät etwas von
dieser Würde. Eine Argumentation wie die von Senghaas zitierte raubt diesen
Lebensformen die eigene Würde und entwertet damit die „nichtmodernen"
Gesellschaften.

Für die Strukturen hochkomplexer Gesellschaften wäre darüber zu berichten, wie das Denken der Renaissance oder das der deutschen Klassik Vorstellungen von Reichtum und Lebensqualität entwickelte, die keinen Wachstumszwang voraussetzten. Sie waren auch nicht gekoppelt mit jenem Überfluß an
materiellen und kulturellen Gütern, die der Kulturkritik der Wende zum 20.
Jahrhundert dann als fesselnde und freiheitsraubende Last der objektivierten
Kultur erschien.[14]

Hinzuweisen wäre auch, wie Japan in der Tokugawa-Zeit mehr als zwei
Jahrhunderte seine ganzen Energien in innere Entwicklung lenkte: Angesichts
der Wachstumorientierung der Moderne wurde dies als Stagnation empfunden, es entfaltete sich dabei jedoch eine relativ breit gestreute Reichtums-
kultur höchster Verfeinerung, die später von den Intellektuellen der europäischen Moderne als höchst attraktiv empfunden wurde (und mit deren Lob-
preis diese Intellektuellen sich gleichzeitig von den materiellen Exzessen ihrer
eigenen Gegenwart distanzierten).

Das Glück und die Dinge

Lebensqualität ist nicht an Reichtum in Form materiellen Wohlstands oder
Wachstums gebunden. Empirische Studien – sicher nicht verallgemeinerungs-
fähig, aber zum Nachdenken anregend – haben schon in den 60er Jahren
ergeben:

„In jeder einzelnen Erhebung bezeichneten sich die Befragten in der höchsten Einkommensgruppe oder allgemein definiert in der Gruppe mit dem höchsten sozioökonomischen Status im Durchschnitt als glücklicher als die Befragten der untersten Gruppe.“[15]

Deshalb wohnt *kein* stiller Glanz in des Armen Hütte, wenn um ihn herum lauter Prasser leben. Überraschend aber ist das zweite Ergebnis:

„Zugleich besteht keine vergleichbare Korrelation zwischen Einkommen und Glück zwischen einzelnen Ländern zu einem bestimmten Zeitpunkt. Die Amerikaner scheinen nicht glücklicher als die Kubaner, Deutschen oder Nigerianer zu sein. Noch zeigt sich eine ähnliche Korrelation zwischen Durchschnittseinkommen und Zufriedenheit über einen längeren Zeitrum hinweg.“[16]

Vergleiche in der Gegenwart führen zu ähnlichen Ergebnissen.

Das „gute Leben“ ist nicht prinzipiell mit *Coke* gekoppelt. Ausschlaggebend ist die Chance, den kulturspezifischen Normen des „guten und richtigen Lebens“ folgen zu können. Und wichtig ist für die Individuen die begründete Vermutung, daß sie im Rahmen der Möglichkeiten ihrer Gemeinschaft einen angemessenen Anteil an deren Reichtum haben und daß diese Gesellschaft souverän mit ihren Möglichkeiten umgeht (und nicht etwa im Vergleich zu anderen trotz besserer Chancen zurückgefallen ist, wie einst die Bürger der DDR dies empfanden).

Exzessiver Genuß als Bestandteil des Reichtums

Beim Nachdenken über Reichtum stoßen wir auf das Phänomen, daß auch scheinbar arme Gesellschaften ihre spezifischen Formen von Reichtum besitzen. In allen Gesellschaften gibt es Formen des lustvollen Konsums, der selbstzweckhaften Verausgabung, denen vom funktionalistischen Denken nur mühsam eine soziale oder sonstige Bedeutung zugeschrieben werden kann. Als Feste gliedern sie die Zeit und bieten den Individuen Höhepunkte des Lebens und des Jahreslaufs; oft reduzieren sie auch die Chancen der Anhäufung von Reichtum, weil von den Reichen demonstrativ Verschwendung erwartet wird.

Letzteres gilt z.B. für den Prestigekonsum der Feudalaristokratie, von dem sich eindrucksvolle Details berichten lassen. Der „agonale Stolz, weiterhum als der großzügigste Gastgeber zu gelten“, ist oft Anlaß für den Exzeß. Man versucht, sich in Freigebigkeit zu überbieten. Groteske Beispiele von „Largesse“ (Großzügigkeit bei der Bewirtung von Gästen) sind aus der Literatur bekannt, so wird z. B. aus der Zeit um 1200 berichtet:

„Der wegen seiner Gastfreundschaft bewunderte Graf Balduin von Guines bewirtete den Erzbischof von Reims und sein Gefolge so reich mit Speisen und Wein, daß sie nach Wasser verlangten, um nicht berauscht zu werden. Nun ließ er wasserhellen Wein einschenken, doch der Erzbischof gab mit der nochmaligen Bitte um Wasser zu erkennen, daß er die Täuschung durchschaute. Da zerschlug der Graf vor Dienern und Gästen alle scheinbar mit Wasser gefüllten Karaffen, und die Gäste bewunderten das stilvolle Eingeständnis sehr. Etwa zur selben Zeit ließ ein südfranzösischer Baron das Essen für 300 Ritter auf den Flammen von Wachskerzen kochen, und ein anderer verbrannte zum Zeichen seiner Largesse dreißig Pferde vor seiner Burg.“[17]

Daß solche an „Potlatch“, den demonstrativen Konsum von Reichtum in großem Festen bei Stammesgesellschaften, erinnernde Demonstrationen von Reichtum denen zu schaffen machten, die diese Güter zu erarbeiten hatten, braucht nicht besonders betont zu werden. Auch kann man sich vorstellen, daß sie manchen der Akteure in den Ruin trieben.

Aber auch die „armen“ Bauern des oberbayerischen Dorfes Unterfinnning[18] hatten in der frühen Neuzeit ihre Formen des exzessiven Konsums: Die geringen ihnen verfügbaren Fleischmengen verteilten sie nicht gleichmäßig über das ganze Jahr, sondern verpraßten sie anläßlich der Feste des Kirchenjahres oder Lebenslaufes exzessiv in großen Mengen.

Die ungehemmtesten, am wenigsten strukturierten Formen des Genusses von Reichtum finden wir vielleicht heute in den Ballermann-Exzessen der Urlaubswelten des demonstrativen Konsums.

Formen des exzessiven Genusses im Konsum und im Umgang mit (Lebens-)Zeit und (Lebens-)Kraft werden in allen Gesellschaften als Bestandteil der Lebensqualität empfunden. Wenn eine Gesellschaft solchem selbstzweckhaften Genuß als Artikulation und Bestätigung von Reichtum keinen Raum läßt, dann produziert sie bei ihren Mitgliedern Frustrationen und Aggressionen – und dies um so mehr, je mehr die Menschen das Gefühl haben, daß solche Reichtümer existieren.

Mit solchen Exzessen muß ebensowenig wie mit symbolischen Gebrauchswerten die Lebenswelt zerstört werden – im Gegenteil gehört es gerade zur Qualität überlebens- und zukunftsfähiger Gesellschaften, daß sie beides, den Exzeß und die Zukunftsfähigkeit, gewährleisten können: Kulturell strukturierter exzessiver Konsum in Fest und Feier ist vielleicht eher ein Garant der Nachhaltigkeit als aufgezwungene Askese, aus der viele immer wieder ausbrechen möchten – der temporäre Exzeß des Reichtums läßt die Grenzen besser ertragen und sichert so auf der emotionalen Ebene Elastizität.

Im Kontext der aktuellen Diskussion um Ökologie und Nachhaltigkeit entstehen Probleme dadurch, daß der private Konsum in den aktuellen Wohlstandsgesellschaften sich in den wenigsten Fällen an den Stoff- und

Energiebilanzen der Ökologie-Diskussion orientiert und daher auch nicht mit moralischen Appellen veränderbar ist. Der subjektive Nutzen von Gütern und Dienstleistungen läßt sich nicht auf den Gebrauchswert reduzieren.[19] Der symbolische Wert ist integraler Bestandteil der Nutzung dieser Güter. Er läßt sich auch nicht relativieren mit dem Hinweis auf sogenannte „falsche Bedürfnisse" (wer hat im Rahmen der historischen Entfaltung der menschlichen Sinne und Genußfähigkeiten die Macht und Kompetenz, die *wahren* oder *richtigen* zu definieren?) oder auf eigentlich überflüssige Prestigekonkurrenz und auf die Nutzlosigkeit modischer Innovation.

Die Anthropologie des Konsums und die Untersuchung seiner symbolischen Konnotationen sowie die darauf aufbauenden Strategien des Marketing hätten hier Näheres zu berichten.[20]

Die Entgrenzung der Bedürfnisse und die Erfindung der Knappheit

Der Diskurs über Grenzen, in allen anderen Gesellschaften geführt, hat im Modelldenken der reinen Marktlehre keinen Platz – er wird als moralisierende Kritik diskreditiert. Wichtiger ist für sie die Entgrenzung der Bedürfnisse: Reichtum muß als völlig offene und an die grenzenlose Verfügung über materielle Güter gebundene Kategorie begriffen und all seiner kulturellen Begrenzungen entkleidet werden. Daß jemand wie Wilhelm von Humboldt sich zehn Jahre seines Lebens gönnt, um seine Persönlichkeit in einer frei gewählten privaten Bildungsexistenz an dem Lebensmodell des klassischen Griechenland zu schulen und seine Kräfte zu einem Ganzen zu bilden (wie Wilhelm Meister), das wird in der Gegenwart kaum als Reichtum gewertet.

Die Überwindung der Bedürfnislosigkeit ist ein ambivalenter Prozeß. Für das traditionelle Verständnis von Fortschritt ist sie unentbehrlich, aber für Nachhaltigkeit zerstörerisch. Die Diskussion um die „globalen Probleme" hat seit den 70er Jahren darauf aufmerksam gemacht.

Ferdinand Lassalle, Mitbegründer der deutschen Arbeiterbewegung, hat 1863 in einer berühmt gewordenen Rede gemeint:

„Ihr deutsche Arbeiter seid merkwürdige Leute! Vor französischen und englischen Arbeitern, da müßte man plaidieren, wie man ihrer traurigen Lage abhelfen könne, *Euch* aber muß man vorher erst noch beweisen, daß Ihr in einer traurigen Lage *seid*. So lange Ihr nur ein Stück schlechte Wurst habt und ein Glas Bier, merkt Ihr das gar nicht und wißt gar nicht, daß Euch etwas fehlt! Das kommt aber von Eurer verdammten Bedürfnislosigkeit! ... Fragen Sie alle National-Ökonomen: welches ist das größte Unglück für ein Volk? Wenn es *keine Bedürfnisse* hat. Denn diese sind *der Stachel seiner Entwicklung und Kultur.*"

Die Phrase von der Entgrenzung der materiellen Bedürfnisse als Triebkraft
zur Entwicklung der Menschheit läßt sich weit zurückverfolgen: Bei Fichte
oder in Mandevilles „Bienenfabel", ja sicher auch irgendwo in der Antike
taucht sie auf, und wir finden sie später auch nach Lassalle noch in der
sozialistischen Theorie, wenn Formeln wie „Jeder nach seinen Bedürfnissen"
ohne den Rekurs auf eine Theorie der Bedürfnisse gebraucht werden. Wir
begegnen ihr auch bei Nationalökonomen wie Karl Oldenberg[21] oder in der
Neoklassik von Friedrich August von Hayek.[22]

Heute wirken solche Thesen provozierend. In ihnen liegt die ganze Rechtfertigung selbstzweckhaften materiellen Wachstums. Sie passen auch nicht in
die heutige Situation der Staaten. Mandevilles Bienenfabel definiert nicht
den *reichen*, sondern den *starken* Staat (verlangt freilich immer noch, regulierende Grenzen zu setzen):

„So kann auch Laster nützlich sein,
Schränkt das Gesetz es weise ein.
Ja, will das Volk nach Größe streben,
Muß es im Staat auch Sünde geben,
Wie´s Hunger braucht zum Überleben.
Allein von Tugend kann auf Erden
Kein Staat groß, reich und mächtig werden.
Wollt ihr die Goldnen Zeiten wieder?
Da aß man Eicheln und war bieder."[23]

Das sind die Topoi des Selbstverständnisses expansionistischer und imperia-
listischer Staaten, auch *faschistischer*. Dieser Implikationen sollte sich bewußt sein, wer die Denkfigur von Mandevilles „Bienenfabel" heute zur Rechtfertigung des Reichtums benutzt.

Die Bienenfabel legitimiert Unterschiede zwischen arm und reich ebenso
wie den direkten Arbeitszwang oder den indirekten, wie er erzeugt wird durch
die Peitsche des Hungers (bzw. durch vorenthaltene reale oder vermeintliche
Glückschancen und Privilegien). Gegen den kapitalistischen und sozialistischen Arbeitszwang, gegen Ernst Jüngers pessimistische mythische Überhö-
hung der Arbeit in seinem Buch „Der Arbeiter" wird immer wieder das
„Recht auf Faulheit" als Anspruch auf die eigene Definition von Reichtum
eingeklagt, zuletzt von den „glücklichen Arbeitslosen" des Jahres 1998. Einst
hat Paul Lafargue, der Schwiegersohn von Karl Marx, mit einem Buch dieses
Titels Furore gemacht.[24] Primär ist es eine satirische Kritik des industrie-
gesellschaftlichen Zwanges zur Arbeit als Selbstzweck, und es stellt die Frage
nach dem menschlichen Sinn des Wachstum produzierenden Fleißes.

Die ungleiche Verteilung von Armut und Reichtum

Lafargues Einforderung des Rechtes auf Faulheit ist eine der möglichen Antworten auf die Frage, was denn mit Reichtum sich anfangen läßt – gerade wichtig auch angesichts der Beobachtung, daß der Kapitalist in seinem Bestreben, das Kapital zu vermehren, Schwierigkeiten mit dem Genießen hat, während der Aristokrat leicht prassen kann.

Mit guten Gründen beschäftigte sich die kulturelle und publizistische Öffentlichkeit gegen Ende der Kohl-Phase in Deutschland nachdrücklich und häufig mit der ungleichen Verteilung des Reichtums.[25] Besonders unangenehm fiel dabei die Arroganz und der Zynismus des neuen (alten?) Reichtums auf: „Eure Armut kotzt mich an" war das Motto derer, die wieder unbeschwert genießen wollten und dazu die mannigfaltigsten Rechtfertigungen des Reichtums fanden: Von der zitierten Bienenfabel bis zur schamlosen Instrumentalisierung der Künste für die Innovationen des Luxuskonsums.

Boris Groys meint diesbezüglich:

„Eine entwickelte Ökonomie kann sich nur weiter steigern, wenn sie die natürlichen Bedürfnisse der Menschen übersteigt, wenn der Konsument seine natürlichen Bedürfnisse konsequent durch künstliche, frei erfundene Wünsche ersetzt – wenn er beginnt, nach dem Überflüssigen, dem Luxuriösen zu streben."

Waren es früher die Aristokraten, die diesen Prozeß betrieben, so sind es heute die Künstler: „Als Flaneur mit dem souveränen Blick ist der Künstler von heute jener unendliche Konsument, dessen innovatives, 'unnatürliches', rein künstliches Konsumverhalten das Telos jeder funktionierenden Wirtschaft darstellt."[26]

Eine solche Argumentation könnte ja heute noch nachvollziehbar sein, wenn sie sich auf komplexe Lebensqualitätsansprüche (*spüren, wer man ist*, oder *zu sich kommen und bei sich sein*, oder andere Sinnebenen) bezöge. Aber in der Orientierung auf wirtschaftliches Wachstum als Selbstzweck und auf den Luxuskonsum ist sie die zynische Maxime des rücksichtslosen Reichtums-Exzesses und des verantwortungslosen Müßiggängers. Die in allen Gemeinschaften vorhandene Selbstbegrenzungsfähigkeit (wirtschaftsimmanent hat schon Karl Oldenberg auf die Grenzen der Steigerung des Genusses hingewiesen[27]), die ästhetischen Symbolwelten des *Genug* und der Diskurs um die Hybris des Menschen, die immer auch ihren Platz in der Kunst hatten, sind ausgeklammert.

Egalitäre Gesellschaften definieren Reichtum anders als solche mit großen Unterschieden: Wenn bei Rousseau im Contrat Social kein Mensch so arm sein soll, daß er sich verkaufen muß, und keiner so reich, daß er andere

kaufen kann, dann sind dem Reichtum nicht nur materielle, sondern vor
allem auch sozialkulturelle Grenzen gesetzt. Solche Gesellschaften müssen
daher deutlicher die Selbstbegrenzungsfähigkeit in den Symbolwelten des
Genug aktivieren. In der Ständegesellschaft waren einst die Unterschiede
erträglicher gemacht worden durch eine den verschiedenen Ständen zuge-
schriebene und akzeptierte eigene Würde. Auch zwischen den National-
kulturen wirkt noch heute eine ähnliche Dynamik.

Sozialkulturelle Dimensionen des Reichtums in aktuellen Wohlstandsgesellschaften

Angesichts der modernen Exzesse des Reichtums läßt sich genüßlich Sozial-
neid schüren.[28] Verbitterung aber kommt auf, wenn die Unverhältnismäßig-
keit der Mittelverwendung beleuchtet wird: Da werden für Hochglanz-
magazine des Luxus-Marketing[29] Unsummen ausgegeben, und wissenschaftliche Publikationen bewegen sich permanent am Rande des Existenzminimums, müssen ihre Text- und Bildautoren um Gotteslohn arbeiten lassen.
Die Mindesthonorare von 400 DM pro Auftritt, die die Schriftstellerverbän-
de für ihre Mitglieder ansetzen, können bei wissenschaftliche Tagungen der
Geisteswissenschaften selbst für hochqualifizierte Referenten nicht bezahlt
werden, ja oft genug müssen die jungen Wissenschaftler noch die Reisekosten
selbst bezahlen. Wenn dagegen ein Unternehmen eine Publikation sponsort,
dann kann es für einen kleinen Beitrag eines Autors, von dem es sich
Renommee verspricht, leicht 5.000 oder 6.000 Mark geben; für einen repräsentativen sind 10.000 Mark keine Seltenheit. 5.000 Mark für die bloße
Teilnahme an einer Podiumsdiskussion bei Bertelsmann – auch das ist drin.

Auch die Unterschiede zwischen reichen und armen Regionen der Erde
vergrößern sich seit Jahren; die Reichen sind zwar in der Minderheit,
vergrößeren aber ihren Abstand zu den Armen. So bleibt nicht nur, wie bei
Entwicklunghoffnungen gern übersehen, die Position in der Kolonne der
sich entwickelnden Gesellschaften unverändert, sondern der Abstand zwischen den einzelnen Kolonnen wird größer: „Entwicklung" ist ein positionel-
les Gut, dessen Besitz verteidigt wird.

Selbst wenn die Armut in den reichen Staaten zunimmt, gehören nahezu
alle Angehörigen dieser Staaten zu den Privilegierten der Erde. In diesen
Staaten gibt es zudem gewaltige Mengen von – zwar ungleich, aber immer
noch sehr breit verteilter – Kaufkraft, die nicht für klassische Grundbedürf-
nisse verwendet werden muß, sondern disponibel ist. Daraus entwickeln sich
in der Marktwirtschaft ausgesprochen dynamische Märkte.

Der Kapitalist früherer Zeiten konnte sich, wie Werner Sombart ausführlich dargelegt hat, zum Luxuskonsum nur durch das Bestreben verleiten lassen, der Aristokratie nachzueifern. In den modernen Prosperitätsgesellschaften sind heiß umkämpfte Märkte für individuellen Konsum in Freizeit und Alltag entstanden. Entwickelt hat sich ein außergewöhnlich differenziertes und reiches historisch-gesellschaftliches Niveau der Bedürfnisse, das stark von Marketingstrategien zur Bedürfnislenkung und -weckung beeinflußt ist, von den Individuen gleichwohl aber tendenziell als Reichtum empfunden wird.

Das Marketing für den Konsum und die Kulturindustrie wird in der Interpretation von Theodor W. Adorno in seiner ganzen Widersprüchlichkeit benannt: Die Freizeit- und Kulturindustrie könnte die Menschen nicht dazu nötigen, ihre Produkte zu kaufen, „verlangte nicht etwas in den Menschen danach; aber deren eigenes Bedürfnis nach Freiheit wird funktionalisiert, vom Geschäft erweitert reproduziert; was sie wollen, nochmals ihnen aufgenötigt."[30]

Die Entgrenzung der Bedürfnisse durch effizientes Marketing für Konsumgüter, durch modische Lebensstile und ihre Kultivierung von Distinktionsbedürfnissen sind die konkrete Gestalt der Entfaltung des Beziehungsreichtums der Menschen unter den Bedingungen von Prosperität in der Marktgesellschaft, denen mit den Formeln der Kulturkritik nicht zu begegnen ist. Auch die Unterscheidung zwischen wahren und falschen Bedürfnissen vermag die Individuen nicht zu überzeugen, können sie doch angesichts der Historizität der Bedürfnisentwicklung darauf beharren, daß sie sich das Recht auf die Definition ihrer Bedürfnisse nicht bestreiten zu lassen brauchen.

Die Orientierung an den Lebensstilen des repräsentativen Konsums bedeutet eine permanente Steigerung jener der kapitalistischen „Leistungs"-Gesellschaft ohnehin immanenten Tendenz zum ressourcenvergeudenden Kampf um „positionelle Güter",[31] der wenig beiträgt zur Entfaltung der Persönlichkeit.

Marketing und Lebensstile der Erlebnisgesellschaft sind heute entscheidend an der Definition von Lebensqualität beteiligt. Die Lifestyle-Magazine sind beteiligt an diesem Prozeß.[32] Die Politik, würde sie Selbstbegrenzungspotentiale aktivieren wollen, müßte sich sofort (wie einst bei Ludwig Erhards Kampagne „Den Gürtel enger schnallen") vorwerfen lassen, den Armen ihr bißchen Luxus zu mißgönnen. Deshalb arbeitet sie in aller Regel als „Prozeßverstärker" bei der Anspruchsdynamik[33].

Wie aber wären jene sozialkulturellen Definitionen von Reichtum zu relativieren, denen soziale destabilisierender und ressourcenzerstörender Wettlauf um materielle Güter zu verdanken ist?

Chancen des Reichtums

Technik und Fortschritt verheißen uns Wohlstand und Reichtum. Aber ist das beste, was Wohlstand bieten kann, nicht Souveränität über die eigenen Lebensverhältnisse? „Weder Knappheit der Zeit noch Raumnot zwingen heute zu einer möglichst rationellen Nutzung von Zeit und Raum. Zeit und Raum zu haben, ohne Hunger leiden zu müssen, sind Inbegriff von Luxus, zugleich sind sie erste Voraussetzung dafür, daß die Individuen ihren eigenen Alltag sinnvoll selber organisieren können."[34]
Interessant für heute wird die oben zitierte Argumentation von Lassalle erst, wenn sie losgelöst wird von der Orientierung auf materielles und ökonomisches Wachstum. Dann richtet sie die Aufmerksamkeit auf ganz andere Dimensionen. „Her mit dem *ganzen* Leben", „Wir wollen Brot *und* Rosen" skandierten in den 70er Jahren die Engagierten der Arbeiterjugendbewegung, riefen die Frauen am Internationalen Frauentag. „Wir wollen alles, aber subito" war das Echo aus den „autonomen" Bewegungen. Lassalles Monitum kann auch auf anderes als materielle Güter bezogen werden: Nicht nur moralisierend-spekulativ auf Lebensqualität und Glückschancen allgemein, sondern auf Ansprüche etwa, die nach Souveränität in den eigenen Arbeits- und Lebensverhältnissen fragen: Zeitsouveränität zum Beispiel, oder Spielräume für eigene Zwecke jenseits von Konsumterror, Gängelung und sozialer Kontrolle. Wenn solche Werte nicht mehr unter dem Rubrum Kulturkritik abgelegt werden können, dann erst ergeben sich neue Chancen.
Die Vision von Reichtum im „Leben in seiner Fülle", in den unterschiedlichsten religiösen und künstlerischen Bildern immer wieder evoziert, ist nicht nur gefährdet durch Armut und Not, es wird genauso gefährdet durch Überfülle.[35] Aber nicht das kulturkritische Raisonieren hilft dagegen, sondern es ändert sich erst etwas, wenn die Idee zur Macht wird, weil sie von Vielen aufgegriffen wird. Solches geschieht heute wohl kaum so, wie Lassalle sich das vorstellte. Es geschieht nicht im Modus der klassischen sozialen Bewegungen des 19. Jahrhunderts. Aber es kann geschehen in Trends und Moden.
In der Gegenwart (wie immer in Prosperitätsphasen) entdecken einzelne und kleine Gruppen Alternativen: Die Zeitpioniere[36] ebenso wie diejenigen, die sich die *Luxese*, den Luxus der Askese, leisten können.[37] Von einer *Selbstaufhebung des Luxus*, die stattfindet, wenn der Konsum „reflexiv gebrochen" wird, spricht der Bericht „Zukunftsfähiges Deutschland".[38] Hans Magnus Enzensberger läßt freilich in der von ihm vermuteten Neubewertung der Prosperität erkennen, daß selbst die Entmaterialisierung des Reichtums in

einigen scheinbar nicht mit Geld zu erwerbenden Formen des Luxus wie Ruhe, Zeitsouveränität, Kunstgenuß usf. nur eine Verlagerung bedeutet: In Wirklichkeit ist auch dafür materielle Prosperität die Voraussetzung.[39] Allein und isoliert werden solche Trends und Moden nicht ausreichen, mehr soziale Gerechtigkeit und mehr Zukunftsfähigkeit auf der Ebene der materiellen Ressourcen zu sichern. Aber die Elastizität einer Gesellschaft wird bedeutend erhöht, wenn nicht mehr alle nach immer mehr vom gleichen streben.

Anmerkungen

1 Elisabeth Biasio: Beduinen im Negev. Vom Zelt ins Haus. Verlag Neue Zürcher Zeitung, Zürich 1998, S. 95, zitiert nach Susanne Enderwitz/Dieter Kramer: Vom Zelt ins Haus. Die Negev-Beduinen in Israel: Residuale Lebenswelten und unterschiedliche Modernisierungsstrategien. In: epd Entwicklungspolitik (im Druck).

2 Brockhaus Enzyklopädie 19. Aufl. 1986f. Vgl. E.U: Huster (Hg.): Reichtum in Deutschland. Frankfurt am Main/New York 1993.

3 Dies und die folgenden Zitate aus Wander, Deutsches Sprichwörter-Lexikon Bd. 1, 1554ff.

4 Schweizer Archiv für Volkskunde 1916, S. 286; vgl. Dieter Kramer: „Nous sommes riches en peu de besoins". Oder: Was fehlt uns, wenn wir alles haben? In: Kuckuck (Graz) 1/1991, S. 9-12.

5 Frankfurter Rundschau Dok. v. 27.2.1999.

6 Vgl. Vf.: Die Pferde der Bauern von Unterfinning. In: Dieter Kramer: Von der Notwendigkeit der Kulturwissenschaft. Marburg 1997, und Rainer Beck: Naturale Ökonomie. Unterfinning. Bäuerliche Wirtschaft in einem oberbayerischen Dorf des frühen 18. Jahrhunderts. München, Berlin 1986.

7 Edit Fél, Támas Hofer: Bäuerliche Denkweise in Wirtschaft und Haushalt. Göttingen 1972, S. 1.

8 Dieter Groh: Anthropologische Dimensionen der Geschichte. Frankfurt/M. 1992, 61.

9 Unter den Archäologen wird über die Interpretation der Kultur des Tarxien im prähistorischen Malta gestritten: Die einen erklären ihren Untergang durch eine „verheerende Fixierung auf die Religion" und eine „fiebrige Irrationalität", bei der die Tempelkulte „zur Obsession geworden" waren und die natürliche Existenzbasis über Gebühr vernachlässigt wurde, die Gesellschaft somit an einem Ritualzwang zugrundegegangen sei (Caroline Malone u.a.: Totenkult und Ende der archaischen Kultur Maltas. In: Spektrum der Wissenschaft, Feb. 1994, S. 82-90, S. 90). Die Kritiker dieser These meinen, auch ganz andere Gründe könnten dafür verantwortlich sein, vgl. Leserbrief von Ulrich Linse, Spektrum der Wissenschaft Nov. 1994, S. 9-11.

10 Groh (s. Anm. 8), S. 72, einen Begriff von K. V.Flannary benutzend. Auch die in Anm. 9 genannte Interpretation der Tarxien-Kultur Maltas wäre eine solche „hierarchische Pathologie".

11 Groh (s. Anm. 8), S. 62.

12 Dieter Senghaas: Zivilisierung wider Willen. Der Konflikt der Kulturen mit sich selbst. Frankfurt am Main: Suhrkamp 1998, S. 199.

13 Vgl. Peter Blickle: Deutsche Untertanen. Ein Widerspruch. München 1981.

14 Vgl. Ralf Konersmann (Hg.): Kulturphilosophie. Leipzig 1996.

15 Fred Hirsch: Die sozialen Grenzen des Wachstums. Reinbek 1980, S. 163; bezogen auf Untersuchungen von Richard Easterlin zwischen 1946 und 1966.

16 A.a.O., S. 163/164.

17 Hans Conrad Peyer: Von der Gastfreundschaft zum Gasthaus: Studien zur Gastlichkeit im Mittelalter. Hannover 1987, S. 32, vgl. S. 180/181.

18 Rainer Beck: Naturale Ökonomie. Unterfinning. Bäuerliche Wirtschaft in einem oberbayerischen Dorf des frühen 18. Jahrhunderts. München, Berlin 1986.

19 Vgl. Marshall Sahlins: Kultur und praktische Vernunft. Frankfurt/M. 1981.

20 Die Zeitschrift Current Anthropology beschäftigt sich immer wieder damit.

21 Karl Oldenberg: Die Konsumtion. In: Grundriß der Sozialökonomik II. Abt. 1. Teil 2. Aufl. Tübingen 1923, S. 188-263.

22 Friedrich August von Hayek: Die Verfassung der Freiheit. Tübingen 1971, S. 62f.

23 Bernard Mandeville: Die Bienenfabel oder Private Laster als gesellschaftliche Vorteile. Leipzig, Weimar 1988, S. 26.

24 1883; eingeleitet und hg. von Iring Fetscher Frankfurt am Main 1966; Neuauflage 1998, Trotzdem Verlag Grafenau.

25 Vgl. u.a. Eckart Stratenschulte, Gerlinde Moschin: Status, Schicht, Milieu: Soziale Ungleichheit in Deutschland. Bundeszentrale für politische Bildung Arbeitsheft 8, Neudruck 1996.

26 Boris Groys: Der Künstler konsumiert die Welt. *Rheinischer Merkur* v. 20. Nov. 1998, vgl. auch Andreas Grosz und Daniel Delhaes (Hg.): Die Kultur AG. Hanser Verlag München 1999.

27 Karl Oldenberg: Die Konsumtion. In: Grundriß der Sozialökonomik II. Abt. 1. Teil 2. Aufl. Tübingen 1923, S. 188-263.

28 Ein Blick in das von Wilfried Achterfeld in Hamburg herausgegebene *Ql Katalog-Magazin* (1/1997, Alle Dinge dieser Welt) läßt erkennen, für welchen „nice scheiß" (TAZ) die Reichen unseres Landes Geld ausgeben.

29 Z. B. das für verschiedene Städte wie Frankfurt, Düsseldorf u.a. erscheinende TOP-Magazin (Top of the Tops).

30 Theodor W. Adorno: Freizeit. In: ders., Werke 10.2, S. 645-655 u. S. 648.

31 Fred Hirsch: Die sozialen Grenzen des Wachstums. Reinbek 1980.

32 Vgl. freitag Nr. 3 v. 15.1.1999, S. 14.

33 Helmut Klages: Der „schwierige Bürger" – Bedrohung oder Zukunftspotential? In: Weidenfeld, Werner (Hg.): Demokratie am Wendepunkt. Die demokratische Frage als Projekt des 21. Jahrhunderts. Berlin 1996, S. 233-253; S. 234-235.

34 Walter Siebel: Stadtkultur. In: Das neue Interesse an der Kultur. Hagen 1990 (Kulturpolitische Gesellschaft, Dok., 34), S. 133-146.

35 Gabriele Simon: Mehr Genuß! Mehr Faulheit! Mehr Schlendrian! In: Welche Dinge braucht der Mensch? Katalogbuch zur gleichnamigen Ausstellung. Hg. i. A. des Deutschen Werkbundes Hessen von Dagmar Steffen. 2. Aufl. Frankfurt am Main 1996, S. 162-168.

36 Karl H. Hörning mit Anette Gerhard und Matthias Michailow: Zeitpioniere. Flexible Arbeitszeiten – neuer Lebensstil. Frankfurt/M. 1990.

37 Renate Just: In Askese aasen. In: Die Zeit v. 14. Januar 1999, mit Hinweisen auf Bücher von Catharina Aanderud, Reimer Gronemeyer und Herrad Schenk.

38 Bund/Misereor: Zukunftsfähiges Deutschland. Basel, Boston, Berlin 1996, S. 214.

39 Enzensberger, Hans Magnus: Reminiszenzen an den Überfluß. Der Spiegel 51/1996, S. 108-118.

*Herbert Schui**

Zur Rechtfertigung des Privateigentums in der ökonomischen Theorie

In der Déclaration des Droits de l'Homme et du Citoyen von 1789 erhält das Recht des Menschen auf Eigentum den Rang eines „natürlichen und unverlierbaren Menschenrechts" (Artikel 2); es ist „unverletzlich und heilig" (Art. 17). Ähnlich das 14. Amendment in der amerikanischen Verfassung, für das das Recht auf Eigentum nicht nur legal, sondern auch moralisch begründet ist. Diese historischen Vorlagen gehen in der einen oder anderen Form in alle Verfassungen der bürgerlichen Demokratien ein – gelegentlich, wie im Grundgesetz, eingeschränkt durch die Norm, daß Eigentum verpflichtet und dem Wohl der Allgemeinheit zu dienen hat (Art. 14.2) oder daß Grund und Boden, Naturschätze und Produktionsmittel in Gemeineigentum oder anderen Formen der Gemeinwirtschaft überführt werden können (Art. 15).

Damit ist Eigentum gesetzlich (und sicherlich auch die Beschränkungen des Eigentumsrechtes), aber die Begründung für Privateigentum ist allenfalls angedeutet. Diese Sichtweise entsprechen dem Alltagsverständnis vom bürgerlichen Eigentum des 18. Jahrhunderts und seiner Verteidigung gegenüber dem Adel. Die Wirtschaftswissenschaft hat in ihrer Mehrheit dieses historische Verständnis bis in die Gegenwart beibehalten. Dies gilt – trotz ihrer sophistischen Argumentation – auch für die moderne Theorie der Eigentumsrechte etwa eines Alchian oder Tullock. Die Grundsätze waren einfach: Privateigentum ist die Voraussetzung für Produktion. Wenn man von der Fiktion ausgeht, daß Arbeit und Produktionsmittel nicht voneinander getrennt sind, dann war die Verteidigung des Eigentums insofern identisch mit der Verteidigung des Anrechtes der Arbeit an ihrem Erzeugnis: Wer Ackergeräte besitzt, sie nutzt und sät, der soll auch ernten. Oder anders: es wird keinen Gewerbefleiß geben, wenn der Staat, hier vertreten durch die Feudalaristokratie, sich einen großen Teil des Ergebnisses dieser Anstrengungen aneignet, um seinen provozierenden Müßiggang zu finanzieren. Um zu mehr Wirtschaftswachstum und mehr Wohlfahrt zu kommen, müssen, so die objektive Grundlage dieser Eigentumstheorie, die Bourgeois über das gesellschaftliche Mehrprodukt verfügen. Denn damit ist es der feudalen Konsumtion entzogen; es wird gespart *und* akkumuliert. Wenn die Betrachtung auf diese beiden ökonomischen Aggregate (das Sparen und das Investieren) konzentriert wird, können auch Lockes Ungereimtheiten gelöst werden. Denn dieser begründet zunächst Eigentum aus der persönlichen Arbeit: Gott habe allen die Erde gegeben, gewissermaßen

als Gemeineigentum. Individuelles Eigentum setze Bearbeitung voraus, und
da jeder das Eigentum an seinem Körper und seinen Fähigkeiten habe, werde
durch Arbeit als Nutzung dieser Fähigkeiten das Objekt der Bearbeitung sein
persönliches Eigentum. Soweit die Arbeit nicht von den Produktionsmitteln
getrennt wäre, ließe sich die Eigentumsfrage so schlüssig lösen. Einen Einwand allerdings kann auch diese Legitimierung nicht ausräumen: Wie ist mit
ererbtem Eigentum umzugehen, das ja der Erbe nicht durch Arbeit erworben
hat? (Möglicherweise könnte hier die - etwas verwegene - Denkfigur weiter-
helfen, daß der Erbe Eigentum des Erblassers ist.)

Locke allerdings verfolgt einen solchen Gedanken nicht. Vielmehr bereitet
er bereits die Argumentation der Klassik vor, wonach Privateigentum die
Voraussetzung für allgemeinen Wohlstand ist. Mit seiner apodiktischen These

„Das Gras, das mein Pferd gefressen, der Torf, den mein Knecht gestochen (...) werden
ohne Anweisung und Zustimmung von irgend jemand mein Eigentum."[1]

stellt er klar, daß der Besitzer der Produktionsmittel das Recht hat, sich den
Überschuß, den die Arbeit des Knechtes erzeugt, anzueignen. Wenn dies
legitim ist, dann wird, wenn Arbeit und Produktionsmittel getrennt sind, das
private Eigentum an den Produktionsmitteln (als Ergebnis des akkumulierten
Überschusses der Arbeit) nicht mehr durch die persönliche Arbeit gerechtfertigt. Dann ist alles auf das praktische, klassische Argument konzentriert,
wonach die Bourgeoisie den Überschuß am effizientesten verwendet.

Wie es mit den Knechten (als Klasse) bei der Aneignung des Arbeitsergebnisses steht, hat Marx in seiner Ausbeutungs- und Entfremdungstheorie dargestellt. Die Lösung der Frage bestand für ihn in der revolutionären Beseitigung der bürgerlichen Eigentumsverhältnisse: Die Produktion könne auch
ohne individuellen Gewinnanreiz organisiert werden. Damit war die Frage
gestellt, ob die praktischen Argumente der Klassik - die Bourgeoisie als der
beste Verwalter des Überschusses der Arbeit - überzeugend genug wären, um
den revolutionären Gehalt der klassischen Arbeitswertlehre in Schach zu
halten. Denn diese Wertlehre behauptete ja, daß nur Arbeit Wert schafft, und
dies mußte die Frage provozieren, ob nicht am Ende die Arbeiter als gesellschaftliche Klasse - und nicht ausschließlich die Bourgeoisie - in der Lage
wäre, das Ergebnis der Arbeit zweckmäßig zu verwalten.

Insofern war es nur folgerichtig, daß die Neoklassik die Arbeitswertlehre
beseitigt hat. Nun erzeugt die Arbeit keinen Überschuß mehr, den sich die
Kapitalisten aneignen, um daraus ihre Konsumtion und die Realkapitalbildung zu bestreiten. Ohne jeden geschichtlichen Bezug wird vielmehr die
folgende Konstruktion zu Grunde gelegt: Es herrscht vollständige Konkur-

renz, die Güterpreise sind identisch mit dem Minimum der durchschnittlichen Kosten. Folglich verfügt das Unternehmen nicht über Gewinne, die reinvestiert werden könnten. Einzig der Sparer ermöglicht Realkapitalbildung. Als Entgelt für seine Enthaltsamkeit oder sein Warten auf Zukunftskonsum erhält er Zinszahlungen, die dem zusätzlichen Output entsprechen, der durch den vermehrten Einsatz von Realkapital produziert werden kann. Damit besteht die Differenz zwischen Lohn und Nettooutput in Zinszahlungen: Der Gewinn fließt ausschließlich den Sparern zu. Er ist der Lohn für die besondere charakterliche Eigenschaft der Sparsamkeit. Damit eignet sich nicht mehr die Klasse der Kapitalisten den Überschuß an, den die Klasse der Arbeitenden erzeugt, sondern der Überschuß geht an eine charakterliche Elite, der – gleich welchen Standes – jeder angehören kann. Folgt man der Argumentation bis zu diesem Punkt, so läßt sich moralisch nichts mehr gegen Eigentum einwenden. Die Produktionsmittel sind in einem gewissen Sinne von den asketischen Sparern geborgt. Arbeit begründet nun nicht mehr unmittelbar Eigentum, sondern zunächst Einkommen. Die Ersparnis aus diesem Einkommen legitimiert das Eigentum.

Strenggenommen ist damit die Rechtfertigung des Eigentums an die Konkurrenzform gebunden. Denn herrscht nicht vollständige Konkurrenz, sondern sind statische Monopolrenten nachweisbar, dann ergeben sich Sparen und Investieren (und damit Eigentum) aus einem Einkommen, daß sich weder aus dem Leid der Arbeit noch aus dem Leid der Abstinenz bzw. des Wartens ergibt. Dynamische Renten dagegen als Lohn für besonders einfallsreiche, mühevolle Unternehmertätigkeit sind mit dieser Eigentumslegitimierung vereinbar. Insofern überrascht es nicht, wenn hohe Gewinne als Lohn des dynamischen Unternehmers und – vorübergehende – Monopolbildung als das Ergebnis der besseren Leistung verstanden werden.[2]

Aber auch wenn die Arbeitswertlehre der Klassik aus diesen Gründen beseitigt wurde, einige wesentliche Positionen der Klassik haben überlebt: Der bürgerliche Unternehmer ist als Organisator der Produktion unübertroffen, da er, eingebettet in das System von Markt und Wettbewerb, die effizienteste Verwendung der produktiven Ressourcen gewährleistet. Mit diesem Effizienzargument der Klassik und der Neoklassik wird unverändert die Frage nach der allgemeinen Wohlfahrt beantwortet, ohne daß diskutiert würde, welche politische und gesellschaftliche Macht vom akkumulierten Produktivkapital als privatem Eigentum ausgeht und schließlich, das ist die Frage des Keynesianismus, ob denn, wenn das Sparen durch die bürgerlichen Eigentumsverhältnisse vermehrt wird, dieser allgemeine Verzicht auf Konsum sich in mehr Realkapital manifestiert und die Wohlfahrt vergrößert.

Aber solange, wie der klassische, dynamische Kapitalismus der Metropolen im 18. und 19. Jahrhundert damit beschäftigt war, dem dringenden Mangel an Realkapital abzuhelfen, unter dem Regime der Kapitalrestriktion also, und solange, wie die Arbeiterbewegung noch nicht entwickelt genug war, um lästige grundsätzliche Fragen zu stellen, ließ sich die kapitalistische Akkumulation leicht legitimieren. Denn auch wenn sich der Kapitalist einen Teil des Arbeitsergebnisses seines Torf stechenden Knechtes aneignet, solange er dieses Mehrprodukt in Realkapital verwandelt, schafft er nicht nur diesem Knecht eine Erwerbsmöglichkeit, vielmehr kann die Beschäftigung im produktiveren, fortschrittlichen kapitalistischen Sektor steigen und überdies bei mehr und besseren Werkzeugen auch die Produktivität der Arbeit, was einen höheren Lebensstandard für die Masse der Bevölkerung ermöglicht.

Auf dieser Grundlage argumentiert Adam Smith in seinem „Wohlstand der Nationen". Wenn er gelegentlich Formulierungen einfließen läßt, daß die Regierung, soweit sie zum Schutz des Eigentums eingesetzt sei, in der Tat die Aufgabe habe, die Reichen gegen die Armen zu verteidigen, den Grundbesitzern vorwirft, daß sie ernten würden, ohne zu säen, oder in einem umfangreichen Kapitel „Von den Arbeitslöhnen"[3] sehr klar das Mißverhältnis an Macht zwischen Kapitalisten und Arbeitern beschreibt, so bleibt doch sein Optimismus ungebrochen, daß der Kapitalismus die ökonomischen Ressourcen effizienter nutzen und besser vermehren kann als sonst eine Organisationsform. All dies macht für seine Zeit den Schutz des Eigentums gegen den Feudaladel einleuchtend, weil sonst der Anreiz zu produzieren eingeschränkt und das Mehrprodukt nicht der Akkumulation, sondern der Verschwendung dienen würde. Insofern mußte die orthodoxe Theorie behaupten, daß die (Verfügungs-)Macht des Eigentümers der Produktionsmittel mit den Motivierungsannahmen hinsichtlich der Maximierung der Produktion übereinstimmt. Stimmen sie überein, dann kann der Staat nur stören.

Diese Abneigung der klassischen Theorie gegenüber dem absolutistischen Staat und seinem Adel wird von der gegenwärtigen orthodoxen Theorie ohne Umstände auf den modernen Wohlfahrtsstaat übertragen. Beide, der absolutistische Staat und der moderne Wohlfahrtsstaat, beanspruchen für ihren jeweiligen Staatszweck einen Teil der privaten Produktion. Der eine, um den Kapitalismus historisch vorzubereiten, der andere, um die gefährliche Stagnation und Erosion des Kapitalismus in der 30er Jahren durch vermehrten individuellen und kollektiven Massenkonsum zu beheben. Auch wenn das Ancien Régime Ludwigs XVI. zur Verschwendung neigte, die weitreichende Verbesserung der Infrastruktur, der Aufbau einer leistungsfähigen zentralen Verwaltung, die innere Einigung und Vereinheitlichung der Staaten, ein rudi-

mentäres Volksschulwesen dürfen als Leistungen des Absolutismus nicht
übersehen werden. All dies waren, worauf Schumpeter[4] sehr eindringlich
hinweist, bedeutende Vorarbeiten, um die Protoindustrialisierung in der be-
ginnenden Neuzeit einzuleiten und zum Kapitalismus zu kommen. Wenn
dies bei aller Apotheose der unsichtbaren Hand unterschlagen wird, dann
auch deswegen, weil der Kapitalismus als historischer Parvenü seine Herkunft
verleugnen muß, vor allem aber deswegen, weil sonst die Staatseinnahmen
nicht ohne weiteres als Beraubung der Privatwirtschaft verstanden werden
könnten. Ein weiteres kommt hinzu: Der Begriff des Wohlfahrtsstaates
stammt aus dem Absolutismus. Dessen Wohlfahrtstheorie bildet die wissenschaftliche Grundlage für einen Staat, der sich die „sittliche Erziehung" der
Untertanen (d.h. auch ihre Disziplinierung für industrielle Arbeit) vornimmt
und energisch und planvoll die Wirtschaftsförderung, die Rationalisierung
und Zentralisierung der Staatsverwaltung betreibt. Insofern kennen die Staaten etwa Friedrichs II. von Preußen, Josephs II. von Österreich oder Ludwigs
des XIV fast keine Grenze mehr für die Staatstätigkeit auf wirtschaftlichem
Gebiet.[5] Kurz, der absolutistische Staat sah sich für Tugend, Glück und
materielle Wohlfahrt seiner Bürger verantwortlich. Auch hierzu mußte er
einen Teil des privatwirtschaftlichen Output für sich beanspruchen.

Dies stört bei der Legitimierung des uneingeschränkten privaten An-
eignungsrechtes des Produktionsergebnisses. Überdies macht die geschichtliche Realität des Absolutismus klar, daß sich der Kapitalismus nicht von
selbst, d.h. ohne positives Zutun der vorangegangenen Gesellschafts-
formation, entwickeln konnte. Folglich ist verständlich, wenn aus ideologischen Gründen zur Stärkung des kapitalistischen Selbstgefühls der Staatsan-
teil an der Produktion als Beraubung der Privaten interpretiert wird. Dieser
Vorwurf wird in der Folge auf den modernen parlamentarischen Wohlfahrtsstaat übertragen. Auch dieser betreibe, gerade so wie das Ancien Régime,
Verschwendung, indem er Sozialschmarotzer und Sozialschrott aushalte, weil
er Kreativität, Initiative, Eigenverantwortlichkeit lahm lege, und schließlich,
weil er, wie die neoliberale politische Ökonomie behauptet, die Beute einer
machtbesessenen, tyrannischen Bürokratie (gewissermaßen einer neuen
Feudalaristokratie) geworden sei oder – wahlweise – die Beute wohl organi-
sierter, zumeist gewerkschaftlicher Interessen. Damit ist alles Übel beim ver-
schwenderischen Staat und seiner Klientel zu suchen: Früher die arbeitsscheuen Aristokraten, jetzt die ebenso arbeitsscheuen Erwerbslosen und all
die, die Löhne und Sozialeinrichtungen beanspruchen, die ihre Leistungen
bei weitem übersteigen. Die größte Gefahr für das private Eigentum geht
demnach vom modernen, parlamentarischen Staat aus.

Folglich - so Hayek - „muß ich offen zugeben, daß ich, *wenn* Demokratie heißen soll: Herrschaft des uneingeschränkten Willens der Mehrheit, kein Demokrat bin und eine solche Regierung sogar für schädlich und auf die Dauer für funktionsunfähig halte."[6] „Ob das Parlament nun bestimmt, daß irgendeine verhaßte Person gerädert oder gevierteilt werden soll, wie es das englische Parlament noch im 15. Jahrhundert gelegentlich getan hat, oder daß jemand seines Eigentums beraubt werden soll, läuft auf dasselbe hinaus."[7]

Damit ist der beste Schutz des Privateigentums die Beseitigung des Wohlfahrtsstaates, was die radikale Beschränkung der Befugnisse des Parlamentes und der Macht der Gewerkschaften erfordert. Aber es geht nicht nur um diese institutionellen Fundamente des Wohlfahrtsstaates. Ebenso wichtig ist eine allgemeine Umerziehung, ein Gesinnungswandel. Es geht gegen diejenigen, so der Vorwurf, die Einkommen anders als nach den Regeln des Marktes erzielen wollen, indem sie etwa Renten als Einkommen ohne wirtschaftliche Gegenleistung anzielen. Dazu gehören vor allem Personen, die beim Verkauf ihrer Arbeitskraft einen höheren als den marktgerechten Lohn fordern oder die, die Sozialhilfe einer geregelten Erwerbsarbeit vorziehen. Hier wird der Staat, ebenso wie im Absolutismus, für Tugend und Fleiß, für die „sittliche Erziehung" der Bevölkerung sorgen, indem der Flächentarifvertrag, der zu höheren als marktgerechten Löhnen führt, beseitigt wird oder indem die Erwerbslosenunterstützung so niedrig ausfällt, daß die Bereitschaft, jede persönliche Dienstleistung zu jedem Lohn als Beschäftigung anzunehmen, deutlich zunimmt. Sittliche Erziehung zur Eingliederung in den Markt also. Ein bedeutender Unterschied zur gemäßigten Erziehungsdiktatur des Absolutismus besteht allerdings darin, daß sich dieser ausdrücklich und unmittelbar für das materielle Wohlergehen seiner Bürger verantwortlich erklärt, während der moderne neoliberale Staat die Verantwortung auf den Markt und das Privateigentum überträgt: Wenn überhaupt, so könne nur dies Wohlstand schaffen - der Staat durch Eingriffe in das Marktgeschehen jedenfalls nicht. Dieser habe einzig die „Rahmenbedingungen" zu gewährleisten. Die ideologische Aufgabe besteht dann in folgendem: Es ist klar zu machen, daß die Verteilungspolitik des keynesianischen Wohlfahrtsstaates nicht den Output steigert, sondern die Privaten beraubt und alle Initiative lähmt. Die Entwicklungsblockade der hochindustrialisierten Länder besteht dann nicht in einer unzureichenden Ausgabenneigung der Bezieher von Gewinneinkommen - dies wegen der objektiv begrenzten Investitionsmöglichkeiten - sondern in verschlechterten subjektiven Voraussetzungen für wirtschaftliche Dynamik. Entsprechend werden dem Volk in rascher Folge Standpauken gehalten. Zu erinnern ist zum Beispiel an Roman Herzogs Forderung nach

einem Ruck, der durchs Land gehen müsse, oder an Blairs und Schröders
Aufruf zu Kreativität, Initiative und Neuem und Modernem.[8] (All dies ist
den Praktiken einer Erziehungsdiktatur nicht unähnlich – allerdings ohne die
Vorsätze und ohne die umfassende Verantwortlichkeit der Herrscher des
aufgeklärten Absolutismus. Nicht der Monarch, sondern der Markt soll's
richten.) Wenn der Staat es sich nun zur Aufgabe macht, das Privateigentum
wieder uneingeschränkt zu achten und die Anklage, ein konfiskatorischer
Wohlfahrtsstaat zu sein, durch die Beseitigung eben dieses Wohlfahrtsstaates
endgültig entkräftet, dann bestünde die traditionelle Form der Legitimierung
des Privateigentums in der Behauptung, daß dieses uneingeschränkte private
Eigentumsrecht der Wirtschaft wieder zu voller Dynamik verhilft. Damit
allerdings ist ein materielles Effizienzkriterium für den Kapitalismus formuliert: Er provoziert die Frage nach seinem materiellen Nutzen. Im Sinne des
Kapitalismus ist diese Frage nur logisch. Denn da der Kapitalismus eine
zutiefst rationalistische Zivilisation hervorgebracht hat, kann, wie Schumpeter
dies formuliert hat, es zu ihm nur ein rational und materiell begründetes
Treueverhältnis geben.[9] Nur so kann er sich und seine wesentlichen Institutionen, so das Privateigentum, rechtfertigen. Wenn aber die Beseitigung des
Wohlfahrtsstaates und die kompromißlose Restauration der privaten Eigen-
tumsansprüche nicht zu den versprochenen materiellen Ergebnissen führt,
wenn die Macht des Eigentümers über die Produktionsmittel und die
Motivierungsannahmen der orthodoxen Wirtschaftstheorie nicht zur Dek-
kung kommen, wenn also die freie Verfügung über das Privateigentum kom-
biniert mit Eigennutz nicht zu allgemeinem Wohlstand führt, dann muß die
Legitimationsfigur anders aussehen. Dann kann das Privateigentum an den
Produktionsmitteln nicht mehr mit dem Wohlfahrtsargument gerechtfertigt
werden. An seine Stelle tritt die Legitimierung des Privateigentums durch das
Freiheitsargument.

Diese Lösung hat der Neoliberalismus gefunden. Die Menschheit ist zur
Freiheit bestimmt. Diese Freiheit ist negative Freiheit im Sinne der Abwesen-
heit von Zwang. Nicht-legitimer Zwang wird durch das Gesetz geahndet.
Demnach ist das „Schweigen des Gesetzes", so Hobbes, der Ausdruck dafür,
daß die Freiheit nicht verletzt ist. Nun wäre hier im einzelnen die Herkunft
„des Gesetzes" zu diskutieren. Denn erst, wenn dies bekannt ist, wissen wir
Konkretes über den Zustand, in dem die Handlungen der Menschen mit
dem Gesetz übereinstimmen. Jedenfalls aber ist diese Freiheit im engeren
Sinne keine positive Freiheit. Denn diese ist die Bedingung für die Befreiung
von gesellschaftlichen und kulturellen Kräften, die die Selbstverwirklichung
verhindern. Sie ist eine Herausforderung, der sich durch gesellschaftliche

Transformation gerecht werden läßt. (Dies ist ausdrücklich Hegels und, darauf aufbauend, Marx' Position.) In diesem Sinne ist positive Freiheit weit mehr als eine einfache Lizenz, persönliche Präferenzen unter den Bedingungen des Marktes zu verfolgen.[10] Der Neoliberalismus aber versteht Freiheit als Ziel und Zweck menschlicher Entwicklung in der Form der negativen Freiheit.

Gegeben diese Bestimmung zur Freiheit, darf der Wirtschaft kein Ziel von Außen vorgegeben werden, so soziale Gerechtigkeit oder auch nur Vollbeschäftigung oder die Maximierung des Output bei gegebener Ausstattung mit wirtschaftlichen Ressourcen. Denn dies müßte die Verfügungsfreiheit über den Gebrauch des Privateigentums (hier: der Produktionsmittel) einschränken. Damit schließt diese Freiheit Vollbeschäftigung oder Maximierung des Outputs nicht grundsätzlich aus. Der entscheidende Punkt ist nur, daß sich dies, wenn überhaupt, von selbst ergeben muß und nicht etwa durch den Wohlfahrtsstaat politisch herbeigeführt wird. Insofern legitimiert und begründet sich der moderne Wohlfahrtsstaat dadurch, daß er die unwirksame oder mangelnde Motivierung der Privateigentümer zum Zweck der Wohlstandsmaximierung und der Verwirklichung von positiver Freiheit ergänzt oder ersetzt durch den bewußten und politisch begründeten Eingriff in den Wirtschaftsprozeß. Oder anders: Wenn die private Verfügung über die Produktionsmittel allein nicht ausreicht, den „Wohlstand der Nation" als Glücksversprechen der Moderne herbeizuführen, dann hat dieses Glücksversprechen ebensowenig eine materielle Substanz wie die Begründung des Privateigentums mit dem materiellen Wohlfahrtsinteresse der Gesellschaft insgesamt. Dann gibt es nur noch den Ausweg, aus Gründen der negativen Freiheit das jeweilige materielle Wohlfahrtsergebnis des Marktes zu bejahen und damit das Privateigentum mit seinen Attributen selbst. Dies bedeutet, so Hayek, daß man sich um der Freiheit Willen in Demut den Regeln und Ergebnissen des Marktes unterwerfen muß,[11] denn alles Raisonnieren und Aufbegehren wäre „der Weg zur Knechtschaft". Deswegen Hayeks ernste Mahnung, „die Kräfte der Gesellschaft nicht in derselben Weise beherrschen [zu wollen], wie dies bei der Beherrschung der Kräfte der Natur gelungen ist. [...] Dieser Weg führt nicht nur zum Totalitarismus, sondern auch zur Vernichtung unserer Kultur und mit Sicherheit zur Verhinderung des Fortschritts in der Zukunft."[12] Damit fordert Hayek ein nicht rationales und folglich ein nicht kapitalistisches Treueverhältnis zum Kapitalismus. Denn dieser und das Privateigentum als sein wesentliches, sein konstitutives Element werden nun mit allgemeinen Verweisen auf Kultur und Fortschritt verteidigt[13]. Insofern überrascht es nicht, wenn die moderne Theorie der Eigentumsrechte an vielen historischen Beispielen zu verdeutlichen sucht, daß die überlegene Form der Eigentumsrechte dem nordatlantischen Kapitalismus zu Vorherrschaft verholfen habe. Die Klassik war hier, wie gesagt, mit ihrem materiellen Wohlfahrtsversprechen verbindlicher – und sie konnte es auch sein, weil sie die Theorie einer kapitalistischen Epoche war, in der der Überschuß, den die Arbeit erzeugte, der Beseitigung des Mangels an Produktionsmitteln diente und folglich der Steigerung der Arbeitsproduktivität.

Die – aufbauend auf Nozick – von Buchanan formulierte Gesellschaftsvertragstheorie kommt bei der Legitimierung des Eigentums ohne den Rückgriff auf letzte Werte wie Kultur und Fortschritt aus. Der Ausgangspunkt von Nozick[14] ist ein neuer Begriff von Gerechtigkeit. Im Namen der negativen Freiheit kann das Ziel nur prozedurale Gerechtigkeit sein. Damit nimmt Nozick einen Gedanken aus der neoklassischen Nutzen- und Tauschtheorie auf – allerdings mit einer anderen Wendung. Pareto argumentiert im Rahmen der Neoklassik, daß der Tausch den gesellschaftlichen Nutzen optimiert. Dieses Optimum ist dann erreicht, wenn bei jedem Tausch wenigstens eine Partei Nutzen dazu gewinnt, aber niemand Nutzen durch den Tausch einbüßt. Nozick kann natürlich, ebenso wie Hayek, die neoklassische Vorstellung von einer ergebnisorientierten Wirtschaft (hier: Nutzenoptimierung) nicht gelten lassen, da der Neoliberalismus den Kapitalismus nicht anhand eines Effizienzkriteriums überprüft wissen möchte. Entscheidend ist demnach nicht der gesellschaftliche Nutzen des Tauschs, sondern, daß individuelle Nutzenerwägungen zu einem freiwilligen Tausch führen: Das Prozedere dieser Wirtschaft bei der Zuteilung von Einkommen, Lebenschancen, Vermögen ist deswegen gerecht, weil der Tausch (als Zuteilungsmethode) freiwillig war (freiwillig im Sinne der erwähnten negativen Freiheit). Zu beachten ist, daß der Tausch auch dann freiwillig ist, wenn jemand aus einer äußersten Notlage heraus in einen Tausch einwilligt, der nach allgemeinem Verständnis für ihn sehr unvorteilhaft ist, so der Tausch der Arbeitskraft gegen einen miserablen Lohn, weil keine Alternative zum Überleben gegeben ist. Damit sind gesellschaftliche Macht, die ungleichen Machtpositionen der Anbieter und Nachfrager von Arbeit, die Konkurrenzform, das Ziel der Entlohnung nach dem Grenzprodukt (das Anliegen der Neoklassik und der sozialen Markwirtschaft), die ganze Frage der Ausbeutung aus dem Korpus der Gesellschaftswissenschaft entfernt. Der Reichtum und jede Form von Eigentum ist damit legitimiert, weil ja einleuchtend scheint, daß Freiwilligkeit und persönliche Freiheit in einem Gesellschaftssystem nicht zur Disposition stehen können. Oder kürzer: Wenn der Tausch freiwillig war, dann entspricht das Ergebnis des Tausches dem freien Willen der Marktteilnehmer.

Die brüchige Stelle der neoliberalen Eigentumslegitimation ist der Rückgriff auf den sehr eingeschränkten Begriff der negativen Freiheit, denn schließlich hat sich spätestens seit der europäischen Aufklärung die Vorstellung herausgebildet, daß positive Freiheit Ziel menschlicher Entwicklung sei. Wenn es (wieder) Sache des allgemeinen Bewußtseins wird, Freiheit von Unwissenheit, von materieller Not, vom stummen Zwang der ökonomischen Verhältnisse als legitimes Ziel zu verfolgen, dann ist die Frage der Eigentumslegitimation neu gestellt. Ein Anfang in diese Richtung findet sich in der keynesianischen Theorie. Ungenutzte wirtschaftliche Hilfsmittel, so Arbeitslosigkeit, sind für Keynes ein öffentlicher Skandal – und nicht der Preis für individuelle, wirtschaftliche Freiheit. Dies bedeutet neben der Belebung der Investitionsgüternachfrage durch niedrige Zinsen vor allem die Stärkung der Konsumgüternachfrage durch eine Verteilungspolitik zugunsten der niedrigen Einkommen und des kollektiven, staatlich organisierten Massenkonsums (öffentliche Gratisleistungen für die Bürger im Rahmen eines modernen Wohlfahrtsstaates). Damit behauptet Keynes, daß wir für einen großen Teil des Wirtschaftswachstums nicht auf die Ersparnisse der Reichen aus ihrem Überfluß angewiesen seien.[15] „Denn wir haben gesehen, daß bis zu dem Punkt, an dem Vollbeschäftigung vorherrscht, das Wachstum des Kapitals sich keineswegs auf einen niedrigen Hang zum Verbrauch stützt, sondern in Gegenteil, von ihm zurückgehalten wird; und daß nur in Zuständen der Vollbeschäftigung ein niedriger Hang zum Verbrauch förderlich für das Wachstum von Kapital sein wird."[16] Diese Wendung ist von großer Bedeutung. Denn nun ist die Forcierung der Bildung von Produktivvermögen (eine Vermehrung des Reichtums „der Reichen") nicht mehr das Mittel, die allgemeine Wohlfahrt zu erhöhen. Und folglich ist auch das Einkommen der Besitzer des Produktivvermögens nur in soweit legitimiert, als es der Bildung von auslastbaren Produktionskapazitäten dient. Für das Einkommen derjenigen gesellschaftlichen Klasse, die typischerweise Produktionsmittel bildet, wird eine Obergrenze des Einkommens bestimmt, die sich aus dem Bedarf an Produktionskapazitäten herleitet. Die Vorstellung der Klassik und auch das Alltagsverständnis, daß die uneingeschränkte Aneignung des gesellschaftlichen Überschusses durch die Kapitalisten zu allgemeiner Wohlfahrt führt, hat in diesem Raisonnement keinen Platz mehr. Vielmehr muß die Verteilung, wie sie durch den Wettbewerb (besonders auf dem Arbeitsmarkt), den Markt und die Macht herbeigeführt würde, durch den Staat mit dem Wohlfahrtsziel in Übereinstimmung gebracht werden. Dies entspricht natürlich nicht dem neoliberalen Ziel der Freiheit und der – in diesem Sinne – uneingeschränkten Autonomie des Individuums. Positive Freiheit aber läßt

sich nur unter ausdrücklicher Beachtung des Wohlfahrtszieles verwirklichen.
Smith hatte noch einigen Grund zu behaupten, daß das Wohlfahrtsziel ohne
korrigierenden Staat verfolgt werden könnte, so daß die Unterscheidung von
positiver und negativer Freiheit in diesem Kontext weiter nicht von Bedeutung wäre. Die Überwindung der Kapitalrestriktion in den entwickelten Ländern aber erfordert, dem Verständnis von Freiheit und dem Zusammenhang
von Freiheit und Eigentumslegitimation unter den neuen Bedingungen volle
Aufmerksamkeit zu schenken.

Anmerkungen

*   Professor an der Hochschule für Wirtschaft und Politik in Hamburg

1   J. Locke, Zwei Abhandlungen über die Regierung, hg. und eingeleitet. von
    Walter Euchner, Frankfurt a.M. 1977, S. 217, Erstveröffentlichung 1690.

2   So beispielsweise Hayek: „Daß das, was moralisch falsch ist, nicht das Monopol,
    sondern nur die Verhinderung von Wettbewerb ist…, sollten sich besonders jene
    'Neoliberalen' vor Augen halten, die glauben, sie müßten ihre Unparteilichkeit
    dadurch beweisen, daß sie gegen alle Unternehmensmonopole genauso wettern
    wie gegen alle Gewerkschaftsmonopole, wobei sie vergessen, daß Unternehmens-
    monopole häufig das Resultat besserer Leistungen sind, während Gewerkschafts-
    monopole auf der zwangsweisen Unterdrückung des Wettbewerbs beruhen." F.
    A. von Hayek, Recht, Gesetzgebung und Freiheit, Band 3 Landsberg am Lech
    1981, S. 117 f. In diesem Sinne ebenfalls die modernere Literatur zum Monopol-
    phänomen.

3   A. Smith, Eine Untersuchung über das Wesen und die Ursachen des Reichtums
    der Nationen, Erster Band, Erstes Buch, Kapitel VIII, S. 84ff. Berlin 1976,
    Erstveröffentlichung 1776.

4   J.A. Schumpeter, Kapitalismus, Sozialismus und Demokratie, Tübingen 1993, S.
    221ff. Erstveröffentlichung 1942.

5   vgl. hierzu etwa: von Justi, Die Grundfeste zu der Macht und Glückseligkeit der
    Staaten oder ausführliche Vorstellung der gesamten Polizeywissenschaft (1760)
    oder Justis Staatswirtschaft (1755), des weiteren Sonnenfels, Grundsätze der
    Polizey, Handlung, und Finanzwissenschaft (1765 – 67), Voltaire, Le Sciècle de
    Louis XIV (1755).

6   F. v. Hayek, Recht, Gesetzgebung und Freiheit, Bd. 3, a.a.O., S. 63.

7   derselbe, Wohin zielt die Demokratie? in: Drei Vorlesungen über Demokratie,
    Gerechtigkeit und Sozialismus, Walter-Eucken-Institut, Vorträge und Aufsätze,
    Tübingen 1977, S. 9.

8   Der Weg nach vorne für Europas Sozialdemokraten. Ein Vorschlag von Gerhard
    Schröder und Tony Blair, Juli 1999.

9   J. A. Schumpeter, Kapitalismus, Sozialismus und Demokratie, a.a.O. S. 232.

10 Hayek liefert in „Die Verfassung der Freiheit", Tübingen 1971, S. 166, eine recht
    gute Skizze, was unter negativer Freiheit zu verstehen ist. So ist auf Reichtum

gegründete Macht, zum Beispiel die Macht, jemanden von materieller Nutznießung auszuschließen, so lange nicht Willkür, wie dieser Machtausübung keine persönliche Absicht der Freiheitsberaubung zugrunde liegt: „Auch wenn ihn selbst und vielleicht seine Familie die Gefahr des Hungers bedroht und ihn 'zwingt', eine ihm widerwärtige Beschäftigung für einen sehr geringen Lohn anzunehmen und der 'Gnade' des einzigen Menschen ausgeliefert ist, der bereit ist, ihn zu beschäftigen, so ist er doch weder von diesem noch von irgend jemand anderem in unserem Sinn gezwungen. Solange die Handlung, die seine Schwierigkeiten verursacht hat, nicht bezweckte, ihn zu bestimmten Handlungen oder Unterlassungen zu zwingen, solange die Absicht der Handlung, die ihn schädigt, nicht ist, ihn in den Dienst der Ziele eines anderen zu stellen, ist ihre Wirkung auf seine Freiheit keine andere als die einer Naturkatastrophe – eines Feuers oder einer Überschwemmung, die sein Heim zerstört, oder eines Unfalles, der seine Gesundheit schädigt." M. Friedman vertritt dieselbe Position, wenn er bemerkt, daß Freiheit bedeutet, „daß es keinen Zwang eines Menschen gegenüber einem Menschen geben darf." M.Friedman, Kapitalismus und Freiheit, München 1976, S. 37.

11 F. Hayek, Wahrer und falscher Individualismus, in: ORDO-Jahrbuch für die Ordnung von Wirtschaft und Gesellschaft, Band I (1984), S. 38.

12 derselbe, Der Weg zur Knechtschaft, München 1991, S. 254.

13 Von der Befreiung von kulturellen Kräften, die im Sinne einer positiven Freiheit die Selbstverwirklichung verhindern, kann dann nicht mehr die Rede sein.

14 R. Nozick, Anarchie, Staat, Utopie, München 1976.

15 J.M. Keynes, Allgemeine Theorie der Beschäftigung, des Zinses und des Geldes, Berlin, 1955, S. 314.

16 Ebd.

Jörg Stadlinger
Reichtum und Individuum
Überlegungen zu einem philosophischen Reichtumsbegriff

Die aktuelle Reichtums-Debatte – im wesentlichen eine politische und sozialwissenschaftliche Auseinandersetzung mit Verteilungsverhältnissen und sozialer Ungleichheit – sieht sich immer wieder mit tiefgreifenden Unklarheiten und Differenzen hinsichtlich des grundlegenden Verständnisses von „Reichtum" konfrontiert. Von den Sozialwissenschaften werden solche Probleme der Gegenstandsbestimmung als *Definitions*probleme abgehandelt. Der Versuch einer Bestimmung von „Reichtum" berührt freilich grundlagentheoretische Fragen, die über den Rahmen der Erfahrungswissenschaften hinausweisen und nach der Entwicklung eines *philosophischen Begriffs* des betreffenden Gegenstands verlangen. Eine solche *begreifende* Aneignung der Reichtumsproblematik, wie sie hier versucht werden soll, möchte einen neuen theoretischen und politischen Zugang zum Thema in einer Situation eröffnen, in der seine gegenwärtige, verteilungspolitisch reduzierte Behandlung durch die Linke offensichtlich an Überzeugungs- und Ausstrahlungskraft verloren hat. Es spricht einiges für die Annahme, daß sich gerade mit der Entfaltung des in diesem Beitrag so genannten „*wirklichen* Reichtums", d.h. der produktiven Kräfte der Individuen, bereits weitergehende Ansprüche herausgebildet haben, die über die aktuellen Inhalte und Formen linker „Reichtums-Politik" ebenso hinausweisen wie über die herrschende Form des Reichtums selbst.

Was also ist Reichtum bzw. wer ist reich? Die Bemühungen um eine Antwort bewegen sich üblicherweise zunächst im Rahmen einer Bestimmung, wie sie beispielhaft von Adam Smith gegeben wurde. Für ihn ist ein Mensch arm oder reich, „je nachdem in welchem Ausmaß er sich die zum Leben notwendigen und annehmlichen Dinge leisten und die Vergnügungen des Daseins genießen kann."[1] Entsprechend richten sich neuere definitorische Anstrengungen vornehmlich auf die Identifikation der den Reichtum bildenden Güter sowie auf die Fixierung jenes „Ausmaßes", in dem diese bzw. Geldmittel (Einkommen/Vermögen) zu ihrem Erwerb vorhanden sein müssen, damit von „Reichtum" gesprochen werden kann.

Eine ausschließliche Konzentration auf die Höhe von Einkommen und Vermögen erscheint freilich nicht wenigen als verengend. In diesem Sinne plädiert dann z.B. auch der Soziologe Ulrich Beck für eine „neuen Definition" des Reichtums: „Diese muß unter anderem", so Beck, „auch Indikatoren

wie soziale Teilhabe, politische Freiheit usw. enthalten. Denn eine Gesellschaft, deren Wirtschaft blüht, die aber deswegen die Menschen arbeitslos
macht, ins Abseits drängt, ist keine 'reiche', sondern nur noch eine Rest-
gesellschaft für Reiche."[2]
Seine Kritik der Beschränktheit der geltenden Reichtumsdefinition will
das Problem einer angemessenen Bestimmung durch eine *Erweiterung* der
Definition um nicht-ökonomische, nicht in Geld ausdrückbare Aspekte lösen. Bei dieser Erweiterung bleibt die vorgefundene *sozial-ökonomische* Form
des Reichtums allerdings weiterhin vorausgesetzt und ihr besonderer *sozialer
Inhalt* unreflektiert. Damit wird auch nicht gefragt, ob es sich bei der herrschenden Erscheinungsform des Reichtums nicht womöglich selbst um eine
beschränkte Form desselben handelt und ob nicht u.U. genau daraus die von
Beck selbst benannten Probleme entspringen. Hier soll nun die These vertreten werden, daß es zunächst einmal weniger auf die Erweiterung einer beschränkten sozialwissenschaftlichen *Definition* des Reichtums ankommt als
vielmehr auf das philosophische *Begreifen* der Beschränktheit seiner *realen
geschichtlichen Erscheinungsform* und das heißt: ihres immer problemati-
scher werdenden Verhältnisses zu den Selbstbestimmungs- und Entfaltungs-
ansprüchen der Individuen.

Wenn man sich auf die Frage einer möglichen Beschränktheit der herrschenden Form des Reichtums selbst einläßt, dann stößt man unweigerlich
auf den Umstand, daß es mit einer Kritik an der Beschränktheit einer *bestimmten* Reichtumsdefinition nicht sein Bewenden haben kann. Vielmehr
gilt es nun, sich über die grundsätzliche Beschränktheit einer Bestimmung
des Reichtums in der *logischen Form einer Definition* überhaupt Rechen-
schaft zu geben. Es stellt sich auf diese Weise das Problem des Unterschieds
zwischen einer (sozialwissenschaftlichen) *Definition* und einem (philosophischen) *Begriff*, auf das hier nur in extrem verkürzter Form eingegangen
werden kann.

Folgt man der in Hegels *Wissenschaft der Logik* gegebenen Bestimmung
der Definition, dann fixiert diese die „einfache Bestimmtheit"[3] eines Phänomens ausgehend von dessen wahrnehmbaren Eigenschaften, von denen einige in den Rang von identifizierenden Merkmalen erhoben werden. Eine
solche Definition hat logisch die Form einer *abstrakten* Allgemeinheit, weil
von der Fülle der sonstigen Bestimmungen eines Gegenstandes abstrahiert
wird. Ob allerdings das ausgewählte Merkmal eine wesentliche Eigenschaft
des Gegenstandes festhält oder nicht, kann auf der Ebene der definitorischen
Bestimmung selbst nicht geklärt werden. Die Bestimmung der Bestimmtheit
bleibt letztlich willkürlich oder zufällig, ein Streit der Definitionen unver-

meidlich.[4] Die praktischen – im gegebenen Fall: politischen – Zwecke sowie
die dahinter stehenden Interessen, welche die Gesichtspunkte der Betrachtung und damit auch die Auswahl der Eigenschaften bestimmen, sind der
definitorischen Anstrengung vorausgesetzt und werden im gegebenen instru-
mentellen Verhältnis zur Erkenntnis nicht selbst im Wissen begründet oder
reflektiert.

In der vorherrschenden Wissenschaftsauffassung stehen dann auch das
Wissen und die Zwecke – z.B. in der Form einer Beziehung von Erkenntnis
und „Werten" – in einem äußerlichen Verhältnis zueinander.

Demgegenüber will nun das *begreifende* Erkennen keine *äußeren*, willkürlichen Gesichtspunkte an den Gegenstand herantragen, sondern es sucht die
Sache *selbst*, gewissermaßen unter ihrem *eigenen* „Gesichtspunkt" in der
Form der *konkreten* Allgemeinheit denkend zu erfassen. Die Sache selbst gilt
dabei nicht als etwas Feststehendes, sondern als Prozeß oder genauer: als
etwas, das in seiner Selbstbewegung und -entwicklung aufzufassen wäre. Die
vom Erkenntnissubjekt fixierten Unterschiede können als *wesentliche* Bestimmungen gelten, wenn sie als *innere*, notwendig miteinander verbundene und
auseinander hervorgehende Unterschiede der Sache selbst bzw. als notwendige
Momente ihrer Reproduktion und Entwicklung sich bestimmen lassen.

Der Begriff des Reichtums zielt auf die geschichtliche Selbsterzeugung der
Gattung, die Entfaltung der menschlichen Kräfte, Bedürfnisse und Beziehungen und auf die jeweilige Aneignung derselben durch die Individuen. Dabei
versucht er zugleich aus der bestimmten historischen Form der gesellschaftlichen Verhältnisse und Kraftäußerungen zu erklären, wieso diese den Individuen als eine fremde Macht entgegentreten bzw. ihr eigener Prozeß die Form
einer naturwüchsigen, verselbständigten bzw. „von-selbst" ablaufenden Bewegung annehmen kann, der sie unterworfen sind; des weiteren, warum ihnen
unter diesen Bedingungen dann auch ihr äußerliches Verhältnis zu den sie
beherrschenden Potenzen und Verhältnissen nicht mehr als eine *bestimmte*
Form ihrer *Selbst*beziehung durchsichtig ist. Dies vermag das begreifende
Denken freilich nur deshalb zu leisten, weil es seinen Gegenstand nicht – wie
die Vor-stellung – in der Form eines einfach vorgefundenen *Gegenübers* vor
sich zu haben glaubt, sondern berücksichtigt, daß es selbst *in* seinen Gegenstand fällt und somit von ihm bei dem Versuch seiner erkennenden Aneignung „hinterrücks" bestimmt wird. Die im Begreifen intendierte Selbsterkenntnis vollzieht sich nicht zuletzt als Befreiung von Selbsttäuschungen.
Über die Beseitigung von bestimmten Illusionen über uns selbst hinaus
meint dies grundsätzlicher die Durchbrechung einer konkreten Täuschung
hinsichtlich unseres eigenen Vermögens zur Selbsterkenntnis. Es geht um

eine Täuschung, der wir als Erkenntnissubjekte unterliegen, deren Bemühungen um eine Erkenntnis der Verhältnisse durch die jeweils bestimmte Form derselben bestimmt wird und die durch die Einsicht in diese jeweils konkrete Bestimmtheit auch aufgehoben werden kann.

Als Gewinnung von Einsicht in die Bestimmungen unserer eigenen Existenz, unseres Denkens und Handelns wie auch in die Möglichkeit einer praktischen Aneignung eben dieser Bestimmungen ist das begreifende Denken eine Form der Selbstveränderung und Bedingung der praktischen Verwirklichung von Freiheit als *Selbst*bestimmung. Daß es die *Notwendigkeit* der Befreiung begründet, bedeutet wiederum nicht, letztere werde als „von selbst" eintretend aufgefaßt. Es geht vielmehr um die Aufhebung des „Von-Selbst" als der Bewegungsform des verselbständigten gesellschaftlichen Prozesses, eine Form, die heute zur Schranke der Entfaltung des *wirklichen* Reichtums, d.h. der Individualität der Individuen, geworden ist. Und die Aufhebung dieser „Von selbst"-Bewegung geschieht gerade *nicht* von selbst. Der Begriff des Reichtums verbindet sich mit der Einsicht in die Notwendigkeit, die bislang naturwüchsig sich vollziehende Selbstproduktion der Gattung – die Erzeugung des Reichtums menschlicher Vermögen, Beziehungen und Bedürfnisse – in eine von den Individuen beherrschte, *selbstbestimmte* Selbsterzeugung zu verwandeln. Deren praktische Verwirklichung fiele zusammen mit der Aufhebung der gegensätzlichen Form, in der die Entwicklung des Reichtums bis heute – nämlich auf Kosten der Mehrheit der Individuen – sich vollzogen hat.

Im Zentrum der Entwicklung eines philosophischen Begriffs von Reichtum steht die Frage nach dem Zusammenhang von *Reichtum und Individuum*. Dabei spielt die Frage, ob der Reichtum als *Mittel* oder als *Selbstzweck* zu betrachten sei, in der Theoriegeschichte eine zentrale Rolle, weshalb hier in aller Kürze zunächst auf die logische Seite des Problems eingegangen werden soll. Folgt man Aristoteles, dann ist ein *Selbstzweck* oder *absoluter* Zweck ein solcher, der nicht wiederum um eines anderen Zweckes willen ist, sondern um *dessentwillen* alles andere ist.[5] Dieser *absolute* Zweck ist im Gegensatz zu den *endlichen* Zwecken, die ihrerseits wiederum als *Mittel* seiner Verwirklichung fungieren und an einem jeweils übergeordneten Zweck ihre *Grenze* finden, selbst *unbegrenzt*.[6] Der Begriff des absoluten Zwecks oder Selbstzwecks bezieht sich schließlich auf die Form einer Bewegung, bei der etwas in seiner Veränderung sich erhält, bei der Anfang und Ende, Selbsterhaltung und Selbstproduzieren identisch sind. Die Bedeutung dieser Problematik für den Reichtumsbegriff wird bei einem Blick auf die Philosophiegeschichte deutlicher werden.

In der Antike wird der Reichtum von Aristoteles in der Perspektive der Frage nach dem absoluten Zweck des menschlichen Lebens reflektiert. Letztere erfährt ihre Beantwortung durch die Bezugnahme auf die Vernunftnatur des Menschen und die im Zuge ihrer vollkommenen, tätigen Entfaltung sich einstellende, gegen die Zufälle des Lebens gefeite Glückseligkeit (Eudämonie). Das im Ganzen gelingende, vernunftgemäße, sittliche Leben ist der Endzweck, der die Vielfalt endlicher Zwecke menschlicher Tätigkeiten übergreift. Die Möglichkeit seiner Verfolgung und Verwirklichung ist von der Freiheit nicht zu trennen, worunter hier zunächst das „Um-seiner-selbst-willen-Sein" des Polisbürgers[7] zu verstehen wäre. Im Unterschied zum Sklaven, der um eines Anderen willen lebt und darum nur als eine Art „beseeltes Werkzeug"[8] gilt, ist der Freie keinen persönlichen Abhängigkeitsverhältnissen unterworfen.[9] In der anthropologischen Bestimmung des Menschen als „staatsbürgerliches Wesen" liegt weiterhin, daß das Individuum nur in der sittlichen Gemeinschaft der Polis, deren Zweck die allgemeine Eudämonie überhaupt darstellt, sowie in der Teilhabe an der Regelung der allgemeinen Angelegenheiten durch die Gemeinschaft der Bürger bei sich selbst, d.h. *frei* sein kann.[10] Das Selbstsein des freien Polisbürgers verwirklicht sich in selbstzweckhafter Tätigkeit, d.h. neben der Praxis bzw. Politik vor allem in der Theorie. Voraussetzung dafür ist die Befreiung von der Arbeit, welche die Angelegenheit der Frauen und Sklaven ist. Die Trennung zwischen der Sphäre der Theorie und Praxis einerseits und der Arbeit andererseits bzw. zwischen dem „Reich der Freiheit" (= der öffentliche Raum) und dem „Reich der Notwendigkeit" ist eine Erscheinungsform antiker Herrschaft.

Im Reich der Notwendigkeit werden mit den Elementen des sachlich-stofflichen Reichtums die von Aristoteles so genannten „äußeren Glücksgüter", geschaffen, deren der freie Polisbürger zu einem „guten Leben" bedarf. Der Philosoph bemerkt des weiteren eine doppelte Erscheinungsform dieses sachlichen Reichtums, der damit zum Gegenstand unterschiedlicher „Künste" oder „Wissenschaften" wird: zum einen der *Haushaltungskunst* (Ökonomik), zum anderen der *Kunst des Gelderwerbs* (Chrematistik). Die Haushaltungskunst beschäftigt sich mit dem, was Aristoteles den „*wahren Reichtum*" nennt. Dabei handelt es sich um die lebensnotwendige Menge an *Gebrauchswerten*, den Produkten der Subsistenzökonomie einer häuslichen Produktionseinheit. Der Mensch – soll heißen: der freie, männliche, um seine Eudämonie besorgte Polisbürger – gilt als Zweck der Produktion, an welchem der als *Mittel* des „guten Lebens" dienende „wahre Reichtum" dann auch seine Grenze findet. *Wahrer* Reichtum ist *quantitativ beschränkter* Reichtum. Seine Aneignung vollzieht sich nicht im bloßen Besitz und schon gar nicht in einer grenzenlosen Anhäufung von Gütern, sondern im *maßvollen Gebrauch*.

Aristoteles muß allerdings feststellen, daß die zweite von ihm bemerkte Gestalt des Reichtums dieses Verhältnis von Zweck und Mittel umzukehren droht. Er bemerkt zunächst, daß es von jedem Besitzstück einen „zweifachen Gebrauch" gibt. Ein Ding kann einmal – und dies ist die natürliche Weise seiner Aneignung – als *Gebrauchswert* zur Befriedigung eines konkreten Bedürfnisses dienen. Zum zweiten aber kann es auch als *Tauschobjekt* fungieren.[11] Der Austausch arbeitsteilig produzierter Gegenstände ist anfänglich nichts anderes als ein notwendiges und gemeinschaftsstiftendes Verhältnis. Auch die Einführung des Geldes in das Tauschverhältnis scheint zumindest solange nicht problematisch zu sein, wie das Geld in seiner *Mittelfunktion* als Maßstab des Wertes der Waren und als Mittel der Zirkulation festgehalten werden kann – oder anders: solange sich die Zirkulation der Waren in der naturalwirtschaftlichen Form 'Ware – Geld – Ware' bewegt. Sie erscheint Aristoteles als die „natürliche" Bewegung des stofflichen Reichtums, weil sie dem Prinzip der Bedürfnisbefriedigung unterworfen ist.

Mit der Entwicklung der Geldwirtschaft, der Herausbildung eines Kaufmannsstandes und der entsprechenden Kunst des Gelderwerbs vollzieht sich allerdings eine beunruhigende Veränderung: In der Geldform verwandelt sich der Reichtum nun in einen absoluten Zweck. Der Handel, so stellt Aristoteles fest, „schafft Vermögen rein durch Vermögensumsatz. Und dieser Umsatz scheint sich um das Geld zu drehen. Denn das Geld ist des Umsatzes Anfang und Ende."[12] Das „Kaufen, um (teurer) zu verkaufen" realisiert sich in einer zirkulären Bewegung – „Geld-Ware-Geld" –, die von dem einen Extrem, dem Geld, ausgeht und zu demselben Extrem zurückkehrt – natürlich nicht, ohne dabei seine Quantität gesteigert zu haben. Mit dieser *Selbstbezüglichkeit* des Geldes ist gesetzt, daß sich die *Bedürfnisbefriedigung* – zunächst *Zweck* – nun in ein *Mittel* verwandelt hat. Der Reichtum hingegen, der als *wahrer* Reichtum zunächst Mittel war, wird in der Form des *abstrakten* Reichtums (s.u.) oder des Geldes selbst zum Selbstzweck. Damit hat diese Form des Reichtums auch zugleich die Form eines *schrankenlos*en und gegenüber den Individuen sich tendenziell verselbständigenden Prozesses angenommen. Er stellt sich dar als die Bewegung eines neuen absoluten Zwecks, der sich das, was vorher als Selbstzweck gegolten hat, unterwirft. Die Habsucht, die sich auf besondere nützliche Dinge richtet, wird abgelöst durch die grenzenlose, nie zu befriedigende Bereicherungssucht.

Das Zum-Selbstzweck-Werden des Geldreichtums mußte antiken Intellektuellen wie Platon, Sophokles und Aristoteles zwangsläufig als Bedrohung der (polis-)bürgerlichen Freiheit und als Gefahr für den sittlichen Organismus des Staates erscheinen. Wer unter die Knechtschaft des unnatürlichen Reichtums gerät und vom unersättlichen Erwerbsstreben getrieben wird, der hat, so auch Aristoteles' Klage, das Ziel eines guten Lebens bereits aus den Augen verloren und macht von seinen menschlichen Vermögen einen widernatürlichen Gebrauch.

Die Polis mußte untergehen. Zusammen mit der Entwicklung der Warenproduktion und der neuen Form des zum Selbstzweck gewordenen Reichtums bildeten sich in einem langen historischen Prozeß neue Beziehungen zwischen Einzelnem und sozialem Zusammenhang, veränderte Formen der Selbständigkeit und Abhängigkeit der Individuen heraus. In der bürgerlichen Gesellschaft wird der Markt zur ökonomischen Basis einer bis dahin in dieser Verallgemeinerung noch unbekannten Gleichheit und Freiheit, die dann auch in den politisch-ideologischen Formen der bürgerlichen Gesellschaft ihren ideellen und organisatorischen Ausdruck erhält. *Selbständig* sind die über ihre eigenen Arbeitsmittel verfügenden, sich wechselseitig als Eigentümer anerkennenden Warenproduzenten nun *insofern*, als sie Umfang und Ziel ihrer Tätigkeit selbst bestimmen können. Ihr Tun ist – im Unterschied zu dem der Sklaven oder Leibeigenen – zu einem beträchtlichen Maße ihrer Wahlfreiheit oder Willkür, mithin ihrer *formellen* Freiheit überlassen. Im Vergleich mit dem Zunftzwang und anderen feudalgesellschaftlichen Einschränkungen erscheint das neue Konkurrenzverhältnis als die genuine Form der freien Entwicklung der Individuen. Indem hier jeder der bürgerlichen Privategoisten in der Verfolgung seines eigenen Zwecks den Anderen zum *Mittel* macht, wird er freilich zugleich *selbst* zum Mittel eines fremden Zwecks. Indem die Individuen zueinander *und* zu den Formen ihres gesellschaftlichen Zusammenhangs wie zu *Mitteln* ihrer privaten Zwecke sich verhalten, tritt ihnen ihr eigener, aus dem Zusammenstoß der unabhängigen Individuen hervorgehender Zusammenhang als ein *äußerlicher* gegenüber. Er hat für sie die Form einer äußerlichen, sachlichen Notwendigkeit. In dieser – der Antike noch fremden – Äußerlichkeit der Beziehung liegt aber nicht nur eine besondere, neue Form der Selbständigkeit der Individuen, sondern zugleich auch eine veränderte Weise ihrer Abhängigkeit und Unfreiheit beschlossen. Die persönliche Abhängigkeit des Produzenten in der Feudalgesellschaft wird ersetzt durch die wechselseitige, sachlich vermittelte Abhängigkeit der im beschriebenen Sinne selbständigen, sich als Gleiche anerkennenden und in ihren Tätigkeiten gegeneinander gleichgültigen Warenbesitzer voneinander. In dem Maße nun, wie die Individuen, die auf die Veräußerung ihrer Produkte angewiesen sind, im Austausch *voneinander* abhängig werden, erscheint das Austauschverhältnis in seiner Gesamtheit als ein von ihnen *unabhängiger*, naturwüchsig entstehender, objektiver Zusammenhang. Hervorgegangen aus dem Aufeinanderwirken der bewußten Individuen, unterliegt er in seiner Totalität gleichwohl nicht ihrem Bewußtsein und ihrem Willen. Er erscheint so als eine ihnen fremde Macht. Die *persönliche* Abhängigkeit hat sich in eine *sachliche*, unpersönliche Abhängigkeit der Individuen gegenüber ihrem eigenen, ihnen gegenüber verselbständigten Prozeß verwandelt.

Blickt man auf die theoretische Reflexion jener Verhältnisse, die mit der entwickelten Warenproduktion und dem Geldsystem bzw. mit der bürgerlichen Reichtumsform verbunden sind, dann stößt man im Zeitalter der Aufklärung auf zwei charakteristische Positionen, die sich in modifizierter Form auch in den aktuellen Debatten noch wiederfinden lassen. In ihrer Gegensätzlichkeit bringen sie nicht zuletzt die innere soziale Differenzierung des sich gerade emanzipierenden Dritten Standes zum Ausdruck.

Zur ersten gehören jene Theorien, die in affirmativer Weise die Kategorie des Nutzens oder des egoistischen Interesses zum Grundprinzip der bürgerlichen Gesellschaft promovieren. Die Bestimmung des Nützlichkeitsverhältnisses als Form der Beziehungen zwischen den Individuen tritt zuerst auf in den Naturrechtstheorien von Hobbes und Locke, dann in der französischen Aufklärung bei Holbach und Helvétius und schließlich in der klassischen Nationalökonomie bei Adam Smith. Die Auffassung der modernen politischen Ökonomie entbindet die Reichtumsproduktion aus der politisch-ethischen Beschränkung, der sie in der Antike und im christlichen Mittelalter unterworfen war. Die Produktion erscheint nun als Zweck des Menschen und die Anhäufung von Reichtum wiederum als absoluter Zweck der Produktion. Für Adam Smith handelt es sich bei dem „wahren Reichtum" nicht mehr – wie noch in der Antike – einfach um Gebrauchswerte, und auch nicht – wie für die zeitgenössischen Merkantilisten – um Gold, Geld oder Silber, sondern um Waren. *Wahrer* Reichtum ist *Waren*reichtum und als solcher nur wirklich als Reichtum des *ganzen* Volkes. Dieser allgemeine Wohlstand verdankt sich Smith zufolge dem ausgleichenden Wirken der berühmten „unsichtbaren Hand", welche die einzelnen Aktionen der selbstsüchtigen Individuen *ohne deren Wissen und Wollen* einem übergeordneten gesellschaftlichen Ziel zuführt. Sie ist es, die für die immer effektivere Produktion und gerechte Verteilung des produzierten Reichtums sorgt. In seiner moralphilosophischen „Theorie der ethischen Gefühle" führt Smith aus, wie selbst der egoistische und gefühllose Reiche, an dessen Mitleid zu appellieren zwecklos wäre, gegen seine Absicht einen Beitrag zum Wohl der Armen leistet. Dies, weil seiner grenzenlosen Gier nach stofflichem Reichtum das begrenzte Fassungsvermögen seines Magens gegenübersteht. Er könne einerseits auch nicht mehr verzehren als die Armen und verschaffe diesen andererseits für die Befriedigung seiner eigenen Luxusbedürfnisse Arbeit und Brot. „Von einer unsichtbaren Hand werden sie (die Reichen/J.S) dahin geführt, beinahe die gleiche Verteilung der zum Leben notwendigen Güter zu verwirklichen, die zustande gekommen wäre, wenn die Erde zu gleichen Teilen unter ihre Bewohner verteilt worden wäre ...“[13]. In den „Wealth of Nations" schließlich wird das Wirken der „invisible hand" im Zusammenhang mit einer Darstellung der Arbeitsteilung und des Tausches vorgeführt. Der Austausch ist Ausdruck eines natürlichen Triebes und eine Weise, in der die wechselseitige Instrumentalisierung der Egoisten einen gesellschaftlichen Zusammenhang in der Form von Abhängigkeiten herstellt, den das reine Wohlwollen nie zustande gebracht hätte.

Der Freiheitsbegriff, welcher der Smithschen Vorstellung vom „natürlichen System der Freiheit" zugrunde liegt, steht in der Tradition von Hobbes mechanistischer Bestimmung der Freiheit als „Fehlen von Widerstand".[14] Smith setzt die Verwirklichung derselben in die ungehinderte Bewegung der individuellen Willkür und des wirtschaftlichen Gesamtprozesses, der die Bewegungsform des „Von-selbst", also einer naturwüchsigen, gegenüber den Akteuren verselbständigten Bewegung angenommen hat. Mit seinen Kreisläufen und Gleichgewichten könne das ökonomische System auf staatliche Regulierung – und damit auf eine politische Beschränkung der Freiheit – weitgehend verzichten: Laissez-faire! Dabei erscheint die *Täuschung* der selbstsüchtigen Individuen über die wahre Bedeutung ihres willkürlichen Tuns als ein konstitutives Moment dieser Konzeption des „Systems der natürlichen Freiheit", zu dem als *unwillkürliche* segensreiche Wirkung die Mehrung des allgemeinen Wohlstands, aber eben auch die durchgängige Abhängigkeit der Individuen von äußerer Zufälligkeit[15], mithin *Unfreiheit* gehört.

Ganz anders wird das Problem des Reichtums und dessen Beziehung zur Freiheit und Individualität der Individuen in Rousseaus Sozial- und Geschichtsphilosophie behandelt. Diese ist durch die Wahrnehmung einer drastischen sozialen Polarisierung im vorrevolutionären Frankreich sowie durch die Parteinahme für die Schicht der kleinen, vom ökonomischen Aufstieg des Manufaktur- und Handelsbürgertums ausgeschlossenen Handwerker und Bauern geprägt. Seine dialektisch argumentierende Geschichtstheorie erklärt die Entstehung der Ungleichheit und Unfreiheit im Übergang vom sog. Naturzustand zum gesellschaftlichen Zustand mit der Herausbildung von Arbeitsteilung und Privateigentum, durch die sich der vereinzelte autarke Naturmensch in den abhängigen, Herrschaftsverhältnissen unterworfenen

Gesellschaftsmenschen und das natürliche Streben nach Selbsterhaltung (amour de soi) in Selbstsucht (amour-propre) verwandelt.[16] Privater Reichtum auf der einen Seite produziert notwendigerweise Armut auf der anderen.[17] Die ökonomische Ungleichheit hat unvermeidlich die Unterscheidung zwischen Mächtigen und Schwachen, die Verwandlung der legitimen in eine willkürliche Gewalt und damit die Spaltung zwischen Herren und Sklaven im Gefolge.[18] Die äußerste Zuspitzung dieser Entwicklung bildet dann aber auch den möglichen Umschlagpunkt für eine radikale Umwälzung und Neukonstituierung der Gesellschaft nach den Prinzipien der Freiheit und Gleichheit, wie sie Rousseaus politische Philosophie entwirft.[19] Für letztere erschöpft sich die Freiheit nicht in der dem Menschen überhaupt eigentümlichen Fähigkeit zur Wahl und bewußten Zwecksetzung, vielmehr erscheint sie hier zunächst wesentlich als *sittliche* Freiheit. Diese wird verstanden als Überwindung des im selbstsüchtigen Handeln sich äußernden Getriebenseins durch die Leidenschaften und Begierden in einer auf moralischen Prinzipien gegründeten Herrschaft des vernünftigen Individuums über die eigene, sinnliche Natur. Solche Tugend erscheint sodann im Politischen als *staatsbürgerliche* Freiheit, die sich allein in der Übereinstimmung des individuellen Willens mit dem Gemeinwillen, d.h. den durch die Gemeinschaft der Staatsbürger selbstgegebenen, Person und Eigentum jedes Einzelnen schützenden Gesetzen realisiert. Im Unterschied zur utilitaristisch-liberalistischen Tradition hebt Rousseaus Freiheitsbegriff gerade auf die Unterdrückung des egoistischen Privatinteresses und der Konkurrenz ab, in welchen sich die Individualität in den vorgefundenen historisch-sozialen Verkehrsformen der bürgerlichen Gesellschaft auf besondere Weise äußert. Die (geistige) Allgemeinheit und die (sinnlich-natürliche) Besonderheit des Willens werden dabei als fixe, sich wechselseitig bekämpfende Gegensätze aufgefaßt. Frei ist das Individuum demnach nur als Citoyen, also in der von seiner Individualität abstrahierenden Identifikation mit dem volonté générale. Wo der Einzelne hingegen als Individuum – und das heißt hier: als egoistischer *homme* oder *bourgeois* – agiert, bleibt er moralisch gesehen unfrei und ein Objekt politischer Herrschaft. Angesichts der mit der gegensätzlichen Existenzform des Reichtums verbundenen Abhängigkeit der (armen) Bevölkerungsmehrheit, in Anbetracht auch der Gefährdung der politischen Freiheit und sozialen Einheit durch die Reichen setzt Rousseau kein Vertrauen in das freie Spiel der Kräfte und das harmonisierende Wirken der „unsichtbaren Hand". An ihre Stelle soll die versittlichende staatsbürgerliche Erziehung sowie eine Politik treten, die nicht auf die Förderung des Reichtums, sondern auf dessen Beschränkung und die Herstellung von sozialer Gleichheit zielt. Die soziale

Gleichheit als notwendige Voraussetzung der politischen Freiheit wird nicht durch die *Abschaffung*, sondern durch eine entsprechende *Verteilung* des Privateigentums garantiert. Die ökonomisch-soziale Basis der Rousseauschen Republik bilden autarke Kleinproduzenten, von denen *alle etwas, aber niemand zuviel* besitzt bzw. von denen niemand „so reich sein darf, um sich einen anderen kaufen zu können, noch so arm, um sich verkaufen zu müssen. Dies setzt auf Seiten der Großen Einschränkung des Vermögens und Ansehens und auf Seiten der Kleinen Mäßigung des Geizes und der Habsucht voraus."[20]

Die von Rousseau um der „Freiheit" willen ins Auge gefaßte Beschränkung der Dynamik der bürgerlichen Reichtumsproduktion schließt freilich eine Entwicklungsbeschränkung auch der produktiven Kräfte der Individuen, der gesellschaftlichen Verhältnisse und Bedürfnisse und damit der materiellen Voraussetzungen und Seiten der Entwicklung des Individuums ein, deren Entfaltung historisch gerade an die Freisetzung der Bewegung des Reichtums in seiner bürgerlichen Form gebunden war. Der von den Jakobinern unternommene, politisch-praktische Versuch einer Ersetzung des egoistischen Bourgeois durch den tugendhaften Citoyen wollte die (in ihrem Gegensatz zum besonderen Interesse nur *abstrakt* aufgefaßte) politische Freiheit im gewaltsamen Widerspruch gegen ihre eigenen ökonomisch-gesellschaftlichen Voraussetzungen etablieren und mußte scheitern. Die bürgerliche Reichtumsproduktion mit ihrer verselbständigten Dynamik brach sich Bahn und ihre Widersprüche sollten bald die prinzipielle Begrenztheit einer nur *politischen* Emanzipation erweisen.

Die mit dem historischen Prozeß der politischen Emanzipation verbundene Spaltung zwischen dem Staatsbürger und dem egoistischen *homme* kann – so jedenfalls die Auffassung von Karl Marx – nur durch das *gesellschaftliche Individuum* aufgehoben werden, das im Ergebnis einer weiterführenden *menschlichen* Emanzipation seine eigenen Kräfte bewußt und gemeinsam mit anderen als gesellschaftliche Kräfte organisiert.[21] Die Verwirklichung dieses Ziels schließt die theoretische und praktische Kritik der *bürgerlichen* Auffassung und Form des Reichtums in der Perspektive des *wirklichen* Reichtums ein.

Bestand der *wahre* Reichtum für *Aristoteles* in einer quantitativ begrenzten Menge von Gebrauchswerten als Mittel zum guten Leben, für Adam Smith dagegen im Warenreichtum, so identifiziert nun Marx letzteren als eine bestimmte, historisch-gesellschaftliche Erscheinungsform des Reichtums. Sein eigener Begriff des *wahren* Reichtums zielt nun nicht einfach auf die Gebrauchswertfülle als den sachlich-stofflichen Inhalt dieser gesellschaftlichen Form, sondern auf die Verwirklichung des „totalen" oder gesellschaftlichen Individuums, die universelle Entfaltung seiner produktiven Kräfte, gesellschaftlichen Beziehungen und Bedürfnisse[22] – sowohl im „Reich der Notwendigkeit" als auch vor allem in der „freien Zeit" als des „Raumes" rein selbstzweckhafter Tätigkeit.[23] In Übereinstimmung mit Aristoteles bestimmt Marx' Begriff des wirklichen Reichtums den Menschen einerseits als Zweck der Produktion. Andererseits – nun gegen Aristoteles und in Einklang mit der bürgerlichen Reichtumsauffassung – befördert er zugleich den Reichtum von einem *Mittel* des guten Lebens, das als solches einer politisch-ethischen Beschränkung unterliegt, zum absoluten und damit in seiner Verwirklichung unbeschränkten Zweck. Die bürgerliche Form des selbstzweckhaften Reichtums und die mit ihr verbundene „Produktion um der Produktion willen" wiederum führt zwar zu einer dynamischen und ungeheueren Entfaltung menschlicher Potenzen. Gleichwohl liegt für Marx die eigentümliche Beschränktheit dieser Reichtumsform gerade darin, daß in ihr die produktiven Kräfte und gesellschaftlichen Beziehungen, also die verschiedenen Seiten der Individualitätsentwicklung, als *Mittel* eines den Individuen *äußerlichen* Zwecks fungieren. Die maßlose Bewegung des von Marx als „abstrakt" bezeichneten bürgerlichen Reichtums hat die Form eines den Individuen gegenüber verselbständigten, sozial und ökologisch ruinösen Prozesses, in welchem sich die Individuen in einem äußerlichen Verhältnis zu den gesellschaftlichen Kräften und deren Äußerungen befinden. Die Aufhebung der bürgerlichen Reichtumsform wäre somit identisch mit der Aufhebung der Naturwüchsigkeit, in der die produktiven Kräfte der Gattung sich entfalten. Es bedeutete dies Marx zufolge die Realisierung von *Freiheit* im Sinne der *Selbstbeherrschung der eigenen Kraftentfaltung* durch die assoziierten Produzenten und damit zugleich die Schaffung der angemessenen Verwirklichungsbedingungen für den *wahren* Reichtum, die selbstzweckhafte Entfaltung des „totalen", *beziehungsreichen* Individuums.

Die besondere, *abstrakte* Natur des „bornierten" bürgerlichen Reichtums wird durch die Marxsche Werttheorie erhellt, die anknüpfend an die Arbeiten von Adam Smith und David Ricardo[24] die Verwirrung der Begriffe von Reichtum und Tauschwert überwindet. Ausgehend von der unmittelbaren Erscheinungsform dieses Reichtums als „ungeheuere Warensammlung"[25] und der Analyse seiner Elementarform, der einzelnen Ware, identifiziert Marx den im Austauschprozeß als Tauschwert der einzelnen Produkte zur Erscheinung kommenden *Wert*, des weiteren das *Geld* (als seine spezifische Verkörperung) sowie dessen Verwandlung in *Kapital* als besondere historische Formen des Reichtums unter den ökonomisch-sozialen Bedingungen der privaten Warenproduktion. Der Wert – jenes „gemeinsame Dritte", das die Gleichsetzung zweier unterschiedlicher Gebrauchswerte in bestimmten Proportionen und damit ihren Austausch ermöglicht – wird durch die Arbeit gebildet. Wertsubstanz und somit Bildnerin der bürgerlichen Reichtumsform ist die Arbeit freilich nur als *abstrakte, gleiche* menschliche Arbeit überhaupt, als produktive Verausgabung von geistiger und physischer Energie, unter Negation ihrer Besonderheit als konkrete, nützliche Arbeit bestimmter Individuen in bestimmten Produktionszweigen. Insofern die Zeit unter diesen Bedingungen als *Maß* der Werte fungiert, bestimmt die zeitliche Dauer der Arbeit bzw. die zur Produktion einer bestimmten Ware im gesellschaftlichen Durchschnitt notwendige Arbeitszeit die Wertgröße des jeweiligen Produkts. Unter der Voraussetzung sich gleichgültig, äußerlich zueinander verhaltender Arbeiten vereinzelter Einzelner ist der *gesellschaftliche* Charakter der einzelnen Tätigkeiten oder ihr Bezug zur gesellschaftlichen Gesamtarbeit im Wertcharakter der Arbeitsprodukte in der spezifischen Form der *Gleichheit* ausgedrückt. Weit davon entfernt, *unmittelbar* allgemein zu sein, wird die einzelne Arbeit auf der Grundlage der Tauschwerte so erst gesellschaftlich in der logischen Form ihres unmittelbaren Gegenteils, der *abstrakten Allgemeinheit*, worin die Individualität der Arbeitenden und die Besonderheit ihres Tuns ausgelöscht ist.

Im Zuge der hier nicht näher darzustellenden Entwicklung des Austauschverhältnisses bzw. der Wertform erhält der Tauschwert im Geld eine selbständige materielle Existenz. Als allgemeines Äquivalent dient diese Inkarnation des Tauschwerts zunächst als Erscheinungsform oder Ausdrucksmittel der Warenwerte aller übrigen Waren. Das Geld wird zur „Materiatur abstrakter und daher gleicher menschlicher Arbeit"[26] bzw. zum „Dasein des abstrakten Reichtums"[27]. In dieser Bedeutung tritt es zugleich der Welt der Waren als materieller „Repräsentant des stofflichen Reichtums"[28] gegenüber. Mit dem Auftauchen des Geldes verwandelt sich so die *Habsucht*, die sich auf *besondere* Reichtümer, also auf den Reichtum in seiner *natürlichen* Form richtet, in die *Bereicherungssucht*, deren *Gegenstand* und *Quelle* (!) das Geld bildet.[29] Der Geizige entsagt der besonderen stofflichen Wirklichkeit des Reichtums um der Anhäufung des abstrakten Reichtums willen.

Seine heute herrschende Bewegungsform erhält dieser im Geld vergegenständlichte und verselbständigte abstrakte Reichtum durch seine Verwandlung in *Kapital* und die Erhebung der *„Verwertung des Wertes"* zum absoluten Zweck der Produktion. Letzterer verwirklicht sich durch den Kauf der von ihren Verwirklichungsbedingungen getrennten, selbst zur Ware gewordene *Arbeitskraft*. Diese wird zwar durchaus ihrem Wert, d.h. ihren durchschnittlichen Reproduktionskosten entsprechend gegen Lohn eingetauscht, produziert jedoch in ihrer produktiven Anwendung durch die Produktionsmittelbesitzer zugleich mehr Wert, als sie selbst wert ist: den *Mehrwert*. In dieser Eigenschaft der Arbeitskraft liegt ihr spezifischer Gebrauchswert für den kapitalistischen Unternehmer und dessen dementsprechenden Interesse der Aneignung sowie ständigen Ausdehnung der unbezahlten Arbeitszeit. Hatte sich ursprünglich der Wert nur als *Produkt* der lebendigen Arbeit dargestellt, so fungiert letztere nun als *Mittel* der Verwertung, d.h. der schrankenlos gewordenen, nicht mehr durch einen engeren oder weiteren Kreis von menschlichen Bedürfnissen begrenzten Vermehrung der im Tauschwert vergegenständlichten Arbeit. Erst mit dieser für die *Kapitalform* wesentlichen Verkehrung wird der Reichtum recht eigentlich ein *sich auf sich beziehender Reichtum*, dessen *Selbst*erhaltung zugleich nur als *Selbsterweiterung* möglich ist. Der Wert erscheint als das „automatische", „übergreifende Subjekt"[30] einer *in sich zurückkehrenden*, als prozessierende Einheit von Zirkulation und Produktion aufzufassenden Bewegung, bei der Ausgangs- und Rückkehrpunkt – personifiziert durch den Kapitalisten – zusammenfallen. In diesem Prozeß, in dem Geld gegen Produktionsbedingungen ausgetauscht, sodann produziert und schließlich das fertige Produkt wieder in Geld verwandelt wird usw., bleibt der sich verwertende Wert in all seinen verschiedenen Momenten „bei sich selbst". Das heißt, daß die verschiedenen in den Prozeß einbezogenen Elemente – Arbeitsgegenstände, Arbeitsmittel, die Arbeitskraft – *ihrer Form nach* Existenzweisen des Wertes sind, die seine Selbstbeziehung vermitteln. Das lebendige Arbeitsvermögen erscheint dabei nur als ein Wertelement neben anderen, dessen besonderer *Gebrauchs*wert eben darin besteht, Mehrwert zu produzieren.

Die Subsumtion unter die Selbstbeziehung des bürgerlichen Reichtums verleiht der durch die Gegenständlichkeit vermittelten Selbstbeziehung der *lebendigen Arbeit* eine Form, die durch eine Verkehrung im Verhältnis von Wert und wertschöpferischer Kraft, von „toter" und „lebendiger" Arbeit bestimmt wird. In seiner Funktion als *Mittel* des Verwertungsprozesses produziert und reproduziert der Arbeitende durch sein eigenes Tun ständig nicht allein die *gegensätzliche Existenzform* des Reichtums sowie seine Eigentumslosigkeit an den wachsenden objektiven Bedingungen der Arbeit, sondern auch die Form des ihm gegenüber verselbständigten Prozesses selbst, den Reichtum als eine *ihn durch seine eigene Tat beherrschende*, sich von seinen Kräften nährende, *fremde Macht*. Das Produkt seiner Tätigkeit tritt ihm als fremdes Eigentum und als „für sich seiender", ihn selbst als Mittel sich unterwerfender Wert gegenüber.

Mit der Verwandlung der produktiven Kräfte der Individuen in Produktivkräfte des Kapitals und der entsprechenden Verkehrung im Verhältnis von
„lebendiger" und „toter" Arbeit nimmt auch das Verhältnis der unmittelbaren Produzenten zu den gegenständlichen Mitteln der Produktion eine ver-
kehrte Form an.[31] Von der Seite des Produktionsprozesses als Prozeß der
Herstellung von Gebrauchswerten her betrachtet ist es natürlich der Arbeiter,
der die Arbeitsmittel anwendet. Vom Standpunkt des Kapitals und damit des
Produktionsprozesses als Verwertungsprozeß aus gesehen sind es umgekehrt
die Produktionsmittel, die den Arbeiter anwenden. In der Maschinerie erscheinen die *vergegenständlichten* Produktivkräfte der Arbeit, also *Sachen*,
als *Kräfte* des Kapitals, welche die notwendige Arbeit zugunsten der Mehrarbeit reduzieren, die Arbeitsproduktivität und damit auch den Profit erhöhen.
Die dinglichen Produktions*mittel* stellen sich in dieser Perspektive mithin als
Kräfte, die produktiven *Kräfte* der Individuen hingegen als *Mittel* oder Sachen dar. Diese Verkehrungsstruktur, die im gegebenen Fall durch die Mystifi-
zierung des technisch-wissenschaftlichen Fortschritts und die Verstellung eines
angemessenen Verständnisses der Produktivkraftproblematik[32] den Zugang zu
einem Begriff des *wirklichen* Reichtums bis heute ungeheuer erschwert, ist
charakteristisch für das von Marx untersuchte Phänomen des *Fetischismus*.

Der (Waren-, Geld, Kapital-) Fetischismus läßt sich von seiner Form her
als das ver-kehrte Bewußtsein ver-kehrter Verhältnisse – und zwar als eine in
der Verkehrtheit der Verhältnisse selbst *begründete* verkehrte Auffassung
derselben – charakterisieren. Die Ver-kehrtheit *der Verhältnisse selbst* liegt
eben in der objektiven Verkehrung von Zweck und Mittel, von Subjekt und
Objekt. Die Verkehrtheit der fetischisierten *Auffassung* dieser Verhältnisse
besteht darin, daß das Alltagsbewußtsein oder auch die positivistisch verfah-
rende Wissenschaft die bestimmende Form der Verkehrung als solche nicht
durchschaut. Solches Bewußtsein vermag die den Individuen im Kapital
gegenübertretende fremde Macht nicht als Äußerung *ihrer eigenen gesellschaftlichen Kräfte* zu dechiffrieren, als eine Macht, welche die Individuen
durch deren eigene Tat beherrscht. Die Objektivationen der Individuen erscheinen ihnen vielmehr als mit einem eigenen Leben begabte selbständige
Gestalten. Oder anders: Die mit der bürgerlichen Reichtumsform verbundene *Äußerlichkeit* der verselbständigten gesellschaftlichen Verhältnisse und
Potenzen gegenüber den Individuen, deren Kräfte und Verhältnisse es ja sind,
ist diesen selbst unmittelbar nicht als eine *spezifische Form* ihres *Selbst*-
verhältnisses durchsichtig.

Die Möglichkeit der Aufhebung der beschrieben Verkehrung gründet
Marx zufolge in Voraussetzungen, die *in* der bürgerlichen Reichtumsform

selbst geschaffen werden und mit denen sich zugleich über diese Form als solche hinausweisende Bedürfnisse der Individuen entwickeln. Die *unbeschränkte* Entwicklung der Individuen ist einerseits an die Möglichkeit der Selbstbestimmung im Sinne der Verfügung über die Bestimmungen der eigenen Existenz und damit nicht zuletzt an die Überwindung der (durch den Kapitalisten personifizierten) Verselbständigung der gesellschaftlichen Produktionsbedingungen gegenüber den unmittelbaren Produzenten gebunden. Die Verwirklichung der Freiheit und die Etablierung des wirklichen Reichtums als Prinzip der Produktion wiederum setzt nicht nur überhaupt die im Kapitalismus vorangetriebene Entfaltung der produktiven Gattungspotenzen voraus. Sie hat darüber hinaus die in der Natur des modernen industriellen Prozesses begründete, sukzessive Veränderung des Verhältnisses der Individuen zu den verselbständigten Produktivkräften der Gesellschaft zur Bedingung. Es ist dies eine Veränderung, welche bereits in der gegebenen sozialen Form die Reduktion der Produzenten auf Detailfunktionen des Produktionsorganismus tendenziell in Richtung auf die Herausbildung des vielseitigen, „totalen Individuums" aufhebt.[33] Die weitere Entfaltung der Gattungskräfte ist ab einem bestimmten Punkt der Entwicklung nicht mehr wie bisher *auf Kosten* der Mehrheit der Individuen möglich, sie kann sich nur noch als Entwicklung der reichen Individualität der Individuen vollziehen. Die Kapitalform des Reichtums und die (zunächst *in* ihr sich vollziehende) Entwicklung der produktiven Potenzen geraten Marx zufolge in einen unversöhnlichen Gegensatz zueinander, in dem beide Seiten *wechselseitig* sich beschränken.

Zunächst: Während der Kapitalismus als eine auf dem Tauschwert beruhende Produktion einerseits die Arbeit als die einzige *Quelle* und die Arbeitszeit als einziges *Maß* des Reichtums setzt, entwickelt er andererseits die Produktivkräfte, um die notwendige Arbeitszeit zwecks Ausdehnung der Mehrarbeitszeit zu reduzieren. Die forcierte Verwissenschaftlichung der Produktion, die immer bessere Ausnutzung der Naturkräfte verändern nicht nur die Arbeit selbst, indem sie den unmittelbaren Produzenten als „Regulator" „neben" den Produktionsprozeß treten lassen. Sie machen auch die Schaffung des Reichtums an Gebrauchswerten insgesamt immer unabhängiger von der Arbeitszeit und der Menge gesellschaftlich angewandter Arbeit – also von eben *den* Momenten, welche die Quelle des bürgerlichen Reichtums bilden. In der Reduktion der gesamtgesellschaftlich für die Bedürfnisbefriedigung aufzuwendenden, notwendigen Arbeit bzw. in Schaffung von immer mehr „disposable time" liegt die zivilisatorische Potenz des Reichtums als Kapital. Zugleich stellt letzterer durch diese Tendenz seine eigene Geschäftsgrundlage in Frage.[34] „Das Mittel – die unbedingte Entwicklung der gesellschaftlichen

Produktivkräfte – gerät in einen fortwährenden Konflikt mit dem beschränkten Zweck, der Verwertung des vorhandenen Kapitals."[35] Während der bürgerliche Reichtum in seiner Bewegung einerseits selbst seine Quelle und sein Maß unterminiert und die Voraussetzungen für eine Gesellschaft schafft, in der nicht mehr die Arbeitszeit, sondern die *freie Zeit* als das Maß des Reichtums gelten kann, soll andererseits doch zugleich an der bürgerlichen Form des Reichtums, an der Arbeitszeit als seinem Maß und an der Verwandlung von disponibler Zeit in Surplusarbeitszeit für das Kapital festgehalten werden.

Zugleich erweist sich die Kapitalform des Reichtums so auch als Schranke für die weitere Entwicklung der Produktivkräfte. Die mit diesem Theorem verbundene Devise einer „Entfesselung" derselben gilt heute freilich selbst unter den noch verbliebenen Freunden des Denkers als fragwürdigstes Element seines Werkes. Ist sie nicht tatsächlich Ausdruck jener Fortschrittsgläubigkeit eines vergangenen Jahrhunderts, die von einer selbstzerstörerisch gewordenen Naturbeherrschung heute ad absurdum geführt wird? Hat die kapitalistische Wirklichkeit die besagte Forderung nicht längst auf verheerende Weise eingelöst? Kommt es also im Gegenteil nicht heute vielmehr darauf an, der Entwicklung des wissenschaftlich-technischen Fortschritts Fesseln anzulegen? Solche Fragen führen freilich am Inhalt des besagten Marxschen Theorems geradewegs vorbei. Mehr noch: sie geben zu erkennen, daß der/die Fragende eben jenem im Kapitalverhältnis begründeten Fetischismus aufgesessen ist, den zu durchbrechen Marx eigentlich angetreten war, als er die Verkehrung von sachlichen Mitteln in Kräfte und von Kräften in Sachen als Folge der Verwandlung der produktiven Kräfte der Individuen in Produktivkräfte des Kapitals analysierte (s.o.). Marx war nämlich durchaus nicht der Ansicht, daß die kapitalistischen Produktionsverhältnisse den wissenschaftlich-technischen Fortschritt verhindern würden und *darum* aufzuheben wären. Im Gegenteil: der Kapitalismus beruht im Unterschied zu allen vorangegangenen Gesellschaftsformationen gerade auf einer ständigen Umwälzung der technischen Produktionsgrundlagen. Das mit der Kapitalform des Reichtums verknüpfte, u.a. in der ökologischen Krise sich ausdrückende Problem resultiert vielmehr aus der allgemeinen Tatsache, daß unter der Bedingung der Herrschaft von Menschen über Menschen die Herrschaftsverhältnisse selbst – auch von den Herrschenden – *nicht* beherrscht werden.[36] Dies zeigt sich heute nicht zuletzt in der *Unbeherrschtheit* der menschlichen Naturbeherrschung, die mit der Natur eine der beiden *Quellen* des stofflichen Reichtums ruiniert. Man könnte auch sagen, daß die Menschheit ihren eigentlichen *Reichtum*, nämlich die in der Auseinandersetzung mit der Natur

betätigten gesellschaftlichen Produktivkräfte nicht beherrscht, weil letztere
der maßlosen und verselbständigten Bewegung des bürgerlichen Reichtums,
der Verwertung des Wertes, als *Mittel* unterworfen sind. Die berüchtigte
„Entfesselung der Produktivkräfte" bedeutet dementsprechend nichts anderes als ihre Befreiung aus der Mittelrolle für einen den Individuen äußerlichen, absoluten Zweck und die Etablierung der vollen Entwicklung der
Individualität als Selbstzweck der Produktion. Sie will nicht auf eine weitere
Dynamisierung des verselbständigten wissenschaftlich-technischen Fortschritts
hinaus, sondern auf die Verwirklichung von Freiheit im Sinne der *Selbstbeherrschung der eigenen Kraftentwicklung* durch die assoziierten, über die
materiellen Bestimmungen ihrer Existenz verfügenden Produzenten. Letzteres wäre sicherlich nicht zu verwechseln mit *staatlicher* Kontrolle. Und im
Ergebnis einer so verstandenen Befreiung schlüge auch nicht die Stunde der
Gleichheit, die in der aktuellen Reichtumsdebatte auf Seiten der Linken eine
so große Rolle spielt. Es wäre vielmehr eine gesellschaftliche Bewegungsform
geschaffen, in der die *Unterschiedlichkeit* der Individuen, ihre *Besonderheit*,
zu einer unbeschränkten Entfaltung käme; in der sie sich *als Individuen* –
und nicht als Angehörige einer bestimmten Klasse, als Vertreter einer sozialen Funktion, eines Zweiges der Produktion usw. – zu Geltung bringen
könnten. An die Stelle der in ihrer Einfachheit oder Unentwickeltheit *voll*
erscheinenden Individualität der Antike einerseits und des bürgerlichen Individuums andererseits, das zur Fülle der entfalteten gesellschaftlichen Beziehungen ein äußerliches Verhältnis hat, träte nach Marx somit das totale
Individuum, das sich in der Gemeinschaft mit anderen den sozialen Prozeß
subsumiert und die gesellschaftlichen Kräfte und Beziehungen bewußt in
Bildungselemente seiner *beziehungsreichen* Individualität verwandelt.

Ausgehend von dem hier entwickelten Begriff des „wirklichen Reichtums"
sind abschließend zumindest noch drei kurze Anmerkungen zur aktuellen
Reichtumsdebatte zu formulieren.
     Die erste bezieht sich auf die von den Verteidigern des Sozialstaats ausge-
gebene, verteilungspolitische Devise „Geld ist genug da". Ihr kann eine
gewisse Bedeutung in der Auseinandersetzung mit der sog. „Sparpolitik"
sicherlich nicht abgesprochen werden. Aber wenn diese Losung auf ihre
Weise auch zu Recht darauf aufmerksam macht, daß das eigentliche Problem
entgegen der gängigen Rede keines der *Knappheit* ist, sondern eines des
Umgangs mit dem Überfluß, so liegt ihre eigene Beschränktheit doch darin,
daß sie das Phänomen des Überflusses wiederum allein in der „Sprache" der
beschränkten Form des bürgerlichen Reichtums problematisiert. Dessen Be-

deutung als Schranke des sich entwickelnden *wirklichen* Reichtums und die aus diesem Verhältnis entspringende Unbeherrschtheit der menschlichen Potenzen bleibt so ausgeblendet.

Des weiteren wäre aus der hier eingenommenen Perspektive festzuhalten, daß den heute gängigen, verantwortungsethisch begründeten Plädoyers für eine *normative* Beschränkung der verselbständigten Bewegung der herrschenden Reichtumsform selbst wiederum ein beschränkter Reichtums- und Freiheitsbegriff zugrunde liegt. So tritt dann auch eine rationalistische *Perspektive der Begrenzung* durch die Verpflichtung auf Werte an die Stelle der Verwirklichung der in der begrenzenden Reichtumsform sich entfaltenden Potenzen. Anstatt der kapitalistischen „Produktion um der Produktion willen" durch moralische Normen disziplinierend beikommen zu wollen, wäre vielmehr danach zu streben, daß die „Produktion um der Produktion willen" durch die Aufhebung der Verkehrung im Verhältnis von „toter" und „lebendiger" Arbeit, von Subjekt und Objekt mit der selbstzweckhaften Entwicklung der Individuen zusammenfällt. Anstatt in die Ökonomie *von außen* durch Moral hineinregieren zu wollen, wäre eigentlich die freie und volle Entfaltung der Individuen als Gesetz der Produktion *in* dieser selbst zu etablieren.

Schließlich und endlich ist der „wahre Reichtum" nichts, was als abstraktes moralisches Postulat gegenüber der Wirklichkeit in Stellung gebracht werden müßte. Die politische Orientierung auf diesen Begriff ist vor allem deshalb nicht bloß utopisch, weil sie sich auf reale Entwicklungen in den modernen bürgerlichen Gesellschaften selbst beziehen kann – nämlich auf die tatsächliche Entfaltung der gesellschaftlichen Produktivkräfte. Bei diesen handelt es sich – allem Fetischismus zum Trotz, der ihrer Verkehrung in Produktivkräfte des Kapitals geschuldet ist – um die produktiven *Kräfte der Individuen*. Wenn Beck und andere heute von einer neuen „Kultur der Selbständigkeit" reden, dann berufen sie sich dabei – freilich ohne Bewußtsein der tatsächlichen Grundlagen und Widersprüche des beobachteten Phänomens – auf Ansprüche, die aus einer im Entwicklungsgang der gesellschaftlichen Produktion selbst liegenden Notwendigkeit resultieren. In diesem Prozeß geht es darum, „das Teilindividuum, den bloßen Träger einer gesellschaftlichen Detailfunktion, durch das total entwickelte Individuum (zu ersetzen), für welches verschiedene gesellschaftliche Funktionen einander ablösende Betätigungsweisen sind."[37] Die Unternehmerseite reagiert auf die gegebene Stufe der Produktivkraftentwicklung mit der Entwicklung neuer Managementkonzeptionen bzw. einer entsprechenden Veränderung der Formen der Arbeitsorganisation. Letztere sollen nun den unternehmerischen

Zugriff nicht mehr nur auf das „Teilindividuum", sondern auf den „ganzen Menschen" mit all seinen schöpferischen Fähigkeiten garantieren.

Das Mittel der Verwirklichung dieses Zugriffs ist, wie Klaus Peters deutlich gemacht hat, eine Veränderung des in der herkömmlichen Unternehmensorganisation bestehenden Verhältnisses von Autonomie und Heteronomie der Individuen.[38] An die Stelle des traditionellen Systems von Befehl und Gehorsam, das auf der Unterwerfung des Willens der Beschäftigten unter den Willen übergeordneter Instanzen in einer hierarchischen Struktur beruht, tritt zum einen die Übertragung unternehmerischer Funktionen und entsprechend auch von unternehmerischer Autonomie in das abhängige Beschäftigungsverhältnis. Diese Selbständigkeit wiederum wird zum anderen in „selbstorganisierende" – oder besser: „von selbst" ablaufende – Prozesse eingebettet, die einer *indirekten* Steuerung über die Beeinflussung ihrer Rahmenbedingungen durch das Management unterliegen. Die Unternehmer machen auf diese Weise mit ihrer *eigenen*, an die bestimmte Form *unternehmerischer* Freiheit gebundenen *Un*freiheit (gegenüber dem unbeherrschten Marktgeschehen) „Politik" gegen die Beschäftigten. *Daß* die Freiheit des Unternehmers auf diese Weise – ohne Infragestellung der Herrschafts- und Eigentumsverhältnisse – in das abhängige Beschäftigungsverhältnis transportiert und instrumentalisiert werden kann, verrät dabei allerdings mehr über die wahre Natur der Unternehmerfreiheit als ihren Apologeten lieb sein kann.

Zu begreifen gilt es die Paradoxien eines Prozesses, in dem sich die Stellung des einzelnen Beschäftigten deutlich verändert. Ein *realer Gewinn* an Selbständigkeit und die *Instrumentalisierung* eben dieser Selbständigkeit durch die Unternehmensleitung gehören dabei zusammen. Die Verwandlung des kommandierten Arbeiters in einen „*unselbständigen Selbständigen*" (Peters) verknüpft sich hier mit einer Erweiterung des unternehmerischen Zugriffs auf die Potenzen der Individuen. Der Abbau von betrieblichen Hierarchien und der damit verbundenen Zwangs- und Anweisungsverhältnisse geht auf Seiten der Beschäftigten einher mit einer entsprechenden *Erhöhung des Arbeitsdrucks*. Auf Seiten der („kontextsteuernden") Unternehmer/Manager schließlich führt diese Entwicklung nicht weniger paradox zu einem *Zuwachs* an Macht gerade durch die *Reduktion* von direkter Kontrolle.[39]

Konkret bedeutet die neue Arbeitsorganisation die unmittelbare, d.h. nun nicht mehr durch Befehlsinstanzen vermittelte Konfrontation der Beschäftigten mit den tatsächlichen Bedingungen ihres Handelns. Durch die Korrelation von Unternehmenssegmenten mit Marktsegmenten wird erreicht, daß der Druck des Marktes für die Beschäftigten möglichst unmittelbar erfahrbar wird. Zugleich wird die Struktur und Bewegungsweise des Marktverhältnisses

aus dem Umfeld des Betriebes nun *in* diesen selbst übertragen, also das
Verhältnis zwischen den einzelnen Unternehmenssegmenten oder „teil-
autonomen Einheiten" marktförmig als Beziehung zwischen hart kalkulieren-
den und konkurrierenden Service-Gebern und Service-Nehmern organisiert.
Die für das Marktverhältnis konstitutive Verselbständigung des sozialen Zusammenhanges gegenüber den einzelnen Individuen, die ihn durch ihr wech-
selseitiges Verhalten erzeugen, wird zum Wesensmerkmal auch des *innerbetrieblichen* Prozesses, auf den das Management nur noch indirekt – z.b.
durch Investitionsentscheidungen oder Ausschreibungen von Projekten –
Einfluß nimmt. In die Verantwortung der Beschäftigten fällt nun nicht mehr
nur der *Gebrauchswertaspekt,* sondern auch der *Verwertungsaspekt* ihrer
Arbeit. Der sich-selbst-organisierende Prozeß ist nichts anderes als das Pro-
zessieren dieser beiden Seiten der Arbeit in ihrem praktischen Tun.[40] Durch
die Übernahme der Verwertungsfunktion haben die Beschäftigten selbst nun
den Gegensatz zwischen dieser Seite ihres Tuns und seiner Gebrauchswert-
seite als Gegensatz zwischen dem Anspruch auf Qualität der Arbeit einerseits
und Kostenreduzierung andererseits, zwischen persönlicher Produktivität und
betriebswirtschaftlicher Effizienz in ihrer Tätigkeit auszutragen. Die beiden
Aspekte werden jetzt nicht mehr durch unterschiedliche Individuen auf unterschiedlichen Rängen der innerbetrieblichen Hierarchie repräsentiert, folglich entsprechende Konflikte auch nicht mehr zwischen solchen ausgefoch-
ten. Jeder Beschäftigte selbst ist so ständig mit der Frage nach dem
Wertschöpfungsgrad seiner eigenen Tätigkeit und dem der Arbeit seiner
Kollegen konfrontiert und wird durch seine Situation als „unselbständiger
Selbständiger" dazu gedrängt, sich zu sich selbst und zu den anderen als
Unternehmer zu verhalten; dementsprechend harte unternehmerische Unter-
scheidungen zu treffen, die auf ihn selbst zurückschlagen; Maßstäbe zu
setzen, an denen er selbst gemessen wird. Der *Zwang,* der vordem von einer
Managementfunktion auf die Beschäftigten ausgeübt wurde, weicht dem
Druck, den sich die Beschäftigten nun – von gleich zu gleich – in der sog.
„Wertschöpfungsgemeinschaft" bzw. in der Konkurrenz zwischen den ver-
schiedenen Anbietern von Leistungen wechselseitig machen.[41]

   Die Individuen werden so in ihrem alltäglichen Denken und Handeln auf
neue, nunmehr ganz persönliche Weise mit dem Gegensatz von Kapital und
Arbeit, zwischen bürgerlicher Reichtumsform und ihrem Interesse *als Individuen* konfrontiert. Insofern dieser Gegensatz allerdings nicht mehr in der für
das Kommandosystem charakteristischen Form des Verhältnisses zwischen
weisungsgebendem Unternehmer und weisungsabhängigem Beschäftigtem
erscheint, stellt er sich für den unselbständigen Selbständigen unmittelbar als

ein aufgehobener dar. Aus der Kommandostruktur kommend tritt dem Individuum die unternehmerische Selbständigkeit zunächst als angemessene Form für die Realisierung jener Ansprüche auf Selbstbestimmung und -verwirklichung entgegen, die zusammen mit der Entwicklung seiner produktiven Kräfte sich entfalten. In der Tendenz zum „totalen Individuum" verändert sich mit der Aufhebung der alten betrieblichen Arbeitsteilung und der entsprechenden individuellen Ausbildung einer Vielfalt von Vermögen auch die Form der Tätigkeit, die sich der Möglichkeit nach in eine Weise der Selbstbetätigung und -bestätigung der Individuen verwandelt. Damit verändert sich zugleich das Verhältnis der Beschäftigten zu ihrer Arbeit: Sie verhalten sich ihr gegenüber nun nicht mehr nur gleichgültig oder sie hat für sie selbst nicht mehr allein Interesse als Gebrauchswert für das Kapital. Es zeichnet sich für sie vielmehr die Möglichkeit ab, in der Arbeit selbst „bei sich" zu sein, während sie früher in ihr nur „außer sich" sein konnten.

Die durch die Zurückdrängung der bisherigen Entfremdungsform der Arbeit ermöglichte Identifikation mit der eigenen Tätigkeit – zweifellos die positive Seite der beschriebenen Tendenz – bildet zugleich jedoch die Voraussetzung für das Funktionieren der indirekten Steuerung, die nun auch noch das Gegenteil von Herrschaft für ihre Aufrechterhaltung funktionalisieren will. Die Selbsttäuschung des Beschäftigten hinsichtlich der Identität seiner Freiheit als Individuum mit seiner unternehmerischen Selbständigkeit im Betrieb ist ein wesentliches Moment der neuen betrieblichen Herrschaftsform. Die Instrumentalisierung der Individuen für den absoluten Zweck der kapitalistischen Reichtumsproduktion vermittelt sich so über ihre – in der neuen Arbeitsorganisation angelegte – Verwandlung in „Fanatiker der Verwertung des Wertes" (Marx) sowie über eine Praxis der *Selbst*instrumentalisierung, durch welche die modernen „Manager ihrer selbst" unvermeidlich in ein äußerliches Verhältnis zu ihren eigenen, von ihnen nun als „Ressourcen" aufgefaßten menschlichen Vermögen geraten.

Mit der Subsumtion des „ganzen Menschen" unter die verselbständigte Dynamik des Verwertungsprozesses gewinnt die Unbeherrschtheit der eigenen Kraftentfaltung eine Destruktivität, welche die Individuen nun unmittelbar an sich selbst im finalen „burn out" erfahren können. Bietet die neue Form der Tätigkeit dem Individuum einerseits die Chance, sein Tun als „Spiel seiner eigenen körperlichen und geistigen Kräfte", das ihn „mit sich reißt"[42], genußvoll zu erleben, so verkehrt sich unter den Bedingungen der Unbeherrschtheit der eigenen Kraftentfaltung letztere unversehens in eine Form der Selbstverausgabung, das begeisternde „Mitgerissen-Werden" in die Besinnungslosigkeit der Getriebenen. „Passion and obsession"[43] stellen sich

in den neuen Organisationsformen der Arbeit aber nicht nur unwillkürlich
ein, sie werden zum Bestandteil eines von den Geschäftsleitungen ausdrücklich gewünschten Verhältnisses zur Arbeit. Die Maßlosigkeit des Verwertungs-
zwecks kann es nicht dulden, daß sich die Individuen auf sich selbst besin-
nen und an ihr Tun jenes Maß anlegen, das den Selbstgenuß in der Tätigkeit
davor bewahrt, in Besessenheit umzuschlagen.

Es liegt auf der Hand, daß mit den neuen Organisationsformen der Arbeit
auch bisherige Arbeitszeitregelungen und das herkömmliche Verhältnis von
Arbeitszeit und Nichtarbeitszeit sich grundlegend verändern, die strikte Trennung der beiden Bereiche sich offensichtlich aufzulösen beginnt.[44] Scheint
damit nicht eine alte „Utopie" der Linken Wirklichkeit zu werden? Der
gegenwärtige Umbruch in der Organisation der Arbeit zeigt jedoch, wie sich
eine im Prinzip *fortschrittliche* Tendenz unter dem herrschenden absoluten
Zweck der Produktion auf eine für die Individuen zerstörerische Weise wiederum in ihr Gegenteil verkehrt. Der Verwertungszweck wird mit der
Instrumentalisierung des ganzen Menschen auch zum übergreifenden Moment seiner gesamten Lebenszeit. Während eine radikale Reduzierung der
Arbeitszeit für alle möglich wäre, sollen diejenigen, die noch Arbeit haben,
arbeiten „ohne Ende". Während die „freie Zeit" die Arbeitszeit als Maß des
gesellschaftlichen Reichtums real ersetzen könnte (s.o.), erfahren die flexibili-
sierten Individuen unter dem Druck der vielfältigen Anforderungen an ihre
Arbeitskraft die *Zeitnot* als ihr tägliches Problem. War der Einzelne auf
früheren Stufen der Produktionsweise zwar in der Arbeit „außer sich", dafür
aber zumindest außer der Arbeit – der Möglichkeit nach – „bei sich", so soll
es nun, da das „Bei-sich-Sein" sowohl in der Arbeit als auch außerhalb
derselben im Grunde möglich wäre, eigentlich kein Außerhalb der Arbeit
mehr und nicht einmal ein Bei-sich-Sein in der Freizeit geben. Die „Freizeit"
verliert unter den neuen Bedingungen ihre Bedeutung als Gegenwelt oder
auch als Reservat mit Kompensationseffekt.

Die Arbeitszeitpolitik hat in der Perspektive einer am „wirklichen Reichtum" orientierten Politik zweifellos einen besonderen Stellenwert. Sie wird
unter den neuen Bedingungen mit der Tatsache einer eklatanten Differenz
zwischen der tariflich festgelegten und der faktischen Arbeitszeit sowie dem
Umstand konfrontiert, daß die Beschäftigten selbst die erkämpften Schutz-
regelungen unterlaufen. Arbeitszeitpolitische Initiativen, die nur auf eine
quantitative Ausdehnung der freien Zeit oder auf eine *Restauration des
Gegensatzes* von Arbeitszeit und arbeitsfreier Zeit setzen, müssen ebenso ins
Leere laufen wie solche Bemühungen, die sich in der *Erfindung von Regel-
werken* erschöpfen oder moralisch mit *Beschäftigungseffekten* argumentie-

ren. Wenn es so ist, daß der Verwertungszweck auf neue Weise die Arbeitssphäre und die Nichtarbeitssphäre *über-* sowie das ganze Individuum *ergreift*, dann wird die begreifende Auseinandersetzung der Individuen mit dem durch sie selbst hindurchgehenden, sie zerreißenden Gegensatz zwischen dem herrschenden absolute Zweck der Produktion und ihren Interessen *als Individuen* zum entscheidenden Moment. Die für die Entwicklung gewerkschaftlicher Gegenmacht unumgängliche Klärung der eigenen Interessen der Beschäftigten durch diese selbst setzt wiederum heute die Auseinandersetzung mit der indirekten Steuerung ihres eigenen Willens durch die schlanke Unternehmensleitung, mit ihrer Doppelrolle als „unselbständige Selbständige" (als abhängig Beschäftigte *und* als Ausübende von Unternehmerfunktionen), mit der Differenz von Freiheit und *Unternehmer*freiheit, von „Ich als Individuum" und „Ich als Prozeßfunktion" in der Form einer Bearbeitung von Selbsttäuschungen voraus.[45] Die Lösung kann für eine am „wirklichen Reichtum" orientierte Betriebspolitik nicht in einer Rückkehr zur Unselbständigkeit des alten Kommandosystems, sondern nur in einem aktiven Ergreifen der neuen Selbständigkeit liegen.

Anmerkungen

1 Smith, Adam: Der Wohlstand der Nationen. München 1978, S. 28.
2 Beck, Ulrich: Kapitalismus ohne Arbeit. In: Der Spiegel 20/1976, S. 146.
3 Hegel, G.W.F.: Werke. Frankfurt/a.M. 1986, Bd. 6, S. 516.
4 „Je reicher der zu definierende Gegenstand ist, d.h. je mehr verschiedene Seiten er der Betrachtung darbietet, um so verschiedener pflegen dann auch die davon aufgestellten Definitionen auszufallen." (Hegel, G.W.F.: Werke. Frankfurt/a.M. 1986, Bd. 8, S. 381.)
5 Vgl. Aristoteles: Metaphysik. Philosophische Schriften. Hamburg 1995, Bd. 5, S. 37.
6 Vgl. Aristoteles: Politik. Philosophische Schriften. Hamburg 1995, Bd. 4, S. 20.
7 Vgl. Aristoteles: Metaphysik. Philosophische Schriften. Hamburg 1995, Bd. 5, S. 6f.
8 Aristoteles: Nikomachische Ethik. Philosophische Schriften. Hamburg 1995, Bd. 3, S. 200
9 Vgl. Aristoteles: Rhetorik. München 1980, S. 50.
10 Hegel trifft wohl den Kern, wenn er schreibt, die Freiheit habe hier die Form, daß den Individuen „das Substantielle des Rechts, die Staatsangelegenheiten, das allgemeine Interesse das Wesentliche" ist. Sitte und Gewohnheit, die Befolgung des in den Verhältnissen Vorgezeichneten, seien die Form, „in welcher das Rechte gewollt und getan wird", in der sie „das Feste" finden und ihr eigenes Leben führen (Hegel, G.W.F.: Vorlesungen zur Philosophie der Geschichte. Frankfurt a.M. 1986, Werke Bd. 12, S. 307 f.) Was aber zugleich bedeutet, daß in der antiken Gemeinschaft von einer Anerkennung der Freiheit und Individualität der

Individuen im modernen bürgerlichen Sinne noch nicht die Rede sein kann. Das Individuum bleibt unselbständiges Moment eines größeren Ganzen. Es erscheint noch nicht als der isolierte Einzelne, der als Person seine Besonderheit oder Einzigartigkeit, sein Privatzwecke, seine entfaltete Subjektivität und Moralität, unter dem Schutz des abstrakten Rechts zur Geltung bringen könnte.

11 Vgl. Aristoteles: Politik. Philosophische Schriften. Hamburg 1995, Bd. 4, S. 18.

12 Aristoteles: Politik. Philosophische Schriften. Hamburg 1995, Bd. 4, S. 20.

13 Smith, Adam: Theorie der ethischen Gefühle. Hamburg 1985, S. 136.

14 Hobbes, Thomas: Leviathan. Frankfurt 1984, S. 163.

15 Vgl. Hegel, G.W.F.: Grundlinien der Philosophie des Rechts. Frankfurt 1976, S. 341.

16 Vgl. Rousseau, J.-J.: Abhandlung über den Ursprung und die Grundlagen der Ungleichheit unter den Menschen. In: ders., Frühe Schriften, Berlin 1985.

17 Vgl. Rousseau, J.-J.: Discours sur les richesses, Paris 1853, S. 13.

18 Vgl. Rousseau, J.-J.: Abhandlung über den Ursprung und die Grundlagen der Ungleichheit unter den Menschen. In: ders., Frühe Schriften, Berlin 1985.

19 Vgl. Rousseau, J.-J.: Der Gesellschaftsvertrag. Frankfurt a.M. 1978, S. 54.

20 Rousseau, J.-J.: Der Gesellschaftsvertrag. Frankfurt a.M. 1978, S. 83.

21 Vgl. Marx, K.: Zur Judenfrage. In: MEW Bd. 1, Berlin 1978, S. 354 ff.

22 Vgl. Marx, K.: Grundrisse der Kritik der Politischen Ökonomie. Berlin 1974, S. 387 f.

23 Vgl. Marx, K.: Theorien über den Mehrwert. MEW Bd. 26.1, Berlin 1968, S. 253.

24 „Der Wert unterscheidet sich also grundsätzlich vom Reichtum, denn der Wert hängt nicht vom Überfluß, sondern von der Schwierigkeit oder Leichtigkeit der Produktion ab. Die Arbeit von einer Million Menschen in den Manufakturen wird stets den gleichen Wert, aber nicht immer den gleichen Reichtum produzieren." (Ricardo, D.: Grundsätze der politischen Ökonomie. Berlin 1959, S. 264 f.)

25 Marx, K.: Das Kapital. MEW Bd. 23. Berlin 1975, S. 49.

26 Marx, K.: Das Kapital. MEW Bd. 23. Berlin 1975, S. 104.

27 Marx, K.: Zur Kritik der Politischen Ökonomie. MEW Bd. 13. Berlin 1987, S. 109.

28 Ebd. S. 103.

29 Vgl. Marx, K.: Grundrisse der Kritik der Politischen Ökonomie. Berlin 1974, S. 133 ff.

30 Marx, K.: Das Kapital. MEW Bd. 23. Berlin 1975, S. 169.

31 Vgl. Marx, K.: Das Kapital. MEW Bd. 23. Berlin 1975, S. 329.

32 Vgl. Peters, K.: Karl Marx und die Kritik des technischen Fortschritts. In: Marxistische Blätter 6/88.

33 Vgl. Marx, K.: Das Kapital. MEW Bd. 23. Berlin 1975, S. 511 ff.

34 Vgl. Marx, K.: Grundrisse der Kritik der Politischen Ökonomie. Berlin 1974, S. 592 ff.

35 Marx, K.: Das Kapital. MEW Bd. 25. Berlin 1976, S. 260.

36 Vgl. Peters, K.: Wissenschaftliche Wissenschaftskritik. In: Forum Wissenschaft 4/96.

37 Marx, K.: Das Kapital. MEW Bd. 23. Berlin 1975, S. 51 f.

38 Vgl. Peters, K.: Die neue Autonomie in der Arbeit. Düsseldorf (DGB-Bundesvorstand-Angestelltensekretariat) 1997.

39 Vgl. Peters, K.: Die neue Autonomie in der Arbeit. a.a.O.

40 Vgl. Siemens, S.: Regulation und Emanzipation. Unveröffentlichtes Manuskript 1997.

41 Vgl. Ebenso: Glißmann, W.: Die neue Selbständigkeit in der Arbeit und Mechanismen sozialer Ausgrenzung. In: Sebastian Herkommer, Soziale Ausgrenzung, Hamburg 1999.

42 Marx, K.: Das Kapital. MEW Bd. 23. Berlin 1975, S. 193.

43 So der IBM-Chef Lou Gerstner in einer Ansprache von 1998.

44 Vgl. „Arbeiten ohne Ende? Verlängerung der faktischen Arbeitszeit, indirekte Steuerung der Arbeitnehmer und gewerkschaftliche Betriebspolitik". IG-Metall Vorstand Abt. Gewerkschaftliche Betriebspolitik. (Redaktion: W. Trittin/G. Nikkel), Frankfurt 1999. / Vgl. „Wenn die 'normale' Arbeitszeit nicht mehr ausreicht ...". IG-Metall Abt. Tarifpolitik. (Redaktion: M. Denker/A.-K. Oeltzen), Frankfurt 1999.

45 Vgl. die Aufsätze v. K. Peters, S. Siemens u. W. Glißmann in: „Denkanstösse", Zeitung der IG Metaller in der IBM, Dokumentation – Meine Zeit ist mein Leben. Neue betriebspolitische Erfahrungen zur Arbeitszeit, 1999.

Heiner Ganßmann
Politische Ökonomie des Sozialstaats
(Einstiege Band 10)

2000 – 195 Seiten – DM 29,90 – ISBN 3-89691-690-4

Gegen den weit verbreiteten Eindruck, daß der bundesdeutsche Sozialstaat in der Krise sei, arbeitet Heiner Ganßmann die Voraussetzungen und Formen von Sozialstaatlichkeit heraus. Er zeigt: Gerade unter den Bedingungen der ökonomischen Globalisierung gibt es keine wirklichen Alternativen zu einer politisch organisierten kollektiven Daseinsvorsorge.

Alain Lipietz
Die große Transformation des 21. Jahrhunderts
Ein Entwurf der politischen Ökologie

Übersetzt und mit einem Nachwort versehen von Frieder Otto Wolf

(einsprüche Band 11)

2000 – 192 Seiten – DM 29,90 – ISBN 3-89691-470-7

Mit seinem Konzept der „politischen Ökologie" bietet Alain Lipietz ein plausibles Konzept für die Umbrüche des 21. Jahrhunderts. In seinem ökologisch-solidarisches Entwicklungsmodell ergänzen sich regulierende und marktförmige Instrumente.

Marco Revelli
Die gesellschaftliche Linke
Jenseits der Zivilisation der Arbeit

übersetzt von Dario Azzellini und Jule Schmidt

1999 – 221 Seiten – DM 48,50 – ISBN 3-89691-459-6

Revelli nimmt die Problematik einer neuen linken Alternativstrategie in Angriff. Sein Vorschlag einer Neukonstituierung einer gesellschaftlichen Linken wird der tiefgreifenden Wandlung des sozialen Gewebes, vor allem durch neue „selbständige" Arbeitsformen, gerecht.

Elmar Altvater/Birgit Mahnkopf
Grenzen der Globalisierung
Ökonomie, Ökologie und Politik in der Weltgesellschaft

völlig überarb. und erw. 4. Auflage

1999 – 600 Seiten – DM 58,30 – ISBN 3-929586-75-4

„Elmar Altvater und Birgit Mahnkopf haben ein wichtiges Buch vorgelegt. Es ist unverzichtbar für alle, die sich kritisch mit den globalen Problemen unserer Zeit befassen."

Klaus Werry   Am Abend vorgestellt/WDR

WESTFÄLISCHES DAMPFBOOT

Dorotheenstr. 26a · 48145 Münster · Tel. 0251/6086080 · Fax 0251/6086020
e-mail: info@dampfboot-verlag.de · http://www.dampfboot-verlag.de